20
24

CARLOS NELSON
KONDER

FUNÇÃO SOCIAL NA CONSERVAÇÃO DE EFEITOS DO CONTRATO

Dados Internacionais de Catalogação na Publicação (CIP) de acordo com ISBD

K82f   Konder, Carlos Nelson
         Função social na conservação de efeitos do contrato / Carlos Nelson Konder.
         - Indaiatuba, SP : Editora Foco, 2024.

         232 p. ; 16cm x 23cm.

         Inclui bibliografia e índice.

         ISBN: 978-65-5515-946-2

         1. Direito. 2. Direito civil. 3. Contrato. 4. Função social. I. Título.

2023-2952   CDD 347   CDU 347

Elaborado por Odilio Hilario Moreira Junior - CRB-8/9949
Índices para Catálogo Sistemático:

1. Direito civil 347

2. Direito civil 347

CARLOS NELSON
KONDER

FUNÇÃO SOCIAL NA CONSERVAÇÃO DE EFEITOS DO CONTRATO

2024 © Editora Foco

Autor: Carlos Nelson Konder
Diretor Acadêmico: Leonardo Pereira
Editor: Roberta Densa
Assistente Editorial: Paula Morishita
Revisora Sênior: Georgia Renata Dias
Capa Criação: Leonardo Hermano
Diagramação: Ladislau Lima e Aparecida Lima
Impressão miolo e capa: FORMA CERTA

DIREITOS AUTORAIS: É proibida a reprodução parcial ou total desta publicação, por qualquer forma ou meio, sem a prévia autorização da Editora FOCO, com exceção do teor das questões de concursos públicos que, por serem atos oficiais, não são protegidas como Direitos Autorais, na forma do Artigo 8º, IV, da Lei 9.610/1998. Referida vedação se estende às características gráficas da obra e sua editoração. A punição para a violação dos Direitos Autorais é crime previsto no Artigo 184 do Código Penal e as sanções civis às violações dos Direitos Autorais estão previstas nos Artigos 101 a 110 da Lei 9.610/1998. Os comentários das questões são de responsabilidade dos autores.

NOTAS DA EDITORA:

Atualizações e erratas: A presente obra é vendida como está, atualizada até a data do seu fechamento, informação que consta na página II do livro. Havendo a publicação de legislação de suma relevância, a editora, de forma discricionária, se empenhará em disponibilizar atualização futura.

Erratas: A Editora se compromete a disponibilizar no site www.editorafoco.com.br, na seção Atualizações, eventuais erratas por razões de erros técnicos ou de conteúdo. Solicitamos, outrossim, que o leitor faça a gentileza de colaborar com a perfeição da obra, comunicando eventual erro encontrado por meio de mensagem para contato@editorafoco.com.br. O acesso será disponibilizado durante a vigência da edição da obra.

Impresso no Brasil (10.2023) – Data de Fechamento (10.2023)

2024
Todos os direitos reservados à
Editora Foco Jurídico Ltda.
Rua Antonio Brunetti, 593 – Jd. Morada do Sol
CEP 13348-533 – Indaiatuba – SP

E-mail: contato@editorafoco.com.br
www.editorafoco.com.br

AGRADECIMENTOS

A presente obra corresponde, com alguns ajustes, à tese que foi apresentada como requisito parcial para minha ascensão à categoria de Professor Titular da Faculdade de Direito da Universidade do Estado do Rio de Janeiro. A tese foi aprovada pela banca composta pelos professores Patrícia Serra (Unirio/Emerj), Paulo da Mota Pinto (Universidade de Coimbra), Luiz Edson Fachin (UFPR/STF), Heloísa Helena Barboza (Uerj) e Gustavo Tepedino (UERJ). Agradeço, em primeiro lugar, aos professores que compuseram a banca e, a partir da leitura minuciosa com que me agraciaram, fizeram observações extremamente pertinentes, que busquei incorporar nesta versão final do trabalho.

A obra, embora redigida durante o período de 2020 a 2022, foi germinada por muitos anos antes disso, em um processo contínuo de amadurecimento de ideias sobre o tema que só foi possível graças às interações de que pude desfrutar no ambiente acadêmico. Assim, agradeço a todos os alunos, orientandos e colegas pesquisadores que, sem se dar conta na época, contribuíram com reflexões críticas para esse debate. Entre eles, não posso deixar de registrar em especial Luccas Goldfarb Cobbett, Marcos Alberto da Rocha Gonçalves e Manoella Alves.

A Micaela Barros Barcelos Fernandes e Danielle Moreira agradeço esclarecimentos importantes acerca dos diálogos com direito concorrencial e direito ambiental, respectivamente. A Aline de Miranda Valverde Terra e Eduardo Nunes de Souza devo a revisão minuciosa dos originais, com ponderações importantes, que somente a amizade genuína proporciona.

A Cíntia Muniz de Souza Konder, muito mais do que a leitura do trabalho, devo a parceria, a paciência, o suporte e o amor sem os quais nem isso, nem todo o resto, teria sido possível. Serei eternamente devedor.

LISTA DE ABREVIATURAS E SIGLAS

ADI	Ação direta de inconstitucionalidade
ADPF	Arguição de Descumprimento de Preceito Fundamental
Ag. Inst.	Agravo de instrumento
AgRg	Agravo regimental
Ap. Cível	Apelação cível
ARE	Recurso extraordinário com agravo
AREsp	Agravo em recurso especial
Cass. Civ.	Cour de cassation chambre civile
Cass. Comm.	Cour de cassation chambre commerciale
C.C.	Câmara cível
CC	Código Civil
Des.	Desembargador
DJ	Diário de Justiça
EREsp	Embargos de divergência no recurso especial
Julg.	Julgado em
MC-Ref	Referendo na medida cautelar
Min.	Ministro
MS	Mandado de segurança
n.	Número
p.	Página ou páginas
Pleno	Tribunal pleno
Publ.	Publicado em
RE	Recurso extraordinário
Rel.	Relator
REsp	Recurso especial
S.	Seção
STF	Supremo Tribunal Federal
STJ	Superior Tribunal de Justiça

T.	Turma
T.C.	Turma cível
T.R.C.	Turma recursal cível
TJDF	Tribunal de Justiça do Distrito Federal
TJMG	Tribunal de Justiça do Estado de Minas Gerais
TJPR	Tribunal de Justiça do Estado do Paraná
TJRJ	Tribunal de Justiça do Estado do Rio de Janeiro
TJRS	Tribunal de Justiça do Estado do Rio Grande do Sul
TJSP	Tribunal de Justiça do Estado de São Paulo
v.	Volume

PREFÁCIO

O Professor Carlos Nelson Konder, por suas obras anteriores e longa experiência acadêmica, consagrou-se como um dos mais talentosos civilistas da atualidade. Este livro traduz o amadurecimento científico do autor, granjeado após profícua reflexão que resultou em sua tese apresentada para promoção a Professor Titular de Direito Civil da Faculdade de Direito da UERJ, cuja defesa foi submetida à Banca examinadora formada pelos ilustres professores Heloisa Helena Barboza (UERJ), Min. Luiz Edson Fachin (UFPR), Paulo Mota Pinto (Univ. de Coimbra), Patricia Serra (Unirio), e pelo signatário.

O autor se propõe a definir o conteúdo jurídico da função social do contrato, superando, em boa hora, a estéril dicotomia, que se tornou ideológica e por isso mesmo pouco produtiva, acerca da contraposição entre, de um lado, a liberdade individual e a livre iniciativa, e, de outro, os interesses sociais tutelados pelo ordenamento e inevitavelmente alcançados, direta ou indiretamente, pelo programa contratual. Em tal perspectiva, demonstra a tarefa do intérprete na compatibilização de princípios e valores que se mostram igualmente caros ao ordenamento, entre a solidariedade social e a autonomia privada. De sua elaboração resulta a constatação de que a função social, em sua "dimensão metaindividual", longe de oprimir a liberdade individual, se torna pressuposto do seu exercício em respeito à igualdade, "já que os contratantes não conseguem existir apartados da sociedade em que se inserem, nem pode o contrato assumir significado normativo descolado do contexto comunitário que lhe dá origem e ao qual se destina" (p.175).

Nesse trabalho reconstrutivo, a obra, em sua primeira parte, sintetiza as bases teóricas, o sentido e os principais contornos e limites da função social do contrato no âmbito da principiologia do direito contratual, em seção que se subdivide em dois capítulos. No capítulo introdutivo, se concentra o trabalho na fundamentação da função social do contrato, atentando-se ao seu processo de funcionalização, quando são passados em revista os principais instrumentos disponíveis no sistema; bem como à socialização da função social do contrato, tendo em mira a chamada 'relativização da relatividade' dos efeitos dos contratos.

No segundo capítulo, verifica-se a operatividade da função social, diante da tensão estabelecida em cenário fático de massificação dos contratos e do raciocínio consequencialista em seus diversos matizes, explicitado em seus vários vieses no plano hermenêutico. A partir daí, desenvolve-se análise crítica do enquadramento da função social na manualística, especialmente diante do desconforto gerado pela recondução do instituto a categoriais comumente difundidas para a sua qualificação. Propõe-se, nesse momento, modelo teórico que visa à sistematização do fenômeno, mediante a definição dos deveres atribuídos aos contratantes.

Já o terceiro capítulo, que inaugura a segunda parte do trabalho, suscita profícua reflexão sobre as várias hipóteses de aplicação da função social para a conservação dos efeitos do contrato. Verifica-se, então, a frequente arbitrariedade de circunscrever o fundamento da conservação do negócio jurídico ao prestígio da autonomia privada, sugerindo-se, ao contrário, a necessária investigação dos diversos princípios incidentes ao longo da relação obrigacional e capazes de tornar legítima ou desprovida de merecimento de tutela a sua extinção. Em tal perspectiva, o Prof. Carlos Konder segmenta, didaticamente, os casos de limitação da possibilidade de extinção unilateral do contrato, tendo em vista o controle de abusividade; e, por outro lado, as situações em que as partes devem permanecer suportando os efeitos do negócio, a despeito de outros fundamentos jurídicos de ineficácia, como nas hipóteses de resilição unilateral, de resolução por inadimplemento ou onerosidade excessiva, de invalidade e de responsabilidade pós-contratual.

No quatro e último capítulo, a seu turno, o autor formula parâmetros – substantivos e metodológicos – direcionados a auxiliar o intérprete nessa tarefa. Com esse objetivo, Konder constrói raciocínio que confirma a hipótese norteadora do trabalho e comprova a aptidão da função social para, em determinados contextos fáticos, impedir a extinção e justificar a conservação de efeitos dos contratos. Assegura-se nesta direção maior segurança e sistematicidade à matéria, estabelecendo o ônus argumentativo, a justificar a manutenção do vínculo obrigacional, parcial ou integralmente considerado, tendo em conta o alcance dos efeitos do contrato sobre interesses metaindividuais e a sua essencialidade para a coletividade; e a temporariedade da conservação dos efeitos, evitando-se o prolongamento das relações obrigacionais para além do período de tempo necessário à proteção dos interesses sociais ameaçados Tais parâmetros, conforme sustenta o autor, servem de guia ao intérprete nessa difícil equação de identificar o "*giusto rimedio*" à proteção dos interesses concretamente reputados merecedores de tutela.

Ao seguir tal itinerário, o livro traduz-se em alvissareira fonte de consulta para estudantes, estudiosos e profissionais do direito, formulando propostas coerentes e de extraordinária repercussão pratica na teoria contratual, notadamente na solução de conflitos atinentes à atuação conservativa da função social do contrato. A matéria, como sugere o autor, não pode ser examinada sem a plena compreensão do sistema integralmente considerado, em sua complexidade e unidade, com a incorporação na atividade interpretativa dos princípios e valores constitucionais que iluminam, plasmam e reconstroem a teoria das obrigações e contratos.

Prof. Gustavo Tepedino

SUMÁRIO

AGRADECIMENTOS V

LISTA DE ABREVIATURAS E SIGLAS VII

PREFÁCIO IX

INTRODUÇÃO 1

PARTE I
A COMPREENSÃO DA FUNÇÃO SOCIAL DO CONTRATO

1. A FUNDAMENTAÇÃO DA FUNÇÃO SOCIAL DO CONTRATO 17

   1.1 Funcionalização do contrato 17

      1.1.1 Função e análise funcional do contrato 18

      1.1.2 Instrumentos de funcionalização do contrato 26

   1.2 Socialização da função do contrato 34

      1.2.1 A "relativização" da relatividade dos efeitos do contrato ... 35

      1.2.2 Solidarização da função do contrato ao projeto constitucional ... 45

2. A APLICAÇÃO DA FUNÇÃO SOCIAL DO CONTRATO 57

   2.1 Contextualização da aplicação da função social dos contratos ... 57

      2.1.1 Alcance da função social diante da massificação dos contratos ... 58

      2.1.2 Importância das consequências na aplicação da função social do contrato ... 67

   2.2 Qualificação da aplicação da função social do contrato 77

      2.2.1 Enquadramento normativo da função social do contrato ... 78

      2.2.2. O modelo de tríplice função e a criação de deveres aos contratantes ... 85

PARTE II
A APLICAÇÃO DA FUNÇÃO SOCIAL À CONSERVAÇÃO
DOS EFEITOS DO CONTRATO

3. HIPÓTESES DE APLICAÇÃO DA FUNÇÃO SOCIAL À CONSERVAÇÃO DOS EFEITOS DO CONTRATO 97

3.1 O controle de abusividade na extinção unilateral do contrato 98

3.1.1 Resilição unilateral e prorrogação compulsória do contrato 98

3.1.2 Resolução por inadimplemento e onerosidade excessiva 107

3.2 O dever de suportar os efeitos do contrato ineficaz 117

3.2.1 Os denominados efeitos do contrato nulo 118

3.2.2 A chamada responsabilidade pós-contratual 131

4. PARÂMETROS PARA A APLICAÇÃO DA FUNÇÃO SOCIAL À CONSERVAÇÃO DOS EFEITOS DO CONTRATO 139

4.1 Parâmetros substantivos para a atuação conservativa da função social do contrato 139

4.1.1 O alcance dos efeitos do contrato sobre interesses metaindividuais.. 140

4.1.2 A essencialidade dos efeitos do contrato para a coletividade 149

4.2 Parâmetros metodológicos para a atuação conservativa da função social do contrato 158

4.2.1 Temporariedade da conservação dos efeitos 159

4.2.2 Fundamentação argumentativa da decisão 169

CONCLUSÃO 181

REFERÊNCIAS 189

INTRODUÇÃO

A paradoxal expressão "efeitos do contrato ineficaz" é utilizada por Díez-Picazo para se referir ao contraste entre a sanção de ineficácia no plano deontológico e a realidade fática em que se conservam efeitos constituídos pelo negócio, que não são aquilo que "do contrato cabia esperar".[1] Por trás da aparente contradição está a tradicional concepção que contrapõe o ser e o dever ser, na qual, ocasionalmente, os fatos se "revoltam" contra o direito.[2]

A contradição existe somente sob perspectiva formalista, em que a norma é interpretada dissociada da praxe, considerada um acidente frente à reflexão, de perfil fenomenológico distinto e separado do Direito.[3] Entretanto, é necessário constatar que o fato "é o modo pelo qual o ordenamento se concretiza", de modo que as questões ditas "de fato" são, necessariamente, questões de direito.[4]

Partindo dessa premissa, a dita eficácia do contrato ineficaz não é o resultado de uma teimosa realidade que, apartada do plano jurídico, resiste à clareza teórica dos conceitos, mas parte intrínseca da complexidade do ordenamento, a ser analisada não como exceção oculta que se pretende despercebida, mas manifestação de relevantes interesses a serem levados em conta pelo intérprete.

O fenômeno não é novo, mas vem ganhando renovada importância em razão de situações fáticas em que a subsunção ao regime formal das ineficácias gera repercussões graves de alcance social, indo além da esfera dos contraentes e mesmo de terceiros de boa-fé individualizáveis. É o caso, por exemplo, de contratos relativos à satisfação de interesses coletivos, como prestação de serviços públicos ou realização de grandes obras, viciados na origem por atos de corrupção, mas cuja súbita ineficácia causaria prejuízo ainda maior à sociedade do que o já consumado vilipêndio ao erário.[5] O próprio legislador atentou ao problema e,

---

1. DÍEZ-PICAZO, Luis. *Fundamentos del derecho civil patrimonial*, tomo I, 6. ed. Pamplona: Thomson--Civitas, 2007, p. 570-571.
2. A expressão vem de MORIN, Gaston. *La révolte du droit contre le Code*. Paris: Recueil-Sirey, 1945.
3. PERLINGIERI, Pietro. *O direito civil na legalidade constitucional*. Rio de Janeiro: Renovar, 2008, p. 94.
4. PERLINGIERI, Pietro. *O direito civil na legalidade constitucional*. Rio de Janeiro: Renovar, 2008, p. 636.
5. Sobre o tema, v. MARTINS-COSTA, Judith. Efeitos obrigacionais da invalidade: o caso dos contratos viciados por ato de corrupção. *In* BARBOSA, H.; SILVA, J. C. F. (coord.). *A evolução do direito empresarial e obrigacional*, v. II. São Paulo: Quartier Latin, 2021, p. 227-255.

no plano específico da invalidade, veio a determinar atenção às consequências práticas da decisão de desconstituição do ato.[6]

No plano doutrinário, o problema foi abordado quase que exclusivamente pela perspectiva do dito *princípio da conservação dos negócios*. Comumente, ele é invocado sob uma acepção ampla,[7] como um princípio autônomo, inferido a partir de institutos como a redução e a conversão dos negócios jurídicos e que se aplicaria também em outros contextos – como a eficácia do negócio nulo – traduzido, no direito contratual, em autêntico *favor contractus*.[8] Nessa toada, a conservação dos negócios jurídicos é tida como um princípio voltado à preservação dos efeitos da manifestação de vontade como um fim em si mesmo, em decorrência de tomar-se a autonomia privada como um valor, sempre socialmente positivo.[9] Sob essa abordagem, entende-se que "os negócios jurídicos são úteis à sociedade, do que decorre, logicamente, a conveniência de preservar seus resultados sempre que possível".[10]

Entretanto, adota-se nesta tese a metodologia do *direito civil-constitucional*, segundo a qual, diante da complexidade de fontes do ordenamento jurídico, o processo hermenêutico "só alcançará a unidade, caso seja assegurada a centralidade da Constituição, que contém a tábua de valores que caracterizam a identidade cultural da sociedade".[11] As premissas metodológicas dessa escola, apesar de persistir significativa incompreensão, foram objeto de relevante desenvolvimento teórico, razão pela qual é dispensável sua apresentação inicial em abstrato, optando-se por referi-las na medida em que necessárias para o desenvolvimento da tese.[12]

---

6. DL. 4.567/1942, art. 21. "A decisão que, nas esferas administrativa, controladora ou judicial, decretar a invalidação de ato, contrato, ajuste, processo ou norma administrativa deverá indicar de modo expresso suas consequências jurídicas e administrativas" (Incluído pela L. 13.655/2018).

7. "Fala-se em acepção 'restrita' ou 'ampla' para designar, respectivamente, a corrente que entende ter o princípio da conservação dos negócios jurídicos atuação apenas no campo da interpretação dos negócios jurídicos (ele teria, assim, uma única e bem definida função: a de 'cânone hermenêutico') e a corrente que entende se aplicar o referido princípio também a outros fenômenos jurídicos, tais como a nulidade parcial do negócio jurídico, a conversão (substancial e formal) do negócio jurídico e a confirmação dos negócios jurídicos anuláveis" (MARINO, Francisco Paulo De Crescenzo. *Interpretação do negócio jurídico*. São Paulo: Saraiva 2011, p. 308).

8. MATTIETTO, Leonardo. Invalidade dos atos e negócios jurídicos. *In* TEPEDINO, Gustavo (coord.). *A parte geral do novo Código Civil: estudos na perspectiva civil-constitucional*, 2. ed. Rio de Janeiro: Renovar, 2003, p. 347.

9. BUNAZAR, Maurício. *A invalidade do negócio jurídico*. São Paulo: Thompson Reuters, 2020, recurso eletrônico: "Conservar o negócio jurídico, portanto, é, antes de tudo, prestigiar a liberdade de autodeterminação das pessoas".

10. ZANETTI, Cristiano de Souza. *A conservação dos contratos nulos por defeito de forma*. São Paulo: Quartier Latin, 2013, p. 63.

11. TEPEDINO, Gustavo. Normas constitucionais e direito civil na construção unitária do ordenamento. *Temas de direito civil*, tomo III. Rio de Janeiro: Renovar, 2009, p. 9-10.

12. Para a sistematização das premissas metodológicas do direito civil-constitucional, v. PERLINGIERI, Pietro. Normas constitucionais nas relações privadas. *Revista da Faculdade de Direito da UERJ*, n. 6 e

Uma delas, todavia, é importante para justificar a delimitação da abordagem da própria tese, que não segue o caminho tradicional do dito princípio da conservação. Trata-se da afirmação de que a autonomia negocial não é tutelada como um fim em si mesma, mas como um meio para viabilização de fins merecedores de tutela.[13] Assim, parece contraditório à primeira vista, sob essa perspectiva metodológica, fundamentar a análise apenas sobre a conservação dos negócios jurídicos como um princípio autônomo, idôneo a justificar a solução de conflitos sem amparo de outro fundamento normativo.

Com efeito, se o exercício da autonomia negocial é protegido na medida do merecimento de tutela dos fins perseguidos, a conservação dos efeitos do negócio também parece justificar-se somente quando tais efeitos – e não o negócio em si – forem também merecedores de tutela. Dessa forma, negócios jurídicos devem ser conservados se, e na medida em que, seu desfazimento ferir princípios que, naquele contexto, se revelem prevalentes, tais como a boa-fé, a dignidade humana, a vedação ao enriquecimento sem causa e, justamente, a função social do contrato. Como explica Perlingieri:

> Sem uma análise funcional da estrutura negocial e de seus requisitos, sem, isto é, a individuação da gradação de valor dos interesses em jogo, seria impossível optar pela conservação e a validade da nova *fattispecie* ou pela conservação e operatividade da relação originária.[14]

Sob essa perspectiva, portanto, por trás da referência genérica à "conservação dos negócios", são diversos e variados os fundamentos para essa "eficácia do contrato ineficaz". O objetivo da presente tese, neste contexto, é abordar especificamente como a controversa figura da *função social do contrato* pode servir como fundamento para a conservação de efeitos do negócio nesses casos.

---

7. Rio de Janeiro, 1998/1999, p. 63-77; TEPEDINO, Gustavo. Premissas metodológicas para a constitucionalização do direito civil. *Temas de direito civil*, tomo I, 4. ed.. Rio de Janeiro: Renovar, 2008, p. 1-23; MORAES, Maria Celina Bodin de. A caminho de um direito civil-constitucional. *Na medida da pessoa humana*. Rio de Janeiro: Renovar, 2010, p. 3-20; MONTEIRO FILHO, Carlos Edison do Rêgo. Rumos cruzados do direito civil pós-1988 e do constitucionalismo de hoje. *Rumos contemporâneos do direito civil*. Belo Horizonte: Fórum, 2017, p. 17-35; SCHREIBER, Anderson. Direito civil e Constituição. *Direito civil e Constituição*. São Paulo: Atlas, 2013, p. 5-24; SCHREIBER, Anderson; KONDER, Carlos Nelson. Uma agenda para o direito civil-constitucional. *Revista brasileira de direito civil*, v. 10. Belo Horizonte: 2016, p. 1-20. Para as críticas, v. RODRIGUES JR., Otávio Luiz. *Direito civil contemporâneo: estatuto epistemológico, Constituição e direitos fundamentais*, 2. ed. Rio de Janeiro: Forense universitária, 2019, p. 171-237; REIS, Thiago. Dogmática e incerteza normativa: crítica ao substancialismo jurídico do direito civil- constitucional. *Revista de direito privado*, v. 11. São Paulo: abr.-jun./2017, p. 213-238; LEAL, Fernando. Seis objeções ao direito civil-constitucional. *Revista da Emerj*, v. 22, n. 2. Rio de Janeiro: maio-ago./2020, p. 91-150.

13. PERLINGIERI, Pietro. *Perfis do direito civil*. Rio de Janeiro: Renovar, 1997, p. 279.

14. PERLINGIERI, Pietro. *O direito civil na legalidade constitucional*. Rio de Janeiro: Renovar, 2008, p. 455-456.

A trajetória da função social do contrato no ordenamento jurídico brasileiro parece iniciar-se, efetivamente, com a promulgação do Código Civil de 2002, cujo artigo 421 enunciava originalmente que "a liberdade de contratar será exercida em razão e nos limites da função social do contrato". A importância do dispositivo foi incrementada pelo parágrafo único do artigo 2.035 do mesmo diploma legal, que determina que "nenhuma convenção prevalecerá se contrariar preceitos de ordem pública, tais como os estabelecidos por este Código para assegurar a função social da propriedade e dos contratos".

A previsão legislativa da função social do contrato parece ser verdadeira inovação brasileira.[15] Não se tem notícia de dispositivo similar ao artigo 421 do Código Civil brasileiro em qualquer codificação civil estrangeira.[16] Diante disso, a doutrina comparatista estrangeira que se dedicou ao tema enxerga a inovação com franco ceticismo:

> De fato, aparentemente a figura da 'função social do contrato', positivada no art. 421 CC/2002, trouxe muita confusão e nenhum benefício para o direito brasileiro. 'Função social' é um termo vazio, sem verdadeira tradição na nossa cultura jurídica comum, e pode significar tudo e nada ao mesmo tempo. Isso vem sendo confirmado a cada dia na doutrina e na jurisprudência brasileiras, em que a 'função social do contrato' é associada a qualquer fenômeno do direito dos contratos, da invalidade até o princípio *pacta sunt servanda*".[17]

A surpresa trazida pelo codificador brasileiro, positivando um conceito que até então tinha parco desenvolvimento científico, tanto entre nós como nos

---

15. BRANCO, Gerson Luiz Carlos. A função social do contrato no Código Civil: 18 anos de vigência e a interpretação jurisprudencial do STJ. *In* BARBOSA, H.; SILVA, J. C. F. (coord.). *A evolução do direito empresarial e obrigacional*, v. II. São Paulo: Quartier Latin, 2021, p. 281.
    Rafael Chagas Mancebo sustenta que a função social do contrato estaria prevista na Constituição da Baviera (MANCEBO, Rafael Chagas. *A função social do contrato*. São Paulo: Quartier Latin, 2005, p. 155). Entretanto, na tradução do texto para inglês disponível na internet encontra-se somente o seguinte dispositivo: "*Art. 151. (2). 1. Within the framework of those purposes, the freedom of contract shall apply in accordance with the law. 2 The freedom of the development of personal decision-making power and the freedom of the independent economic activity of individuals shall be acknowledged on principle. 3 The economic freedom of the individual shall be limited by the consideration for others and the moral demands of the public good. 4 Legal transactions which damage the community and which are immoral, in particular any economically exploitative contracts, shall be illegal and void*" (disponível em <t.ly/MMQL>, acesso em 27 set. 2021).
16. TOMASEVICIUS FILHO, Eduardo. A função social do contrato: conceito e critérios de aplicação. *Revista de informação legislativa*, v. 42, n. 168. Brasília, out.-dez. 2005, p. 202. Afirma Jan Peter Schmidt: "na Alemanha (como no resto da Europa), a figura da 'função social do contrato' como categoria dogmática é praticamente inexistente" (SCHMIDT, Jan Peter. Responsabilidade civil no direito alemão e método funcional no direito comparado. *Revista trimestral de direito civil*, v. 40. Rio de Janeiro: out.-dez./2009, p. 146, nota 18).
17. SCHMIDT, Jan Peter. Responsabilidade civil no direito alemão e método funcional no direito comparado. *Revista trimestral de direito civil*, v. 40. Rio de Janeiro: out.-dez./2009, p. 146, nota 18.

ordenamentos jurídicos que mais nos influenciaram, causou reações negativas mesmo durante o processo legislativo. Relata-se que Tancredo Neves teria reputado o artigo "uma disposição da maior inconveniência" e sugerido substituir pela determinação de que "ao interpretar o contrato e disciplinar a sua execução, o juiz atenderá à sua função social".[18] Após a promulgação, o dispositivo continuou a ser hostilizado por parte relevante da doutrina nacional: "a história errática, equívoca e anômala da assim chamada função social do contrato, uma autêntica esdruxularia que não honra o direito brasileiro e cuja inclusão no Código Civil antes perturba que favorece os fins para os quais parece ter sido instituída".[19]

De outro lado, todavia, formou-se doutrina que acolheu a figura com incontido entusiasmo. O nobre intuito de demonstrar a importância da novidade parece ter conduzido à identificação de uma enorme miríade de possibilidades, tão numerosas quanto heterogêneas entre si. Em sua esmagadora maioria, eram efeitos que já se encontravam regulados de forma específica pelo legislador ou eram objeto de incontroverso acolhimento doutrinário e jurisprudencial.[20] A função social do contrato ou era identificada como um gesto legislativo puramente laudatório da relevância social que todo contrato teria, ou bem como o fundamento por trás de quase todos os institutos jurídicos que, de alguma forma, controlavam a liberdade contratual em vista de seu impacto social.[21]

Assim, por exemplo, foram indicados como corolários da função social do contrato mais frequentemente a lesão, a onerosidade excessiva, as cláusulas abusivas e outras figuras voltadas a mitigar desigualdades entre os contratantes.[22] Mencionam-se, ainda, o controle da cláusula penal, dos juros e mesmo o

---

18. GOGLIANO, Daisy. A função social do contrato. Causa ou motivo. *Revista da Faculdade de Direito, Universidade de São Paulo*, n. 99. São Paulo: 2004, p. 156; TOMASEVICIUS FILHO, Eduardo. A função social do contrato: conceito e critérios de aplicação. *Revista de informação legislativa*. v. 42. n. 168. Brasília, out.-dez. 2005, p. 204.

19. VILLELA, João Baptista. Equilíbrio do contrato: os números e a vontade. *Revista dos tribunais*, v. 900. São Paulo, out. 2010, p. 85-122, recurso eletrônico.

20. Segundo Gerson Branco: "Embora a disposição tenha causado polêmica logo após a promulgação do Código Civil, com opiniões acaloradas, o decurso do tempo e a consolidação jurisprudencial em torno da matéria não provocou grandes alterações no cenário jurídico" (BRANCO, Gerson Luiz Carlos. A função social do contrato no Código Civil: 18 anos de vigência e a interpretação jurisprudencial do STJ. *In* BARBOSA, H.; SILVA, J. C. F. (coord.). *A evolução do direito empresarial e obrigacional*, v. II. São Paulo: Quartier Latin, 2021, p. 281).

21. ALVIM, Arruda. A função social dos contratos no novo código civil. *Revista Forense*, n. 371. Rio de Janeiro, jan./fev. 2004, p. 71: "o grande espaço da função social, de certa maneira, e em escala apreciável, já se encontra no próprio Código Civil, através exatamente desses institutos que amenizam, vamos dizer, a dureza da visão liberal do contrato".

22. FERREIRA, Carlos Alberto Goulart. Contrato: da função social. *Revista Jurídica*, n. 247. Porto Alegre, maio 1998, p. 11; SANTOS, Antonio Jeová. *Função social do contrato*, 2. ed.. São Paulo: Método, 2004, p. 117.

direito à renegociação como efeitos da função social do contrato.[23] Além desses, é possível encontrar referências aduzindo a essa lista também a publicidade enganosa,[24] a desconsideração da personalidade jurídica, o estado de perigo, a resilição unilateral e o enriquecimento sem causa,[25] bem como a exigência de forma pública para a transmissão de imóveis, a conversão dos negócios jurídicos, a proibição de pacto sucessório, a estipulação em favor de terceiro, a promessa de fato de terceiro e a responsabilidade por aliciamento de prestador de serviços.[26] Levantaram-se ainda, como efeitos da função social do contrato, os requisitos de validade dos negócios,[27] a proteção da dignidade humana em *reality shows* e até mesmo a invalidade da cláusula contratual que obrigou Rubens Barrichelo a dar passagem a seu colega de escuderia em corrida de fórmula 1.[28]

A jurisprudência parece ter acolhido essa perspectiva entusiástica, invocando a função social do contrato nas mais diversas aplicações e para os mais distintos objetivos.[29] Por exemplo, foram suprimidas por violação à função social do contrato condições de reajuste que oneram excessivamente o consumidor,[30] cláusulas impeditivas de restituição do valor pago,[31] cláusulas abusivas de modo geral,[32] negativa de renovação automática de contrato mantido por mais de dez anos,[33] multa excessiva em relação de consumo que afronta os dispositivos consumeristas,[34] dispositivo proibitivo de purgação da mora pelo devedor,[35] cláusula

---

23. MIRAGEM, Bruno Nubens Barbosa. Diretrizes interpretativas da função social do contrato. *Revista de Direito do Consumidor*, v. 56. São Paulo: out.-dez./2005, p. 22-45, recurso eletrônico.

24. AZEVEDO, Álvaro Villaça. O novo Código Civil Brasileiro: tramitação; função social do contrato; boa-fé objetiva; teoria da imprevisão e, em especial, onerosidade excessiva (Laesio Enormis). *Revista jurídica*, n. 308. Porto Alegre, jun. 2003, p. 11.

25. RULLI NETO, Antonio. *Função social do contrato*. São Paulo: Saraiva, 2011, p. 225.

26. TARTUCE, Flávio. *Função social dos contratos*, 2. ed. São Paulo: Método, 2007, p. 252-256.

27. MANCEBO, Rafael Chagas. *A função social do contrato*. São Paulo: Quartier Latin, 2005, p. 78.

28. ROSENVALD, Nelson. A função social do contrato. *In* HIRONAKA, G. M. F. N.; TARTUCE, F. (coord.). *Direito contratual: temas atuais*. São Paulo: Método, 2007, p. 97.

29. Em crítica a essa postura, destaca Anderson Schreiber: "[a jurisprudência] tem encontrado dificuldade em empregá-la sem o caráter um tanto demagógico que, muitas vezes, se lhe imprime na prática advocatícia, onde a função social tem sido invocada ora como argumento para a defesa dos interesse patrimoniais e individuais dos próprios contratantes ou de seus concorrentes – utilização que, note-se, contraria o caráter *social* da função que o legislador pretendeu expressamente atribuir ao contrato –, ora como fundamento para a absoluta desconsideração do próprio contrato, resultado que representa uma aplicação principiológica intensíssima, mas que se afasta da própria essência de um princípio setorial do Direito dos Contratos" (SCHREIBER, Anderson. *Equilíbrio contratual e dever de renegociar*. São Paulo: Saraiva, 2018, p. 30-31).

30. TJRS, 5ª C.C., Ap. Cível n. 70025660218, Rel. Romeu Marques Ribeiro Filho, julg. 15/10/2008.

31. TJRS, 9ª C.C., Ap. Cível n. 70025542754, Rel. Léo Romi Pilau Júnior, julg. 08/10/2008.

32. TJDF, 2ª T.R.C., Ap. Cível 20070111238578, Rel. Alfeu Machado, julg. 15/07/2008.

33. TJRS, 2ª T.R.C., Ap. Cível n. 71001565050, Rel. Afif Jorge Simões Neto, julg. 10/09/2008.

34. TJRS, 2ª T.R.C., Ap. Cível n. 71000693143, Rel. Mylene Maria Michel, julg. 17/05/2006.

35. TJRJ, 2ª C.C., Ag. Instr. 200800233382, Rel. Des. Paulo Sergio Prestes, julg. 13/10/2008; TJRJ, 15ª C.C., Ag. Instr. 200800215589, Rel. Des. Jose Carlos Paes, julg. 28/05/2008.

abusiva de renúncia à indenização das benfeitorias,[36] desligamento compulsório de empreendimento cooperativo.[37] Na mesma linha, a possibilidade de revisão judicial dos termos do contrato, quando desequilibrados, encontrou amparo reiteradamente na exigência de atendimento à sua função social,[38] bem como a redução da cláusula penal[39] e a aplicação da teoria do adimplemento substancial.[40]

Isso gerou um panorama de considerável esvaziamento de qualquer significado normativo específico da função social do contrato.[41] Invocada de forma quase que exclusivamente retórica, na esmagadora maioria desses julgados a função social do contrato aparece junto a outros princípios, como a boa-fé, o equilíbrio contratual, o enriquecimento sem causa e a dignidade da pessoa humana, sem que houvesse especificação do papel de cada princípio na decisão nem sua relação específica com o caso concreto.

Estudo quantitativo sobre a jurisprudência do Tribunal de Justiça do Estado do Rio de Janeiro que invoca a função social do contrato nos últimos anos constatou que somente 16% dos julgados traziam alguma fundamentação argumentativa para sua aplicação, e em apenas 9% deles a função social do contrato tinha algum papel autônomo na decisão.[42] Também na jurisprudência do STJ, já se destacou que "dos 100 acórdãos que fazem menção à função social do contrato desde que o Código de 2002 entrou em vigor [até então], em 62 ela é citada junto com o princípio da boa-fé, 3 junto com um 'princípio de eticidade' e 10 junto com a vedação ao enriquecimento sem causa".[43]

---

36. TJSP, 4ª C.D.P., Ap. Cível 1613954100, Rel. Maia da Cunha.
37. TJDF, 3ª T.C., Ap. Cível 20060110408947, Rel. Humberto Adjuto Ulhôa, julg. 12/03/2008.
38. TJRJ, 16ª C.C., Ap. 200800149662, Rel. Des. Marco Aurelio Bezerra de Melo, julg. 14/10/2008; TJMG, Ap. Cível n. 107010617008630011, Rel. Valdez Leite Machado, julg. 24/07/2008; TJSP, 14ª C.D.P., Ap. n. 1311473700, Rel. Ligia Araújo Bisogni, julg. 27/09/2008; TJRS, 14ª C.C., Ap. Cível n. 70025542754, Rel. Dorval Bráulio Marques, julg. 14/08/2008.
39. TJRJ, 9ª C.C., Ap. Cível 200800122789, Rel. Sergio Jeronimo A. Silveira, julg. 05/08/2008; TJPR, 15ª C.C., Ap. Cível 04818013, Rel.: Des. Luiz Carlos Gabardo, julg. 16.07.2008.
40. TJRJ, 18ª C.C., Ap. Cível 200800129893, Rel. Celia Meliga Pessoa, julg. 01/07/2008.
41. Para Gerson Branco, "A análise da função social dos contratos na jurisprudência brasileira passa pelo reconhecimento inicial de que não há um bloco uníssono, sistemático e absolutamente coerente nos Tribunais do país. Pelo contrário, a jurisprudência sobre a matéria é substancialmente difusa e tópica, de modo que embora possam existir 'paradigmas' implícitos em tais decisões, é difícil afirmar que as decisões tenham sido fundantes ou determinantes de determinados entendimentos" (BRANCO, Gerson Luiz Carlos. A função social do contrato no Código Civil: 18 anos de vigência e a interpretação jurisprudencial do STJ. *In* BARBOSA, H.; SILVA, J. C. F. (coord.). *A evolução do direito empresarial e obrigacional*, v. II. São Paulo: Quartier Latin, 2021, p. 291).
42. TERRA, Aline de Miranda Valverde; KONDER, Carlos Nelson; GUEDES, Gisela Sampaio da Cruz. Boa-fé, função social e equilíbrio contratual: reflexões a partir de alguns dados empíricos. *In* TERRA, A. M. V.; KONDER, C. N.; GUEDES, G. S. C. (coord.). *Princípios contratuais aplicados: boa-fé, função social e equilíbrio contratual à luz da jurisprudência*. Indaiatuba, SP: Foco, 2019, p. 14-15.
43. KONDER, Carlos Nelson. Fundamentação das decisões e aplicação da função social do contrato: aportes do Código de Processo Civil de 2015. *In*: MENDES, A. G. C.; BEDAQUE, J. R. S.; CARNEIRO,

Esse cenário de imprecisão de sua aplicação, especialmente em razão de sua sobreposição recorrente às medidas de intervenção estatal para o equilíbrio contratual, foi o palco propício para tornar a função social do contrato alvo de reforma legislativa quando da mudança do ideário político governante. A ascensão de um Poder Executivo nacional reputado não interventor na economia e conservador nos costumes, em expressa contraposição aos governos antecedentes, levou a identificar, na função social do contrato – e na sua utilização arbitrária por decisões judiciais –, uma ameaça à liberdade econômica. Nessa toada, o artigo 421 foi um dos vários dispositivos carregados por verdadeira enxurrada que transformou institutos basilares do direito civil brasileiro, como a desconsideração da personalidade jurídica, o regime dos contratos de adesão e a onerosidade excessiva: a Medida Provisória 881, de 30 de abril de 2019.

Não foram poucas as críticas desferidas à iniciativa do legislador. Em primeiro lugar, apontou-se a incoerência de se buscar maior estabilidade econômica por meio de uma medida provisória – que não se sabia se continuaria em vigor, seria convertida em lei, rejeitada pelo Congresso, perderia vigência pelo decurso do prazo ou se seria convertida em lei profundamente modificada (como de fato foi).[44] Além disso, indicou-se a contradição de se buscar maior previsibilidade das decisões por meio de enunciados normativos redigidos de forma bastante confusa e generalista: especificamente afirmou-se "a inconveniência da modificação precipitada dos institutos de direito privado",[45] julgando que ela realiza "alterações pontuais e, em sua maior parte, mal redigidas",[46] afirmando que "apresenta sérios problemas técnicos no trato das categorias civis",[47] reputando-a, em síntese, "atécnica, confusa e ociosa".[48] Por fim, o próprio conteúdo das inovações foi bastante controvertido, reputado até mesmo inconstitucional do ponto de vista não somente formal, mas também material.[49]

P. C. P.; ALVIM, T. A. (coord.). *O novo processo civil: temas relevantes – Estudos em homenagem ao professor, jurista e ministro Luiz Fux*. Rio de Janeiro: GZ, 2018, v.1, p. 202.

44. LEONARDO, Rodrigo Xavier. Como tomar decisões empresariais com a MP da "liberdade econômica". *Consultor jurídico*, 10 jun. 2019. Disponível em <t.ly/HULA>, acesso em 27 ago. 2019.

45. LEONARDO, Rodrigo Xavier. Como tomar decisões empresariais com a MP da "liberdade econômica". *Consultor jurídico*, 10 jun. 2019. Disponível em <t.ly/HULA>, acesso em 27 ago. 2019.

46. SCHREIBER, Anderson. Alterações da MP 881 ao Código Civil – Parte I. *Carta Forense*, 03 maio 2019. Disponível em <t.ly/zp3B>, acesso em 27 ago. 2019.

47. TARTUCE, Flávio. A MP 881/19 (liberdade econômica) e as alterações do Código Civil. Primeira parte. *Migalhas*, 03 maio 2019. Disponível em <t.ly/2TbM>, acesso em 27 ago. 2019.

48. TEPEDINO, Gustavo. A MP da liberdade econômica e o direito civil. *Revista brasileira de direito civil – RBDCivil*, v. 20, n. 02. Belo Horizonte: 2019, p. 11.

49. LÔBO, Paulo. Inconstitucionalidades da MP da "liberdade econômica" e o Direito Civil. *Consultor jurídico*, 06 jun. 2019 Disponível em <t.ly/b4Rl>, acesso em 27 ago. 2019; BERCOVICI, Gilberto. Parecer sobre a inconstitucionalidade da Medida Provisória da Liberdade Econômica. *Revista Fórum de direito financeiro e econômico – RFDFE*, ano 8, n. 15. Belo Horizonte, mar./ago. 2019, p. 173-202. Antes da MP 881, já defendia que a vedação ao retrocesso tornaria inconstitucional qualquer cons-

Diante dos graves problemas da MP 881/2019, a atuação de juristas de diversos matizes no Congresso Nacional foi significativa, e o texto sofreu profundas modificações antes que viesse a ser convertido em lei ordinária. No que tange à função social do contrato, a Lei n. 13.874/2019, denominada comumente "Lei de liberdade econômica", cominou a seguinte redação ao dispositivo:

> Art. 421. A liberdade contratual será exercida nos limites da função social do contrato.
>
> Parágrafo único. Nas relações contratuais privadas, prevalecerão o princípio da intervenção mínima e a excepcionalidade da revisão contratual.

Entre os problemas da reforma, a afirmação de que a atuação da função social do contrato ou, de maneira mais ampla, a intervenção jurisdicional, deve ser mínima e excepcional, embora já defendida por alguma doutrina anterior à reforma,[50] parece inócua, trazendo efeito puramente simbólico e retórico. Destacou-se na doutrina a contradição entre buscar-se reduzir a quantidade de intervenções sem, todavia, modificar os requisitos dos institutos que especificamente ensejam essas intervenções.[51] O cenário descrito, marcado não pelo excesso de intervenções judiciais nos contratos, mas pela incerteza sobre as hipóteses e formas disso ocorrer, justificaria que o legislador, em lugar de reiterar o respeito à liberdade das partes e a excepcionalidade da revisão, tivesse estabelecido os critérios sobre quando e como isso deve ocorrer.[52]

A despeito desse contexto conflituoso, acredita-se que a função social do contrato, lida à luz da metodologia civil-constitucional, pode ter papel relevante

---

trição posterior à "socialização do contrato": PAMPLONA FILHO, Rodolfo. Breves reflexões sobre o princípio da função social. *In* EHRHARDT JÚNIOR, M.; LOBO, F. A. (coord.). *A função social nas relações privadas*. Belo Horizonte: Forum, 2019, p. 49.

50. Na doutrina, por exemplo, MELLO, Adriana Mandim Theodoro de. A função social do contrato e o princípio da boa-fé no Código Civil Brasileiro. *Revista Forense*, n. 364. Rio de Janeiro: nov./dez. 2002, p. 9: "só a deformidade, o absurdo, e o teratológico exercício do direito de contratar que atente contra a regularidade das relações privadas e leve a aviltar os próprios fundamentos, as garantias e os valores sociais que sustentam e protegem a liberdade é que serão passíveis de invalidação por intervenção do juiz". Na jurisprudência, TJDF, 1ª T. C., Ap. Cível 20020111044353, Rel. Flavio Rostirola, julg. 11/06/2008: "Em que pese a relativização do princípio *pacta sunt servanda*, em atenção à função social do contrato e aos princípios da probidade e da boa-fé, a ingerência do poder judiciário só resta autorizada em hipóteses excepcionais".

51. Como explica Anderson Schreiber: "Dizer que a revisão é 'excepcional e limitada', sem alterar aqueles requisitos, não traz qualquer inovação no mundo do direito – como, aliás, não traria dizer que 'não é excepcional', que é 'ilimitada' ou que deve ocorrer 'com frequência' ou 'em regra'. Ou se modificam os requisitos que atraem a revisão ou tudo permanece como era antes" (SCHREIBER, Anderson. Princípios constitucionais versus liberdade econômica: a falsa encruzilhada do Direito Contratual brasileiro. *Migalhas*, 31 ago. 2020. Disponível em <t.ly/7Q4F>, acesso em 12 abr. 2022).

52. KONDER, Carlos Nelson; COBBETT, Luccas Goldfarb. A função social do contrato após a Lei de Liberdade Econômica. *Revista brasileira de direito contratual*, v. 7. São Paulo: 2021, p. 5-22.

no endereçamento do problema da dita "eficácia do contrato ineficaz". Com efeito, a tese parte da hipótese de que, expressa ou implicitamente, a função social já vem desempenhando relevante papel na conservação de efeitos do contrato, como se observa das decisões judiciais e estudos doutrinários sobre situações específicas dessa eficácia, de modo que se objetiva, por meio da proposição de parâmetros, conferir maior segurança e sistematicidade à sua aplicação nessa seara.

A escolha da utilização da função social do contrato e, principalmente, da metodologia civil-constitucional, pode ser justificada em dois argumentos contextuais, já que não existe para o jurista uma fórmula obrigatória de pensar: a adequação do método é um discurso aberto e o que se exige do jurista é consciência e coerência do método adotado.[53] A orientação civil-constitucional, nesse caso, está vinculada a duas marcas fundamentais do contexto brasileiro: a falta de tradição democrática e as profundas desigualdades sociais.

Fincar pé na Constituição de 1988, maximizando a irradiação de seus preceitos sobre as relações privadas, é também uma escolha no sentido de priorizar a democracia, como forma de organização não apenas política mas social: a democracia como modelo aplicável a qualquer grupo, das relações entre cidadãos e Estado às relações entre familiares.[54] A denominada "Constituição cidadã", com todas as suas limitações e defeitos, foi um marco histórico em uma tradição de instabilidade política e recorrentes ameaças autoritárias, estabelecendo a democracia não apenas na estrutura política do país, mas também no âmbito das relações privadas.[55] Não se trata de renegar a milenar tradição dogmática do direito civil, mas de reconhecer, em um esforço de autocrítica, que, especialmente no contexto brasileiro, ela acompanhou inerte, se não deu mesmo suporte, aos mais variados impulsos de autoritarismo e opressão nas relações entre particulares. A

---

53. PERLINGIERI, Pietro. *O direito civil na legalidade constitucional*. Rio de Janeiro: Renovar, 2008, p. 88 e 124.

54. MORAES, Maria Celina Bodin de. A família democrática. *Na medida da pessoa humana*. Rio de Janeiro: Renovar, 2010, p. 211.

55. A expressão "Constituição cidadã" costuma ser atribuída a GUIMARÃES, Ulysses. Discurso proferido pelo constituinte Ulysses Guimarães presidente da Assembleia Nacional Constituinte. Disponível em <t.ly/Br6v>, acesso em 23 jul. 2022. Na descrição de Adriano Pilatti: "Ao encerrar formalmente o longo processo de transição democrática que se iniciou no final dos anos 1970 em nosso País, a Assembleia Nacional Constituinte de 1987-1988 (ANC) foi palco de grandes conflitos de interesse e opinião que haviam permanecido latentes, irresolutos ou agravados, durante os anos de repressão. Tais conflitos ensejaram mobilizações de intensidade e extensão inéditas na história das Constituintes brasileiras. Entre 1º de fevereiro de 1987 e 5 de outubro de 1988, o edifício do Congresso Nacional, em Brasília, transformou-se em ponto de afluência de múltiplos setores organizados da sociedade brasileira. Ali aconteceu um processo decisório caracterizado pelo dissenso, pela intensa e permanente mobilização de atores coletivos internos e externos, por votações altamente polarizadoras e, ao mesmo tempo – sobretudo em sua fase final –, por uma atividade igualmente intensa e incessante de busca de acordos entre as lideranças das diferentes forças em choque" (PILATTI, Adriano. *A constituinte de 1987-1988: progressistas, conservadores, ordem econômica e regras do jogo*. Rio de Janeiro: Lumen Juris, 2008, p. 1).

Constitucionalização, assim, entre nós, é também uma escolha do civilista por estar sempre atento à necessidade de um direito civil democrático e solidário.

Junta-se a isso a assustadora conjuntura brasileira em termos de desigualdades sociais. No último Relatório sobre as desigualdades mundiais do World Inequality Lab destacou-se que, no Brasil, o 1% mais abastado da população possui praticamente a metade (48,9%) da riqueza nacional e os 10% mais ricos representam 58,6% da renda total do país, enquanto a metade mais pobre da população brasileira só ganha 10% do total da renda nacional e detém 0,4% da riqueza brasileira (ativos financeiros e não financeiros).[56] A escolha da metodologia civil-constitucional e da abordagem a partir da função social do contrato, assim, serve também a afastar a ideia de que o direito contratual possa ser indiferente a essa conjuntura social, como se ele pudesse pairar de forma neutra e descontextual acima dos anseios e conflitos da sociedade a que se dirige.[57] Trata-se de reinserir o direito contratual no contexto social e, especialmente, submetê-lo aos imperativos constitucionais que, sob a lógica solidarista e personalista, regem a atividade econômica como um todo, da qual o contrato é sua expressão mais fundamental.

A escolha da função social do contrato e da metodologia civil-constitucional explica também que, embora alguns exemplos de contratos abordados na tese envolvam relações de consumo ou possam ser reputados contratos administrativos, não serão analisados a partir da normativa específica desses setores. Isso decorre da unidade do sistema – em contraposição à teoria dos microssistemas – e da superação da dicotomia entre direito público e direito privado como corolários da constitucionalização do direito civil.

A distinção entre um direito público que se referiria somente à limitação da atuação do Estado, enquanto o direito privado desempenhava um papel constitucional como estatuto total e exclusivo do indivíduo, vai se esvaziando conforme se ampliam as normas interventivas nas relações privadas, bem como ganha espaço na atividade estatal o papel da coordenação e livre negociação.[58] O reconheci-

---

56. CHANCEL, Lucas *et al. World inequality report 2022.* Paris: World Inequality Lab, 2021, p. 185-186.

57. Como afirma Teresa Negreiros: "[...] a reflexão acerca do contrato passou a abranger novos temas: justiça social, solidariedade, erradicação da pobreza, proteção ao consumidor, proteção ao meio ambiente. Trata-se de valores, princípios e tarefas constitucionalmente impostos, em relação aos quais o direito dos contratos não é – não deve ser – indiferente. Hoje, impõe-se reconhecer que a disciplina contratual não está à parte do projeto de sociedade livre, justa e solidária idealizado pela ordem constitucional em vigor no país" (NEGREIROS, Teresa. *Teoria do contrato*: novos paradigmas. Rio de Janeiro: Renovar, 2002, p. 492).

58. GIORGIANNI, Michele. O direito privado e as suas atuais fronteiras. *Revista dos tribunais*, ano 87, v. 747. São Paulo: jan./1988, p. 35-55. Entre nós, v. SARMENTO, Daniel. A trajetória da dicotomia público/privado. *Revista trimestral de direito civil*, v. 22. Rio de Janeiro: abr.-jun./2005, p. 239-257.

mento da superioridade hierárquica da Constituição, cujas normas se impõem também às relações privadas, e que garante unidade dentro da complexidade do ordenamento jurídico, leva a distinção a desempenhar finalidade mais didática do que ontológica, uma vez que ambos compartilham o mesmo fundamento e apontam para uma mesma finalidade.[59] Sob essa premissa, mesmo contratos que poderiam ser reputados administrativos serão abordados não pela legislação que lhes é particular, mas reconduzidos à lógica geral – constitucionalizada – do sistema, de modo a ilustrar a atuação conservativa da função social.

A premissa relativa à unidade do sistema também permite contrapor a metodologia civil-constitucional à chamada teoria dos microssistemas, ao menos na sua acepção original, segundo a qual a descodificação teria levado ao surgimento de estatutos jurídicos que se fecham em si, hermeneuticamente autônomos, guiados por lógicas e valores apartados do restante do ordenamento.[60] Sob a perspectiva civil-constitucional não é possível encontrar seara das relações privadas autônoma aos imperativos do sistema, pois o ordenamento ou bem é uno, ou não é ordenamento.[61] Dessa forma, mesmo os contratos que disciplinam relações de consumo – ramo em que o conceito de microssistema se difundiu com tintas mais diluídas[62] – serão abordados não sob as peculiaridades do diploma consumerista, mas também como peças da engrenagem constitucional.[63]

Ainda no âmbito das explicações metodológicas, é necessário esclarecer que essa tese foi integralmente elaborada durante o período da pandemia de Covid-19, de modo que a prioridade dada às referências nacionais decorreu não somente da já exposta "brasilidade" da previsão legislativa da função social do contrato, mas também da dificuldade de acesso às referências estrangeiras em virtude das restrições de circulação. Pela mesma razão, foram priorizados os recursos eletrônicos, com a devida identificação nas referências dessa natureza. Isso contribuiu também a que a revisão bibliográfica, própria das pesquisas jurídicas, fosse implementada em conjunto com a análise crítica dos argumentos envolvidos, de modo a viabilizar igualmente a busca por objetividade que permeou a tese.

---

59. NEGREIROS, Teresa. Dicotomia público-privado frente ao problema da colisão de princípios. *In* TORRES, R. L. (org.). *Teoria dos direitos fundamentais*. Rio de Janeiro: Renovar, 1999, p. 337-375.

60. IRTI, Natalino. *L'età della decodificazione*. Milano: Giuffrè, 1999, p. 126.

61. PERLINGIERI, Pietro. *O direito civil na legalidade constitucional*. Rio de Janeiro: Renovar, 2008, p. 200-201.

62. Cláudia Lima Marques defende o tratamento do Código de Defesa do Consumidor como um microssistema, mas preconiza a importância do que denomina de *diálogo das fontes* (MARQUES, Claudia Lima. *Contratos no Código de Defesa do Consumidor*, 9. ed. São Paulo: Thompson Reuters Brasil, 2019, p. 679 e ss.).

63. TEPEDINO, Gustavo. As relações de consumo e a nova teoria contratual. *Temas de direito civil*, tomo I, 4. ed.. Rio de Janeiro: Renovar, 2008, p. 242.

Feitas essas ressalvas, a empreitada de buscar sistematizar o papel da função social na conservação de efeitos do contrato foi estruturada nesta tese em quatro capítulos, por um lado agrupados em duas grandes partes, por outro divididos em dois itens, cada qual com dois subitens. Assim, a primeira parte, destinada à própria compreensão da categoria normativa da função social do contrato, inicia-se por um capítulo dedicado analisar os fundamentos para a função social do contrato. Essa fundamentação perpassa tanto o substantivo "função", analisando-se a perspectiva funcional dos institutos de direito civil e os institutos voltados especificamente à funcionalização dos contratos, como o adjetivo "social", discutindo-se a ligação comumente estabelecida com a mitigação do princípio da relatividade dos efeitos do contrato e a recondução aos preceitos do texto constitucional, como a solidariedade social, os direitos sociais e os princípios constitucionais que regem a atividade econômica.

O segundo capítulo passa à esfera da aplicação da função social do contrato. De início, analisam-se as características do contexto fático que interferem com essa aplicação, investigando-se como a massificação dos contratos atrai a sua incidência e o papel que o raciocínio consequencialista desempenha nessa atividade aplicativa. Em seguida, o estudo volta-se ao quadro normativo, buscando avaliar a adequação de reconduzir a função social do contrato às categorias mais comuns – como conceito indeterminado, cláusula geral, princípio e postulado – e, ao final, propor um modelo teórico voltado a sistematizar a aplicação da função do contrato.

A segunda parte da tese recai especificamente sobre a aplicação da função social para a conservação de efeitos do contrato, principiando pelo terceiro capítulo, destinado a avaliar como isso vem ocorrendo em hipóteses comuns de mitigação da ineficácia. Esse exame panorâmico será apartado, apenas para sistematizá-lo, entre os casos em que se limita a possibilidade de extinção unilateral do contrato, como a resilição unilateral e a resolução por inadimplemento ou por onerosidade excessiva, e casos em que se impõe às partes o dever de continuar a suportar efeitos do negócio apesar da sua extinção, como nas invalidades e na dita responsabilidade pós-contratual.

O quarto e último capítulo, enfim, irá se dedicar à proposição de parâmetros para guiar o intérprete na utilização da função social para a conservação de efeitos do contrato. Serão sugeridos inicialmente parâmetros substantivos, consistentes no alcance dos efeitos do contrato sobre a coletividade e na essencialidade desses efeitos para os não contratantes. Em seguida, serão propostos parâmetros metodológicos, quais sejam, a temporariedade da conservação e a fundamentação argumentativa da decisão. Pretende-se, com isso, oferecer maior segurança e sistematicidade à atuação conservativa da função social do contrato.

Parte I
A COMPREENSÃO DA FUNÇÃO SOCIAL DO CONTRATO

O papel da função social na conservação de efeitos do contrato ineficaz pressupõe a definição do que se compreende por função social do contrato. Essa premissa, contudo, não é fácil de se estabelecer. Os numerosos estudos sobre o tema e as diversas decisões nela baseadas, advindos após o Código Civil de 2002, contribuíram para atribuir à função social do contrato vastíssima gama de aplicações e, consequentemente, dificultar a delimitação do seu campo conceitual: servindo para tudo, acabava por não servir para nada. Esse cenário obscuro em que a função social do contrato tem papel mais retórico do que normativo ficou ainda mais tumultuado pela reforma legislativa promovida pela Lei de Liberdade Econômica (Lei n. 13.874, de 2019). Embora de pouca repercussão prática, a reforma exacerbou o debate de fundo ideológico sobre a intervenção do Estado nas relações contratuais. Nesse contexto, a polarização de visões extremadas parece nublar ainda mais o papel efetivamente normativo da função social do contrato.

Diante disso, a empreitada assumida na primeira parte dessa tese consiste em estabelecer adequada compreensão da função social do contrato. Trata-se da busca por uma definição exclusivamente operacional, instrumentalizada especialmente à definição de seu papel no âmbito da conservação de efeitos do contrato. Para esse fim, o primeiro capítulo dedica-se à fundamentação da função social do contrato, cujo conteúdo valorativo lhe dá identidade e lhe insere na totalidade sistemática do ordenamento jurídico. O segundo capítulo, por sua vez, volta-se, à sua aplicação, buscando determinar os caminhos pelos quais ela efetivamente opera na realidade prática do direito contratual.

1
A FUNDAMENTAÇÃO DA FUNÇÃO SOCIAL DO CONTRATO

A compreensão do conteúdo normativo da função social do contrato, para delimitar com maior clareza e precisão sua aplicação à conservação de efeitos do negócio, deve principiar pela análise de sua fundamentação, o que será objeto deste primeiro capítulo. O exame dos fundamentos encontrados no sistema jurídico para respaldar o reconhecimento de uma função social do contrato, bem como dos fundamentos metodológicos para sua atuação no processo de interpretação e aplicação do direito contratual, serve a dar-lhe identidade e autonomia conceitual e, assim, precisar as hipóteses e modos de sua incidência.

Para esse fim, este capítulo desdobra-se em dois itens associados aos dois vocábulos que individuam o instituto contratual: o substantivo função e o adjetivo social. No primeiro item, busca-se compreender o que seria a referida função do contrato e como ela pode inserir-se em um procedimento metodológico mais amplo, e viabilizado por diversas figuras, que compreende os institutos jurídicos como instrumentos para desempenhar certos efeitos: a funcionalização.

O segundo item, por sua vez, pretende compreender a socialização da função do contrato a partir da premissa da "unidade dentro da complexidade" do sistema jurídico, de modo a pretender uma leitura que, entre as diversas matrizes filosóficas acerca do equilíbrio entre liberdade e solidariedade, encontre respaldo na legalidade constitucional para evitar tanto abordagens individualistas como totalitárias. Nesse sentido, aborda-se a recorrente referência ao impacto da função social do contrato sobre o tradicional princípio da relatividade dos efeitos do contrato, bem como os fundamentos constitucionais que dão respaldo à figura incorporada pelo codificador.

1.1 FUNCIONALIZAÇÃO DO CONTRATO

A ideia de função é central para a metodologia civil-constitucional, pois, de um ponto de vista puramente dogmático, estabelece a ligação fundamental entre fato (contrato), efeitos e interesses, o que permite, em uma perspectiva mais ampla, inserir o contrato no contexto social do qual se origina e ao qual se dirige.

Isso culmina no procedimento metodológico de funcionalização dos contratos, instrumentalizados à realização de interesses que podem extravasar a esfera dos próprios contratantes.

Este item inicial destina-se, portanto, a mapear o instrumental teórico necessário para compreender o que é a função do contrato e como pode se operar a sua funcionalização. Para tanto, ele é apartado em dois subitens. O primeiro estabelece o léxico utilizado pela dogmática perlingieriana, centrado nos conceitos de função, efeitos, interesses, análise funcional e funcionalização. O objetivo não é, naturalmente, uma abordagem analítica de cada um desses conceitos, mas apenas pavimentar a mínima delimitação semântica necessária para dar suporte às reflexões desenvolvidas.

O segundo subitem coteja distintos institutos construídos para empreender, em diferentes nichos, a denominada funcionalização do contrato. Foram escolhidos, pela popularidade e similaridade com a função social do contrato, as figuras da frustração do fim do contrato e da causa do contrato, cuja introdução no ordenamento brasileiro é frequentemente defendida em doutrina. Não se pretende empreender estudo comparativo, mas apenas identificar os traços distintivos idôneos a apartar seus modos de atuação para verificar eventual sobreposição ou mesmo recondução à função social do contrato, tal qual prevista no artigo 421 do Código Civil.

1.1.1 Função e análise funcional do contrato

A adequada compreensão da função social do contrato deve iniciar com a análise do próprio conceito de *função* no plano do direito. Oriunda da perspectiva fisiológica das ciências ditas naturais, a ideia de função no âmbito das ciências reputadas sociais remete à análise de efeitos, objetivos, utilidades, repercussões: uma "consequência de determinada espécie, determinável e esperada teoricamente e/ou empiricamente observável ou inferível, e observada ou inferida".[1] Refere-se, portanto, à instrumentalidade de uma causa para a produção de uma consequência.

No âmbito do direito, o conceito de função contrapõe-se e, ao mesmo tempo, conjuga-se com o de estrutura.[2] Enquanto a estrutura de cada instituto descreve os elementos que o compõem (sua morfologia), a função refere-se à forma pela qual tais elementos atuam, o que eles fazem, ou, na síntese de Pietro Perlingieri,

---

1. EISTER, Allan W.. Função. *Dicionário de ciências sociais*. Rio de Janeiro: Fundação Getulio Vargas, 1986, p. 500.
2. KONDER, Carlos Nelson. Para além da "principialização" da função social do contrato. *Revista Brasileira de Direito Civil – RBDCivil*, v. 13. Belo Horizonte: jul.-set./2017, p. 40.

enquanto a estrutura reflete o instituto "como é", a função indica "para que serve".[3] Nessa linha, a função de qualquer fato é compreendida como a "síntese global dos interesses" sobre o qual ele incide, a "síntese dos efeitos 'essenciais' do fato".[4]

Olhar para a função, no plano do direito, envolve, portanto, observar a criação, modificação ou extinção de situações jurídicas subjetivas atingida por aquele fato, tais como direitos subjetivos, direitos potestativos, poderes-deveres, ônus, expectativas etc. No âmbito desse "tecido de situações jurídicas subjetivas" que são atingidas de forma inovadora por aquele fato, alguns efeitos são essenciais, no sentido de individuar a atuação daquele fato, de modo que a função conforma a síntese desses efeitos, interligando-os de forma ordenada e apreendendo seu significado normativo.[5] Considerando que cada situação jurídica subjetiva traduz a proteção de determinado interesse, a função acaba se caracterizando também como síntese global de interesses.[6] A função, portanto, vincula-se aos interesses que o fato visa a atender.[7]

No tocante especificamente aos contratos, os efeitos que serão produzidos, bem como a avaliação de sua essencialidade e a conformação de sua síntese, resultam de complexa interrelação entre a iniciativa dos sujeitos e os esquemas abstratos predeterminados pelo ordenamento.[8] Dessa forma, no contrato imiscui-se aos interesses normatizados em abstrato a composição específica de interesses estabelecida pelas partes, o que faz com a sua função somente possa ser identificada em concreto.[9] A função, assim, insere o contrato no contexto, fático e normativo, ao qual ele se destina, como um instrumento para normatizar a relação entre aqueles contratantes.

---

3. PERLINGIERI, Pietro. *Perfis do direito civil*. Rio de Janeiro: Renovar, 1999, p. 94.
4. PERLINGIERI, Pietro. *O direito civil na legalidade constitucional*. Rio de Janeiro: Renovar, 2008, p. 642-643.
5. PERLINGIERI, Pietro. *O direito civil na legalidade constitucional*. Rio de Janeiro: Renovar, 2008, p. 643.
6. Para Perlingieri, "Por interesse entende-se a relação entre um sujeito e um bem (interesse em sentido subjetivo: em algumas ocasiões falou-se interesse como transposição no plano jurídico da necessidade e do desejo advertido pelo sujeito). Contrapõe-se a esta uma acepção objetiva (ou normativa) do interesse como «exigência de bens ou valores a realizar ou a proteger» em uma sociedade e em um ordenamento historicamente determinado" (PERLINGIERI, Pietro. *O direito civil na legalidade constitucional*. Rio de Janeiro: Renovar, 2008, p. 117, nota 143).
7. Destaca Andrea Marighetto: "no âmbito do Direito, quando geralmente se usa a palavra 'função', pretende-se indicar o poder jurídico exercido pelo seu titular com o fim de realizar um interesse" (MARIGHETTO, Andrea. *O acesso ao contrato: sentido e extensão da função social do contrato*. São Paulo: Quartier Latin, 2012, p. 61).
8. PERLINGIERI, Pietro. *O direito civil na legalidade constitucional*. Rio de Janeiro: Renovar, 2008, p. 642.
9. PERLINGIERI, Pietro. *O direito civil na legalidade constitucional*. Rio de Janeiro: Renovar, 2008, p. 659.

A dita *análise* ou *perspectiva funcional* de um contrato conduz o intérprete a considerar o exercício da liberdade contratual à luz dessa composição dos interesses em jogo, isto é, da síntese dos efeitos essenciais perseguidos.[10] Trata-se de uma forma de abordagem que, na avaliação da legitimidade do exercício da autonomia negocial, não se atém somente à presença ou ausência dos elementos exigidos pelas regras pertinentes (p. ex., capacidade dos contratantes, idoneidade do objeto, forma prescrita ou não defesa em lei), mas verifica também a compatibilidade dos efeitos pretendidos com os preceitos do ordenamento. O regime jurídico do contrato depende não somente dos elementos que o estruturam, mas dos efeitos que ele pretende, dos interesses a que ele atende.

A prioridade que a perspectiva funcional vem assumindo frente à perspectiva estrutural reflete uma transformação histórica no papel do intérprete. A análise puramente estrutural condiz com a busca por uma postura científica pretensamente neutra, independente do contexto histórico-cultural e desprendida das suas repercussões sociais, com o intuito de "salvaguardar a pesquisa teórica contra a infiltração de juízos de valores e de evitar a confusão entre direito positivo, o único objeto possível de uma teoria científica do direito, e o direito ideal".[11]

Trata-se, consequentemente, de um tipo de abordagem privilegiado por escolas de pensamento marcadas pelo dogmatismo, isto é, pela análise dos institutos jurídicos em abstrato, desprendida de seu contexto social. Afirma-se ser postura hermenêutica originária da Pandectística alemã e que encontrou seu auge no normativismo kelseniano, que, na busca por ressalvar a autonomia científica do direito frente às demais ciências sociais, defendia o tratamento formal dos conceitos jurídicos e a descrição neutra dos seus princípios.[12]

O privilégio da análise estrutural dos institutos do direito civil se casa também com escolas positivistas de matriz formalista, isto é, que visam restringir a atuação do intérprete, impondo-lhe maior fidelidade à literalidade dos textos

---

10. Para Eduardo Nunes de Souza, "investigar a função de certo instituto jurídico corresponde justamente a identificar os interesses envolvidos em sua tutela jurídica" (SOUZA, Eduardo Nunes de. Função negocial e função social do contrato: subsídios para um estudo comparativo. *Revista de direito privado*, v. 54. São Paulo: abr.-jun. 2013, p. 65, recurso eletrônico).

11. BOBBIO, Norberto. *Dalla struttura alla funzione*. Milano: Edizioni di Comunità, 1977, p. 65. Destaca Rodrigo Xavier Leonardo: "As codificações liberais do século XX procuraram esfumaçar essa perspectiva funcional, limitando o estudo do direito privado às amarras de uma epistemologia racional, propiciadora de uma leitura estrutural-institucional que se movia ao redor das noções de sujeito de direito, direito subjetivo e relação jurídica" (LEONARDO, Rodrigo Xavier. A teoria das redes contratuais e a função social dos contratos: reflexões a partir de uma recente decisão do Superior Tribunal de Justiça. *Revista dos tribunais*, v. 832. São Paulo: fev./2005, p. 108).

12. HESPANHA, António Manuel. *Panorama histórico da cultura jurídica européia*, 2. ed. Lisboa: Publicações Europa - América, 1998, p. 186.

legais.[13] Aqui também se encontra no século XIX o exemplo histórico dessa postura, no âmbito da Escola de exegese francesa, que preconizava a restrição da ciência do direito à interpretação exata dos códigos – monumentos legislativos que positivavam os valores da ascensão burguesa ao poder – como fonte única do direito.[14] Hoje em dia, o formalismo persiste renovado por posturas mais flexíveis, que reconhecem a inevitável textura aberta da linguagem, mas restringem a discricionariedade do intérprete a casos difíceis que só seriam encontrados em excepcionais zonas de penumbra.[15]

Já a análise funcional, ao focar nos efeitos perseguidos pelo exercício da autonomia negocial, traz para o âmbito hermenêutico – ou melhor, explicita – os interesses que estão por trás daquele contrato e que devem interferir na sua interpretação e qualificação.[16] Ao incluir e privilegiar a função dos institutos no objeto de estudo do intérprete, exige-se dele a compreensão do direito como fato social, cujo alcance se extrai somente no contexto histórico-geográfico do qual ele se origina e ao qual se destina.[17] Envolve, portanto, uma abordagem tendencialmente

---

13. Noel Struchiner explica que "Os formalistas pretendem oferecer uma teoria do direito que privilegia a segurança jurídica e afasta a necessidade de exercício do poder discricionário pelos aplicadores do direito. Por isso enfatizam a plenitude hermética do direito, a rigidez dos termos gerais encontrados no direito e o papel do juiz de dizer o direito e não de criá-lo" (STRUCHINER, Noel. *Direito e linguagem*: uma análise da textura aberta da linguagem e sua aplicação ao direito. Rio de Janeiro: Renovar, 2002, p. 133).

14. VAN CAENEGEN, R. C.. *Uma introdução histórica ao direito privado*, 2. ed. São Paulo: Martins Fontes, 2000, p. 198.

15. Paradigmática, nesse sentido, a obra de HART, Herbert L. A.. *O conceito de direito*, 5. ed. Lisboa: Fundação Calouste Gulbenkian, 2007. Sobre a perspectiva atual, explica Noel Struchiner: "O formalismo é a defesa de uma atitude ou disposição interpretativa segundo a qual o texto de uma formulação normativa, ou melhor, o texto da totalidade de formulações normativas deve ser levado a sério pelos responsáveis pela tomada de decisões jurídicas. Tal defesa deriva da crença de que em certos cenários ou ambientes de tomada de decisão a não-observância das regras poderia ser mais prejudicial do que sua observância, mesmo atentando para o fato de que regras, em função de sua natureza como generalizações prescritivas probabilísticas, são sempre imperfeitas, ou infelizes, na medida em que invariavelmente não são capazes de realizar as suas próprias justificações" (STRUCHINER, Noel. Posturas interpretativas e modelagem institucional: a dignidade (contingente) do formalismo jurídico. *In* SARMENTO, Daniel (org.). *Filosofia e teoria constitucional contemporânea*. Rio de Janeiro: Lumen Juris, 2009, p. 464).

16. PERLINGIERI, Pietro. *O direito civil na legalidade constitucional*. Rio de Janeiro: Renovar, 2008, p. 657.

17. Eduardo Nunes de Souza destaca: "uma análise baseada no perfil funcional permite ao intérprete emitir um juízo valorativo muito mais completo sobre os atos jurídicos, indagando se seu exercício não é abusivo e se é merecedor da tutela do ordenamento – indo, portanto, além do simples juízo de licitude proporcionado pelo prisma estrutural" (SOUZA, Eduardo Nunes de. Função negocial e função social do contrato: subsídios para um estudo comparativo. *Revista de direito privado*, v. 54. São Paulo: abr./2013, p. 65). Significativamente, em outra ocasião, o autor destaca: "Nos últimos anos, assiste-se a uma crescente desconfiança legislativa acerca da análise funcional – desconfiança que ignora largamente o fato de essa postura hermenêutica decorrer da própria fonte constitucional, de sua natureza predominantemente valorativa e do amplo reconhecimento de sua força normativa, de tal modo que

antiformalista e não dogmatista, própria das escolas que se desenvolveram ao longo do século XX, reinserindo o direito no âmbito das demais ciências sociais.[18]

Ressalte-se que a análise funcional não se contrapõe à relevância da dogmática, fundamental para garantir coerência teórica e cientificidade do direito, mas ao dogmatismo, que degenera a construção teórica no puro gosto pela classificação, sem função e alienada da realidade.[19] Tampouco renuncia às garantias formais, conquista humanitária fundamental em contraposição ao caos social, mas reconhece na atividade do direito a atuação de uma lógica informal, viabilidade por uma racionalidade distinta, de matriz argumentativa.[20] Reconhecendo-se que a pureza teórica afirmada é uma mistificação e o apego irrestrito às formas não é capaz de afastar os valores que elas traduzem, a análise funcional exige do intérprete que deixe de ocultar, sob a máscara da subsunção, as escolhas inerentes do processo hermenêutico, exposição que permite o controle mais efetivo da interpretação como atividade como atividade vinculada, controlada e responsável.[21]

A perspectiva funcional conduz, igualmente, ao processo de *funcionalização* dos institutos: trata-se não apenas de priorizar o exame da função que o fato visa a desempenhar, mas de subordinar a própria aplicação das normas que o regem ao atendimento da função que justifica a juridicidade daquele fato.[22] Amplamente difundida no âmbito da releitura de institutos como a propriedade, cuja tutela se condiciona ao atendimento de interesses não proprietários, e a família, que passa a ser protegida somente como instrumento para o livre desenvolvimento da personalidade de cada um dos seus membros, na seara negocial a funcionalização

---

a análise funcional não pode ser simplesmente afastada pelo legislador ordinário" (SOUZA, Eduardo Nunes de. De volta à causa contratual: aplicações da função negocial nas invalidades e nas vicissitudes supervenientes do contrato. *Civilistica.com*, a. 8, n. 2.. Rio de Janeiro: 2019, p. 6).

18. Segundo Rodrigo Xavier Leonardo: "A crítica ao pensamento econômico liberal, ampliou as vertentes críticas que procuravam enxergar no contrato um instituto inserido em um determinado contexto político-econômico e, portanto, dotado de função" (LEONARDO, Rodrigo Xavier. A função social dos contratos: ponderações após o primeiro biênio de vigência do Código Civil. In: CANEZIN, C.. *Arte jurídica*, v. II. Curitiba: Juruá, 2005, p. 7, recurso eletrônico).

19. PERLINGIERI, Pietro. *Manuale di diritto civile*, 5. ed. Napoli: ESI, 2005, p. 92-93.

20. PERLINGIERI, Pietro. *Manuale di diritto civile*, 5. ed. Napoli: ESI, 2005, p. 94.

21. PERLINGIERI, Pietro. *Perfis do direito civil*. Rio de Janeiro: Renovar, 1999, p. 81.

22. Como explica Luis Renato Ferreira da Silva: "Ao supor-se que um determinado instituto jurídico esteja funcionalizado, atribui-se a ele uma determinada finalidade a ser cumprida, restando estabelecido pela ordem jurídica que há uma relação de dependência entre o reconhecimento jurídico do instituto e o cumprimento da função" (SILVA, Luis Renato Ferreira da. A função social do contrato no novo Código Civil e sua conexão com a solidariedade social. *In* SARLET, Ingo Wolfgang (org.). *O novo Código Civil e a Constituição*. Porto Alegre: Livraria do advogado, 2003, p. 134). A relação entre função social e funcionalização também é destacada por ROSENVALD, Nelson. A função social do contrato. *In* HIRONAKA, G. M. F. N.; TARTUCE, F. (coord.). *Direito contratual: temas atuais*. São Paulo: Método, 2007, p. 86.

ganha impacto especialmente relevante.[23] Com efeito, uma vez reconhecido o contrato não como um fim em si mesmo, mas como instrumento para a produção de determinados efeitos, sua eficácia fica subordinada ao exame da função perseguida pelo negócio.[24]

Esse condicionamento da aplicação das normas à adequação da função que ele persegue, no tocante aos contratos, costuma ser traduzido na ideia de um *limite interno* à liberdade contratual.[25] Além dos limites que tradicionalmente constringem a liberdade contratual (como a vedação a objetos ilícitos, impossíveis ou indeterminados), que são reputados externos – a liberdade contratual é protegida enquanto não ultrapassar essas fronteiras, o que não for proibido é permitido –, a proteção da liberdade contratual estaria vinculada também ao atendimento de um requisito intrínseco, consistente na persecução de uma função compatível com ordenamento. Na explicação de Gustavo Tepedino:

---

23. Afirma Carlos Eduardo Pianovski Ruzyk: "quando se cogita de função, ao menos na concepção que a categoria assume no século XX no tocante à funcionalização dos institutos Civil, fundamentais do Direito, logo emerge a conclusão de que a função vem a limitar ou, mesmo, condicionar a liberdade" (RUZYK, Carlos Eduardo Pianovski. *Liberdade(s) e função: contribuição crítica para uma nova fundamentação da dimensão funcional do Direito Civil brasileiro*. Tese de doutorado. Curitiba: UFPR, 2009, p. 164). Sintetiza Carlos Ari Sundfeld: "Função é conceito que se opõe ao de autonomia da vontade, tal qual concebido no Direito Civil" (SUNDFELD, Carlos Ari. Função social da propriedade. In: DALLARI, A. A.; FIGUEIREDO, L. V.; SUNDFELD, C. A. (coord.). *Temas de direito urbanístico*. São Paulo: Revista dos Tribunais, 1987, p. 5).

24. Explica Gustavo Tepedino: "o debate acerca do conteúdo e do papel da função social do contrato no ordenamento jurídico brasileiro se insere no âmbito deste processo de funcionalização dos fatos jurídicos, impondo-se ao intérprete verificar o merecimento de tutela dos atos de autonomia privada, os quais encontrarão proteção do ordenamento se – e somente se – realizarem não apenas a vontade individual dos contratantes, perseguida precipuamente pelo regulamento de interesses, mas, da mesma forma, os interesses extracontratuais socialmente relevantes vinculados à promoção dos valores constitucionais" (TEPEDINO, Gustavo. Notas sobre a função social dos contratos. *In* TEPEDINO, G.; FACHIN, L. E. (coord.). *O direito e o tempo: embates jurídicos e utopias contemporâneas*. Rio de Janeiro: Renovar, 2008, p. 405). Sobre o diálogo entre a proteção da personalidade no direito civil e o conceito de "livre desenvolvimento da personalidade", v. PINTO, Paulo Mota. Notas sobre o direito ao livre desenvolvimento da personalidade e os direitos de personalidade no direito português. *In* SARLET, I. W. (coord.). *A Constituição concretizada: construindo pontes com o público e o privado*. Porto Alegre: Livraria do advogado, 2000, p. 61-83.

25. Na explicação de Judith Martins-Costa, pela teoria interna "os direitos e respectivos limites são imanentes a qualquer posição jurídica: o conteúdo definitivo de um direito é, precisamente, o conteúdo que resulta dessa compreensão do direito 'nascido' com limites; logo, o âmbito de proteção de um direito é o âmbito de garantia efetiva desse direito" (MARTINS-COSTA, Judith. Notas sobre o princípio da função social do contrato. *Revista literária de direito*, n. 37. São Paulo, ago./set. 2004, p. 18). Carlos Eduardo Pianovski Ruzyk destaca ainda: "se a função social fosse mero limite exterior, ela seria despida de seu caráter efetivamente "funcional", ou seja, de prestação que se dirige a algo" (RUZYK, Carlos Eduardo Pianovski. *Liberdade(s) e função: contribuição crítica para uma nova fundamentação da dimensão funcional do Direito Civil brasileiro*. Tese de doutorado. Curitiba: UFPR, 2009, p. 279). V. também LOBO, Paulo Luiz Netto. Princípios sociais dos contratos no Código de Defesa do Consumidor e no novo Código Civil. *Revista de direito do consumidor*, n. 42. São Paulo, abr./jun. 2002, p. 187-195, recurso eletrônico.

a função consiste em elemento interno e razão justificativa da autonomia privada. Não para subjugar a iniciativa privada a entidades ou elementos institucionais supra individuais [...], mas para instrumentalizar as estruturas jurídicas aos valores do ordenamento, permitindo o controle dinâmico e concreto da atividade privada.[26]

Sob essa perspectiva, a função configura, de fato, *razão* da tutela da liberdade contratual, já que a proteção jurídica do exercício da autonomia negocial estaria condicionada à função perseguida pelo negócio, o que justificaria a redação original do artigo 421 do Código Civil: "A liberdade de contratar será exercida em razão e nos limites da função social do contrato".[27] A funcionalização implica, em síntese, que a liberdade contratual será tutelada em razão da função que o contrato persegue.

Nesse contexto, as alterações na redação do *caput* do artigo 421 do Código Civil promovidas pela Lei de liberdade econômica – "a liberdade contratual será exercida nos limites da função social do contrato" – não alteram a compreensão de seu significado normativo sob a perspectiva da funcionalização. Preliminarmente, a substituição da expressão *liberdade de contratar* por *liberdade contratual* se limita a consolidar o que já era pacífico na doutrina: a funcionalização atinge também o exercício da autonomia negocial no tocante ao conteúdo do que foi contratado, e não somente quanto à decisão de celebrar ou não o negócio.[28] Foi, portanto, modificação pouco útil, mas especialmente bem recebida por aqueles ciosos da precisão conceitual no que tange à tradicional distinção entre os conceitos de liberdade de contratar e liberdade contratual.

A supressão da referência à função social do contrato como *razão* do exercício da liberdade de contratar, por sua vez, embora defendida por parte da doutrina,[29] parece ter valor mais simbólico e retórico para a ideologia que guiou

---

26. TEPEDINO, Gustavo. Notas sobre a função social dos contratos. *In* Tepedino, Gustavo; e Fachin, Luiz Edson (coord.). *O direito e o tempo*: embates jurídicos e utopias contemporâneas. Rio de Janeiro: Renovar, 2008, p. 402.

27. Explica Judith Martins-Costa: "A expressão 'em razão da' indica, concomitantemente: a) que a função social do contrato integra, constitutivamente, o *modo de exercício* do direito subjetivo (liberdade contratual); b) que é o seu fundamento, reconhecendo-se assim que toda e qualquer relação contratual possui, em graus diversos, duas distintas dimensões: uma *intersubjetiva*, relacionando as partes entre si; outra *transobjetiva*, ligando as partes a terceiros determinados ou indeterminados. Assim, a função social não opera apenas como um limite externo, é também um *elemento integrativo do campo de função da autonomia privado no domínio da liberdade contratual*" (MARTINS-COSTA, Judith. Notas sobre o princípio da função social do contrato. *Revista literária de direito*, n. 37. São Paulo, ago.-set./2004, p. 19).

28. TARTUCE, Flávio. A "Lei da liberdade econômica" (Lei n. 13.84/2019) e o seus principais impactos para o direito civil: mudanças no âmbito do direito contratual. *Revista brasileira de direito contratual*, n. 1. São Paulo, out.-dez./2019, p. 20-31. Contra: BERALDO, Leonardo de Faria. Os 18 anos da função social do contrato. *In* BARBOSA, H.; SILVA, J. C. F. (coord.). *A evolução do direito empresarial e obrigacional*, v. II. São Paulo: Quartier Latin, 2021, p. 311-312.

29. Por exemplo, RULLI NETO, Antonio. *Função social do contrato*. São Paulo: Saraiva, 2011, p. 203; FRADERA, Véra Jacob de. Art. 7º: liberdade contratual e função social do contrato – art. 421 do Código Civil. *In* MARQUES NETO, F. P.; RODRIGUES JR., O. L.; LEONARDO, R. X. (coord.). *Comentários à*

a reforma do que efetivamente contributivo para um cenário mais seguro de aplicação do instituto. Em primeiro lugar, porque a manutenção da expressão *limite* é idônea a abarcar a ideia de limite interno também, que remete à sua compreensão como razão. Em segundo lugar, porque a funcionalização configura metodologia hermenêutica e corolário da própria compreensão do ordenamento jurídico como sistema, independente de previsão expressa por parte do legislador ordinário.

Com efeito, a partir da concepção antiformalista e não dogmatista já apresentada, compreende-se o ordenamento jurídico como um sistema aberto, que se mantém coerente e harmônico apesar da complexidade de fontes graças à unidade valorativa historicamente determinada.[30] O significado normativo de cada instituto, portanto, somente se justifica tendo em vista a função que ele desempenha no sistema como um todo, subordinado ao atendimento dos preceitos que lhe são hierarquicamente superiores, sob pena de gerar contradição inadmissível no âmbito do ordenamento. Sob essa perspectiva metodológica, a funcionalização é necessária à adequada interpretação e aplicação de cada norma, tendo em vista que "não há normas que sejam inteligíveis no seu efetivo alcance se não forem inseridas, como partes integrantes, em uma totalidade formal (sistema legislativo) e substancial (sistema social)".[31]

A funcionalização do contrato implica, portanto, avaliar se a função impingida ao contrato em concreto pelo exercício da autonomia negocial é compatível com a função que o ordenamento jurídico acolhe e protege ao prover os particulares de referida autonomia. Parece, portanto, que a real contraposição não se dá sobre a funcionalização em si mesma, mas a quais interesses o contrato deve ser funcionalizado. Mesmo no âmbito de abordagens mais formalistas, é possível encontrar alguma abertura especificamente à funcionalização dos contratos aos interesses dos próprios contratantes, subordinando sua exigibilidade à idoneidade

---

Lei da liberdade econômica. São Paulo: Thomson Reuters Brasil, 2019, p. 303. Bruno Miragem reputa a expressão "do ponto de vista semântico, [...] uma imprecisão, assim como do ponto de vista jurídico, [...] uma contradição insuperável com a noção de liberdade" (MIRAGEM, Bruno. Função social do contrato, boa-fé e bons costumes: nova crise dos contratos e a reconstrução da autonomia negocial pela concretização das cláusulas gerais. *In* MARQUES, C. L. (coord.). *A nova crise do contrato: estudos sobre a nova teoria contratual*. São Paulo: Revista dos tribunais, 2007, p. 205). Para Rodolfo Pamplona Filho, a expressão era "desnecessária, uma vez que não deveria o legislador assumir o papel da doutrina, para tentar apontar 'razão ou justificativa' desse ou daquele princípio ou instituto" (PAMPLONA FILHO, Rodolfo. Breves reflexões sobre o princípio da função social. *In* EHRHARDT JÚNIOR, M.; LOBO, F. A. (coord.). *A função social nas relações privadas*. Belo Horizonte: Fórum, 2019, p. 54). Em crítica à possibilidade de supressão, MARTINS-COSTA, Judith. Notas sobre o princípio da função social do contrato. *Revista literária de direito*, n. 37. São Paulo, ago.-set./2004, p. 21.

30. CANARIS, Claus-Wilhelm. *Pensamento sistemático e conceito de sistema na ciência do direito*, 2. ed. Lisboa: Fundação Calouste Gulbenkian, 1996, p. 27.

31. PERLINGIERI, Pietro. *O direito civil na legalidade constitucional*. Rio de Janeiro: Renovar, 2008, p. 628.

para alcançar o fim por eles originalmente perseguido.[32] O ponto controverso, portanto, é a quais interesses o contrato deve atender para merecer proteção do ordenamento: somente aqueles das partes, ou também outros que lhes sejam alheios. Não obstante a previsão legal da função social do contrato, exclusiva do ordenamento brasileiro, institutos oriundos de ordenamentos estrangeiros vêm sendo cogitados entre nós para operacionalizar esse processo de funcionalização do contrato.

1.1.2 Instrumentos de funcionalização do contrato

São aceitas, de forma ampla, as premissas de que todo fato tem uma função (já que produz certos efeitos e atende a certos interesses), de que nos contratos os interesses concretos das partes combinam-se aos preceitos do ordenamento, e de que isso permite funcionalizar o contrato a esses interesses (isto é, protegê-lo somente na medida em que idôneo a atender esses interesses). A questão subsequente, todavia, é a quais interesses deve o contrato ser funcionalizado e qual o instituto adequado a fazê-lo.

Entre nós, especialmente diante da incerteza acerca do conteúdo normativo da tipicamente brasileira função social do contrato, alguns doutrinadores têm preferido recorrer a institutos que, embora oriundos de outros ordenamentos e não positivados no nosso, lhes parecem mais precisos e eficazes na funcionalização do contrato. A investigação sobre o que é a função social do contrato, portanto, deve imiscuir-se nessa zona de sobreposição com outros institutos que, em alguma medida, também se referem a uma função do contrato.

Despida do adjetivo social, a referência à função do contrato e à sua funcionalização é muitas vezes centrada sobre o atendimento dos interesses dos próprios contratantes que levaram à celebração do negócio. Viabiliza-se, nessa perspectiva mais restrita, o controle de utilidade do contrato em vista de sua razão de ser. A funcionalização, nessa sede, presta-se a liberar as partes de vínculos que não se prestem a produzir os efeitos práticos que se entendem visados ao celebrá-lo. Os efeitos jurídicos previstos no contrato (a criação, modificação ou extinção de situações jurídicas subjetivas), ainda que formalmente possíveis, destacam-se dos interesses que os justificariam em razão de mudança das circunstâncias.

---

32. Explica Rodrigo Xavier Leonardo: "Não se pode dizer que esses conceitos e figuras naquele momento [codificações liberais] não tivessem uma função. A perspectiva funcional, ainda que existente, era deliberadamente desprestigiada em virtude de um específico projeto conceitual de direito privado que era concebido" (LEONARDO, Rodrigo Xavier. A função social dos contratos: ponderações após o primeiro biênio de vigência do Código Civil. In: CANEZIN, Claudete. *Arte jurídica*, v. II. Curitiba: Juruá, 2005, p. 1-2, recurso eletrônico).

O exemplo mais ilustrativo é a referência ao chamado "fim do contrato" e à sua "frustração" como veículo para liberar as partes do vínculo que, embora estruturalmente completo, perdeu a sua "razão de ser". A figura teve origem no ordenamento inglês, a partir dos *coronation cases*, envolvendo contratos voltados a permitir a uma das partes assistir ao desfile de coroação de Eduardo VII, que foi cancelado por conta de problemas de saúde do rei: no *leading case Krell v. Henry*, se entendeu que o desfile era o fundamento da locação de um cômodo na Pall Mall, razão pela qual, diante do cancelamento, se decidiu resolver o contrato com a retenção do sinal (£25) e liberação do restante da dívida (£75), levando-se em conta que o anúncio indicava que os cômodos estavam disponíveis para assistir ao desfile e que o contrato celebrado, embora não falasse expressamente da coroação, previa que o uso se daria somente durante o dia e não durante a noite.[33]

O sucesso da construção teórica da *frustration of purpose* permitiu que ela alcançasse também ordenamentos continentais, como o alemão e o espanhol, que a incorporaram entre as hipóteses de resolução do contrato por mudança das circunstâncias.[34] Entre nós, a figura vem ganhando popularidade como instrumento de controle funcional do contrato, restrito ao cenário do contrato que, apesar de conter todos os requisitos de validade, se torna inútil, tendo em vista a "finalidade que integra o conteúdo do contrato, o interesse, o resultado prático ou a função (concreta) que se extrai do negócio jurídico".[35]

O que se frustra, nesses casos, não é a aptidão à produção de efeitos jurídicos, mas a idoneidade de esses efeitos atenderem aos interesses envolvidos. Em decorrência disso, a doutrina vem se esforçando por estabelecer alguma distinção mais clara entre *fim* e *função* do contrato.[36] Entretanto, assumindo a já citada premissa perlingeriana de que não há prioridade lógica entre efeitos e interesses,

---

33. TREITEL, Guenter. *Frustration and force majeure*. London: Sweet & Maxwell, 2014, p. 317.

34. SANZ, Vicente Espert. *La frustración del fin del contrato*. Madrid: Tecnos, 1968, p. 159.

35. COGO, Rodrigo Barreto. *A frustração do fim do contrato*. Rio de Janeiro: Renovar, 2012, p. 223-224. Sobre o tema, entre nós, v. ainda MARINHO, Maria Proença, *Frustração do fim do contrato*. Indaiatuba, SP: Foco, 2020; e NANNI, Giovanni Ettore. Frustração do fim do contrato: análise de seu perfil conceitual. *Revista brasileira de direito civil*, v. 23. Belo Horizonte: jan.-mar./2020, p. 39-56.

36. Enquanto para Rodotà, o fim seria destinação a uma tarefa abstratamente fixada e imóvel e a função movimento histórico concreto diante de situação renovada e diversa (RODOTÀ, Stefano. *Il terribile diritto: studi sulla proprietà privata*, 2. ed. Bologna: Mulino, 1990, p. 221), para Marino, inversamente, "A função seria algo de abstrato enquanto o fim seria algo de concreto ou empírico" (MARINO, Francisco Paulo De Crescenzo. *Contratos coligados no direito brasileiro*. São Paulo: Saraiva, 2009, p. 133). Já Gilberto Fachetti Silvestre afirma: "Os conceitos de *função* e *finalidade* não podem ser confundidos, especialmente no âmbito da teoria do contrato" (SILVESTRE, Gilberto Fachetti. *A responsabilidade civil pela violação à função social do contrato*. São Paulo: Almedina, 2018, p. 93). Paulo Lôbo, por sua vez, distingue assim: "A função encontra-se na dimensão interna do direito, na sua conformação e determinação, enquanto a finalidade é o escopo a se atingir, sendo, portanto, exterior ao direito referido" (LÔBO, Paulo. *Direito civil: contratos*, 3. ed. São Paulo: Saraiva, 2017, p. 66).

a distinção perde parte de sua relevância: a execução de um contrato inútil para o atendimento dos interesses envolvidos será, igualmente, disfuncional.

Por sinal, não é incomum que o fundamento normativo da *frustration* no ordenamento brasileiro seja atribuído justamente ao artigo 421 do Código Civil, ao argumento de que o fim que não se pode mais atingir torna o contrato inútil tanto para as partes como para a coletividade.[37] Parece, todavia, que o instituto aqui funcionaliza a proteção do contrato ao atingimento de interesses prioritariamente das próprias partes, consubstanciado na razão de ser que as movia por conta da própria contratação. Trata-se, portanto, de abordagem funcional – ou mesmo de funcionalização – que reconhece no contrato instrumento para a persecução de certos fins, vinculando-o ao contexto em que ele ganha significado, sem, contudo, incluir nesse controle interesses alheios aos contratantes – *extracontratuais* em sua origem – o que destoa do adjetivo "social" que marca o dispositivo normativo.

A *causa* é outro instituto tradicionalmente utilizado para a funcionalização do contrato e, a depender do conceito de causa utilizado, apta a realizar também a subordinação da liberdade contratual ao atendimento de interesses extracontratuais, por conta disso, comumente associada entre nós à função social do contrato.[38] Distintamente da *frustration of purpose*, a causa se presta não só para a resolução dos contratos inúteis (causa inexistente), mas também para o controle da compatibilidade da função perseguida pelos contratantes com o ordenamento que lhe dá juridicidade (causa ilícita). Nesta segunda função é que a causa gera maior

---

37. Nesse sentido, o enunciado 166 das Jornadas de Direito Civil (CEJ/CJF): "A frustração do fim do contrato, como hipótese que não se confunde com a impossibilidade da prestação ou com a excessiva onerosidade, tem guarida no Direito brasileiro pela aplicação do art. 421 do Código Civil". Nessa linha, AZEVEDO, Antonio Junqueira de. Natureza jurídica do contrato de consórcio: classificação de atos jurídicos quanto ao número de partes e quanto aos efeitos; os contratos relacionais; a boa-fé nos contratos relacionais; contratos de duração; alteração das circunstâncias e onerosidade excessiva; sinalagma e resolução contratual; resolução parcial do contrato; função social do contrato. (parecer). *Revista dos tribunais*, n. 832. São Paulo, fev. 2005, p. 133; COGO, Rodrigo Barreto. *A frustração do fim do contrato*. Rio de Janeiro: Renovar, 2012, p. 328; RUZZI, Marcos Hoppenstedt. Resolução pela frustração do fim do contrato. *In* HIRONAKA, G. M. F. N.; TARTUCE, F. (coord.). *Direito contratual: temas atuais*. São Paulo: Método, 2007, p. 508, HADDAD, Luis Gustavo. *Função social do contrato: um ensaio sobre seus usos e sentidos*. São Paulo: Saraiva, 2013, p. 177. *Contra*: MARINHO, Maria Proença, *Frustração do fim do contrato*. Indaiatuba, SP: Foco, 2020, p. 53.

38. BELLOIR, Arnaud Marie Pie; POSSIGNOLO, André Trapani Costa. Ensaio de classificação das teorias sobre a função social do contrato. *Revista Brasileira de Direito Civil – RBDCivil*, Belo Horizonte, v. 11, p. 37-56, jan./mar. 2017, p. 47; ROSENVALD, Nelson. A função social do contrato. *In* HIRONAKA, Giselda M. F. N.; TARTUCE, Flavio (coord.). *Direito contratual: temas atuais*. São Paulo: Método, 2007, p. 87; RENTERÍA, Pablo. Considerações acerca do atual debate sobre o princípio da função social do contrato. *In* MORAES, M. C. B. (coord.). *Princípios do direito civil contemporâneo*. Rio de Janeiro: Renovar, 2006, p. 304; SILVESTRE, Gilberto Fachetti. *A responsabilidade civil pela violação à função social do contrato*. São Paulo: Almedina, 2018, p. 139; TARTUCE, Flávio. *Função social dos contratos*, 2. ed. São Paulo: Método, 2007, p. 256; MORAES, Maria Celina Bodin de. A causa do contrato. *Civilistica. com*, v. 2, n. 1. Rio de Janeiro: 2013, p. 1-24.

controvérsia, pois reflete um embate mais profundo, que diz respeito ao modo de entender a autonomia negocial e a sua relação com o ordenamento jurídico, a relação entre a liberdade dos privados e a autoridade do direito.[39]

Em meio à grande diversidade de teorias sobre a causa, esforços de sistematização costumam se dirigir para o agrupamento entre concepções subjetivas de causa e concepções objetivas.[40] Fala-se, nesse sentido, em *causa subjetiva* para referir a teorias que defendem que a causa associa-se a cada um dos sujeitos contratantes, como causa de sua obrigação. As primeiras teorias sobre a causa subjetiva a tomavam de forma abstrata, associada à categoria de contrato que fora celebrada e, dessa forma, mantinham-se indiferentes aos interesses concretos envolvidos.[41] Assim, em todo contrato bilateral a causa de cada contratante era a contraprestação que viria a receber; nos contratos unilaterais reais a causa seria a prestação já realizada no momento da celebração do negócio; por fim, nos contratos gratuitos, a causa seria a abstrata e objetiva "intenção liberal".[42]

Diante das críticas à utilidade desse grau de abstração,[43] abriu-se espaço para progressiva concretização da causa subjetiva nas teorias que se sucederam, entre as quais a paradigmática concepção moderna de causa subjetiva de Henri Capitant, que entendia a causa como o fim (*but*) perseguido pelos contratantes.[44] Considerando que toda pessoa se obriga por determinado fim e que esse fim integra o campo contratual, essa concepção perde em abstração, na medida em que nos contratos bilaterais passa a levar em conta a *expectativa* da contraprestação e nos gratuitos o fim, necessariamente conhecido pelo donatário, que é perseguido pelo doador.

Na jurisprudência francesa – ordenamento que mais claramente adotou a causa subjetiva[45] – essa versão mais concreta de causa foi utilizada para nulificar, por exemplo: a venda de material de ocultismo, tendo em vista que os contratantes,

---

39. PERLINGIERI, Pietro. *Manuale di diritto civile*, 5. ed. Napoli: ESI, 2005, p. 368.
40. Relata pelo menos cinco sentidos de causa entre nós AZEVEDO, Antônio Junqueira de. *Negócio jurídico e declaração negocial*. São Paulo, 1986, p. 121-127.
41. MAZEAUD, Henri et Léon; MAZEAUD, Jean; e CHABAS, François. *Leçons de droit civil*, t. II, v. 1, Obligations: théorie générale, 9. ed. Paris: Montchrestien, 1998, p. 265.
42. CERMOLACCE, Arnaud. *Cause et exécution du contrat*. Presses Universitaires d'Aix-Marseille – P.U.A.M.: 2001, p. 26.
43. Destaca a influência dessas críticas no Brasil, especialmente a de Planiol, CAMPOS FILHO, Paulo Barbosa de. *O problema da causa no Código Civil brasileiro*. São Paulo: Max Limonad, 1978, p. 13 e ss..
44. CAPITANT. Henri. *De la cause des obligations*, 3.ed. Paris: Dalloz, 1923, p. 5.
45. Antes da reforma de 2016, o art. 1.108 do Código Civil francês de 1804 elencava a causa lícita como uma das quatro condições essenciais à validade de uma convenção e, na seção sobre a causa, o art. 1.131 explicitava a ausência de causa, a falsa causa e a ilicitude da causa como fundamentos de ineficácia (*lato sensu*) da obrigação, bem como o art. 1.133 reputava ilícita a causa quando proibida por lei, contrária aos bons costumes ou à ordem pública.

por serem parapsicólogos, teriam o fim de exercer o vedado ofício de adivinhar e predizer (*arrêt Pirmamod*);[46] a criação de uma videolocadora e de locação de fitas de vídeo para sublocação, por ocorrer em uma cidade com somente 1314 habitantes, tornando impossível a "economia buscada" no campo contratual (*arrêt Club Vidéo*);[47] e a cláusula limitativa de responsabilidade ao reembolso do preço do transporte (122 francos) em um contrato que tinha por objeto o envio de documentos para inscrição em um concurso por se entender que se tratava de especialista do transporte rápido, garantia a confiabilidade e a celeridade de seu serviço (*arrêt Chronopost*).[48]

Como os julgados revelam, transparece nessa versão mais concreta da causa a preocupação em controlar a compatibilidade do exercício da liberdade contratual com os preceitos gerais do ordenamento, mesmo além do âmbito estrutural, adentrando os fins perseguidos pelos contratantes, mas a grande dificuldade com a causa subjetiva seria sua distinção com os motivos de cada contratante, tradicionalmente irrelevantes para o direito e cuja análise geraria grande insegurança e incerteza, por serem essencialmente subjetivos e internos, contingentes, variáveis, múltiplos, diversos e frequentemente contraditórios.[49] Juntando-se a isso a preocupação com a simplificação dos requisitos de validade dos contratos e com a harmonização do direito europeu, o ordenamento francês acabou por eliminar da codificação a referência expressa à causa do contrato.[50]

As limitações e dificuldades da causa subjetiva estimularam o desenvolvimento de outra linha de teorias sobre a causa, voltadas a objetivar o seu conteúdo. Sob essa perspectiva, uma vez celebrado o negócio, sua função destaca-se da investigação das motivações que levaram cada uma das partes à contratação, desprendendo-se da esfera subjetiva dos contratantes. Constrói-se, assim, uma causa não mais de cada obrigação – ou mesmo do obrigar-se – mas sim uma causa do contrato, identificada de forma objetiva e associada ao negócio em si considerado, como sua razão justificadora ou sua finalidade prática.

---

46. Cass. Civ. I, n. 88-11443, julg. 12/07/1989, publ. *Bulletin Cassation* n. 293, I, 1989, p. 194.
47. GHESTIN, Jacques. *Cause de l'engagement et validité du contrat*. Paris: L.G.D.J., 2006, p. 261.
48. Cass. Comm., n. 93-18632, julg. 22/10/1996, publ. *Bulletin Cassation* n. 261, IV, 1996, p. 223
49. BETTI, Emilio. Causa del negozio giuridico. *Novissimo digesto italiano*. Torino: UTET, 1957, p. 34.
50. Analisando a Ordonnance n° 2016-131, de 10 de fevereiro de 2016, Guillaume Wicker entende que houve menos uma eliminação e mais uma elipse da causa (WICKER, Guillaume. La suppression de la cause et les solutions alternatives. SCHULZE, R.; WICKER, G.; MÄSCH, G.; MAZEAUD, D. (dir.). *La reforme du droit des obligations en France*. Paris: Société de législation comparée, 2015, p. 136) e Marc-Philippe Weller reputa se tratar de reforma mais formal do que substancial (WELLER, Marc-Philippe. « La cause » dans le projet d'ordonnance portant réforme du droit des contrats, du régime général et de la preuve des obligations de 2015. SCHULZE, R.; WICKER, G.; MÄSCH, G.; MAZEAUD, D. (dir.). *La reforme du droit des obligations en France*. Paris: Société de législation comparée, 2015, p. 148).

A teoria mais difundida sobre a causa objetiva foi aquela formulada por Emilio Betti, segundo o qual a causa é a função econômico-social do negócio, que seria a síntese dos seus elementos essenciais, como totalidade e unidade funcional.[51] Na jurisprudência italiana são ilustrativos de sua aplicação os julgados que declaram a nulidade: de contrato firmado entre um candidato e seu financiador pelo qual o primeiro, se eleito, renunciaria em favor do segundo, por se entender que as prestações contratuais, ainda que não expressamente proibidas, visavam a obter a eleição do financiador de forma coercitiva e em conflito com a vontade popular;[52] e de contrato pelo qual a ex-esposa, em troca de três milhões de liras, se comprometia perante o ex-marido a se submeter a inspeções médicas perante o tribunal eclesiástico para viabilizar a anulação de seu casamento religioso, permitindo então ao ex-marido casar-se novamente na Igreja, o que foi considerado um negócio cuja finalidade "repugna à consciência comum e está em contraste com os fins do nosso ordenamento jurídico que a compreensível relutância feminina a inspeções na própria esfera sexual possa constituir ocasião e matéria de comércio".[53]

Essa concepção de causa como função econômico-social do contrato parece ser aquela que, até mesmo pela similaridade terminológica, é mais frequentemente aproximada da figura da função social do contrato.[54] Com efeito, ela se funda no movimento mais amplo de relativização do papel da vontade individual nos negócios jurídicos, que passam a ser tutelados não por serem fruto do querer de determinado sujeito, mas porque compatíveis com fins que o ordenamento jurídico tutela.[55] O foco da concepção bettiana é avaliar quando a função perseguida por um contrato – especialmente se atípico – permitirá que ele seja merecedor de tutela. Para o autor, a autonomia privada não poderia ser "a expressão incolor e vazia de um capricho individual".[56] Assim, sob essa perspectiva, não seriam válidos negócios socialmente improdutivos, juridicamente indiferentes ou economicamente fúteis.[57] Aponta-se que a referência ao aspecto econômico-social da função do contrato está intrinsecamente ligada ao contexto histórico da metade

---

51. BETTI, Emilio. *Teoria geral do negócio jurídico*, tomo I. Coimbra: Coimbra, 1969, p. 350.
52. Cass. 27.5.1971, n. 1574 *apud* CRISCUOLI, Giovanni. *Il contratto*: Itinerari normativi e riscontri giurisprudenziali, 2. ed. Padova: Cedam, 2002, p. 325, e PAOLINI, Elena. *La causa del contratto*. Padova: Cedam, 1999, p. 201
53. Cass., 6.7.1961, n. 1623 *apud* CRISCUOLI, Giovanni. *Il contratto*: Itinerari normativi e riscontri giurisprudenziali, 2. ed. Padova: Cedam, 2002, p. 327.
54. BRANCO, Gerson Luiz Carlos. A função social do contrato no Código Civil: 18 anos de vigência e a interpretação jurisprudencial do STJ. *In* BARBOSA, H.; SILVA, J. C. F. (coord.). *A evolução do direito empresarial e obrigacional*, v. II. São Paulo: Quartier Latin, 2021, p. 288.
55. MORAES, Maria Celina Bodin de. A causa do contrato. *Civilistica.com*, v. 2, n. 1. Rio de Janeiro: 2013, p. 10.
56. BETTI, Emilio. Causa del negozio giuridico. *Novissimo digesto italiano*. Torino: UTET, 1957, p. 32.
57. PERLINGIERI, Pietro. *Manuale di diritto civile*, 5. ed. Napoli: ESI, 2005, p. 368.

do século XX, de decadência do Estado liberal e de crescimento da intervenção estatal na economia, o que levou à funcionalização social de institutos como a propriedade e o contrato: além dos interesses dos titulares, seria necessário levar em conta interesses sociais para a tutela de tais institutos.[58]

Apesar das similitudes, é necessário observar, todavia, que a concepção de causa como função econômico-social do contrato foi objeto de severas críticas, as quais, em eventual assimilação, poderiam atingir também a figura brasileira da função social do contrato. De maneira geral, a figura é associada a um movimento autoritário de controle dos fins da liberdade contratual, impregnado por "visões sociologicizantes do fenômeno jurídico",[59] e que recorre a elementos metajurídicos, um *quid* de todo estranho ao Direito.[60] Exemplo disso é trazido por Giovanni Battista Ferri, que se refere à decisão da Corte de Milão[61] que reputou nulo o contrato atípico pelo qual uma sócia de uma S.A. prometeu a um mandatário da sociedade uma indenização caso o mandato fosse extinto, como forma de compensá-lo por ter renunciado à sua profissão anterior: a Corte entendeu que o contrato criava o perigo de uma contaminação dos ingredientes conhecidos e por conhecer da vida da sociedade e um risco de adulteração dos resultados da empresa, sem – como afirma o jurista italiano – indicar fontes normativas ou elementos dos quais se possa extrair o conteúdo das finalidades econômico-sociais do sistema.[62]

Além do problema da extrajuridicidade da causa bettiana, outro ponto de crítica foi sua abstração: ao focar no interesse coletivo abstrato, ela deixa de lado justamente os interesses privados, concretos, daquele contrato específico, que individualizam a função por ele perseguida[63] e o distinguem do tipo contratual abstrato ao qual se reconduz.[64] Diante disso, outra versão de causa objetiva voltada a identificar as peculiaridades daquele negócio e, então, verificar se elas são compatíveis com o ordenamento jurídico, foi concebida como *função econômico-individual* do negócio. A referência ao *individual* em lugar do *social* foi desta-

---

58. FERRI, Giovanni Battista. Il problema della causa del negozio giuridico nelle riflessioni di Rosario Nicolò. *Europa e diritto privato*, 2007, fasc. 3, p. 673-677,
59. FERRI, Giovanni Battista. *Causa e tipo nella teoria del negozio giuridico*. Milano: Giuffré, 1968, p. 101.
60. PUGLIATTI, Salvatore. Nuovi aspetti del problema della causa dei negozi giuridici. *Diritto Civile: Metodo – Teoria – Pratica*. Milano: Giuffrè, 1951, p. 90.
61. MILANO, Corte di Appello, Pres. Alliney, Est. Borelli, *Ospedale di Circolo di Rho c. Spera*, 29 dic. 1970.
62. FERRI, Giovanni Battista. Meritevolezza dell'interesse e utilità sociale. *Rivista del diritto commerciale e del diritto generale delle obbligazioni*, ano LXIX, parte prima. Vallardi, 1971, p. 96. Em outra ocasião, o autor destaca o perigo de recorrer à "invocação dos ditames da consciência civil e política, das exigências da economia nacional, além da ordem pública e dos bons costumes", por serem expressões da ideologia política dominante no período de Estado autoritário (FERRI, Giovanni Battista. *Causa e tipo nella teoria del negozio giuridico*. Milano: Giuffré, 1968, p. 127).
63. ALPA, Guido. *Corso di diritto contrattuale*. Padova: Cedam, 2006, p. 48.
64. ROPPO, Vincenzo. *Il contratto*. Milano: Giuffrè, 2001, p. 364.

cado não como um enfático retorno a concepções de exasperado (e imotivado) individualismo, mas somente como, no sistema desenhado pela Constituição, o ato de autonomia privada volta a ser expressão de interesses privados que, como tais, devem ser avaliados pelo ordenamento jurídico.[65] Essa linha da causa objetiva como função econômico-individual serve para distingui-la do esquema abstrato que o regula e permitir uma confluência entre o interesse concreto e os efeitos essenciais do contrato.[66] Para Perlingieri, esse sentido permite reconhecer na causa um *quid* que ilumina o contrato na sua dimensão de valor, isto é, de regulamento de interesses: "a função econômico-individual, expressa pelo valor e capacidade que as próprias partes deram à operação negocial na sua globalidade, considerada em sua concreta manifestação".[67]

Adotando-se essa concepção, a causa distingue-se da função social do contrato, embora ambas possam atuar para o controle funcional da liberdade contratual.[68] Se o artigo 421 do Código Civil preconiza que a liberdade de contratar deve ser exercida nos limites da sua função social, esta função social atua como parâmetro de controle da liberdade de contratar, enquanto a causa concreta do contrato, entendida como função econômico-individual, configura justamente a função daquele contrato específico e individualizado, com suas peculiaridades e vicissitudes, que será avaliada, razão pela qual se fala de "causa ilícita", mas nunca de "função social do contrato ilícito".[69] Ou seja, enquanto a causa vincula-se mais à composição de interesses entre os contratantes, a função social está mais próxima dos interesses que o ordenamento reputa que também devem ser atendidos.

Os diversos institutos voltados à funcionalização do contrato não parecem, portanto, necessariamente excluírem-se, já que atuam em diferentes nichos. Entretanto, a pretensão de reconduzir todos eles à função social do contrato, tributando ao artigo 421 do Código Civil a guarida normativa para todos, arrisca sacrificar os poucos parâmetros distintivos que o legislador ofereceu. Conceber o dispositivo como uma cláusula geral de funcionalização da liberdade contratual, que sirva de fundamento para diversos institutos específicos, embora expresse uma justificada preocupação em fundamentar e justificar a abordagem funcional

---

65. Segundo o Giovanni Battista Ferri, em uma imagem significativa, o indivíduo se liberta da farda de funcionário do sistema corporativo e volta a ser considerado, mesmo sob o perfil econômico, pessoa, certamente não egoísta ou a-social, mas autônomo protagonista, na sociedade, da própria existência (FERRI, Giovanni Battista. La causa nella teoria del contratto. *In* VACCA, L. (org.). *Causa e contratto nella prospettiva storico-comparatistica*. Torino: Giappichelli, 1995, p. 419).

66. PERLINGIERI, Pietro. *Manuale di diritto civile*, 5. ed. Napoli: ESI, 2005, p. 370.

67. PERLINGIERI, Pietro. *Manuale di diritto civile*, 5. ed. Napoli: ESI, 2005, p. 370.

68. Pela distinção entre as figuras, MARTINS-COSTA, Judith. Notas sobre o princípio da função social do contrato. *Revista literária de direito*, n. 37. São Paulo, ago.-set./2004, p. 18.

69. KONDER, Carlos Nelson. Causa do contrato x função social do contrato: Estudo comparativo sobre o controle da autonomia negocial. *Revista trimestral de direito civil*, v. 43. Rio de Janeiro: 2010, p. 73-74.

dos contratos em nosso ordenamento com base em uma previsão específica da legislação ordinária, acaba por sacrificar qualquer esperança de atribuir identidade própria à função social do contrato.

Nesse sentido, parece mais adequado reconhecer na funcionalização e mesmo na análise funcional uma postura metodológica quanto à interpretação do direito civil, que, exercida de forma fundamentada e justificada, dispensa a previsão expressa do legislador. Assim, figuras como a frustração do fim do contrato e a causa concreta (função econômico-individual) poderiam encontrar guarida em nosso ordenamento independentemente desse alargamento da função social do contrato, que, sem essa responsabilidade extra, pode encontrar com mais facilidade seu adequado nicho de atuação em nosso ordenamento.

Não obstante, o estudo comparativo, especialmente com a causa do contrato como função econômico-social e suas críticas, revela-se especialmente propício para discutir o próximo passo nessa empreitada de delimitação conceitual da função social do contrato: a investigação do significado do adjetivo social, que qualifica a função do contrato referida pelo codificador e identifica a quais interesses ela pretende funcionalizar o contrato.

1.2 SOCIALIZAÇÃO DA FUNÇÃO DO CONTRATO

Entre os vários instrumentos de funcionalização da liberdade contratual, o caractere distintivo da figura positivada no artigo 421 do Código Civil parece consistir na sua qualificação como social. A iniciativa de socializar essa função do contrato, contudo, é entendida com diversas intensidades, conforme a matriz filosófico-jurídico do seu intérprete, refletindo determinadas concepções sobre como o direito contratual deve equilibrar a relação entre o indivíduo e a sociedade.

Para a compreensão dessa socialidade que marca a função social do contrato, inicia-se este item pelo exame do aparente consenso acerca de sua contraposição com o princípio da relatividade dos efeitos do contrato, de modo a mitigar a determinação de que os contratos não devem ir além da esfera jurídica dos contratantes. Pretende-se analisar se realmente é possível reconduzir todo o heterogêneo conjunto de situações de flexibilização da relatividade à figura da função social do contrato, especialmente confrontando-a com a doutrina da função social da propriedade.

O subitem seguinte, por outro lado, busca ler a socialização da função do contrato prevista pelo legislador por meio de seus fundamentos constitucionais, de modo a assegurar a harmonia em meio à complexidade do sistema, em conformidade com a hierarquia das fontes, bem como afastar pretensões totalizadoras

1 • A FUNDAMENTAÇÃO DA FUNÇÃO SOCIAL DO CONTRATO

ou autoritárias que não tenham respaldo na legalidade democrática. Nesse ponto, são analisadas as influências, sobre a compreensão da função social do contrato, do princípio constitucional da solidariedade, da eficácia entre particulares dos direitos fundamentais sociais e dos preceitos relativos à ordem econômica constitucional.

1.2.1 A "relativização" da relatividade dos efeitos do contrato

A socialidade que caracteriza a função do contrato referida pelo artigo 421 do Código Civil parece ser elemento diferenciador de outros institutos utilizados para a funcionalizar a liberdade contratual, isto é, para subordinar a tutela do contrato à análise de sua função. Por conta disso, possivelmente, é o ponto cuja análise parece permitir observar mais claramente como se distinguem as diversas abordagens metodológicas sobre o tema. Tradicionalmente concebida como o espaço por excelência da autonomia privada, a compreensão desse aspecto social atribuído à função do contrato varia significativamente conforme a postura doutrinária frente ao fundamental equilíbrio entre liberdade e solidariedade que subjaz qualquer ordenamento jurídico.[70]

Com efeito, há um amplo espectro de possibilidades nesse equilíbrio, muitas não excludentes entre si, cujo efeito se pode perceber nas atribuições de significado à função social. O debate acerca da inspiração para a elaboração do inédito dispositivo brasileiro revela essa diversidade de matrizes teóricas que estariam por trás da iniciativa do codificador, com variadas composições do equilíbrio entre indivíduo e sociedade.[71] Nesse sentido, já foi afirmado que talvez "o principal elemento que revela a contradição entre individualismo e coletivismo seja a idéia de função social das categorias do direito privado".[72]

Possivelmente o único estudo nacional sobre a função social do contrato que, pioneiramente, antecedeu o legislador indica a importância da doutrina social da Igreja na sua conformação.[73] Da mesma forma, são comuns referências

---

70. MORAES, Maria Celina Bodin de. A causa do contrato. *Civilistica.com*, a. 2, n. 4. Rio de Janeiro, out.-dez./2013, p. 7.

71. Afirma Gerson Branco: "A disposição legal em comento foi concebida diretamente por Miguel Reale, que ao atuar como revisor do 'anteprojeto de Código Civil', na década de 1970, redigiu a disposição, com o propósito de indisfarçadamente inserir uma determinada perspectiva de contrato compatível com sua concepção filosófica" (BRANCO, Gerson Luiz Carlos. A função social do contrato no Código Civil: 18 anos de vigência e a interpretação jurisprudencial do STJ. *In* BARBOSA, H.; SILVA, J. C. F. (coord.). *A evolução do direito empresarial e obrigacional*, v. II. São Paulo: Quartier Latin, 2021, p. 282).

72. RUZYK, Carlos Eduardo Pianovski. *Liberdade(s) e função: contribuição crítica para uma nova fundamentação da dimensão funcional do Direito Civil brasileiro*. Tese de doutorado. Curitiba: UFPR, 2009, p. 3.

73. HIRONAKA, Giselda Maria Fernandes Novaes. A função social do contrato. *Revista de direito civil, imobiliário, agrário e empresarial*, n. 45. São Paulo, jul./set. 1988, p. 142. No mesmo sentido EHRHARDT

à relevância, sob uma perspectiva sociológica, do pensamento marxista,[74] e, no âmbito da teoria do direito, costuma ser indicada a importância de Jhering[75] e, principalmente, de Duguit,[76] para a concepção de função social do contrato. Mais recentemente, destacou-se a influência determinante de Emilio Betti e, especialmente, de Enrico Cimbali, que, inclusive, teria sido o primeiro a fazer uso da expressão "função social do contrato".[77]

A partir dessas diferentes matrizes filosófico-jurídicas, encontramos diversas correntes sensíveis ao grau de "socialização" da função do contrato, debate que vem desde o projeto de Código Civil.[78] Por um lado, priorizando em abstrato a liberdade econômica, há quem defenda que a adjetivação "social" consiste somente em um destaque à importância do contrato para a sociedade, atribuindo a ele um valor social intrínseco pelo simples fato de circular ou produzir riqueza.[79] Em outra linha, a partir da concepção da historicidade do conceito de contrato, parte da doutrina imputa ao qualificativo social o condão de impor ao intérprete a necessidade de contemplar os interesses sociais na própria compreensão do contrato.[80] Compreendida por outros como limite à liberdade de contratar, a

---

JÚNIOR, Marcos; ANDRADE, Gustavo Henrique Baptista. A função social na experiência brasileira e seu impacto na ressignificação da liberdade contratual nos 30 anos da CF/88. *In* EHRHARDT JÚNIOR, M; LOBO, F.A. (coord.). *A função social nas relações privadas*. Belo Horizonte: Fórum, 2019, p. 64.

74. TOMASEVICIUS FILHO, Eduardo. Resolução e revisão contratuais por violação da função social do contrato. *Crise econômica e soluções jurídicas*, n. 61. São Paulo: dez./2015, recurso eletrônico.

75. RUZYK, Carlos Eduardo Pianovski. *Liberdade(s) e função: contribuição crítica para uma nova fundamentação da dimensão funcional do Direito Civil brasileiro*. Tese de doutorado. Curitiba: UFPR, 2009, p. 183.

76. Por exemplo, MANCEBO, Rafael Chagas. *A função social do contrato*. São Paulo: Quartier Latin, 2005, p. 139; SANTOS, Antonio Jeová. *Função social do contrato*, 2. ed.. São Paulo: Método, 2004, p. 107; PAMPLONA FILHO, Rodolfo. Breves reflexões sobre o princípio da função social. *In* EHRHARDT JÚNIOR, M.; LOBO, F. A. (coord.). *A função social nas relações privadas*. Belo Horizonte: Fórum, 2019, p. 38.

77. BRANCO, Gerson Luiz Carlos. A função social do contrato no Código Civil: 18 anos de vigência e a interpretação jurisprudencial do STJ. *In* BARBOSA, H.; SILVA, J. C. F. (coord.). *A evolução do direito empresarial e obrigacional*, v. II. São Paulo: Quartier Latin, 2021, p. 287.

78. Antônio Junqueira de Azevedo relata que na primeira versão do anteprojeto de Código Civil o dispositivo enunciava que "a liberdade de contratar *somente* será exercida em razão e nos limites da função social do contrato", postura que o jurista paulista entendia que "era fascista" e defendia que "felizmente o advérbio 'somente' foi suprimido" (AZEVEDO, Antônio Junqueira de. Entrevista concedida à *Revista trimestral de direito civil*, n. 34. Rio de Janeiro: abr.-jun. 2008, p. 305).

79. SZTAJN, Rachel. Propriedade e contrato: função social. *Revista de direito empresarial*, v. 9. São Paulo: maio-jun./2015, p. 453-459, recurso eletrônico; TIMM, Luciano Benetti. Direito, economia e a função social do contrato: em busca dos verdadeiros interesses coletivos protegíveis no mercado do crédito. *Revista de direito bancário e do mercado de capitais*, v. 33. São Paulo: jul.-set./2006, p. 15-31, recurso eletrônico. Em linha similar, o enunciado n. 26 da I Jornada de Direito Comercial (CEJ/CJF): "O contrato empresarial cumpre sua função social quando não acarreta prejuízo a direitos ou interesses, difusos ou coletivos, de titularidade de sujeitos não participantes da relação negocial".

80. Afirma Judith Martins-Costa: "Não se trata, porém, de uma liberdade exercida no vazio, mas de uma *liberdade situada*, a liberdade que se exerce na vida comunitária. Daí a imediata referência à função

função social do contrato afastaria a tutela do negócio realizado em prejuízo de interesses sociais.[81] Indo além, sob a perspectiva já referida da funcionalização, essa tutela do contrato seria efetivamente condicionada ao atendimento desses interesses sociais.[82]

Difundiu-se em doutrina, ainda, um esforço de sistematização desse exuberante conjunto de possibilidades, dividindo a repercussão da função social em dois âmbitos operacionais: a *eficácia interna*, referente aos efeitos na relação entre os próprios contratantes, e a *eficácia externa*, que diria respeito a efeitos produzidos junto a terceiros.[83] Paralelamente àqueles que defendiam esse duplo âmbito

---

social do contrato" (MARTINS-COSTA, Judith. Notas sobre o princípio da função social do contrato. *Revista literária de direito*, n. 37. São Paulo, ago./set. 2004, p. 17). Em outra ocasião destaca a autora: "O ambiente da liberdade de contratar é a comunidade. Toda a comunidade é uma dimensão histórico-social permanentemente instituída e permanentemente criativa de significados. Esses significados vêm da prática, da vida social concreta, intercomunicativa, traduzindo valores que a sociedade assume como particularmente relevantes. Por isso mesmo, para chegar a um significado pensável ao princípio da função social do contrato, devemos examiná-lo no quadro dos valores nos quais vem o princípio inserido: aí está seu entorno, seu meio ambiente ou 'quadro normativo'" (MARTINS-COSTA, Judith. Reflexões sobre o princípio da função social dos contratos. *Revista de direito GV*, n. 1. São Paulo: maio 2005, p. 41).

81. Afirma Miguel Reale: "a atribuição de função social ao contrato não vem impedir que as pessoas naturais ou jurídicas livremente o concluam, tendo em vista a realização dos mais diversos valores. O que se exige é apenas que o acordo de vontades não se verifique em detrimento da coletividade, mas represente um dos seus meios primordiais de afirmação e desenvolvimento" (REALE, Miguel. Função social do contrato. Disponível em: <t.ly/IEM4>, acesso em 15 jun. 2018). Em linha similar: AZEVEDO, Antonio Junqueira de. Princípios do novo direito contratual e desregulamentação do mercado – Direito de exclusividade nas relações contratuais de fornecimento – Função social do contrato e responsabilidade aquiliana do terceiro que contribui para o inadimplemento contratual. *Revista dos tribunais*, n. 750. São Paulo, abr. 1998, p. 116.

82. Sustenta Rosenvald: "Para além da intrínseca função da circulação de riquezas, o papel das relações negociais consiste em instrumentalizar o contrato em prol de exigências maiores do ordenamento jurídico, tais como a justiça, a segurança, o valor social da livre-iniciativa, o bem comum e o princípio da dignidade da pessoa humana. O epicentro do contrato se desloca do poder jurígeno da vontade e do trânsito de titularidades, para um concerto entre o interesse patrimonial inerente à circulação de riquezas e o interesse social que lateralmente àquele se projeta" (ROSENVALD, Nelson. A função social do contrato. *In* HIRONAKA, G. M. F. N.; TARTUCE, F. (coord.). *Direito contratual: temas atuais*. São Paulo: Método, 2007, p. 85). Também: "preferimos nos filiar à corrente que busca a funcionalização do princípio da solidariedade através do dever de realizar a função social do contrato, perspectiva que reduz sua obrigatoriedade e prescreve compromissos em prol da comunidade, não só impondo limites, mas, às vezes, restringindo a própria possibilidade de contratar" (EHRHARDT JÚNIOR, Marcos; ANDRADE, Gustavo Henrique Baptista. A função social na experiência brasileira e seu impacto na ressignificação da liberdade contratual nos 30 anos da CF/88. *In* EHRHARDT JÚNIOR, M.; LOBO, F. A. (coord.). *A função social nas relações privadas*. Belo Horizonte: Forum, 2019, p. 71).

83. Entre outros, NALIN, Paulo. A função social do contrato no futuro Código Civil brasileiro. *Revista de direito privado*, n. 12. São Paulo, out./dez. 2002, p. 50-60; TARTUCE, Flávio. *Função social dos contratos*, 2. ed. São Paulo: Método, 2007, p. 243. Em sentido um pouco distinto, WALDMAN, Ricardo Libel. O sobre-princípio da função social do contrato: da filosofia à dogmática jurídica. *Revista de Direito do Consumidor*, v. 59. São Paulo: jul.-set./2006, p. 127-149. A posição também foi prevista pelo enunciado 360 das Jornadas de Direito Civil (CEJ/CJF): "O princípio da função social dos contratos também pode ter eficácia interna entre as partes contratantes".

de atuação, alguns autores buscavam limitar a atuação da figura a somente uma das duas esferas ou, de forma ainda mais restrita, a somente um tipo de efeito.[84]

Em meio a esse rico debate, consolidou-se, especialmente no tocante à dita eficácia externa, relativo consenso para afirmar que a socialização da função do contrato teria por corolário prático a mitigação do princípio da relatividade dos efeitos do contrato.[85] Sob essa perspectiva, sendo "social", a função do contrato extravasaria a esfera jurídica das partes, permitindo, em determinadas circunstâncias, que o contrato fosse além dos contratantes.

Como é cediço, o princípio da relatividade dos efeitos do contrato consiste na determinação de que os efeitos do contrato "se produzem exclusivamente entre as partes, não aproveitando nem prejudicando a terceiros".[86] Seu conteúdo valorativo costuma ser associado à primazia da autonomia da vontade, sob a lógica de que, atribuindo-se poder jurígeno ao contrato com base na manifestação de vontade, ele não poderia vincular aqueles que não consentiram em assumir aquelas obrigações, verdadeira garantia de "livre arbítrio no âmbito dos contratos".[87]

A mitigação do alcance desse princípio vem sendo apontada em diversos ordenamentos, sob distintos fundamentos. Em um esforço de sistematização desse processo, já se afirmou que ele se manifesta em duas direções: (i) o resgate da categoria da oponibilidade, que permite que mesmo aqueles qualificados como terceiros sofram algum tipo de efeito da existência do contrato, distintos daqueles que atingem as partes (são exemplos o entendimento jurisprudencial, consolidado na súmula 308 do STJ, de que os efeitos do contrato firmado entre o consumidor promitente comprador e a construtora prevalecem mesmo sobre

---

84. Sistematização das diversas correntes pode ser encontrada em TARTUCE, Flávio. *Função social dos contratos*, 2. ed. São Paulo: Método, 2007, p. 246 e ss..

85. BELLOIR, Arnaud Marie Pie; POSSIGNOLO, André Trapani Costa. Ensaio de classificação das teorias sobre a função social do contrato. *Revista Brasileira de Direito Civil – RBDCivil*, v. 11. Belo Horizonte, jan.-mar./2017, p. 42; SILVESTRE, Gilberto Fachetti. A função social como limite do contrato: contribuição para a aplicação judicial do art. 421 do Código Civil. *Civilistica.com*, a. 7, n. 1. Rio de Janeiro, 2018, p. 17; NALIN, Paulo. A função social do contrato no futuro Código Civil brasileiro. *Revista de direito privado*, n. 12. São Paulo, out. dez./2002, p. 50-60; AZEVEDO, Antonio Junqueira de. Princípios do novo direito contratual e desregulamentação do mercado – Direito de exclusividade nas relações contratuais de fornecimento – Função social do contrato e responsabilidade aquiliana do terceiro que contribui para o inadimplemento contratual. *Revista dos tribunais*, n. 750. São Paulo, abr. 1998, p. 116. Em linha diversa, afirma que "o texto do art. 421 do Código Civil, considerado em si mesmo, pode em tese servir tanto para afirmar como para aplacar o princípio da relatividade", HADDAD, Luís Gustavo. *Função social do contrato: um ensaio sobre seus usos e sentidos*. São Paulo: Saraiva, 2013, p. 30. Também: FRADERA, Véra Jacob de. Art. 7º: liberdade contratual e função social do contrato – art. 421 do Código Civil. *In* MARQUES NETO, F. P.; RODRIGUES JR., O. L.; LEONARDO, R. X. (coord.). *Comentários à Lei da liberdade econômica*. São Paulo: Thomson Reuters Brasil, 2019, p. 295.

86. GOMES, Orlando. *Contratos*, 26. ed. Rio de Janeiro: Forense, 2009, p. 46.

87. MULHOLLAND, Caitlin. O princípio da relatividade dos efeitos contratuais. *In* MORAES, M. C. B. (coord.). *Princípios de direito civil contemporâneo*. Rio de Janeiro: Renovar, 2006, p. 259-260.

as hipotecas registradas anteriormente pela instituição financeira que proveu recursos para a construção e que não foi ressarcida pela construtora, bem como a chamada tutela externa do crédito, que permite a responsabilização do terceiro que interfere no contrato alheio para induzir o devedor ao descumprimento do avençado); (ii) a ampliação do conceito de parte, para abranger posições jurídicas antes compreendidas como terceiros, seja pela consagração do conceito dinâmico ou evolutivo de parte, com a admissão de que sujeitos se tornem partes após a celebração dos contratos, seja pela admissão de partes por força de lei, isto é, independentemente de manifestação de vontade.[88]

Trata-se de hipóteses bastante diversas entre si, que parecem ter em comum basicamente o pano de fundo de complexificação das relações contratuais e uma referência geral à transformação do ideário por trás do direito contratual. Entretanto, na doutrina nacional é comum encontrar o movimento de reconduzir todas essas situações, bastante heterogêneas entre si, à função social do contrato, atribuindo-lhe o papel de ser o contraponto por excelência à relatividade e, dessa forma, fundamentar qualquer transgressão à tradicional fronteira entre partes e terceiros.

Assim, parece que o reconhecimento de que o aspecto social da função do contrato contribui para se admitir que ela ultrapasse a esfera dos contratantes é somente um primeiro passo para a delimitação de sua aplicação. O relativo consenso formado em torno dessa associação geral pode ocultar relevantes distinções metodológicas, razão pela qual é necessário ir além dessa assertiva inicial. A investigação de quais hipóteses de mitigação da relatividade, sob quais requisitos e em que contextos efetivamente se fundam na função social do contrato é fundamental para garantir coerência científica na abordagem. Em síntese, ainda que a função social se preste a mitigar a relatividade dos efeitos do contrato, parece que nem toda mitigação deve ser haurida dela.

A insuficiência desse movimento inicial transparece mais nitidamente na difundida sistematização pela qual a função social do contrato legitimaria não só a proteção do terceiro vítima frente ao contrato que o prejudica, mas também a proteção do contrato em face de terceiro que o "ofenda".[89] Trata-se da chamada

---

88. KONDER, Carlos Nelson A "relativização da relatividade": aspectos da mitigação da fronteira entre partes e terceiros nos contratos. *Scientia iuris (UEL)*, v.23. Londrina: 2019, p. 81-100.

89. NEGREIROS, Teresa. *Teoria do contrato: novos paradigmas*, 2. ed.. Rio de Janeiro: Renovar, 2006, p. 244. Em linha similar: SILVESTRE, Gilberto Fachetti. A função social como limite do contrato: contribuição para a aplicação judicial do art. 421 do Código Civil. *Civilistica.com*, a. 7, n. 1. Rio de Janeiro, 2018, p. 11; SILVA, Luis Renato Ferreira da. A função social do contrato no novo Código Civil e sua conexão com a solidariedade social. *In* SARLET, I. W. (org.). *O novo Código Civil e a Constituição*. Porto Alegre: Livraria do advogado, 2003, p. 159; ROSENVALD, Nelson. A função social do contrato. *In* HIRONAKA, G. M. F. N.; TARTUCE, Flavio (coord.). *Direito contratual: temas atuais*. São Paulo: Método, 2007, p.

tutela externa do crédito ou responsabilização de terceiro pela interferência no contrato, que abarca tanto a interferência jurídica do terceiro, que influencia o devedor a inadimplir ou celebra com ele contrato incompatível com o original, como a interferência material, em que o terceiro atinge a pessoa do devedor ou o objeto do negócio, inviabilizando sua execução.[90] A partir dos *leading cases* estrangeiros, no cenário nacional foram indicados, ilustrativamente, os exemplos da responsabilização do atravessador que vende combustível para posto de gasolina em violação ao contrato de exclusividade,[91] o apresentador de televisão que, responsável por vinte por cento do faturamento da sua emissora, foi contratado pela concorrente,[92] e o cantor levado a fazer divulgação da cerveja concorrente àquela com a qual tinha contrato de exclusividade.[93] A responsabilização, nesses casos, foi frequentemente fundamentada na função social do contrato, que imporia um dever de abstenção aos terceiros de respeito ao contrato alheio.[94]

96; AZEVEDO, Antonio Junqueira de. Princípios do novo direito contratual e desregulamentação do mercado – Direito de exclusividade nas relações contratuais de fornecimento – Função social do contrato e responsabilidade aquiliana do terceiro que contribui para o inadimplemento contratual. *Revista dos tribunais*, n. 750. São Paulo, abr. 1998, p. 117; HADDAD, Luís Gustavo. *Função social do contrato: um ensaio sobre seus usos e sentidos*. São Paulo: Saraiva, 2013, p. 156.

90. Sobre o tema, entre todos, v. SANTOS JR., E. *Da responsabilidade civil de terceiro por lesão do direito de crédito*. Coimbra: Almedina, 2003.

91. AZEVEDO, Antonio Junqueira de. Princípios do novo direito contratual e desregulamentação do mercado – Direito de exclusividade nas relações contratuais de fornecimento – Função social do contrato e responsabilidade aquiliana do terceiro que contribui para o inadimplemento contratual. *Revista dos tribunais*, n. 750. São Paulo: abr./1998, p. 113-120.

92. RUZYK, Carlos Eduardo Pianovski; BÜRGER, Marcelo L. F. de Macedo. A tutela externa da obrigação e sua (des)vinculação à função social do contrato. *Civilistica.com*, a. 6, n. 2. Rio de Janeiro: 2017, p. 17-18.

93. PINHEIRO, Rosalice Fidalgo; GLITZ, Frederico Eduardo Zenedin. A tutela externa do crédito e a função social do contrato: possibilidades do caso 'Zeca Pagodinho'. *In* TEPEDINO; G.; FACHIN, L. E. (coord.). *Diálogos sobre direito civil*, v. II. Rio de Janeiro: Renovar, 2008, p. 326.

94. AZEVEDO, Antonio Junqueira de. Princípios do novo direito contratual e desregulamentação do mercado – Direito de exclusividade nas relações contratuais de fornecimento – Função social do contrato e responsabilidade aquiliana do terceiro que contribui para o inadimplemento contratual. *Revista dos tribunais*, n. 750. São Paulo: abr./1998, p. 115-116; NEGREIROS, Teresa. *Teoria do contrato: novos paradigmas*, 2. ed.. Rio de Janeiro: Renovar, 2006, p. 244; PINHEIRO, Rosalice Fidalgo; GLITZ, Frederico Eduardo Zenedin. A tutela externa do crédito e a função social do contrato: possibilidades do caso 'Zeca Pagodinho'. *In* TEPEDINO; G.; FACHIN, L. E. (coord.). *Diálogos sobre direito civil*, v. II. Rio de Janeiro: Renovar, 2008, p. 333; FIGUEIREDO, Helena Lanna. *Responsabilidade civil do terceiro que interfere na relação contratual*. Belo Horizonte: Del Rey, 2009, p. 120; RODRIGUES JUNIOR, Otavio Luiz. A doutrina do terceiro cúmplice: autonomia da vontade, o princípio *res inter alios acta*, função social do contrato e a interferência alheia na execução dos negócios jurídicos. *Revista dos tribunais*, n. 821. São Paulo: mar. 2004, p. 80-98; MAZZEI, Rodrigo. O princípio da relatividade dos efeitos contratuais e suas mitigações. *In* HIRONAKA, G. M. F. N.; TARTUCE, F. (coord.). *Direito contratual: temas atuais*. São Paulo: Método, 2007, p. 213. *Contra*: RUZYK, Carlos Eduardo Pianovski; BÜRGER, Marcelo L. F. de Macedo. A tutela externa da obrigação e sua (des)vinculação à função social do contrato. *Civilistica.com*, a. 6, n. 2. Rio de Janeiro: 2017, p. 1; MONTEIRO FILHO; Carlos Edison do Rêgo; BIANCHINI, Luiza Lourenço. Breves considerações sobre a responsabilidade civil do terceiro

Entretanto, parece haver uma contradição entre reconhecer a função social do contrato como um efeito do processo de funcionalização – segundo o qual a liberdade de contratar e o contrato somente serão protegidos conforme a análise da função que ele persegue – e, ao mesmo tempo, utilizá-la para fundamentar a antijuridicidade da conduta do terceiro que induz uma das partes a descumprir o contrato, tratando o contrato como um valor em si mesmo e, ao inverso, submetendo a liberdade do terceiro ao respeito ao contrato.[95] A fundamentação da tutela externa do crédito com base na função social do contrato, embora recorrente, parece condizer com a compreensão da função social do contrato como mero reconhecimento de um valor intrínseco do contrato para a sociedade, e não com a perspectiva metodológica da funcionalização do contrato ao atendimento de interesses socialmente relevantes.

Diante disso, a depender da postura metodológica adotada, não parece possível reconduzir todos os distintos fenômenos albergados sob a expressão "mitigação da relatividade" à função social do contrato, já que nem todos eles envolvem a funcionalização do contrato, mas sim, muitas vezes, justamente o contrário: a oponibilidade do contrato perante terceiros. Nesse sentido, embora, de fato, a figura contribua para o referido processo de mitigação da relatividade, a leitura de funcionalização apresentada no item anterior implica compreender que, ao socializar a função do contrato, se exige dos contratantes que, para terem sua liberdade econômica tutelada, atendam também a interesses que extravasam sua esfera jurídica.

Revela-se especialmente útil, nesse ponto, a analogia com a figura mais consolidada em nosso ordenamento – bem como amplamente difundida em outros – da função social da propriedade. A referência é útil por se constituir no exemplo mais paradigmático de direito subjetivo, individual e patrimonial, cujo exercício descontrolado, guiado exclusivamente pela vontade de seu titular, poderia tornar-se incompatível com exigências mínimas decorrentes da convivência social.[96] Aponta-se, como ilustração da aplicação, no direito privado, de algo típico

---

que viola o contrato (tutela externa do crédito). *In* TEPEDINO; G.; FACHIN, L. E. (coord.). *Diálogos sobre direito civil*, v. II. Rio de Janeiro: Renovar, 2012, p. 470.

95. Explica Gustavo Tepedino: "Não deve significar, todavia, uma ampliação da proteção dos próprios contratantes, o que amesquinharia a função social do contrato" (TEPEDINO, Gustavo. *Temas de direito civil*, tomo II. Rio de Janeiro: Renovar, 2006, p. 251).

96. KONDER, Carlos Nelson. Para além da 'principialização' da função social do contrato. *Revista brasileira de direito civil*, v. 13. Belo Horizonte: 2017, p. 43. A associação com a função social da propriedade para a adequada compreensão da função social do contrato é indicada de forma frequente na doutrina: REALE, Miguel. Função social do contrato. Disponível em: <t.ly/IEM4>, acesso em 15 jun. 2018; TOMASEVICIUS FILHO, Eduardo. A função social do contrato: conceito e critérios de aplicação. *Revista de informação legislativa*, v. 42, n. 168. Brasília, out.-dez./2005, p. 202; MANCEBO, Rafael Chagas. *A função social do contrato*. São Paulo: Quartier Latin, 2005, p. 189; SANTOS, Antonio

do direito público: "o condicionamento do poder a uma finalidade".[97] Ao mesmo tempo, enquanto a função social do contrato não apareceu em nenhum texto constitucional brasileiro, a função social da propriedade foi tradicionalmente prevista nos textos constitucionais e objeto de especial atenção do constituinte de 1988, que estabeleceu critérios específicos para sua avaliação,[98] servindo, nesse sentido, como um exemplo a se seguir.

Com efeito, observa-se também quanto à função social da propriedade – para além de um consenso abstrato e genérico que nela visualiza uma mitigação dos direitos do proprietário – o embate entre abordagens mais individualistas, pelas quais ela se restringiria a impor novos limites, ainda excepcionais, ao exercício do direito pelo proprietário, e posições mais coletivistas, que nela enxergam o próprio fundamento e a razão da tutela da propriedade, atuando como elemento constitutivo e, justamente, como limite interno à atuação do proprietário.[99] Apesar das resistências ideológicas, hoje observa-se que "[a] função social da propriedade não tem inspiração socialista, antes é um conceito próprio do regime capitalista, que legitima o lucro e a propriedade privada dos bens de produção, ao configurar a execução da atividade do produtor de riquezas, dentro de certos parâmetros constitucionais, como exercida dentro do interesse geral".[100] Com efeito, ela foi descrita como "um compromisso entre a ordem liberal e a ordem socializante, de maneira a incorporar à primeira certos ingredientes da segunda".[101]

Jeová. *Função social do contrato*, 2. ed.. São Paulo: Método, 2004, p. 118; MARIGHETTO, Andrea. *O acesso ao contrato: sentido e extensão da função social do contrato*. São Paulo: Quartier Latin, 2012, p. 107; RUZYK, Carlos Eduardo Pianovski. *Liberdade(s) e função: contribuição crítica para uma nova fundamentação da dimensão funcional do Direito Civil brasileiro*. Tese de doutorado. Curitiba: UFPR, 2009, p. 207. Contra: GOGLIANO, Daisy. A função social do contrato. Causa ou motivo. *Revista da Faculdade de Direito, Universidade de São Paulo*, n. 99. São Paulo, 2004, p. 155; HADDAD, Luís Gustavo. *Função social do contrato: um ensaio sobre seus usos e sentidos*. São Paulo: Saraiva, 2013, p. 48.

97. SUNDFELD, Carlos Ari. Função social da propriedade. In: DALLARI, A. A.; FIGUEIREDO, L. V. (coord.). *Temas de direito urbanístico*. São Paulo: Revista dos Tribunais, 1987, p. 21.

98. Por exemplo, CF, art. 182, §2º "A propriedade urbana cumpre sua função social quando atende às exigências fundamentais de ordenação da cidade expressas no plano diretor" e art. 186. "A função social é cumprida quando a propriedade rural atende, simultaneamente, segundo critérios e graus de exigência estabelecidos em lei, aos seguintes requisitos: I – aproveitamento racional e adequado; II – utilização adequada dos recursos naturais disponíveis e preservação do meio ambiente; III – observância das disposições que regulam as relações de trabalho; IV – exploração que favoreça o bem-estar dos proprietários e dos trabalhadores".

99. CUNHA, Paulo Ferreira da. Propriedade e função social. *Revista de direito imobiliário*, v. 56. São Paulo: jan.-jun./2004, p. 120.

100. BERCOVICI, Gilberto. A constituição de 1988 e a função social da propriedade. *Revista de direito privado*, v. 7. São Paulo: jul.-set./2001, p. 77.

101. SUNDFELD, Carlos Ari. Função social da propriedade. In: DALLARI, A. A.; FIGUEIREDO, L. V. (coord.). *Temas de direito urbanístico*. São Paulo: Revista dos Tribunais, 1987, p. 2. Na síntese de Carlos Eduardo Pianovsky Ruzyk, "a funcionalização é criticada por liberais por supostamente submeter os direitos do indivíduo (sobretudo a propriedade) aos interesses coletivos, e por marxistas por servir como discurso de legitimação da manutenção da propriedade privada" (RUZYK, Carlos Eduardo

Dessa forma, sob a perspectiva mais funcionalista, a função social imporia ao titular do direito de propriedade "o dever de *exercê-lo* em benefício de outrem e não, apenas, de *não o exercer* em prejuízo de outrem".[102] Essa abordagem deita raízes na própria fórmula difundida a partir da Constituição de Weimar – *a propriedade obriga* –, de modo que a submissão do proprietário a interesses sociais gera a criação de verdadeiros deveres.[103] Essa atuação pode ser identificada em diversos âmbitos, como indica Calixto Salomão Filho: no direito antitruste, a repressão ao abuso de preços transformou-se em obrigação positiva de praticar preços competitivos; no direito do consumidor, a disciplina de responsabilidade pelos vícios do produto significa garantia legal adicional em benefício do consumidor; no direito ambiental, a recuperação dos prejuízos causados ainda que não haja dano sofrido levou ao estabelecimento de obrigações como tratamento de resíduos sólidos, reciclagem de pilhas e pneumáticos etc.[104]

Nesse sentido, a função social impõe que a tutela da propriedade envolva não somente a consideração dos interesses proprietários, mas também de interesses não proprietários relevantes, determinando ao seu titular deveres não somente negativos como também positivos para o atendimento desses interesses.[105] Em analogia, portanto, a função social do contrato, inserindo-se no processo mais amplo de funcionalização da liberdade contratual, exige para a tutela do contrato o atendimento não somente dos interesses dos contratantes, mas também de interesses originalmente extracontratuais que sejam relevantes. Trata-se de interesses que não compunham a esfera dos contratantes no momento da celebração do negócio, mas que se integram à normativa contratual em razão de sua funcionalização. Leciona, nesse sentido, Gustavo Tepedino:

> A função social – elemento interno do contrato – impõe aos contratantes a obrigação de perseguir, ao lado de seus interesses privados, interesses extracontratuais socialmente relevantes, assim considerados pelo legislador constitucional, sob pena de não merecimento de tutela do exercício da liberdade de contratar.[106]

Pianovski. *Liberdade(s) e função: contribuição crítica para uma nova fundamentação da dimensão funcional do Direito Civil brasileiro*. Tese de doutorado. Curitiba: UFPR, 2009, p. 209).

102. GRAU, Eros Roberto. *A ordem econômica na Constituição de 1988*, 7. ed. São Paulo: Malheiros, 2002, p. 275.

103. SUNDFELD, Carlos Ari. Função social da propriedade. In: DALLARI, A. A.; FIGUEIREDO, L. V. (coord.). *Temas de direito urbanístico*. São Paulo: Revista dos Tribunais, 1987, p. 5.

104. SALOMÃO FILHO, Calixto. Função social do contrato: primeiras anotações. *Revista dos tribunais*, v. 823. São Paulo: maio/2004, p. 67-86.

105. TEPEDINO, Gustavo. Contornos constitucionais da propriedade privada. *Temas de direito civil*, tomo I, 4. ed.. Rio de Janeiro: Renovar, 2004, p. 343.

106. TEPEDINO, Gustavo. Notas sobre a função social dos contratos. *In* TEPEDINO, G.; e FACHIN, L. E.(coord.). *O direito e o tempo*: embates jurídicos e utopias contemporâneas. Rio de Janeiro: Renovar, 2008, p. 403.

Essa afirmação de que a proteção da liberdade contratual, atribuindo a pretendida tutela ao contrato, será condicionada ao atendimento de interesses originalmente extracontratuais causa profunda resistência e temor de parte significativa dos operadores do direito, tal qual ocorria com a função social da propriedade.[107] Especialmente em vista das experiências estrangeiras em que esse tipo de perspectiva degenerava em corporativismo, demagogismo e mesmo totalitarismo estatal, afloram receios quanto à arbitrariedade das decisões judiciais brasileiras que venham a se inspirar em referência tão aberta, especialmente tendo em vista que, diferente da função social da propriedade, não há parâmetros constitucionais para a aplicação da função social do contrato.[108] Em síntese, é imperioso poder identificar com alguma segurança quais são esses interesses originalmente extracontratuais cujo atendimento condiciona a tutela do contrato, em razão do caráter social da sua função.

Torna-se central, neste ponto, o rigor metodológico e a coerência com os marcos teóricos, de modo a permitir cientificidade na determinação do alcance dessa compreensão do disposto no artigo 421 do Código Civil. A prioridade do perfil funcional dos institutos sobre o perfil estrutural, assim como a sua consequente funcionalização, é premissa metodológica adotada por diversas escolas, inclusive pelo direito civil-constitucional.[109] A peculiaridade dessa metodologia, todavia, está no entendimento de que a função do instituto, envolvendo os valores que justificam a sua tutela por parte do ordenamento, se encontra necessariamente nos preceitos constitucionais, em virtude de sua superioridade hierárquica no ordenamento.[110] A supremacia do texto constitucional impõe que todas as normas inferiores lhe devam obediência, não apenas em termos formais, mas também no conteúdo que enunciam, de forma que todo instituto de direito civil somente se justifica como instrumento para a realização das normas constitucionais.[111]

---

107. Por exemplo, Thatiane Rabelo Gonçalves (GONÇALVES, Thatiane Rabelo. A vigência e a esdrúxula aplicação da função social do contrato nos 15 anos do Código Civil. *Revista de direito privado*, v. 84. São Paulo: dez. 2017, p. 35-49) defende que "o campo do contratos não é lugar de corrigir desigualdades sociais e fazer justiça social" (*ibid.*, p. 41) e alega que "a aplicação da função social pode desvirtuar inúmeros negócios jurídico por atuar e interferir diretamente no âmbito da livre manifestação de vontade das partes contratantes, quando da realização de um contrato, impondo obrigações que nunca chegaram a ser pactuadas e que as partes nunca concordaram a assumir o ricos" (*ibid.*, p. 46).

108. Afirma-se que "o modelo do Código Civil é mais adequado a um pensamento estatalista e controlador" (PENTEADO, Luciano de Camargo. *Efeitos contratuais perante terceiros*. São Paulo: Quartier Latin, 2007, p. 263).

109. PERLINGIERI, Pietro. *O direito civil na legalidade constitucional*. Rio de Janeiro: Renovar, 2008, p. 642.

110. SOUZA, Eduardo Nunes. Função negocial e função social do contrato: subsídios para um estudo comparativo. *Revista de direito privado*, v. 54. São Paulo: abr./2013, p. 65.

111. PERLINGIERI, Pietro. *O direito civil na legalidade constitucional*. Rio de Janeiro: Renovar, 2008, p. 137.

1.2.2 Solidarização da função do contrato ao projeto constitucional

Reconhecendo que os institutos devem ser aplicados priorizando-se sua função, e que essa função deve deitar raízes no texto constitucional, os institutos de direito civil devem ser compreendidos como instrumentos de realização do projeto constitucional, ou seja, funcionalizados à satisfação dos princípios estabelecidos no topo do ordenamento.[112] Com efeito, já se destacou que ainda no silêncio do codificador seria possível inferir a função social do contrato a partir de fundamentos constitucionais preexistentes,[113] seja pela incidência direta da Constituição, seja dando conteúdo a outros veículos, como o abuso do direito e a função social da propriedade.[114] A iniciativa do legislador serviu a que a função social do contrato passasse a ser amplamente reconhecida como figura autônoma, idônea a ser objeto de estudos doutrinários e fundamento normativo de decisões judiciais.[115] A compreensão de seu conteúdo normativo, todavia, deve dar-se por meio de sua recondução aos seu fundamentos constitucionais.

Sob essa perspectiva, a adequada compreensão dos interesses sociais extracontratuais a serem atendidos conduz, necessariamente, à aplicação dos princípios constitucionais pertinentes ao caso em exame.[116] Nessa linha, destaca Gustavo Tepedino:

---

112. PERLINGIERI, Pietro. *O direito civil na legalidade constitucional*. Rio de Janeiro: Renovar, 2008, p. 671.

113. Sustenta Arnoldo Wald que "o novo Código Civil se limitou a explicitar uma norma constitucional e a ratificar tanto a legislação anterior como a construção jurisprudencial" (WALD, Arnoldo. A função social e ética do contrato como instrumento jurídico de parcerias e o novo Código Civil de 2002. *Revista forense*, n. 364. Rio de Janeiro, nov./dez. 2002, p. 29). Também Ronaldo Porto Macedo Jr.: "Acredito que, de certa maneira, essa idéia de limitação de função social ao contrato já era preexistente no sistema jurídico brasileiro. Se observarmos o que diz o Artigo 170 da Constituição, veremos que a ordem econômica tem por fim assegurar a todos existência digna conforme os ditames da justiça social, observado os seguintes princípios: função social da propriedade, livre concorrência e defesa do consumidor" (MACEDO JR. Ronaldo Porto. Função social do contrato. *Caderno de direito GV*, v.1, n. 6. São Paulo: jul./2005, p. 18).

114. Para Antônio Rulli Neto, "[a] função social do contrato, por si mesma em nada altera o regime jurídico anterior. Isso porque o Código Civil de 1916 já repelia o abuso do direito; o direito constitucional já continha a cláusula de função social da propriedade e a Lei de Introdução ao Código Civil permitia ao juiz interpretar a lei de acordo com parâmetros sociais" (RULLI NETO, Antonio. *Função social do contrato*. São Paulo: Saraiva, 2011, p. 133).

115. Leciona Gustavo Tepedino: "Note-se que nem mesmo o advento do Código de Defesa do Consumidor, que deu ensejo a acalorado debate acerca da boa-fé objetiva, suscitou discussão em profundidade sobre a função social. Tampouco a inserção, na Constituição Federal de 1988, do princípio da função social da propriedade teve o condão de despertar a atenção dos estudiosos. De fato, o instituto somente passou a ser objeto de maior reflexão, adquirindo a feição atual, com a sua introdução no art. 421 do Código Civil de 2002" (TEPEDINO, Gustavo. Notas sobre a função social dos contratos. *In* TEPEDINO, G.; FACHIN, L. E. (coord.). *O direito e o tempo*: embates jurídicos e utopias contemporâneas. Rio de Janeiro: Renovar, 2008, p. 395).

116. Indica Gustavo Tepedino que a função social do contrato "não instrumentaliza os interesses individuais a qualquer entidade supraindividual, mas a plena realização da pessoa humana e de suas realizações

A rigor, a função social do contrato deve ser entendida como princípio que, informado pelos princípios constitucionais da dignidade da pessoa humana (art. 1º, III), do valor social da livre iniciativa (art. 1º, IV) – fundamentos da República – e da igualdade substancial (art. 3º, III) e da solidariedade social (art. 3º, I) – objetivos da República – impõe às partes o dever de perseguir, ao lado de seus interesses individuais, a interesses extracontratuais socialmente relevantes, dignos de tutela jurídica, que se relacionam com o contrato ou são por ele atingidos.[117]

Com efeito, em que pese o constituinte não ter especificado os parâmetros para sua aplicação, como fez com a função social da propriedade urbana e rural, também é possível encontrar no texto constitucional diretrizes razoavelmente claras para garantir maior rigor à sua aplicação.[118] A principiologia constitucional, embora fixada em termos abertos, encontra densidade valorativa suficiente para, com a devida fundamentação argumentativa e o adequado desenvolvimento doutrinário e jurisprudencial, oferecer critérios razoavelmente precisos para guiar o intérprete.[119]

No que tange à função social do contrato, o preceito constitucional mais amplamente aplicável parece ser o que se vem identificando como *princípio da solidariedade*. Extraído a partir do art. 3º, I e III, do texto constitucional, o princípio foi identificado como "o conjunto de instrumentos voltados para se garantir uma existência digna, comum a todos, numa sociedade que se desenvolva como livre e justa, sem excluídos ou marginalizados".[120] No âmbito do direito contratual, essa ideia solidarista se manifesta impondo aos contratantes comportamento

---

existenciais" (TEPEDINO, Gustavo. Notas sobre a função social dos contratos. *In* TEPEDINO, G.; FACHIN, L. E. (coord.). *O direito e o tempo*: embates jurídicos e utopias contemporâneas. Rio de Janeiro: Renovar, 2008, p. 401).

117. TEPEDINO, Gustavo. Notas sobre a função social dos contratos. *In* TEPEDINO, G.; FACHIN, L. E. (coord.). *O direito e o tempo*: embates jurídicos e utopias contemporâneas. Rio de Janeiro: Renovar, 2008, p. 398.

118. *Contra*: FRADERA, Véra Jacob de. Art. 7º: liberdade contratual e função social do contrato – art. 421 do Código Civil. *In* MARQUES NETO, F. P.; RODRIGUES JR., O. L.; LEONARDO, R. X. (coord.). *Comentários à Lei da liberdade econômica*. São Paulo: Thomson Reuters Brasil, 2019, p. 297.

119. Sobre a função social da propriedade, destaca Eroulths Cortiano Junior: "Mais importante, talvez, que os artigos com referência expressa à função social, seja outra ordem de normas, na qual se pode ver evidente intuito de – na linha que vem sendo desenvolvida neste trabalho – ressaltar o uso solidarístico da propriedade e a reverberação do direito proprietário sobre os sujeitos e situações concretas da cotidianidade. A nova tábua axiológica da Constituição privilegia os valores existenciais da pessoa humana. É o caso do art. 1.º, que põe como fundamentos da República a cidadania, a dignidade da pessoa humana e os valores sociais do trabalho e da livre iniciativa, e do art. 3.º, que arrola como objetivos fundamentais da República construir uma sociedade livre, justa e solidária; garantir o desenvolvimento nacional; erradicar a pobreza e a marginalização e reduzir as desigualdades sociais e regionais; e promover o bem de todos, sem quaisquer discriminações." (CORTIANO JUNIOR, Eroulths. *O discurso proprietário e suas rupturas*. Tese de doutorado. Curitiba: UFPR, 2001, p. 120).

120. MORAES, Maria Celina Bodin de. O princípio da solidariedade. *Na medida da pessoa humana: estudos de direito civil-constitucional*. Rio de Janeiro: Renovar, 2010, p. 247.

1 • A FUNDAMENTAÇÃO DA FUNÇÃO SOCIAL DO CONTRATO

colaborativo não somente entre si, como ocorre por meio da incidência da boa-fé, mas também perante a coletividade que os cerca e na qual a relação contratual se insere.[121] A socialidade da função do contrato é lida, nessa toada, como corolário da solidariedade constitucional.[122] Isso envolve exigir dos contratantes não somente omitir-se de violar interesses da coletividade, mas ativamente agir para atendê-los.

Com efeito, parte-se da compreensão de que a adequada tutela da liberdade individual, lida como direito ao livre desenvolvimento de sua personalidade, pressupõe a compreensão do contexto em que ela se realizada – uma "liberdade situada"[123] –, pois a pessoa somente se realiza a partir de sua inserção no ambiente social.[124] Dessa forma, determinados fenômenos sociais somente podem ser

---

121. SILVA, Luis Renato Ferreira da. A função social do contrato no novo Código Civil e sua conexão com a solidariedade social. *In* SARLET, I. W. (org.). *O novo Código Civil e a Constituição*. Porto Alegre: Livraria do advogado, 2003, p. 153: "Nesta ideia de cooperação entre os contratantes, mas também em relação a terceiros, é que se concretiza, no direito contratual, a ideia solidarista insculpida no inciso I do artigo 3º da Constituição Federal. Eu diria que, dentro da relação contratual, entre os contratantes, atua a ideia de cooperação por intermédio do princípio da boa-fé (regra do artigo 422 do Novo Código). Já os reflexos externos das relações contratuais, ou seja, as relações contratuais enquanto fatos que se inserem no mundo de relações econômicas e sociais, com isto integrando-se à cadeia produtiva e afetando a esfera de terceiros, impõem um comportamento solidário, cooperativo que é atuado pela ideia de função social no exercício da liberdade contratual (regra do artigo 421 do Novo Código)".). V. também POPP, Carlyle. A eficácia externa dos negócios jurídicos. *In* LOTUFO, R.; NANNI, G. E. (coord.). *Teoria geral dos contratos*. São Paulo: Atlas, 2011, p. 149.

122. Nessa linha, "O princípio da função social, ora acolhido expressamente no Código Civil (arts. 421 e 1.228, § 1.º) constitui, em termos gerais, a expressão da socialidade no Direito Privado, projetando em seus corpora normativos e nas distintas disciplinas jurídicas a diretriz constitucional da solidariedade social (CF, art. 3.º, III, in fine)" (MARTINS-COSTA, Judith. Reflexões sobre o princípio da função social dos contratos. *Revista de direito GV*, n. 1. São Paulo: maio de 2005, p. 41). *Contra*: BRANCO, Gerson Luiz Carlos. Elementos para a interpretação da liberdade contratual e função social: o problema do equilíbrio contratual e da solidariedade social como princípios da teoria geral dos contratos. *In* MARTINS-COSTA, J. (coord.). *Modelos de direito privado*. São Paulo: Marcial Pons, 2008, p. 257-290. Para o autor: "A solidariedade é, sem dúvida, valor constitucional tutelado, mas o contrato não é o instrumento adequado à sua realização. Por isso Miguel Reale, com a clareza de quem compreendia que [*sic*] a vinculação entre o direito e a realidade social, afirmou que o princípio jurídico adotado pelo Código Civil para os contratos foi o da *socialidade* e não o da solidariedade" e define o autor que "A socialidade se produz na necessidade de o direito individual não sobrepor a valores socialmente relevantes" (*ibid.*, p. 267). Sintetiza sua posição: "Em suma: uma teoria da solidariedade social que torne o contrato instrumento dessa solidariedade não compactua com o que está disposto no ordenamento e com os fins e as funções atribuídos ao contrato como instrumento por excelência da circulação de riqueza entre particulares" (*ibid.*, p. 272).

123. MARTINS-COSTA, Judith. O método da concreção e a interpretação dos contratos: primeiras notas de uma leitura suscitada pelo Código Civil. *In* DELGADO, M. L.; ALVES, J. F. (coord.). *Questões controvertidas: no direito das obrigações e dos contratos*, v. 4. São Paulo: Método, 2005, p. 153.

124. Charles Taylor realiza um aprofundado trabalho de demonstração de como as identidades dos seres sociais são moldadas pela prática e pelas relações na comunidade, em: TAYLOR, Charles. *As fontes do self: a construção da identidade moderna*. São Paulo: Loyola, 1997. No mesmo sentido, afirma Norbert Elias: "Todo indivíduo nasce num grupo de pessoas que já existiam antes dele. E não é só: todo indivíduo constitui-se de tal maneira, por natureza, que precisa de outras pessoas que existam antes dele para poder crescer" (ELIAS, Norbert. *A sociedade dos indivíduos*. Rio de Janeiro: Jorge Zahar, 1994, p. 26-27).

viabilizados ou compreendidos se analisados sob a perspectiva coletiva, o que conduz a tutela das liberdades individuais à exigência também de satisfação de interesses coletivos.

Nesse contexto, na expressão de Stefano Rodotà, a solidariedade se configura como uma "utopia não apenas necessária, mas razoável", porque impõe comportamentos que, de outra forma, levariam a desvios insuperáveis.[125] Nessa toada, a via do Estado deixa de ser a única idônea a realizar a solidariedade social, criando-se um espaço social que corrobora o rompimento de dicotomias tradicionais, com a contraposição entre público e privado, Estado e sociedade civil, Estado e mercado, político e econômico.[126] Trata-se da exigência de que todos contribuam para a construção de um ambiente comum coletivo que, respeitando as alteridades, é necessário para que cada um tenha sua dignidade protegida.

O princípio da solidariedade, portanto, atua de modo a impor aos particulares deveres perante a coletividade, quando a satisfação desses interesses comunitários seja pressuposto para que todos os demais tenham iguais condições de livre persecução de seus próprios interesses.[127] Nossa corte constitucional, entre seus oitenta e um julgados contendo "princípio da solidariedade" na ementa, apresenta diversas hipóteses desse jaez que se pode mencionar: a responsabilização do consórcio DPVAT perante a vítima independentemente de prévia contratação ou pagamento do prêmio, de modo a diluir entre todos os proprietários de veículo os riscos de acidentes;[128] a cobrança de contribuição previdenciária de aposentados que retornaram à ativa (desaposentação), com o objetivo de prover fundos para benefícios dos demais segurados;[129] a imprescritibilidade do dano ambiental, em razão da responsabilidade perante também as gerações futuras;[130] o dever de todas instituições particulares de ensino aceitarem alunos com deficiência, especialmente para permitir a convivência dos demais alunos para mitigar pre-

---

125. Para Rodotà: "*Siamo di fronte a una utopia non solo «necessaria», ma ragionevole, perché proprio nelle difficoltà continuamente offre un riferimento forte che legittima, anzi per molti versi impone, comportamenti che contrastano quelle che, altrimenti, sarebbero considerate invincibili derive*" (RODOTÀ, Stefano. *Solidarietà: un'utopia necessaria*. Bari: Laterza, 2014, p. 98).
126. FARIAS, Jose Fernando de Castro. *A origem do direito de solidariedade*. Rio de Janeiro: Renovar, 1998, p. 185-186.
127. Explica Stefano Rodotà: "*la fraternità/solidarietà [...] si pone addirittura come precondizione perché si possa attribuire significato a libertà e eguaglianza*" (RODOTÀ, Stefano. *Solidarietà: un'utopia necessaria*. Bari: Laterza, 2014, p. 24).
128. STF, Pleno, ADI 1003, Rel. Min. Cármen Lúcia, julg. 01/08/2018. Sobre a ligação entre responsabilização objetiva e princípio da solidariedade, v. MORAES, Maria Celina Bodin de. Risco, solidariedade e responsabilidade objetiva. *Na medida da pessoa humana: estudos de direito civil-constitucional*. Rio de Janeiro: Renovar, 2010, p. 381-421.
129. STF, Pleno, RE 661256, Rel. Min. Roberto Barroso, Rel. p/acórdão Min. Dias Toffoli, julg. 27/10/2016).
130. STF, Pleno, RE 654833, Rel. Min. Alexandre de Moraes, julg. 20/04/2020.

conceitos;[131] a legitimidade da utilização de células-tronco embrionárias para pesquisa científica, em razão dos benefícios terapêuticos que podem gerar;[132] e a proibição da prática da vaquejada, por reputar prática cruel contra animais, violando a proteção constitucional à fauna.[133]

A crise sanitária decorrente da pandemia traz novos exemplos a este rol de decisões, na recorrentemente triste associação, em via excepcional, entre solidariedade e tragédia.[134] Dessa forma, ganha espaço o princípio da solidariedade na imposição de obrigações individuais referentes a uso de máscaras[135], distanciamento social[136], quarentena[137] e vacinação[138], com o objetivo de assegurar a saúde pública, como bem compartilhado comunitariamente que é pressuposto para a proteção da saúde de cada pessoa, em especial aquelas mais vulneráveis em razão de condições de risco.

Em todos esses casos, de variados âmbitos e temas, se observa a imposição de deveres (ou a restrição de direitos) de particulares para contribuírem para a satisfação de um interesse coletivo relevante, idôneo a permitir a outros particulares, muitas vezes em posição de desvantagem, terem condições efetivas de exercício do direito ao livre desenvolvimento de sua personalidade.

Resta nítida, dessa forma, correlação entre a função social do contrato, impondo aos contratantes o atendimento de interesses sociais para a tutela de sua liberdade contratual, e o princípio constitucional da solidariedade, vinculando o exercício de qualquer liberdade – em especial de caráter econômico – à satisfação de interesses da comunidade que sejam necessários para, justamente, a garantia de igual liberdade a todos.[139] Compreendida a contratação, sob perspectiva macro, como fenômeno de repercussão coletiva, não indiferente ao contexto comunitário do qual se origina e no qual produz efeitos, a sua regulação e o seu

---

131. STF, Pleno, ADI 5357 MC-Ref, Rel. Min. Edson Fachin, julg. 09/06/2016. Sobre o tema, seja consentido remeter a KONDER, Carlos Nelson. O direito à educação inclusiva de pessoas com deficiência em estabelecimentos de ensino particulares: análise à luz da Lei n. 13.146/2015 e da ADI 5357-MC. *Interesse Público*, v. 106. Belo Horizonte, 2017, p. 33-49.

132. STF, Pleno, ADI 3510, Rel. Min. Ayres Britto, julg. 29/05/2008.

133. STF, Pleno, ADI 4983, Rel. Min. Marco Aurélio, julg. 06/10/2016.

134. RODOTÀ, Stefano. Le vie della solidarietà. *Perché laico*. Bari: Laterza, 2009, p.169.

135. STF, Pleno, ADPF 714, Rel. Min. Gilmar Mendes, julg. 31/08/2020.

136. STF, ADPF 669 MC, Rel. Min. Roberto Barroso, julg. 31/03/2020.

137. STF, MS 7116, Rel. Min. Roberto Barroso, julg. 25/11/2021.

138. STF, Pleno, ADI 6586, Rel. Min. Ricardo Lewandowski, julg. 17/12/2020; STF, Pleno, ARE 1267879, Rel. Min. Roberto Barroso, julg. 17/12/2020.

139. Para Eduardo Nunes de Souza: "Poucos princípios representam de modo tão emblemático a reformulação do direito civil à luz do solidarismo constitucional quanto o princípio da função social" (SOUZA, Eduardo Nunes de. Função negocial e função social do contrato: subsídios para um estudo comparativo. *Revista de direito privado*, v. 54. São Paulo: abr./2013, p. 65).

controle devem se imiscuir pelo atendimento desses bens coletivos que atuam como pressuposto das liberdades individuais e mecanismos de equalização de desigualdades fáticas.[140]

O discurso solidarista nesses termos permite debelar a legítima preocupação com referências a um interesse social puramente abstrato e totalizante, que acabaria por oprimir o papel central da dignidade da pessoa humana e do livre desenvolvimento da sua personalidade.[141] A intrínseca associação entre o princípio da solidariedade, sob uma leitura contemporânea, e o respeito ao pluralismo e à democracia enseja reconhecer que a socialização da função do contrato deve remeter à tutela de interesses coletivos concretos e, mais do que isso, interesses cuja satisfação seja pressuposto para que todos possam desfrutar dos mesmos espaços de efetiva liberdade.[142]

Em complemento a essa leitura solidarista do direito contratual – que ainda parece insuficiente para parte da doutrina dedicada a compreender a função social

---

140. Explica Teresa Negreiros: "A noção de função social convida o intérprete a deixar de lado uma leitura do direito civil sob a ótica voluntarista e a buscar em valores sociais que o ordenamento institui e a buscar em valores sociais que o ordenamento institui como fundamento de todos os ramos do Direito – sejam eles predominantemente públicos ou privados – novos horizontes de aplicação dos tradicionais princípios norteadores do direito dos contratos. Assim, muito além da liberdade individual, passam a integrar a axiologia contratual a justiça, a igualdade, a solidariedade, e demais valores que, sob a ótica civil-constitucional, são essenciais à tutela da dignidade humana no âmbito da ordem econômica" (NEGREIROS, Teresa. *Teoria do contrato: novos paradigmas*, 2. ed. Rio de Janeiro: Renovar, 2006, p. 226).

141. A preocupação é externada por Carlos Eduardo Pianovski Ruzyk: "Se, com efeito, aquilo a que a função remete fosse, necessariamente, uma totalidade pensada como uma sociedade tomada como abstração, seria de difícil solução a contradição entre a liberdade das pessoas em suas relações intersubjetivas e um todo que não se integra por essa subjetividade concreta. Mais que isso, a liberdade e seu exercício concreto serviriam (pois seria uma prestação, uma contribuição) a fins fundados em uma das possíveis formas de se conceber o todo social, conforme a configuração abstrata que se optasse por empregar (uma vez que se o fim não é integralmente determinado por aquilo a que se destina a função, esse destinatário delimita juízos de pertinência entre o que é e o que não é funcional para suas necessidades, sejam de manutenção, sejam de transformação)" (RUZYK, Carlos Eduardo Pianovski. *Liberdade(s) e função: contribuição crítica para uma nova fundamentação da dimensão funcional do Direito Civil brasileiro*. Tese de doutorado. Curitiba: UFPR, 2009, p. 162).

142. Nos termos de Carlos Eduardo Pianovski Ruzyk, "A função sobre a qual se está a cogitar não despreza a relevância de projetos coletivos – ao contrário, os contempla como pertinentes também a coletivos dotados de concretude -, mas dispensa pretensões totalizantes" (RUZYK, Carlos Eduardo Pianovski. *Liberdade(s) e função: contribuição crítica para uma nova fundamentação da dimensão funcional do Direito Civil brasileiro*. Tese de doutorado. Curitiba: UFPR, 2009, p. 225) e "quando se aventa dessa repercussão coletiva não se está a falar de um coletivo abstrato, mas, sim, de repercussões concretas sobre coletivos mais ou menos amplos que são, porém, mesmo no que se refere aos interesses difusos, claramente identificáveis" (*ibid.*, p. 264). O autor vai além, contudo, e defende que a função dos institutos pode ser sempre reconduzida a uma releitura do conceito de liberdade: "'função como liberdade(s)': as finalidades jurídicas da propriedade, do contrato, da família podem ser compreendidas (embora não de modo exclusivo) com base em uma compreensão plural, multifacetada (e, por isso mesmo, potencialmente contraditória), de liberdade" (*ibid.*, p. 7).

do contrato[143] – diversos parâmetros mais específicos podem ser encontrados no restante do texto constitucional. De início, pode ser aduzido seu artigo 6º, que inaugura o capítulo dos direitos sociais elencando *"a educação, a saúde, a alimentação, o trabalho, a moradia, o transporte, o lazer, a segurança, a previdência social, a proteção à maternidade e à infância, a assistência aos desamparados"*.[144]

Com efeito, nas últimas décadas ganhou grande destaque na doutrina e na jurisprudência nacionais o tema da aplicação dos direitos fundamentais nas relações privadas, debate teórico comumente referido por "eficácia horizontal dos direitos fundamentais". Desenvolvida a partir da constatação de que as relações privadas podem ser tão ou mais desiguais quanto a relação do particular frente ao Estado, a aplicação dos direitos fundamentais costuma ser invocada para a tutela da parte mais fraca frente aos ditos "poderes privados".[145] No âmbito do direito brasileiro, a eficácia direta e imediata dos direitos fundamentais nas relações privadas é amplamente reconhecida, especialmente em vista da desigualdade característica da sociedade brasileira.[146]

A controvérsia eventualmente existente entre as várias correntes reside mais em como (construção) e em que medida (colisão) se dá esta vinculação.[147] Nesse ponto, todavia, há certo consenso de que, apesar da diversidade de correntes, indicativas de um viés ideológico, os problemas acabam por serem sempre resolvidos de forma interpretativa, tornando-se especialmente recorrente a referência à técnica da ponderação.[148] Assim, o receio de intervenção excessiva

---

143. Critica Gilberto Fachetti Silvestre: "Afinal de contas, o que é essa função? Para que ou ao que serve? Por que se deve agir de acordo com ela? As respostas a essas perguntas sempre são dadas em um ciclo vicioso que gira em torno do *interesse social*, da *sociabilização*, do rompimento com os *paradigmas liberais* e, por fim, como sempre, a *dignidade humana*. Sinceramente, essas respostas nunca satisfazem; são conclusões melancólicas porque são, verdadeiramente, *vazias*" (SILVESTRE, Gilberto Fachetti. *A responsabilidade civil pela violação à função social do contrato*. São Paulo: Almedina, 2018, p. 57). Destaca que a conexão entre princípio da solidariedade e função social, embora importante para balizar os contornos da função social, não serve para identificar suas notas características, RENTERÍA, Pablo. *Considerações acerca do atual debate sobre o princípio da função social do contrato*. In MORAES, M. C. B. (coord.). *Princípios do direito civil contemporâneo*. Rio de Janeiro: Renovar, 2006, p. 285.
144. A ligação entre solidariedade e direitos sociais é destaca por RODOTÀ, Stefano. Le vie della solidarietà. *Perché laico*. Bari: Laterza, 2009, p. 170.
145. UBILLOS, Juan María Bilbao. ¿En qué medida vinculan a los particulares los derechos fundamentales? SARLET, I. W. (org.). *Constituição, direitos fundamentais e direito privado*. Porto Alegre: Livraria do Advogado, 2003, p. 303.
146. SARMENTO, Daniel. *Direitos fundamentais e relações privadas*. Rio de Janeiro: Lumen Juris, 2004, p. 281. Entre nós, expressamente a favor de uma eficácia indireta, RODRIGUES JR., Otávio Luiz. *Direito civil contemporâneo: estatuto epistemológico, Constituição e direitos fundamentais*, 2. ed. Rio de Janeiro: Forense universitária, 2019.
147. ALEXY, Robert. *Teoría de los derechos fundamentales*. Madrid: Centro de estudios constitucionales, 1997, p. 511.
148. ALEXY, Robert. *Teoría de los derechos fundamentales*. Madrid: Centro de estudios constitucionales, 1997, p. 511-517, UBILLOS, Juan María Bilbao. ¿En qué medida vinculan a los particulares los dere-

dos espaços de autonomia privada parece – aqui também – injustificado ante a realidade concreta, uma vez que a liberdade individual também pode se revelar um princípio a ser ponderado no caso e a questão que ao final se coloca é como deve ser realizada tecnicamente essa ponderação.

Embora construído inicialmente sobre os direitos fundamentais individuais, no cenário brasileiro o raciocínio não afasta das relações privadas a eficácia dos direitos ditos sociais, com as devidas ponderações.[149] Exemplificativamente, nossa jurisprudência invocou expressamente o direito fundamental à moradia ao analisar a restrição à proteção do bem de família nas fianças locatícias,[150] bem como é recorrente a invocação do direito à saúde nos julgados envolvendo planos de saúde.[151] Essa possibilidade pode ser decorrente, justamente, da função do contrato que vincula esses particulares, já que a eficácia dos direitos fundamentais sociais, nesse caso, liga-se à "existência de alguma conexão entre a relação jurídica mantida pelas partes e a natureza da obrigação jusfundamental em discussão".[152] Novamente, em lugar de afastar *a priori* a aplicabilidade dos direitos sociais nas relações privadas, trata-se somente de efetuar a adequada ponderação dos preceitos em jogo para encontrar o equilíbrio adequado em concreto.

Dessa forma, os direitos fundamentais sociais podem servir de caminho para a densificação normativa da função social do contrato, atuando como critérios para o intérprete preencher o conteúdo da solidariedade social que se exigirá dos contratantes. Isso é corroborado pela premissa por trás da eficácia dos direitos fundamentais nas relações privadas, consistente na compreensão

---

chos fundamentales? SARLET, I. W. (org.). *Constituição, direitos fundamentais e direito privado*. Porto Alegre: Livraria do Advogado, 2003, p. 332 e ss., PEREIRA, Jane Reis Gonçalves. Apontamentos sobre a aplicação das normas de direito fundamental nas relações jurídicas entre particulares. In BARROSO, L. R. (org.). *A nova interpretação constitucional: ponderação, direitos fundamentais e relações privadas*. Rio de Janeiro: Renovar, 2003, p. 185. Em crítica às incoerências metodológicas e à criação de modelos *ad hoc*, RODRIGUES JR., Otávio Luiz. *Direito civil contemporâneo: estatuto epistemológico, Constituição e direitos fundamentais*, 2. ed. Rio de Janeiro: Forense universitária, 2019.

149. SARLET, Ingo Wolfgang. Direitos fundamentais e direito privado – notas sobre a influência da dogmática alemã dos direitos fundamentais, em especial a contribuição de Claus-Wilhelm Canaris, no direito brasileiro. *Revista de direito civil contemporâneo*, v. 12. São Paulo: jul.-set./2017, p. 63-88, recurso eletrônico.

150. STF, Pleno, RE 407688, Rel. Min. Cezar Peluso, julg. 08/02/2006. Na expressão de Rosalice Fidalgo Pinheiro, "O direito à moradia paralisa o exercício do direito de crédito, por se mostra aquele indispensável à dignidade humana" (PINHEIRO, Rosalice Fidalgo. *Contrato e direitos fundamentais*. Curitiba: Juruá, 2009, p. 130).

151. SARLET, Ingo Wolfgang. Direitos fundamentais e Direito Privado: algumas notas sobre a chamada constitucionalização do direito civil. In SARLET, I. W. (org.). *A constituição concretizada: construindo pontes com o público e o privado*. Porto Alegre: Livraria do advogado, 2000, p. 154; SARMENTO, Daniel. *Direitos fundamentais e relações privadas*. Rio de Janeiro: Lumen Juris, 2004, p. 331; PINHEIRO, Rosalice Fidalgo. *Contrato e direitos fundamentais*. Curitiba: Juruá, 2009, p. 125.

152. SARMENTO, Daniel. *Direitos fundamentais e relações privadas*. Rio de Janeiro: Lumen Juris, 2004, p. 344.

de que eles expressam uma ordem de valores objetiva, que se irradia por todo o ordenamento, integrando Constituição e legislação ordinária e influenciando na criação, interpretação e aplicação das normas.[153] Dessa forma, o acesso a saúde, educação, alimentação, trabalho, moradia, transporte, lazer, segurança, enfim, todos eles traduzem interesses sociais relevantes aos quais os contratantes não podem restar indiferentes.[154] Quais desses interesses e em que medida interferirão com a normativa contratual será algo a ser ponderado tendo em vista a função concreta do negócio sob exame.

Além do dispositivo relativo aos direitos sociais, cuja eficácia entre contratantes serve de guia à interpretação da socialização da função do contrato, também é relevante vetor hermenêutico nessa empreitada o disposto no artigo 170 do texto constitucional. Veiculando-se a atividade econômica, no plano jurídico, prioritariamente por meio da figura do contrato, o dispositivo em questão parece casar com o artigo 421 do Código Civil, na medida em que funcionaliza a ordem econômica ao atendimento de interesses socialmente relevantes.[155] Com efeito, o condicionamento da liberdade de contratar aos imperativos sociais vinculados à função do contrato, em vistas da sua patrimonialidade, se recon-

---

153. SARLET, Ingo Wolfgang. Direitos fundamentais e Direito Privado: algumas notas sobre a chamada constitucionalização do direito civil. In SARLET, I. W. (org.). *A constituição concretizada: construindo pontes com o público e o privado*. Porto Alegre: Livraria do advogado, 2000, p. 118-119; PEREIRA, Jane Reis Gonçalves. Apontamentos sobre a aplicação das normas de direito fundamental nas relações jurídicas entre particulares. *In* BARROSO, L. R. (org.). *A nova interpretação constitucional: ponderação, direitos fundamentais e relações privadas*. Rio de Janeiro: Renovar, 2003, p. 154; HESSE, Konrad. *Derecho constitucional y derecho privado*. Madrid: Civitas, 1995, p. 57.

154. De forma ampla, afirma-se que "o respeito à cultura, ao desenvolvimento do ensino científico e do desporto, além do meio ambiente compõem o quadro de proteções constitucionais que integram o conceito de função social" (GAMA, Guilherme Calmon Nogueira da; CIDAD, Felipe Germano Cacicedo. Função social no direito privado e Constituição. *In* GAMA, G. C. N. (coord.). *Função social no direito civil*, 2. ed. São Paulo: Atlas, 2008, p. 35).

155. Define ordem econômica como "conjunto de princípios jurídicos de conformação do processo econômico, desde uma visão macrojurídica, conformação que se opera mediante o condicionamento da atividade econômica a determinados fins políticos do Estado", GRAU, Eros Roberto. *A ordem econômica na Constituição de 1988*, 7. ed. São Paulo: Malheiros, 2002, p. 59. O autor correlaciona o dispositivo constitucional à intervenção sobre os contratos: "A ação estatal sobre os contratos é de importância capital, dada a sua configuração como instituto fundamental na economia de mercado. Isso porque a conformação das relações contratuais importa a conformação do exercício da própria atividade econômica. Daí a sua transformação – dos contratos que se praticam na economia de mercado administrado, ordenado ou organizado – em instrumentos dinâmicos voltados ao alcance não apenas dos fins almejados pelas partes mas também, na medida em que conformados pelo Estado, dos fins últimos da ordem econômica" (*ibid.*, p. 132). Paulo Lôbo destaca ainda a referência constante no art. 4º, III, do CDC, que entende referir implicitamente à função social do contrato no seguinte trecho: "compatibilização da proteção do consumidor com a necessidade de desenvolvimento econômico e tecnológico, de modo a viabilizar os princípios nos quais se funda a ordem econômica" (LOBO, Paulo Luiz Netto. Princípios sociais dos contratos no Código de Defesa do Consumidor e no novo Código Civil. *Revista de direito do consumidor*, n. 42. São Paulo: abr./jun. 2002, p. 187-195).

duz, no plano constitucional, ao condicionamento da liberdade econômica aos imperativos sociais que atuam como fundamentos, fins e princípios regentes da ordem econômica.

Já no *caput*, o enunciado normativo preconiza expressamente que o *fim* da ordem econômica é assegurar a todos existência digna, em conformidade com a justiça social, funcionalizando a atividade econômica à dignidade da pessoa humana e à equalização das desigualdades fáticas para garantir condições efetivas de liberdade para todos. Mais especificamente, os incisos colacionam outros princípios que se ponderam na avaliação do merecimento de proteção da atividade econômica, entre os quais se destacam *a livre concorrência, a defesa do consumidor, a defesa do meio ambiente, a redução das desigualdades, a busca do pleno emprego e o tratamento favorecido das pequenas empresas brasileiras.*[156] O constituinte, dessa forma, demonstra, justamente, bens jurídicos que se conformam comunitariamente, cuja compreensão adequada pressupõe a perspectiva coletiva e cujo resguardo configura, justamente, precondição para o igual exercício das liberdades de cada pessoa.[157]

Portanto, sob a metodologia civil-constitucional, serão necessariamente esses os critérios autorizadores para a atuação jurisdicional no controle da liberdade contratual. Trata-se de uma opção do constituinte de fundar o ordenamento sob essa perspectiva de que a atividade econômica será funcionalizada à solidariedade social, nos termos expostos, de modo a impor aos particulares, no exercício de sua atividade econômica, também o atendimento a imperativos como a proteção do consumidor, do meio ambiente, da pequena empresa e da livre concorrência. Cristalizada no topo do ordenamento, essa opção valorativa não parece passível

---

156. Ronaldo Porto Macedo Jr. oferece o seguinte exemplo: "Uma das questões mais interessantes que vem sendo discutidas no âmbito do Conselho Administrativo de Defesa Econômica (CADE) é a de hipóteses da ilegalidade de contratos de exclusividade. Por quê? Simplesmente porque estes tipos de contratos geram efeitos sociais danosos, como a limitação do Direito da Concorrência. Trata-se de um efeito geral difuso, como uma espécie de desvirtuamento da função do contrato, que passa a adquirir uma finalidade anti-competitiva. Ora, a competição é um princípio constitucional. Há um caso muito interessante, ainda sem julgamento concluído no CADE, acerca de cláusulas de exclusividade do Shopping Center Iguatemi com relação a uma série de lojas de grife que só podem se instalar lá. O que se discute? Justamente o efeito e desvirtuamento da função social do contrato, que passa a ser violador da ordem econômica" (MACEDO JR. Ronaldo Porto. Função social do contrato. *Caderno de direito GV*, v.1, n. 6, São Paulo: jul./2005, p. 20).

157. Calixto Salomão Filho se refere, nesse contexto, a *garantias institucionais*: "As garantias institucionais [...] são a um tempo destinadas à proteção do interesse de cada indivíduo e de sua coletividade, seja ela numericamente determinável ou não. Mais ainda, em todas elas o interesse institucional é jurídica e economicamente destacável do interesse individual. [...] Basta o reconhecimento constitucional dos interesses (por exemplo: meio ambiente, defesa da concorrência) para que sua proteção como garantia institucional seja imperiosa (desde que obviamente presentes os requisitos mencionados anteriormente)" (SALOMÃO FILHO, Calixto. Função social do contrato: primeiras anotações. *Revista dos tribunais*, v. 823. São Paulo: maio/2004, p. 67-86).

de ser revertida por mudanças governamentais, ainda que veiculadas por meio de legislação ordinária.[158] Em consequência, conclui-se que a fundamentação da função social do contrato associa-se à irreversível opção do constituinte por funcionalizar a liberdade econômica a interesses socialmente relevantes, premissa que se revela determinante na compreensão da aplicação daquele dispositivo.

---

158. Como explica Fabíola Lobo, "Apesar do quadro de incertezas quanto à roupagem definitiva do modelo Estatal *in fieri*, sua configuração atual consolida o modelo regulatório, que permanece intervencionista" (LOBO, Fabíola Albuquerque. Os institutos do direito privado patrimoniais, sob o viés da funcionalização. *In* EHRHARDT JÚNIOR, Marcos; LOBO, Fabíola Albuquerque (coord.). *A função social nas relações privadas*. Belo Horizonte: Fórum, 2019, p. 34). Especificamente sobre a MP 881, que veio a se converter na Lei de Liberdade Econômica, destaca Gilberto Bercovici, "A previsão do valor social da livre iniciativa como fundamento da ordem econômica constitucional significa que a livre iniciativa não é garantida em termos absolutos, mas como atividade que contribui para o progresso da sociedade. Por mais ampla que seja a concepção de "valor social", o significado mínimo diz respeito a algo não individualista" (BERCOVICI, Gilberto. Parecer sobre a inconstitucionalidade da Medida Provisória da Liberdade Econômica. *Revista Forum de direito financeiro e econômico – RFDFE*, ano 8, n. 15. Belo Horizonte, mar./ago. 2019, p. 176). Em linha similar, afirma Paulo Lôbo "Note-se que o caput do artigo 3º da MP 881 indica como fundamento da "declaração" o parágrafo único do artigo 170 da Constituição, excluindo propositadamente o caput deste artigo, pois com este ela é incompatível, dado a que desconsidera seus explícitos princípios jurídicos, incluindo os da função social da propriedade, da livre concorrência, da defesa do consumidor, da defesa do meio ambiente e da redução das desigualdades" (LÔBO, Paulo. Inconstitucionalidades da MP da "liberdade econômica" e o Direito Civil. *Consultor jurídico*, 06 jun. 2019. Disponível em <t.ly/HTxq>, acesso em 29 nov. 2021). Já destacava Eros Grau antes da promulgação da Lei de Liberdade Econômica que "não se pode visualizar a ordem econômica constitucional como produto de imposições circunstanciais ou meros caprichos dos constituintes, porém como resultado do confronto de posturas e texturas ideológicas e de interesses que, de uma ou de outra forma, foram compostos, para como peculiar estrutura ideológica aninhar-se no texto constitucional" (GRAU, Eros Roberto. *A ordem econômica na Constituição de 1988*, 7. ed. São Paulo: Malheiros, 2002, p. 235). Tratando especificamente da incompatibilidade da manutenção da função social do contrato no *caput* do artigo 421 do CC e a inclusão do parágrafo único que fala de "intervenção mínima, Vera Fradera usa a expressão "uma coabitação pouco provável de ser levada a cabo, porquanto producente de antinomia" (FRADERA, Véra Jacob de. Art. 7º: liberdade contratual e função social do contrato – art. 421 do Código Civil. *In* MARQUES NETO, F. P.; RODRIGUES JR., O. L.; LEONARDO, R. X. (coord.). *Comentários à Lei da liberdade econômica*. São Paulo: Thomson Reuters Brasil, 2019, p. 304).

2
A APLICAÇÃO DA FUNÇÃO SOCIAL DO CONTRATO

A adequada compreensão dos fundamentos por trás da função social do contrato, identificando os elementos valorativos que lhe dão individualidade, permite avançar com maior segurança para o plano operacional. Nesse sentido, o presente capítulo volta-se a investigar como deve se dar, efetivamente, a aplicação da função social do contrato na solução dos conflitos concretos.

Para tanto, o capítulo divide-se em dois itens. No primeiro, analisam-se as características do contexto fático que interferem com a aplicação da função social do contrato. Nesse sentido, são investigados o papel da massificação de contratos em atrair a incidência da função social, bem como a importância do raciocínio consequencialista no estabelecimento dessa ligação entre o contexto fático e a real proteção aos interesses metaindividuais tutelados pelo ordenamento.

No segundo item, analisa-se o enquadramento da função social do contrato no plano normativo. A investigação principia pela recondução a figuras dogmáticas mais frequentes, como conceitos indeterminados, cláusulas gerais, princípios e postulados, para então prosseguir rumo à utilização de um modelo técnico que se reputa adequado a mapear operacionalmente a aplicação da função social do contrato.

2.1 CONTEXTUALIZAÇÃO DA APLICAÇÃO DA FUNÇÃO SOCIAL DOS CONTRATOS

Estabelecer diretrizes teóricas para a aplicação da função social do contrato parece exigir do intérprete, em primeiro lugar, um olhar atento à realidade fática à qual se dirige. Tanto a funcionalização como a socialização demandam atenção à coletividade que cerca o contrato e na qual ele se insere, produzindo ali seus efeitos. Dessa forma, sua aplicação deve ser especialmente sensível a aspectos da realidade dos contratos pelos quais sobressai sua dimensão social.

Embora a observância da função social seja exigida de todo e qualquer exercício da liberdade contratual – ante a premissa de que todo contrato deve ter função social – em alguns negócios jurídicos a dimensão social ganha maior nitidez, exigindo do intérprete atenção especial para a aplicação da função social. Cumpre, portanto, investigar, de que forma a massificação dos contratos contribui para a aplicação da função social do contrato, atraindo a produção de efeitos mais nítidos e incisivos, de forma condizente com a fundamentação exposta no item anterior.

Na mesma toada, vale examinar em que medida a aplicação da função social do contrato se beneficia da utilização do raciocínio por consequências, por vezes invocado pela doutrina a ela dedicada. Dessa forma, o subitem seguinte volta-se ao exame da compatibilidade do consequencialismo com uma abordagem da aplicação da função social do contrato guiada pelas premissas metodológicas do direito civil-constitucional.

2.1.1 Alcance da função social diante da massificação dos contratos

A densificação normativa da função social do contrato pelos preceitos constitucionais que regem a ordem econômica permite constatar que todo exercício da liberdade de contratar, na celebração de qualquer contrato, deve atender à função social. Tomado como negócio jurídico patrimonial, e partindo da premissa da instrumentalidade das situações patrimoniais às existenciais, não é possível conceber contrato cuja função possa ser indiferente ou imune aos interesses extracontratuais reputados relevantes pelo constituinte. Com efeito, admitir contrato que pudesse receber tutela do direito sem atender à sua função social – algo como conceber exercício da liberdade econômica alheio aos imperativos dos citados arts. 6º e 170 da Constituição – seria como aceitar espaço do ordenamento alheio à ordem constitucional, em contraste com sua necessária unidade. Sob o marco teórico adotado, não seria possível conceber "redutos particulares" ou "microcosmos contratuais" indiferentes à solidariedade constitucional.[1] Em raciocínio relativo à função social da propriedade, mas aplicável também ao contrato, explica Perlingieri:

> Assim, tem função social não somente a propriedade do estabelecimento, mas também aquela da casa de habitação e dos bens imóveis nela contidos, a da oficina artesanal e a do pequeno produtor, a dos utensílios profissionais e dos animais e instrumentos de trabalho da empresa agrícola. Cada qual com uma diversa intensidade de utilidade geral e individual,

---

1. Leciona Gustavo Tepedino: "Com efeito, ao eleger a dignidade humana como valor máximo do sistema normativo, o constituinte exclui a existência de redutos particulares que, como expressão de liberdades fundamentais inatas, desconsiderem a realização plena da pessoa. Vale dizer, família, propriedade, empresa, sindicato, universidade, bem como quaisquer microcosmos contratuais devem permitir a realização existencial isonômica, segundo a ótica de solidariedade constitucional" (TEPEDINO, Gustavo. A incorporação dos direitos fundamentais pelo ordenamento brasileiro: sua eficácia nas relações jurídicas privadas. *Temas de direito civil*, tomo III. Rio de Janeiro: Renovar, 2009, p. 45-46).

sem que entre elas se possam encontrar lacerantes contrastes, com a consciência de que a função social pode se realizar, como em todas as hipóteses de propriedades ditas pessoais, através da satisfação de exigências merecedoras de tutela, não necessariamente ou exclusivamente do mercado e da produção, mas também exigências apenas pessoais ou existenciais, individuais ou da coletividade.[2]

Entretanto, é natural que as repercussões da função social do contrato se apresentem de forma distinta a depender do contrato que esteja sob exame. Com efeito, assim como no âmbito da propriedade a função social conduziu à pluralidade de estatutos proprietários, diversificando a normativa conforme a função da propriedade em questão – "as propriedades" – também no âmbito contratual é necessário destacar a diversidade de tratamento normativo que será dispensado a cada contrato pela função social.[3]

Características singulares de cada contrato, como seu objeto (ou, mais amplamente, seu conteúdo), qualidades dos contratantes, contexto em que foi celebrado e, principalmente, sua função econômico-individual, atrairão para sua normativa distintos interesses extracontratuais.[4] A aplicação concreta da função social do contrato será sensível aos interesses sociais que estejam em jogo em cada contrato.[5]

---

2. PERLINGIERI, Pietro. *O direito civil na legalidade constitucional*. Rio de Janeiro: Renovar, 2008, p. 951-952.
3. A ideia pugliattiana de unidade conceitual com multiplicidade de situações proprietárias (PUGLIATTI, Salvatore. La proprietà e le proprietà. *La proprietà nel nuovo diritto*. Milano: Giuffrè, 1954, p. 149) é amplamente difundida em nossa doutrina, como destaca SZANIAWSKI, Elimar. Aspectos da propriedade imobiliária contemporânea e sua função social. *Revista de direito privado*, v. 3. São Paulo: jul./set. 2000, p. 136. Nesse sentido, explica Carlos Ari Sundfeld: "Não existe, e isto é certo, uma única instituição da propriedade, mas várias e muito diferenciadas, seja por sua regulamentação, seja pela importância dos bens sobre os quais incidem, aspectos um e outro intimamente relacionados" (SUNDFELD, Carlos Ari. Função social da propriedade. In: DALLARI, A. A.; FIGUEIREDO, L. V. (coord.). *Temas de direito urbanístico*. São Paulo: Revista dos Tribunais, 1987, p. 2).
4. Para Ronaldo Porto Macedo Jr.: "Um primeiro ponto a constatar é que não devemos falar de uma única função social do contrato. Certamente, o contrato de consumo se distingue dos contratos relacionados à atividade produtiva ou à produção de bens" (MACEDO JR. Ronaldo Porto. Função social do contrato. *Caderno de direito GV*, v.1, n. 6, São Paulo: jul./2005, p. 16).
5. Para Eduardo Tomasevicius, "a despeito de o art. 421 do Código Civil de 2002 referir-se a todo e qualquer contrato, verificava-se na jurisprudência que situações de aplicação da função social do contrato eram justamente aquelas que se referiam aos denominados 'contratos existenciais', cujo conteúdo versa sobre direitos sociais previstos no art. 6º, caput, da Constituição Federal, entre os quais a saúde, educação e moradia. Praticamente, não se admite a aplicação da função social nos denominados 'contratos empresariais'. Isso não significa que sejam desprovidos de função social. O que se tem é que, quando contratos empresariais têm grande função social, como nos casos em que seu conteúdo consiste, por exemplo, na reorganização das estruturas de mercado, afetando a concorrência, a função social desses contratos será julgada previamente pelo Conselho Administrativo de Defesa Econômica – CADE, por meio do art. 88 da Lei n. 12.529, de 30 de novembro de 2011" (TOMASEVICIUS FILHO, Eduardo. A tal "Lei da liberdade econômica". *Revista da Faculdade de Direito da Universidade de São Paulo*, v. 114. São Paulo: 2019, p. 117-118).

Consequentemente, a incidência da função social do contrato ganha maior destaque em contratos que tem necessariamente por objeto interesses sociais relevantes, como é o caso, fora do direito civil, dos contratos administrativos[6] e das convenções coletivas de trabalho.[7] No âmbito do direito privado, todavia, não são poucos os negócios em que sobressaem suas repercussões coletivas e que são aqueles em que a aplicação da função social vem ganhando mais atenção.[8] Por exemplo, o contrato para fornecimento de equipamentos de proteção individual ao principal hospital de certa localidade, o contrato para financiamento de instalação de centro universitário em região desprovida de ensino superior, a fusão entre as duas principais sociedades atuantes em determinado mercado, a construção de usina hidrelétrica com impactos sobre o ecossistema: todos esses contratos, embora ditos "privados", geram claro impacto sobre o contexto que os cerca no que diz respeito a interesses relativos a saúde, educação, livre concorrência e meio-ambiente. Resta nítida, em tais negócios, a importância do atendimento à função social do contrato, em vista dos relevantes interesses envolvidos.

Entretanto, não é incomum na organização econômica contemporânea que mesmo um contrato aparentemente singular, cujas repercussões pareçam

---

6. Destaque-se, todavia, que em julgado referente justamente à conservação de efeitos de contrato administrativo nulo (servidor público admitido sem concurso público), em que o STJ reputou que o não preenchimento dos requisitos constitucionais não pode ser convalidado pelo decurso do tempo, afirmou-se expressamente que, diante de se tratar de "relação eminentemente de natureza pública, vinculada, de forma estrita, aos princípios constitucionais da legalidade e da exigência do concurso público", "sequer seria possível falar na aplicação dos princípios insculpidos nos arts. 421 (...) e 422 (...) do Código Civil de 2002, na medida em que regem relações contratuais privadas" (STJ, 2ª T., AgRg no AgRg no REsp 1366545, Rel. Min. Assusete Magalhães, julg. 22/09/2015). Em doutrina, a partir da importância assumida, no direito administrativo, da preservação dos direitos fundamentais como parte do interesse público e do papel constitucional da isonomia, Gustavo Binenbojm critica os elementos tradicionalmente usados para a distinção entre contratos administrativos e contratos privados se tomados como uma prevalência *a priori* do interesse público: "As chamadas cláusulas exorbitantes, v.g., elevadas à condição de elementos identificadores dos contratos administrativos, sempre foram justificadas com fulcro na verticalidade das relações travadas entre Estado e particular, em oposição à horizontalidade das relações estabelecidas entre partes privadas. O dito princípio da supremacia do interesse público era invocado para dar supedâneo, por exemplo, à inoponibilidade, pelo particular, da exceção de contrato não cumprido, aos poderes de alteração e extinção unilateral do contrato pelo Poder Público, aos poderes de fiscalizar as atividades do contratado, intervir na sua gestão e aplicar-lhe sanções, dentre outros. Ocorre que todas as aludidas prerrogativas da Administração, vistas como desequiparações entre o Poder Público e os particulares, não podem ser justificadas à luz de uma regra de prevalência apriorística e absoluta dos interesses da coletividade sobre os interesses individuais" (BINENBOJM, Gustavo. *Uma teoria do direito administrativo*, 3. ed. Rio de Janeiro: Renovar, 2014, p. 115-116).
7. A relação entre os temas é examinada por RENTERÍA, Pablo. Função social do contrato e abuso de prerrogativas contratuais por parte de empregadores e empregados. TEPEDINO, G.; MELLO FILHO, L. P. V.; FRAZÃO, A.; DELGADO, G. N. (coord.). *Diálogos entre o direito do trabalho e o direito civil*. São Paulo: Revista dos Tribunais, 2014, p. 249-262.
8. NALIN, Paulo. A função social do contrato no futuro Código Civil brasileiro. *Revista de direito privado*, n. 12. São Paulo, out./dez. 2002, p. 52.

se limitar às partes contratantes, ganhe igual ou mesmo maior impacto social do que os exemplos aduzidos em virtude de sua reprodução em quantidade. Trata-se do fenômeno comumente referido por *massificação dos contratos*, que envolve a realização de contratos padronizados por certa parte de forma reiterada, multiplicando-se o mesmo negócio de forma numerosa.[9] Essa padronização, viabilizada tradicionalmente por meio de condições gerais de contratação e contratos de adesão, é pressuposto econômico e sistêmico para a realização massificada da atividade objeto do contrato, viabilizando economia de escala que não seria alcançada com negócios não padronizados.[10]

A massificação dos contratos impeliu significativas transformações ao direito contratual durante o século XX. Tradicionalmente vinculado ao dogma da vontade, tendo por matriz o pacto livremente negociado entre sujeitos com o mesmo poder de barganha, a nova realidade rapidamente se tornou predominante e exigiu refletir sobre os efeitos da despersonalização dos negócios.[11]

A preocupação predominante nesse âmbito foi a assimetria entre os contratantes, tendo em vista a posição de poder assumida por aquele que determina o conteúdo do negócio, em contraposição à situação daquele que se limita a ser um dos inúmeros destinatários despersonalizados que a ele se submete sem condições

---

9. Explica Cláudia Lima Marques: "Esses contratos são homogêneos em seu conteúdo (por exemplo, vários contratos de seguro de vida, de compra e venda a prazo de bem móvel), mas concluídos com uma série ainda indefinida de contratantes. Logo, por uma questão de economia, de racionalização, de praticidade e mesmo de segurança, a empresa predispõe antecipadamente um esquema contratual, oferecido à simples adesão dos consumidores, isto é, pré-redige um complexo uniforme de cláusulas, que serão aplicáveis indistintamente a toda essa série de futuras relações contratuais" (MARQUES, Claudia Lima. *Contratos no Código de Defesa do Consumidor*, 9. ed. São Paulo: Thompson Reuters Brasil, 2019, p. 48-49).

10. Na explicação sistemática de Paulo Lôbo: "As massas são entendidas como conjuntos humanos nos quais o homem se revela como um ser anônimo e despersonalizado. A primeira e mais destacada consequência é a necessidade de uniformização. As condições gerais constituem fenômeno que se entronca nas transformações havidas neste século [XX]. Surgem impulsionadas por vários fatores interligados, que resultam das características econômico-sociais de nossa época: *a*) a explosão demográfica, que em cinquenta anos fez crescer a população mundial em níveis superiores aos dos últimos dois mil anos; *b*) a acelerada urbanização e suas demandas de serviços; *c*) o gigantismo empresarial e a concentração de capitais, privados ou estatais; *d*) o fornecimento de bens e serviços em grande escala; *e*) o consumo em massa; *f*) a racionalização e a redução dos riscos das empresas em suas relações com outras empresas e com o consumidor final; *g*) a impossibilidade real de tratativas individuais entre o grande fornecedor e todos os que necessitam de bens e serviços; *h*) a desigualdade de poder negocial (*bargain power*) entre a grande empresa e os que se encontram em estado de necessidade na demanda dos bens e serviços imprescindíveis à vida cotidiana ou de debilidade econômica; *i*) o uso disseminado da computação – que exige rápido formalismo – nas relações negociais; *j*) a utilização massiva de propaganda, nem sempre veraz, através dos modernos meios de comunicação, induzindo necessidades de consumo; *l*) a elevação da consciência jurídica no que se refere à tutela do consumidor". (LÔBO, Paulo. *Condições gerais dos contratos e cláusulas abusivas*. São Paulo: Saraiva, 1991, p. 13).

11. MARQUES, Claudia Lima. *Contratos no Código de Defesa do Consumidor*, 9. ed. São Paulo: Thompson Reuters Brasil, 2019, p. 48.

de negociar os termos do vínculo.[12] Entretanto, a massificação desses contratos impõe antes disso uma mudança de perspectiva, consistente em ir além da análise micro do vínculo jurídico entre dois contratantes e atentar para a perspectiva macro, observando o efeito sistêmico – social – que a multiplicação sem cessar daquele modelo de negócio gera para a coletividade de afetados.

Exemplo especialmente relevante disso se encontra nas ditas *redes contratuais*. Nas redes há a multiplicação da celebração de determinado modelo de contrato com inúmeras partes, de modo a criar um sobrevalor econômico que beneficia a todos os envolvidos.[13] É o caso, por exemplo, dos seguros, dos planos de saúde e das redes de franquias e de distribuição. A reprodução do contrato marco – ou "tipo contratual geral"[14] – traz ganho econômico para os demais integrantes da rede, seja por contribuir a formar a reserva de valores – verdadeiro sistema de mutualismo[15] –, seja por ampliar a difusão de marca ou produto, seja ainda por aumentar o alcance da atividade frente à potencial clientela. Trata-se, portanto, de estratégia empresarial que, dispensando os custos envolvidos nas estruturas societárias, oferece contratualmente sistematicidade e meios de coordenação das atividades econômicas a serem empreendidas, de forma potencialmente contínua e aberta para o crescimento.[16] Configura, dessa forma, um fenômeno

---

12. Destaca Claudia Lima Marques, "os fenômenos da predisposição de cláusulas ou condições gerais dos contratos e do fechamento de contratos de adesão se tornaram inerentes à sociedade industrializada moderna – em especial, nos contratos de seguro e de transporte já se observa a utilização dessas técnicas de contratação desde o século XIX. Hoje elas dominam quase todos os setores da vida privada, é a maneira normal de concluir contratos onde há superioridade econômica ou técnica entre os contratantes, seja nos contratos das empresas com seus clientes, seja com seus fornecedores, seja com seus assalariados" (MARQUES, Claudia Lima. *Contratos no Código de Defesa do Consumidor*, 9. ed. São Paulo: Thompson Reuters Brasil, 2019, p. 49).

13. Francisco Marino indica três pontos em que as redes se diferenciam das tradicionais coligações entre contratos: "Em primeiro lugar, as redes correspondem, necessariamente, a fenômeno de *contratação empresarial em massa*. Já os contratos coligados podem mostrar-se totalmente desvinculados da realidade empresarial e da contratação em massa. Em segundo lugar, as redes contratuais são, necessariamente, estruturadas por uma parte, à qual se ligam diversos outros contratantes. A rede é, portanto, *aberta*, comportando uma multiplicidade quase infinita de contratos, *fungíveis* sob a ótica do promotor da rede. Na coligação contratual *stricto sensu*, tal característica inexiste. Por fim, a abertura da rede faz com que ela se torne *divisível*, no sentido de a invalidade ou a ineficácia de um dos contratos da rede não afetar os demais, pois ela permanece, via de regra, perfeitamente viável na perspectiva do empresário organizador da rede. Ao contrário, um dos principais efeitos da coligação contratual é precisamente a repercussão da invalidade e da ineficácia de um contrato aos demais contratos a ele coligados" (MARINO, Francisco Paulo De Crescenzo. *Contratos coligados no direito brasileiro*. São Paulo: Saraiva, 2009, p. 96-97).

14. PENTEADO, Luciano de Camargo. Redes contratuais e contratos coligados. *In* HIRONAKA, G.; TARTUCE, F. (coord.). *Direito contratual: temas atuais*. São Paulo: Método, 2007, p. 466.

15. PENTEADO, Luciano de Camargo. Redes contratuais e contratos coligados. *In* HIRONAKA, G.; TARTUCE, F. (coord.). *Direito contratual temas atuais*. São Paulo: Método, 2007, p. 488.

16. Explica Rodrigo Xavier Leonardo: "Nestas redes de negócios, em considerável medida, se apresentam estratégias de minimização de despesas, redução de riscos, especialização crescente e busca por uma

que só pode ser adequadamente compreendido levando em conta essa *"finalidad económico-social que trasciende la individualidad de cada contrato y que constituye la razón de ser de su unión"*.[17]

Mesmo fora das hipóteses em que se verifica a conexão propriamente dita entre os contratos, a massificação já pode ser fundamento suficiente para que o intérprete atente para a perspectiva macroscópica, identificando na multiplicação daqueles contratos individuais uma intrínseca repercussão social.[18] Tendo em vista exemplos como contratos bancários, de transporte ou de telefonia, observa-se que, embora cada pacto não atinja uma coletividade, o fato de o modelo padronizado se reproduzir de forma numerosa faz com que a interpretação do conteúdo de um deles, sendo generalizada aos demais, gere um efeito sistêmico.

Com efeito, em casos em que a decisão não se funde em alguma circunstância especial daquele contratante específico, a exigência de uniformidade da jurisprudência e coerência interna do ordenamento conduzirá a que aquela decisão atinja toda a coletividade de contratantes.[19] Em tais casos, sobressaem coerência e universabilidade como condições para a segurança jurídica: "embora consideradas as particularidades de cada caso a demandar solução jurídica, esta deve formular suas razões de modo tal que sejam aplicáveis a outros casos semelhantes".[20] Especificando os exemplos, basta ter em vista as hipóteses de financiamento estudantil ou habitacional e transporte urbano que resta claro o

---

maximização de lucros em cenários mais competitivos. Trata-se de um meio de atuação diverso daquele promovido pela união de esforços e recursos em sociedades que, tradicionalmente, constituem o principal núcleo para o desenvolvimento da atividade empresarial" (LEONARDO, Rodrigo Xavier. Contratos coligados. In: BRANDELLI, L. (org.). *Estudos de Direito Civil, Internacional Privado e Comparado: Coletânea em homenagem à professora Vera Jacob de Fradera*. São Paulo: LEUD, 2014, recurso eletrônico)

17. LORENZETTI, Ricardo Luis. *Tratado de los contratos*, tomo I. Buenos Aires: Rubinzal-Culzoni, 2007, p. 63.

18. Judith Martins-Costa propõe "como item da taxonomia contratual a noção de *'contratos comunitários'* para indicar aqueles contratos – como os de seguro; de consórcio; de prestação ou fornecimento de energia elétrica, entre outros – em que subjaz na sua própria racionalidade econômico social a noção de comunidade, uma vez que num dos pólos não está meramente o interesse de uma soma aritmética de 'individualidades', mas interesses supra-individuais ou coletivos" (MARTINS-COSTA, Judith. Notas sobre o princípio da função social do contrato. *Revista literária de direito*, n. 37. São Paulo, ago./ set. 2004, p. 20).

19. Segundo Schuartz, "A cobrança por consistência institui no processo decisório do juiz uma orientação prospectiva. Não se trata, com efeito, somente de buscar uma decisão para o caso concreto que não se afaste das decisões tomadas em casos concretos semelhantes no passado. Além disso, o decisor tem que ser capaz de perceber sua decisão enquanto precedente para decisões futuras" (SCHUARTZ, Luis Fernando. Consequencialismo Jurídico, Racionalidade Decisória e Malandragem. *Revista de Direito Administrativo*, n. 248, 2008, p. 142).

20. RAMOS, André Luiz Arnt. *Segurança jurídica e indeterminação normativa deliberada: elementos para uma teoria do direito (civil) contemporâneo*. Curitiba: Juruá, 2021, recurso eletrônico.

impacto provável da interpretação de cada contrato – e, portanto, de todos eles – sobre direitos coletivos como educação, moradia e transporte. [21]

Sob essa perspectiva, em muitos dos casos em que se reputa que a função social do contrato atua sob a chamada "eficácia interna", porque estaria a proteger um interesse de um dos contratantes, na verdade ela estaria efetivamente resguardando os efeitos do contrato sobre interesses originalmente extracontratuais, ao menos em comparação com aquele negócio específico, já que, multiplicando-se a decisão por se tratar de contrato massificado, toda uma coletividade de outros contratantes seria atingida, gerando verdadeiro impacto social.[22] Por conta disso, já foi indicado que, nesses casos, a aplicação da função social não se funda no interesse da parte em si, mas no efeito social que a lesão àquele interesse da parte geraria.[23]

Nessa linha, em lugar da admissão em geral de uma eficácia interna, que acaba por prejudicar a autonomia da função social frente a outros princípios como a boa-fé e o equilíbrio contratual, parece mais adequado afirmar que a função social do contrato pode servir a tutelar interesses de um dos contratantes quando a massificação daquela lesão em diversos contratos que seguem o mesmo padrão acabar por constituir ameaça a um interesse social. Assim, a proteção do contratante em si considerado permanece tutelada por outro fundamento,

---

21. Destaca Judith Martins-Costa: "A mais prestante – e inovadora – eficácia do art. 421 diz respeito, no entanto, à *extensão da eficácia – positiva e negativa – a terceiros não determinados e a bens de interesse comum.* Como exemplos que de imediato saltam à mente estão os contratos que, de alguma forma, envolvem o meio ambiente e a tutela da concorrência" e "o art. 421 potencializa e permite *interpretação ampliativa* dos dispositivos legais referentes à promoção da livre concorrência, além de legitimar a imposição de deveres positivos" (MARTINS-COSTA, Judith. Notas sobre o princípio da função social do contrato. *Revista literária de direito*, n. 37. São Paulo, ago.-set./2004, p. 21).

22. Com base na função social do contrato, destaca Luís Gustavo Haddad: "Cogitar sobre as consequências de uma decisão ou de um comportamento significa, em outras palavras, indagar se eles seriam passíveis de universalização para todo o conjunto de casos idênticos ou equiparáveis, e não apenas para aquelas, em geral poucas, situações que são efetivamente levadas ao conhecimento do Poder Judiciário" (HADDAD, Luís Gustavo. *Função social do contrato: um ensaio sobre seus usos e sentidos.* São Paulo: Saraiva, 2013, p. 225).

23. KONDER, Carlos Nelson. Causa do contrato x função social do contrato: Estudo comparativo sobre o controle da autonomia negocial. *Revista trimestral de direito civil*, v. 43. Rio de Janeiro, 2010, p. 67. Para Calixto Salomão Filho, "O destaque do interesse individual necessário para tornar o interesse envolvido digno de tutela através da função social não é meramente quantitativo. Isto é, não é a composição mais ou menos numerosa de um grupo afetado que fará, por si só, que o contrato possa ser relativizado. A própria origem publicista do termo função social (inicialmente, como visto, identificada a interesse estatal) faz com que, mesmo transformado, o termo se aplique a interesses que transcendem o individual. E é exatamente na tutela de posições jurídicas, na tutela de interesse que só tem sentido em um plano individual enquanto componente de um centro de interesse coletivo (imagine-se a tutela ambiental, por exemplo), características típicas do interesse institucional, que se caracteriza essa transcendência qualitativa dos interesses individuais" (SALOMÃO FILHO, Calixto. Função social do contrato: primeiras anotações. *Revista dos tribunais*, v. 823. São Paulo: maio/2004, p. 67-86, recurso eletrônico).

2 • A APLICAÇÃO DA FUNÇÃO SOCIAL DO CONTRATO

mas a função social se presta a tutelar a massa indefinida de contratantes que se encontram na mesma situação.

O mesmo raciocínio pode ser empregado para lidar com a tutela de interesses de terceiros específicos, hipóteses que vêm sendo reconduzidas em geral à função social do contrato, na linha da sua já criticada associação generalizada com qualquer forma de mitigação do princípio da relatividade. Pode-se trazer a lume, ilustrativamente, a doutrina alemã do denominado "contrato com eficácia de proteção de terceiros", referente à responsabilidade do contratante perante terceiro que poderia prever estar exposto às consequências de um inadimplemento.[24] Os exemplos aduzidos, como o caso do empregado do comprador lesado pela máquina perigosa entregue sem cuidado pelo vendedor, embora por vezes reconduzidos entre nós à função social do contrato[25], parecem mais nitidamente vinculados à aplicação do princípio da boa-fé, no âmbito da criação de deveres de proteção.[26] Isso não impede reconhecer, entretanto, que, em outros casos, a proteção de determinado terceiro, inclusive no que tange ao próprio dever de prestar, acabe por implicar a proteção de certa coletividade de pessoas, em razão da massificação daquele contrato, de modo a reconhecer-se um interesse social que, originalmente extracontratual, interfere com a normativa do contrato por meio da exigência de atendimento à sua função social.[27]

Em síntese, resta claro que a função social do contrato incide não somente nos contratos ditos coletivos, mas também em todos os contratos individuais, reconhecendo-se especial importância quando eles repercutem diretamente sobre *interesses metaindividuais* e quando, por conta de sua massificação, acabam por também gerar efeitos sociais relevantes.[28] No âmbito processual, é comum a

---

24. Define Jan Peter Schmidt: "sempre que uma pessoa que não faz parte de um contrato está exposta às consequências de um inadimplemento contratual por parte do devedor (perito) na mesma maneira como o credor (vendedor), e este fato é previsível para o devedor, o terceiro (comprador) fica protegido pelas regras sobre o inadimplemento do contrato, e não apenas pelas [do] regime da responsabilidade contratual" (SCHMIDT, Jan Peter. Responsabilidade civil no direito alemão e método funcional no direito comparado. *Revista trimestral de direito civil*, v. 40. Rio de Janeiro: out.-dez./2009, p. 145).

25. PORTERO, Danilo Cândido. A função social do contrato no direito brasileiro e o contrato com eficácia de proteção de terceiros. *Revista jurídica luso-brasileira*, ano 5, n. 4. Lisboa: 2019, p. 620.

26. FRADA, Manuel A. Carneiro da. *Contrato e deveres de proteção*. Coimbra: Coimbra, 1994, p. 43; CORDEIRO, António Manuel da Rocha e Menezes. *Da boa-fé no direito civil*. Coimbra: Almedina, 2001, p. 621.

27. Pode ser aduzido, nesse sentido, o exemplo da invocação da função social do contrato para autorizar a ação direta da vítima contra a seguradora do causador do dano, objeto de análise no próximo item.

28. Judith Martins-Costa procede à seguinte sistematização: "O contrato são *os contratos*, empregando-se o mesmo signo linguístico como fórmula para designar: i) esquemas de ação exclusivamente interindividual, numa lógica econômica individualizadora (tais quais os contratos paritários, fundados no poder de auto-regulamentação e no dever de colaboração); ii) esquemas de ação interindividual e explicáveis, do ponto de vista econômico, numa 'lógica de massa' (contratos

afirmativa de que somente os interesses coletivos e difusos seriam essencialmente coletivos, enquanto os interesses individuais homogêneos seriam somente submetidos ao processo coletivo para fins processuais ("acidentalmente coletivos").[29] Entretanto, tendo em vista que a função social tem por foco a dimensão dos efeitos do contrato, a recorrência oriunda da massificação e as consequências decorrentes desse processo acabam por justificar abranger sob o alcance da função social do contrato todos os interesses metaindividuais, inclusive os interesses individuais homogêneos.[30]

Dessa forma, associando-se essa leitura do aspecto "social" com a já traçada abordagem do aspecto "funcional", constata-se que a incidência da função social do contrato relaciona-se aos efeitos do negócio sobre os interesses originalmente extracontratuais da comunidade em que ele se insere e que, em vista de sua relevância e de sua relação com a eficácia do contrato, acabam por permear a normativa contratual. Por conta disso, é significativo que boa parte da doutrina que se dedica à função social do contrato venha inserindo na sua sistemática o raciocínio consequencialista.

---

formados por adesão e em escala massiva, mas admitindo, ainda, certa atenção à subjetividade dos contratantes, como os contratos de fornecimento de certos bens de consumo); iii) esquemas de ação metaindividual, compreensíveis, economicamente, numa lógica de massa ou grande escala (formados por adesão a condições gerais de negócios, sem considerações relevantes à individualidade dos contratantes, como os contratos bancários); iv) esquemas de ação transpessoal e cuja racionalidade ultrapassa a esfera do indivíduo, só se explicando numa dimensão comunitária (como os contratos de fornecimento de energia elétrica ou os de seguro), ou global (como contratos firmados no âmbito de grupos, redes, cadeias ou conglomerados empresariais que ultrapassam as fronteiras nacionais" (MARTINS-COSTA, Judith. O método da concreção e a interpretação dos contratos: primeiras notas de uma leitura suscitada pelo Código Civil. *In*: DELGADO, M. L.; ALVES, J. F. (coord.). *Questões controvertidas: no direito das obrigações e dos contratos*, v. 4. São Paulo: Método, 2005, p. 144).

29. Para essa corrente, "os difusos e os coletivos em sentido estrito são interesses essencialmente metaindividuais (sujeitos indeterminados e objeto indivisível: absolutamente, no primeiro caso; relativamente no segundo), ao passo que os individuais homogêneos são interesses que apenas são coletivos no modo processual em que são exercidos, remanescendo individuais na essência, como aliás deflui de sua própria denominação" (MANCUSO, Rodolfo de Camargo. Da jurisdição coletiva à tutela judicial plurindividual. Evolução da experiência brasileira com as demandas seriais. *Revista de processo*, v. 237. São Paulo: nov./2014, p. 310).

30. Nessa linha, o enunciado n. 23 das Jornadas de Direito Civil (CEJ/CJF): "A função social do contrato, prevista no art. 421 do novo Código Civil, não elimina o princípio da autonomia contratual, mas atenua ou reduz o alcance desse princípio quando presentes interesses metaindividuais ou interesse individual relativo à dignidade da pessoa humana". No tocante às distinções categoriais envolvidas, Calixto Salomão Filho afirma que "o conceito de garantias institucionais põe em segundo plano a diferença entre os conceitos processualistas de interesses difusos e interesses coletivos. Segundo essa nova noção, pouco importa a relação jurídica entre os titulares do interesse ou sua relação com a parte contrária. Importa, isso sim, a existência do interesse institucional – supra definido – a ser protegido" (SALOMÃO FILHO, Calixto. Função social do contrato: primeiras anotações. *Revista dos tribunais*, v. 823. São Paulo: maio 2004, p. 67-86).

2.1.2 Importância das consequências na aplicação da função social do contrato

O consequencialismo é um raciocínio tradicionalmente contraposto à ética deontológica, de matriz kantiana, que pressupõe o valor intrínseco do cumprimento de deveres.[31] No âmbito do direito, ele conduz à escolha da decisão mais adequada levando em conta as consequências a ela associadas, em comparação com suas alternativas.[32]

Não é incomum encontrar na doutrina dedicada à função social do contrato papel de destaque atribuído ao raciocínio por consequências. Normalmente, essas referências se contrapõem às abordagens dogmáticas reputadas solidaristas que, limitando sua avaliação ao horizonte de repercussões apenas econômicas, defendem que a função social deve se limitar a coibir comportamentos oportunistas e incentivar a geração de benefícios mútuos;[33] fomentar concorrência e menores custos de transação;[34] reduzir atritos garantindo a livre circulação de riqueza;[35] assegurar a previsibilidade, a alocação de riscos e os ativos de cada um dos agentes.[36] No entanto, é possível encontrar também referências mais amplas à atuação da função social como idônea a agregar às regras e princípios a avaliação das consequências em jogo[37] e à análise de impacto econômico, social e concorrencial.[38]

O tema ganhou ainda mais destaque com a reforma promovida pela Lei n. 13.655, de 2018, que além de redesignar o DL. 4.657/1942 (que passou a ser refe-

---

31. Como define Ana Frazão, "o termo consequencialismo é normalmente utilizado para designar a ética das consequências, por meio da qual, em oposição à ética deontológica ou de matriz kantiana, condutas são julgadas e decisões são tomadas não pelo seu valor intrínseco, mas tão somente pelas suas consequências" (FRAZÃO, Ana. A importância da análise de consequências para a regulação jurídica. *Jota*, 29 maio 2019. Disponível em <t.ly/icRg>, acesso em 22 abr. 2022).

32. Definição ampla é dada por Schuartz: "qualquer programa teórico que se proponha a condicionar, ou qualquer atitude que condicione explícita ou implicitamente a adequação jurídica de uma determinada decisão judicante à valoração das consequências associadas à mesma e às suas alternativas" (SCHUARTZ, Luis Fernando. Consequencialismo Jurídico, Racionalidade Decisória e Malandragem. *Revista de direito administrativo*, n. 248. São Paulo: 2008, p. 130-131).

33. ARENHART, Fernando Santos. Função social dos contratos: a nova teoria contratual e o diálogo das fontes. *Revista de direito do consumidor*, v. 89. São Paulo: set.-out./2013, p. 205-228, recurso eletrônico.

34. TIMM, Luciano Benetti. Direito, economia e a função social do contrato: em busca dos verdadeiros interesses coletivos protegíveis no mercado do crédito. *Revista de direito bancário e do mercado de capitais*, v. 33. São Paulo: jul.-set./2006, p. 15-31, recurso eletrônico.

35. SZTAJN, Rachel. propriedade e contrato: função social. *Revista de direito empresarial*, v. 9. São Paulo: maio-jun./2015, p. 453-459, recurso eletrônico.

36. TIMM, Luciano Benetti. Função social do direito contratual no código civil brasileiro: justiça distributiva vs. eficiência econômica. *Revista dos tribunais*, v. 876. São Paulo: out./2008, p. 11-28, recurso eletrônico.

37. HADDAD, Luís Gustavo. *Função social do contrato: um ensaio sobre seus usos e sentidos.* São Paulo: Saraiva, 2013, p. 126.

38. RULLI NETO, Antonio. *Função social do contrato.* São Paulo: Saraiva, 2011, p. 234.

rido por "Lei de Introdução às Normas do Direito Brasileiro"), em seu artigo 20 determinou que "não se decidirá com base em valores jurídicos abstratos sem que sejam consideradas as consequências práticas da decisão". Deve-se reconhecer que o impulso principal para a modificação legislativa vem do direito administrativo, no âmbito do qual se fala do consequencialismo como aspecto de um "giro pragmático",[39] bem como de um novo "princípio jurídico do pragmatismo".[40] Entretanto, incorporada na Lei de Introdução, a previsão deve ser aplicada à atividade do intérprete no âmbito das mais variadas searas, de modo que a expressa imposição legislativa de que se leve em conta as prováveis consequências das alternativas decisórias antes de se escolher entre elas suscita relevante reflexão acerca da compatibilidade desse raciocínio com outros métodos decisórios mais consolidados.[41]

Não obstante, é imperioso averiguar a compatibilidade desse tipo de raciocínio com a abordagem dogmática ora empregada para o estudo da função social do contrato. De fato, esse tipo de leitura teleológica costuma ser afastada pela doutrina mais tradicional, que emprega a abordagem dogmática sob perspectiva supostamente apenas deontológica. A associação do direito com uma abordagem ética desse jaez, que toma por base o valor intrínseco dos deveres, bem como o formalismo interpretativo, que afasta do intérprete a discussão sobre as razões das normas, impediriam qualquer reflexão consequencialista. Entretanto, acredita-se que essa resistência decorre de desconhecimento dos diversos matizes de emprego desse tipo de raciocínio, que conduz a uma indevida limitação a certas escolas de pensamento que o utilizam de maneira bastante específica, com base em premissas que não são compartilhadas pelas demais tendências doutrinárias que recorrem a esse tipo de raciocínio.

Essa associação indevida é muitas vezes estimulada por abordagens polarizadoras e reducionistas que, para defenderem determinada visão restritiva do consequencialismo, reduzem as complexidades do espectro de possibilidades a

---

39. BINENBOJM, Gustavo. *Poder de polícia, ordenação, regulação*. Belo Horizonte: Fórum, 2016, p. 55.

40. MENDONÇA, José Vicente Santos. *Direito constitucional econômico: a intervenção do Estado na economia à luz da razão pública e do pragmatismo*, 2. ed. Belo Horizonte: Fórum, 2018, p. 23 e ss. Ainda se referindo ao então projeto de lei, o autor afirma: "os contornos pragmáticos do PL sao evidentes" (*ibid.*, p. 91).

41. Sobre o tema, ressalta de plano Ana Frazão: "Em primeiro lugar, é de se afastar, preliminarmente, a ideia de que a LINDB acolheu o consequencialismo como forma prioritária de compreensão do direito e de estruturação do discurso jurídico, ainda mais caso se entenda que tal expressão está vinculada, de alguma maneira, ao utilitarismo. De fato, o que os artigos propõem é que a necessária dimensão axiológica do discurso jurídico seja conciliada com a sua igualmente necessária dimensão pragmática, a fim de se estruturar um discurso jurídico adequado e eficaz. Consequentemente, não se trata de colocar o consequencialismo ou a discussão sobre as consequências à frente da das discussões sobre valores, mas sim de mostrar a necessária interpenetração que precisa existir entre ambas as abordagens do fenômeno jurídico" (FRAZÃO, Ana. Direito civil constitucional e a LINDB. *Jota*, 12 ago. 2020. Disponível em <t.ly/ZM5i>, acesso em 22 abr. 2022).

duas opções extremas: ou bem adota-se a versão original da análise econômica do direito ou uma visão caricatural da abordagem solidarista, estigmatizada como paternalista e de influência marxista.[42] A adequada compreensão do espaço legítimo do raciocínio por consequências na argumentação jurídica demanda, todavia, compreender que nem toda abordagem consequencialista se resume à análise econômica do direito e, além disso, que nem toda análise econômica do direito se resume à chamada Escola de Chicago.[43]

A Escola de Chicago ficou conhecida pela utilização do aparato conceitual da economia no âmbito da interpretação do direito, especialmente calcada na busca por eficiência e na maximização do bem-estar social. Essa escola encontrou ampla difusão a partir dos anos 1960, capitaneada por pensadores como Richard Posner e Ronald Coase, ganhando mais popularidade no Brasil na década de 1990, em razão do cenário de desestatização e instalação de órgãos estatais reguladores, sempre voltada para tornar mais eficiente a intervenção estatal no domínio econômico, buscando previsibilidade e racionalidade, com a análise de custos e benefícios envolvidos.[44]

Foi duramente criticada, ao ponto de seus próprios arautos se retratarem posteriormente, revendo suas posições iniciais.[45] Sob a perspectiva perlingeriana,

---

42. Afirma-se, por exemplo, que "o paradigma de Direito e Economia defende uma noção antagônica, na comparação com a visão paternalista, do que o contrato é e do que o Direito Contratual (e a sua função) deve ser, vez que parte do individualismo" (TIMM, Luciano Benetti. Função social do direito contratual no código civil brasileiro: justiça distributiva vs. eficiência econômica. *Revista dos tribunais*, v. 876. São Paulo: out./2008, p. 11-28, recurso eletrônico.

43. Como explica Ana Frazão: "análise de consequências não é sinônimo de análises econômicas e muito menos de metodologias específicas, como a análise econômica do direito (AED). Ainda que as análises econômicas possam ter grande importância nessa tarefa, assim como a AED, não são as únicas a serem utilizadas nesse campo, até porque há diversas outras metodologias e ciências que também oferecem alternativas para a análise de consequências das decisões humanas, como é o caso da psicologia, da sociologia, da probabilidade e da estatística, dentre outras" (FRAZÃO, Ana. Direito civil constitucional e a LINDB. *Jota*, 12 ago. 2020. Disponível em <t.ly/ZM5i>, acesso em 22 abr. 2022).

44. YEUNG, Luciana; KLEIN, Vinícius. Trajetória e novos horizontes da Análise Econômica do Direito no Brasil. *Jota*, 15 jun. 2021. Disponível em <t.ly/tuml>, acesso em 22 abr. 2022.

45. Relatam Pargendler e Salama: "Aqui o percurso intelectual de Richard Posner, arauto da *Law & Economics*, é emblemático. No início da década de 1980, Posner escreveu um livro — provavelmente seu pior livro — cujo título não deixa dúvidas: A economia da justiça (*The economics of justice*). A tese do livro era a de que a eficiência deveria ser um horizonte ético adequado para o direito e a prática institucional de um modo geral. Verdade que Posner ressalvou que tal tese somente faria sentido prático no contexto norte-americano, mas ainda assim de toda parte vieram ataques à tese. Foram precisos 10 anos de intenso debate com diversos adversários para que Posner finalmente reconhecesse seu erro, o que foi feito em Problemas de filosofia do direito (*The problems of jurisprudence*, de 1990). Os contornos deste debate importam menos, sua implicação é o que realmente interessa: não há, nem jamais poderia haver, razão científica para justificar a eficiência como um ideal superior aos demais" (PARGENDLER Mariana; SALAMA, Bruno Meyerhof. Direito e consequência no Brasil: em busca de um discurso sobre o método. *Revista de Direito Administrativo*, Rio de Janeiro, v. 262. São Paulo: jan.-abr./2013, p. 134-135).

trata-se de metodologia criticável por sua unilateralidade e pelo seu caráter individualista, materialista e conservador, em especial por não reconhecer a pluralidade de motivações da ação humana (nem sempre econômicas e utilitaristas), o objetivo do direito da economia consistente em intervenções para realizar justiça social e valores existenciais, a inaplicabilidade do método econômico a institutos calcados na pessoa humana (como os chamados direitos da personalidade) e por deixar em segundo plano os escopos extraeconômicos do direito e dos indivíduos.[46]

Entretanto, as duras críticas sofridas pela Escola de Chicago não esvaziaram o relevante espaço de interdisciplinaridade entre direito e economia, abrindo caminho para outras escolas, como se costuma indicar "a Escola de New Haven, a Escola Austríaca, a Escola Institucionalista e a Escola Neo-Institucionalista", bem como vertentes "do Direito, Economia e Desenvolvimento; a Teoria dos Jogos aplicada ao Direito; o Direito e Economia Comparado; o Direito e Economia Experimental; o campo do Direito, Economia e Antropologia; e o Direito e Economia Comportamental".[47]

Em especial, afirma-se a importância que vem ganhando, na reflexão sobre a influência da economia no direito, a escola neoinstitucionalista, que, de forma mais contida, reconhece que a economia não é independente de contextos culturais, sociais, políticos, jurídicos etc. (*path dependence*), destacando a complexidade e diversidade dos processos de mudança e impondo abertura para outros métodos, bem como a preocupação em ir além da filosofia especulativa para atentar à aplicação prática do Direito.[48] Na vertente da NEI (Nova Economia Institucional), incorpora-se como premissa o reconhecimento da racionalidade imperfeita dos sujeitos.[49] Essas tendências, mais sensíveis à complexidade das relações humanas e sociais, contribuem também para o entendimento de que o raciocínio por consequências não deve ser tomado como solução única e definitiva, mas apenas um instrumento útil no âmbito da atividade hermenêutica.[50]

---

46. PERLINGIERI, Pietro. *O direito civil na legalidade constitucional*. Rio de Janeiro: Renovar, 2008, p. 106.

47. SALAMA, Bruno Meyerhof. O que é pesquisa em direito e economia? *Cadernos Direito GV*, v. 5, n. 22. São Paulo: mar. 2008, p. 11.

48. SALAMA, Bruno Meyerhof. O que é "direito e economia"? *Revista Direito UNIFACS – Debate Virtual*. n. 160. Salvador: 2013, p. 6-7. O autor destaca ainda a importância da Escola de Direito e Economia de New Haven, que tem em Guido Calabresi sua figura mais importante e que enxerga "no Direito uma fonte de regulação de atividades, e portanto de concretização de políticas públicas" (*ibid.*, p. 13)

49. KLEIN, Vinicius. *Os contratos empresariais de longo prazo: uma análise a partir da argumentação jurídica*. Rio de Janeiro: Lumen Juris, 2015, p. 37.

50. Destaca Ana Frazão: "do ponto de vista da teoria econômica, a capacidade de estimar com precisão as consequências de determinados eventos é discutível. Daí por que a confiabilidade nos modelos e metodologias de apuração de consequências será menor, por exemplo, para aqueles que, filiados à tradição de economistas como Keynes e Minsky, acreditam que mercados são inerentemente instáveis, de forma que predições são sempre limitadas e precárias" (FRAZÃO, Ana. A importância da análise

Assim, como no âmbito do direito, também na ciência econômica existe grande variedade de vertentes, aptas em maior ou menor medida a dialogar com a intepretação e aplicação do direito.[51] Diante disso, a chamada análise econômica do direito costuma ser referida hoje por "direito e economia", de modo a enfatizar, justamente, a amplitude de possibilidades de interação entre os dois campos do saber, permitindo à atividade jurídica se enriquecer a partir de instrumental teórico econômico sem uma submissão a supostos imperativos econômicos que prevaleceriam sobre a normatividade do direito.

Nesse sentido, destacou-se que o direito e economia tem uma versão positiva, voltada para a utilização dos conceitos econômicos na análise do direito, e uma versão normativa, que associa o conceito de justiça a conceitos como eficiência econômica e maximização do bem estar.[52] Na primeira versão, há visões mais reducionistas, que substituem os conceitos jurídicos por categorias econômicas, e outras mais abertas, que se utilizam do aparato conceitual econômico apenas para explicar normas ou mesmo apenas identificar seus possíveis efeitos, sempre buscando contribuir para "verificar a pertinência entre meios e fins normativos".[53] Na segunda versão, da mesma forma, afirma-se que além da visão "fundacional" de que que a maximização de riqueza seria uma fundação ética para o Direito, há também visões menos radicais, de que seria um possível objetivo ou mesmo um aspecto no processo de integração entre o institutos jurídicos e elementos de políticas públicas.[54]

Da mesma forma, embora elas sejam mais frequentes no âmbito do direito contratual, deve-se ter em mente que *o raciocínio por consequências não se restringe*

---

de consequências para a regulação jurídica. *Jota*, 29 maio 2019. Disponível em <t.ly/KUNZN>, acesso em 22 abr. 2022).

51. Explica Vinicius Klein: "tem-se criticado bastante a AED com base em uma identificação direta com a proposta teórica defendida por Richard POSNER. A proposta epistemológica de POSNER, em linhas gerais, é a utilização da noção do conceito de Kaldor-Hicks de eficiência como o objetivo viável para o direito. A posição defendida por POSNER atualmente é resultado da reconstrução da sua teoria, inicialmente abandonando o papel da maximização da utilidade como objetivo do Direito para substituí-lo pela maximização da riqueza. Posteriormente, POSNER passou a defender como o objeto apenas parcial do ordenamento a maximização de riqueza na mencionada acepção de Kaldor Hicks. Contudo, tem-se uma grande diversidade de caminhos teóricos disponíveis para que se construa uma ligação entre Direito e Economia. A teoria econômica, como o Direito, é formada por diversas perspectivas teóricas e não apenas por aquela adotada por POSNER" (KLEIN, Vinicius. *Os contratos empresariais de longo prazo: uma análise a partir da argumentação jurídica*. Rio de Janeiro: Lumen Juris, 2015, p. 51-52).

52. SALAMA, Bruno Meyerhof. O que é "direito e economia"? *Revista Direito UNIFACS – Debate Virtual*. n. 160 (2013), p. 4.

53. SALAMA, Bruno Meyerhof. O que é "direito e economia"? *Revista Direito UNIFACS – Debate Virtual*. n. 160 (2013), p. 5-10.

54. SALAMA, Bruno Meyerhof. O que é "direito e economia"? *Revista Direito UNIFACS – Debate Virtual*. n. 160 (2013), p. 10-11.

às abordagens econômicas. A introdução de repercussões extrajurídicas na argumentação judicial também se percebe por influência de outros ramos do saber, como a sociologia e a psicologia.[55] Pode ser aduzido como exemplo o já citado precedente relativo à constitucionalidade do Estatuto da Pessoa com Deficiência no que tange a imposição de escolas particulares se adaptarem para receberem alunos com deficiência, no qual foi expressamente levantado o argumento de que a convivência, desde a infância, de crianças sem deficiência com crianças com deficiência teria a consequência de mitigar percepções de mundo de "intolerância, de ódio, de competição, de desrespeito, de sentimento de superioridade em relação ao outro"[56] e funcionar como "uma lição fundamental de humanidade, um modo de convivência sem exclusões, sem discriminações, num ambiente de solidariedade e fraternidade".[57] Trata-se, portanto, de um argumento que não deixa de ser consequencialista, embora desprovido de conteúdo econômico.[58]

Observa-se, assim, que a argumentação consequencialista se caracteriza somente por partir de uma dimensão descritiva, relativa à identificação das prováveis repercussões de cada entendimento, mas a passagem para a sua componente normativa, relativa à ordenação de quais opções são melhores que outras diante de suas consequências, não é previamente dada ou universal, envolvendo uma escolha valorativa.[59] Ou seja, o critério pelo qual se elegerá quais consequências são melhores, mais corretas, mais adequadas ou mais vantajosas pode ser conduzido de forma coerente com um raciocínio próprio dos mecanismos mais tradicionais de hermenêutica jurídica, como a ponderação.[60]

---

55. PARGENDLER Mariana; SALAMA, Bruno Meyerhof. Direito e consequência no Brasil: em busca de um discurso sobre o método. *Revista de Direito Administrativo*, Rio de Janeiro, v. 262, p. 95-144, jan./abr. 2013, p. 99.
56. Voto da Ministra Rosa Weber em STF, Pleno, ADI 5357 MC-Ref, Rel. Min. Edson Fachin, julg. 09/06/2016.
57. Voto do Ministro Teori Zavascki em STF, Pleno, ADI 5357 MC-Ref, Rel. Min. Edson Fachin, julg. 09/06/2016.
58. Sobre o tema, seja consentido remeter a KONDER, Carlos Nelson. O direito à educação inclusiva de pessoas com deficiência em estabelecimentos de ensino particulares: análise à luz da Lei n. 13.146/2015 e da ADI 5357-MC. *Interesse Público*, v. 106, Belo Horizonte, 2017, p. 33-49.
59. Para Schuartz, "o alcance universal da pretensão de validade que necessariamente acompanha todo juízo consequencialista restringe-se, no entanto, à sua dimensão descritiva. Da componente normativa do juízo, consistente na ordenação do conjunto de consequências de acordo com critérios valorativos, poder-se-á cobrar, no máximo, a consistência interna desses critérios e, dependendo das circunstâncias, a sua compatibilização externa com normas e práticas aceitas como devidas pelos integrantes de uma comunidade jurídica particular" (SCHUARTZ, Luis Fernando. Consequencialismo Jurídico, Racionalidade Decisória e Malandragem. *Revista de Direito Administrativo*, n. 248. São Paulo, 2008, p. 132).
60. Explica Vinicius Klein: "a argumentação consequencialista não necessariamente envolve apenas um critério, por exemplo, a utilidade, mas pode implicar na análise das consequências com relação a uma diversidade de valores ou mesmo a valores complexos como justiça" (KLEIN, Vinicius. *Os contratos empresariais de longo prazo: uma análise a partir da argumentação jurídica*. Rio de Janeiro: Lumen Juris, 2015, p. 238).

2 • A APLICAÇÃO DA FUNÇÃO SOCIAL DO CONTRATO   **73**

Isso conduz à constatação de que o raciocínio consequencialista, embora contraposto ao formalismo positivista mais tradicional, não é, por si só, incompatível com as escolas do *pós-positivismo*, isto é, aquelas marcadas pela definição do ordenamento jurídico não somente como um sistema de regras, mas sim um sistema de regras e princípios.[61] Em especial, para as metodologias que encaram os princípios como traduções de valores no plano do direito, ou mesmo que reconhecem espaço para os valores no próprio âmbito jurídico, a consideração das possíveis repercussões de cada orientação metodológica não destoa das abordagens que já incluem na atividade hermenêutica a persecução de fins, a proteção de interesses e a realização de valores.[62]

Trata-se de uma aproximação entre a atividade do intérprete e a implementação de políticas públicas, na medida em que sua atividade passa a envolver também a persecução de objetivos concretos.[63] Ao contrário, a consideração das prováveis consequências da decisão parece etapa complementar à amplitude da incumbência que, sob essas perspectivas, se atribui ao intérprete, tendo-se em

---

61. A expressão "pós-positivismo" foi difundida no Brasil por Paulo Bonavides para se referir a uma fase do direito constitucional em que, sob a influência de Ronald Dworkin e Robert Alexy, "os princípios passam a ser tratados como direito" (BONAVIDES, Paulo. *Curso de direito constitucional*, 9ª ed.. São Paulo: Malheiros, 2000, p. 264). Além da força normativa dos princípios, com a consequente concepção do direito como um sistema de regras e princípios, destaca-se como características do pós-positivismo a aproximação entre direito e ética e a utilização da teoria da argumentação como mecanismo de controle da discricionariedade do intérprete: BARROSO, Luis Roberto. Fundamentos teóricos e filosóficos do novo direito constitucional brasileiro (pós-modernidade, teoria crítica e pós-positivismo). *In* BARROSO, L. R. (org.). *A nova interpretação constitucional: ponderação, direitos fundamentais e relações privadas*. Rio de Janeiro: Renovar, 2003, p. 1-48; MAIA, Antônio Cavalcanti; SOUZA NETO. Os princípios de direito e as perspectivas de Perelman, Dworkin e Alexy. *In* PEIXINHO, M. M.; GUERRA, I. F.; NASCIMENTO FILHO, F. (org.). *Os princípios da constituição de 1988*, 2 ed. Rio de Janeiro: Lumen Juris, 2006, p. 57-99. Sobre o tema, afirma Carlos Eduardo Pianovski Ruzyk: "as teorias pós-positivistas construídas pelo direito constitucional podem trazer interessantes subsídios para a reflexão sobre o método, mas nenhuma dá conta de oferecer uma solução que seja efetivamente compatível com o perfil contemporâneo da relação entre Constituição e relações interprivadas, como demandado pela doutrina civilista" (RUZYK, Carlos Eduardo Pianovski. *Liberdade(s) e função: contribuição crítica para uma nova fundamentação da dimensão funcional do Direito Civil brasileiro*. Tese de doutorado. Curitiba: UFPR, 2009, p. 259).

62. Para Pargendler e Salama, "a correta aplicação de princípios mediante o teste de proporcionalidade depende, em muitos casos, e talvez na maioria deles, de dados empíricos ou pelo menos de juízos probabilísticos sobre os esperados efeitos concretos de diferentes normas" (PARGENDLER Mariana; SALAMA, Bruno Meyerhof. Direito e consequência no Brasil: em busca de um discurso sobre o método. *Revista de Direito Administrativo*, Rio de Janeiro, v. 262. São Paulo: jan./abr. 2013, p. 118).

63. Sustentam Pargendler e Salama: "Esta busca por objetivos concretos — estejamos nós falando da diminuição da violência doméstica ou da eficiência econômica, da melhoria da saúde pública ou da redução do desmatamento — pode, na terminologia de hoje, ser confortavelmente chamada de política pública. A política pública propõe ao jurista o desafio de integrar meios jurídicos e fins normativos, e é neste momento que o saber jurídico tradicional se mostra insuficiente" (PARGENDLER Mariana; SALAMA, Bruno Meyerhof. Direito e consequência no Brasil: em busca de um discurso sobre o método. *Revista de Direito Administrativo*, Rio de Janeiro, v. 262. São Paulo: jan./abr. 2013, p. 112).

vista que o critério para a seleção das consequências relevantes deve ser pautado por uma escolha valorativa e deve ser ponderado com os aspectos deontológicos envolvidos.[64]

Em particular, para a metodologia da *constitucionalização do direito civil*, a adoção do consequencialismo, com as devidas ressalvas, parece aspecto não só conveniente como necessário para a adequada implementação de suas premissas metodológicas, como a *interpretação com fins aplicativos* e a função promocional do direito. A premissa de que a interpretação não se reduz a mera operação de lógica formal, mas, como realização de valores culturais em cada conflito de interesses, necessariamente axiológica e teleológica, compreendendo o ordenamento como um todo, demanda a consideração dos resultados esperados de certa interpretação para essa efetiva implementação, em concreto, do projeto constitucional.[65] De forma complementar, a *função promocional do direito*, já descrita como "uma das reflorescentes redescobertas de qualquer legislador",[66] consiste em atribuir ao direito não somente sua função repressora, pautada pelo binômio lesão-sanção, mas igualmente – e prioritariamente – uma função de transformação do *status quo*: trata-se de "obrigar o Estado a um comportamento ativo de promoção do homem, onde o Direito assume o papel de instrumento de atuação de prioridades sociais, mediante incentivos, subsídio e sanções, visando ao direcionamento da economia aos fins propostos pelo governo, no respeito dos valores constitucionais".[67] Esta tarefa "civilizatória" somente se pode implementar com efetividade se levados em conta os resultados de cada escolha decisória.[68]

---

64. Para Ana Frazão: "o desafio que a LINDB agora nos propõe não é excludente, no sentido de impor a opção pelas consequências em detrimento dos valores. Pelo contrário, exige a conciliação dessas duas perspectivas, por meio de um discurso jurídico que possa considerar, ao mesmo tempo, os valores que devem orientar a decisão com as respectivas consequências práticas, sem o que pode haver o comprometimento da eficácia dos próprios valores que a decisão procurou implementar ou de outros valores ou interesses que não foram devidamente considerados ou sopesados no processo decisório" (FRAZÃO, Ana. A importância da análise de consequências para a regulação jurídica. *Jota*, 29 maio 2019. Disponível em <t.ly/KUNZN>, acesso em 22 abr. 2022).

65. Segundo Anderson Schreiber, "a interpretação jurídica não pode ser tratada como procedimento lógico apartado da avaliação dos resultados da aplicação do direito, mas deve, ao contrário, perseguir sempre a concretização do plano constitucional" (SCHREIBER, Anderson. Direito civil e Constituição. *Revista trimestral de direito civil*, v. 48. Rio de Janeiro, out./dez. 2011, p. 16).

66. PERLINGIERI, Pietro. *O direito civil na legalidade constitucional*. Rio de Janeiro: Renovar, 2008, p. 89.

67. TEPEDINO, Gustavo. Pelo princípio de isonomia substancial na nova constituição – Notas sobre a função promocional do direito. *Atualidades Forenses*, n. 112, ano 11 (1987), p. 30-35, republicado em *Revista trimestral de direito civil*, v. 52. Rio de janeiro: out.-dez./2012, p. 67. Sobre a função promocional do direito, v. BOBBIO, Norberto. A função promocional do direito. *Da estrutura à função: novos estudos de teoria do direito*. Barueri, SP: Manole, 2007, p. 1-21.

68. Sobre a importância de conceber a função social, em face da análise econômica, como instrumento para assegurar acesso às posições proprietárias, salvaguardando o valor da vida digna em um contexto de desigualdades, v. OLIVEIRA, Francisco Cardozo; SILVA, Ligia Neves. Possibilidades de uma análise

2 • A APLICAÇÃO DA FUNÇÃO SOCIAL DO CONTRATO   75

Naturalmente, o reconhecimento do espaço legítimo de atuação do racio-cínio consequencialista não significa desprezar os perigos que ele envolve, bem como as críticas relativas à forma pela qual costuma ser aduzido. Com efeito, além das já apontadas críticas à unilateralidade da prevalência do argumento econômico, no âmbito das críticas relativas ao déficit de fundamentação argu-mentativa de muitas decisões judiciais, o argumento por consequências encontra espaço privilegiado.[69]

Trata-se de indicar as limitações da capacidade de predição do intérprete, especialmente na seara judicial, tendo por vezes em vista as suas chamadas "capacidades institucionais", conceito que remete à ideia de que a Constituição realiza um desenho institucional que aloca funções em vista da maior aptidão para desempenhá-las.[70] Isso poderia ser uma das causas para decisões que aca-bam por tomar como prováveis repercussões apenas possíveis e pressupor um

---

econômica do princípio da função social do contrato: trocas, acesso às posições proprietárias e ao trabalho. *Direitos fundamentais e justiça*, ano 5, n. 16. Porto Alegre: jul.-set./2011, p. 182-203.

69. Na síntese de Aragão: "O pragmatismo-consequencialismo de que aqui se trata é o que tem a ver com a ponderação das consequências práticas dessa ou daquela interpretação jurídica, decisão administrativa ou proposição legal. Há uma séria de objeções levantadas contra o uso jurídico do argumento conse-quencialista – (a) preocupações de se manter a autonomia do Direito frente à Política e à Economia, searas em que a análise das consequências constitui trânsito diário, (b) cuidado para não se 'abrir a Caixa de Pandora' do argumento, de tal forma que, pelo abuso, todo e qualquer tipo de proposição jurídica *contra legem* encontrasse alguma fundamentação genérica, (c) receio de que o raciocínio utilitarista, tão próprio ao consequencialismo, terminasse por negar, no limite, a dignidade de certas condutas humanas (que não possuem valor ou produzem resultado prático, e nisso reside seu maior valor). É possível rebater cada uma das críticas, desde que se esteja falando do uso moderado e controlado do argumento pragmático-consequencialista. (a) Quanto à autonomia do Direito, é importante que a argumentação jurídica que pretenda se utilizar de argumentos consequencialistas faça-o referindo-se a princípios jurídicos que a eles encaminhem o operador do Direito – como, por exemplo, o 'princípio da realidade' do contrato administrativo ou o 'princípio da praticabilidade' das decisões judiciais. (b) Quanto ao abuso do argumento, é só utilizá-lo com parcimônia, lembrando-se dos riscos; o que costuma acontecer e, na verdade, o que deve ser evitado, é o uso disfarçado do consequencialismo, camuflado entre artigos, precedentes e citações doutrinárias. (c) Quanto à terceira objeção, nem todo consequencialismo é utilitarista: é possível avaliar as consequências jurídicas de uma decisão – ope-rando, portanto, análise consequencialista – à luz, por exemplo, da manutenção ou da alteração do sistema de princípios incorporado pela Constituição" (ARAGÃO, Alexandre dos Santos. Interpreta-ção consequencialista e análise econômica do direito público à luz dos princípios constitucionais da eficiência e da economicidade. *In* SOUZA NETO, C. P.; SARMENTO, D.; BINENBOJM, G. (coord.). *Vinte anos da Constituição Federal de 1988*. Rio de Janeiro: Lumen Juris, 2009, p. 295).

70. Segundo Arguelhes e Leal, "o argumento das capacidades institucionais pressupõe uma determinada concepção de separação de poderes e de desenho institucional, segundo a qual diferentes funções devem ser alocadas, tanto quanto possível, para o nível de governo ou da sociedade que possa exer-cê-los melhor. Sob tal perspectiva, a palavra chave na distribuição de poderes é especialização. A Constituição, nessa perspectiva, pode ser comparada à planta elaborada por um "arquiteto institucio-nal", que distribui competências e poderes entre instituições criadas especificamente para promover certos objetivos" (ARGUELHES, Diego Werneck; LEAL, Fernando. O argumento das "capacidades institucionais" entre a banalidade, a redundância e o absurdo. *Direito, Estado e Sociedade*, n. 38. Rio de Janeiro: jan.-jun./2011, p. 16).

desenrolar dos acontecimentos sem qualquer base científica ou mesmo analítica que lhe dê suporte.[71] Muitas vezes transformada em argumento *ad terrorem*, essa postura vem sendo referida ironicamente por "consequenciachismo", tendo em vista a prevalência do subjetivismo decisório sobre a devida fundamentação das premissas do intérprete e explicitação de sua pré-compreensão.[72]

Não parece, contudo, ser uma crítica ao consequencialismo em si mesmo, mas à forma pela qual costuma ser utilizado, tendo em vista que as observações sobre excessivo subjetivismo, arbítrio judicial e ausência de fundamentação argumentativa das decisões são dirigidas também ao raciocínio puramente deontológico, especialmente quando se utilizando de conceitos jurídicos abertos e cláusulas gerais, como boa-fé e dignidade da pessoa humana.

Não se trata, naturalmente, de exigir do intérprete, especialmente premido por exigências de celeridade, comprovação científica inequívoca das consequências necessárias de sua decisão, mas sim de exigir clareza argumentativa na exposição de suas inferências, com a apresentação de fundamentos lógicos e informações passíveis de análise racional.[73] Dessa forma, parece que a devida

---

71. Para Schuartz, "O problema não está na consistência e robustez das teorias ou do arsenal de conceitos que as acompanha nas proposições mais substantivas das análises econômicas do direito, mas no acesso às informações necessárias para garantir às decisões a satisfação das condições de adequação que lhe são impostas por tais teorias e conceitos. Sem as referidas informações, reduz-se para ambos o atrito com a realidade, até o ponto em que sua invocação como premissa em uma inferência jurídica torna-se estéril e decorativa, e a conclusão que nela se apoia, o exercício de imaginação com força de direito a que se fez menção acima" (SCHUARTZ, Luis Fernando. Consequencialismo Jurídico, Racionalidade Decisória e Malandragem. *Revista de Direito Administrativo*, n. 248. São Paulo: 2008, p. 135).

72. Explica Ana Frazão: "A falta de reflexão sobre as premissas, as características e mesmo as falibilidades de muitos dos modelos de análises de consequências pode levar a um verdadeiro 'consequenciachismo', expressão debochada que vem sendo utilizada para a estimativa de consequências feita sem rigor científico, muitas vezes com base ou no que se chama de "senso comum" ou em modelos econômicos excessivamente abstratos e idealizados, sem correspondência consistente com os fatos concretos" (FRAZÃO, Ana. A importância da análise de consequências para a regulação jurídica. *Jota*, 29 maio 2019. Disponível em <t.ly/KUNZN>, acesso em 22 abr. 2022).

73. Explica Ana Frazão, referindo-se às já citadas disposições da LINDB: "De nenhum modo se pode imaginar que tais artigos estão imputando ao intérprete ou ao tomador de decisões o ônus de comprovar, de forma absoluta, as consequências de suas decisões, pela simples razão de que isso seria impossível. Pelo mesmo raciocínio, tais normas não estão impondo aos intérpretes e tomadores de decisões que se utilizem obrigatoriamente de análises econômicas e muito menos de análises quantitativas ou vinculadas a determinadas metodologias. O que se exige do intérprete é que, dentro do possível, valorize a dimensão pragmática do discurso jurídico, estimando as consequências das suas decisões com cuidado, missão para a qual poderá e, a depender do caso, deverá contar com diversas metodologias que poderão ajudá-lo a fazer análises mais consistentes. Conforme a natureza do assunto, os afetados pela decisão, o tempo disponível para a tomada da decisão e mesmo os custos financeiros e operacionais envolvidos em cada tipo de análise, determinadas metodologias poderão se mostrar superiores ou mais adequadas do que outras" (FRAZÃO, Ana. Direito civil constitucional e a LINDB. *Jota*, 12 ago. 2020. Disponível em <t.ly/ZM5i>, acesso em 22 abr. 2022). Por outro lado, afirma Schuartz: "Nós simplesmente não sabemos o suficiente para determinar empiricamente e para comparar normativamente as consequências globalmente relacionadas à adoção de uma ou outra estratégia de segunda

2 • A APLICAÇÃO DA FUNÇÃO SOCIAL DO CONTRATO 77

fundamentação – bem como o adequado desenrolar do processo – parecem idôneos a coibir os vícios mais frequentes, no caminho da interpretação como atividade vinculada e responsável preconizada pelo direito civil-constitucional.[74]

No âmbito do direito contratual, que envolve a intervenção jurídica sobre a atividade econômica, e, em especial, na análise da função social do contrato, o raciocínio por consequências se revela ainda mais profícuo.[75] Não pela perspectiva, como já destacado comum nessa seara, de predeterminar a normativa do contrato a partir de supostas inferências econômicas, na postura unilateral própria daqueles que lhe atribuem valor intrínseco em virtude da mera circulação de riqueza. Mas pelo reconhecimento de que o conteúdo normativo da função social do contrato, associado ao princípio constitucional da solidariedade, remete aos preceitos também constitucionais que balizam a atividade do Estado na ordem econômica, como a livre concorrência, a defesa do consumidor e do meio ambiente e a valorização do trabalho.

Diante do caráter teleológico dessas diretrizes, o raciocínio por consequências parece adequado e bem-vindo. Como destacado, a proteção ao meio--ambiente, ao mercado de consumo, à livre-concorrência, bem como o acesso à saúde, educação e moradia, todos envolvem levar em conta as repercussões globais de cada decisão individual, pois a relação do vínculo contratual com a sociedade em que ele se insere se coloca, primordialmente, no âmbito das repercussões que ele gera. Trata-se, portanto, de incorporar essa análise à aplicação, metodologicamente orientada, da função social do contrato, dentro do quadro dogmático do direito.

2.2 QUALIFICAÇÃO DA APLICAÇÃO DA FUNÇÃO SOCIAL DO CONTRATO

A adequada compreensão da aplicação da função social do contrato envolve analisar, além do seu contexto fático, seu enquadramento no plano técnico da dogmática jurídica. Nesse sentido, o esforço de qualificação da função social

---

ordem. Nessas circunstâncias, parece-me que o melhor a fazer é garantir pelo menos um grau elevado de objetividade e de previsibilidade aos juízos em que se sustentam as decisões e, por essa via, de segurança às expectativas daqueles que vierem a ser por elas diretamente afetados" (SCHUARTZ, Luis Fernando. Consequencialismo Jurídico, Racionalidade Decisória e Malandragem. *Revista de Direito Administrativo*, n. 248, 2008, p. 149)

74. PERLINGIERI, Pietro. *Perfis do direito civil*. Rio de Janeiro: Renovar, 1999, p. 81.

75. Para Vinicius Klein "a utilização sistemática de cláusulas gerais e conceitos abertos, bem como de juízos de ponderação imersos em uma análise funcional reforça a constatação de que o uso de argumentos consequencialistas não é uma questão de escolha, mas sim uma necessidade no modelo social de contrato" (KLEIN, Vinicius. *Os contratos empresariais de longo prazo: uma análise a partir da argumentação jurídica*. Rio de Janeiro: Lumen Juris, 2015, p. 227).

do contrato no âmbito dos modelos operacionais disponíveis no ordenamento, embora não deva ser tomado sob a perspectiva formalista como um fim em si mesmo, pode servir de instrumento relevante para delimitação mais clara de sua operatividade.

Nesse sentido, o presente item busca inserir a função social do contrato no quadro técnico das figuras operativas da dogmática jurídica, iniciando por avaliar sua qualificação como conceito indeterminado, cláusula geral, princípio e postulado normativo. Na sequência, a partir das inferências obtidas de tais qualificações, busca-se a aplicação à função social do contrato do bem-sucedido modelo operacional adotado para a boa-fé objetiva, consistente na dita "tríplice função". Essas considerações deverão permitir uma compreensão da aplicação da função social do contrato idônea a abarcar sua atuação sobre a conservação de efeitos do contrato, objeto da segunda parte desta tese.

2.2.1 Enquadramento normativo da função social do contrato

A individualização do conteúdo normativo próprio do artigo 421 do Código Civil não prescinde da qualificação de seu modo de atuação. Com efeito, além da grande controvérsia sobre o substrato material da função social do contrato, parece ser igualmente nebulosa a identificação de seu *modus operandi*. Essa incerteza transparece na própria qualificação da função social do contrato entre as categorias tradicionais de enunciados normativos: conceito jurídico indeterminado, cláusula geral, princípio e postulado.

A distinção entre as categorias se revela menos importante do que parece à primeira vista. A própria individuação de cada categoria é um pouco nebulosa e reconhece-se amplamente que a qualificação em uma delas não exclui as outras, afirmando-se que muitas das cláusulas gerais são construídas com recurso a conceitos indeterminados e, ainda, servem a veicular também princípios jurídicos.[76]

Ademais, partindo-se da premissa de que certa dose de vagueza é intrínseca à linguagem de todos os enunciados normativos e, adotando-se a metodologia segundo a qual toda interpretação é sistemática e inserida em determinada experiência histórica, a abertura se revela um traço inevitável, em maior ou menor medida, de toda atividade hermenêutica, independentemente da estrutura do enunciado normativo do qual se parta.[77] A segurança jurídica, nesse contexto, é

---

76. MARTINS-COSTA, Judith. *A boa fé no direito privado: sistema e tópica no processo obrigacional*. São Paulo: Revista dos Tribunais, 1999, p. 323.

77. PERLINGIERI, Pietro. *Manuale di diritto civile*, 5. ed.. Napoli: ESI, 2005, p. 19.

provida por adequada fundamentação argumentativa.[78] Não obstante, compreender os argumentos pelos quais se enquadraria a função social do contrato em cada uma dessas figuras pode mostrar-se útil na medida em que contribua para compreender como a função social do contrato efetivamente atua na solução dos casos concretos.

Nesse sentido, afirma-se, em primeiro lugar, que a função social do contrato é um *conceito jurídico indeterminado*.[79] Segundo Engisch, a marca desses conceitos consiste em apresentarem um halo conceitual difuso em torno de um núcleo duro, que lhes traz a marca característica de conteúdo e extensão em larga medida incertos.[80] O núcleo duro do conceito de função social, a partir da fundamentação exposta, reside no perfil funcional do negócio, voltado à análise da síntese dos seus efeitos essenciais e dos interesses envolvidos, bem como na sua socialidade, que remete à tutela de interesses metaindividuais, originalmente extracontratuais, relevantes. A definição de quais desses interesses serão relevantes – solidariedade, saúde, educação, moradia, livre concorrência, defesa do consumidor, defesa do meio ambiente etc. –, por sua abertura, remete ao halo conceitual, carente de preenchimento em vista das circunstâncias do caso concreto.

Sustenta-se, ainda, que a função social do contrato é uma *cláusula geral*.[81] Trata-se de técnica legislativa que abrange e submete a tratamento jurídico todo um domínio de casos, em termos de grande generalidade, contrapondo-se à ela-

---

78. Destaca André Luiz Arnt Ramos: "esta vantagem dos enunciados pretensamente determinados é circunscrita apenas à disciplina de ações relativamente simples, estáveis e indiferentes a grandes interesses econômicos. Nas demais searas da vida jurídicas de uma comunidades, timbradas pela complexidade e pela inter-relação de interesses econômicos, são os enunciados intencionalmente indeterminados que trazem maior segurança" (RAMOS, André Luiz Arnt. *Segurança jurídica e indeterminação normativa deliberada: elementos para uma teoria do direito (civil) contemporâneo*. Curitiba: Juruá, 2021, recurso eletrônico).
79. HADDAD, Luís Gustavo. *Função social do contrato: um ensaio sobre seus usos e sentidos*. São Paulo: Saraiva, 2013, p. 24.
80. ENGISCH, Karl. *La idea de concreción en el derecho y en la ciencia jurídica actuales*. Pamplona: Universidad de Navarra, 1968, p. 208.
81. ARENHART, Fernando Santos. Função social dos contratos: a nova teoria contratual e o diálogo das fontes. *Revista de direito do consumidor*, v. 89. São Paulo: set.-out./2013, p. 205-228, recurso eletrônico; ROSENVALD, Nelson. A função social do contrato. *In* HIRONAKA, G. M. F. N.; TARTUCE, F. (coord.). *Direito contratual: temas atuais*. São Paulo: Método, 2007, p. 87; FACHIN, Luiz Edson. Contratos e responsabilidade civil: duas funcionalizações e seus traços. *Revista dos tribunais*, v. 903. São Paulo: jan./2011, p. 26 e ss., recurso eletrônico; HADDAD, Luís Gustavo. *Função social do contrato: um ensaio sobre seus usos e sentidos*. São Paulo: Saraiva, 2013, p. 24; GAMA, Guilherme Calmon Nogueira da; ANDRIOTTI, Caroline Dias. Breves notas históricas da função social no direito civil. *In* GAMA, G. C. N. (coord.). *Função social no direito civil*, 2. ed. São Paulo: Atlas, 2008, p. 16; MARIGHETTO, Andrea. *O acesso ao contrato: sentido e extensão da função social do contrato*. São Paulo: Quartier Latin, 2012, p. 45; LEONARDO, Rodrigo Xavier. A função social dos contratos: ponderações após o primeiro biênio de vigência do Código Civil. In: CANEZIN, C.. *Arte jurídica*, v. II. Curitiba: Juruá, 2005, p. 12, recurso eletrônico.

boração casuística das hipóteses legais, que circunscreve particulares grupos na sua especificidade própria (*fattispecie*).[82] Estas disposições normativas utilizam intencionalmente uma linguagem aberta e fluida com o objetivo de conferir ao juiz "um mandato (ou competência) para que, à vista dos casos concretos, crie, complemente, ou desenvolva normas jurídicas".[83]

Com efeito, a determinação de que a liberdade contratual deve ser exercida nos limites da função social do contrato é disposição idônea a abarcar significativa gama de casos. Como analisado, sob o marco teórico aqui assumido, todo contrato deve atender à função social, em vista das premissas de instrumentalidade das situações patrimoniais às existenciais e de unidade e coerência do ordenamento jurídico. A cláusula geral, por outro lado, atribuirá competência ao intérprete para selecionar adequadamente os interesses metaindividuais que, originalmente extracontratuais, serão pertinentes para o condicionamento da liberdade contratual em vista das repercussões efetivas do contrato em exame, bem como a forma adequada de atendimento desses interesses no âmbito da normativa do contrato.

Certamente, contudo, a categoria mais tradicionalmente atribuída à função social do contrato é a de *princípio*.[84] Os princípios são estruturas normativas tra-

---

82. ENGISCH, Karl. *Introdução ao pensamento jurídico*, 10. ed. Lisboa: Fundação Calouste Gulbenkian, 2008, p. 228.

83. MARTINS-COSTA, Judith. *A boa fé no direito privado: sistema e tópica no processo obrigacional*. São Paulo: Revista dos Tribunais, 1999, p. 303.

84. AZEVEDO, Antonio Junqueira de. Princípios do novo direito contratual e desregulamentação do mercado – Direito de exclusividade nas relações contratuais de fornecimento – Função social do contrato e responsabilidade aquiliana do terceiro que contribui para o inadimplemento contratual. *Revista dos tribunais*, n. 750. São Paulo, abr./1998, p. 113-120; BELLOIR, Arnaud Marie Pie; POSSIGNOLO, André Trapani Costa. Ensaio de classificação das teorias sobre a função social do contrato. *Revista Brasileira de Direito Civil – RBDCivil*, v. 11. Belo Horizonte: jan./mar. 2017, p. 43; HADDAD, Luís Gustavo. *Função social do contrato: um ensaio sobre seus usos e sentidos*. São Paulo: Saraiva, 2013, p. 27; LOBO, Paulo Luiz Netto. Princípios sociais dos contratos no Código de Defesa do Consumidor e no novo Código Civil. *Revista de direito do consumidor*, n. 42. São Paulo, abr.-jun./2002, p. 187-195, recurso eletrônico; MARTINS-COSTA, Judith. Notas sobre o princípio da função social do contrato. *Revista literária de direito*, n. 37. São Paulo, ago.-set./2004, p. 17; MIRAGEM, Bruno. Função social do contrato, boa-fé e bons costumes: nova crise dos contratos e a reconstrução da autonomia negocial pela concretização das cláusulas gerais. *In* MARQUES, C. L. (coord.). *A nova crise do contrato: estudos sobre a nova teoria contratual*. São Paulo: Revista dos tribunais, 2007, p. 197; NEGREIROS, Teresa. *Teoria do contrato: novos paradigmas*, 2. ed. Rio de Janeiro: Renovar, 2006, p. 208-210; PAMPLONA FILHO, Rodolfo. Breves reflexões sobre o princípio da função social. *In* EHRHARDT JÚNIOR, M.; LOBO, F. A. (coord.). *A função social nas relações privadas*. Belo Horizonte: Fórum, 2019, p. 37-61; REALE, Miguel. Função social do contrato. Disponível em: <t.ly/LGr4>, acesso em 05 maio 2022; RENTERÍA, Pablo. Considerações acerca do atual debate sobre o princípio da função social do contrato. *In* MORAES, M. C. B. (coord.). *Princípios do direito civil contemporâneo*. Rio de Janeiro: Renovar, 2006, p. 281; RULLI NETO, Antonio. *Função social do contrato*. São Paulo: Saraiva, 2011, p. 204; SCHREIBER, Anderson. *Equilíbrio contratual e dever de renegociar*. São Paulo: Saraiva, 2018, p. 31; SOUZA, Eduardo Nunes de. Função negocial e função social do contrato: subsídios para um estudo comparativo. *Revista de direito privado*, v. 54. São Paulo: abr./2013, p. 65 e ss., recurso eletrônico; TARTUCE, Flávio. *Função social dos*

dicionalmente associados a um papel subsidiário na civilística, desempenhado pelos chamados "princípios gerais de direito", mas hoje eles assumem protagonismo em razão de sua alçada constitucional, em consonância com a hierarquia das fontes.[85] Atribui-se, atualmente, força normativa aos princípios, concebendo-se o próprio ordenamento não mais como um sistema somente de regras, mas um sistema de regras e princípios.[86]

A peculiaridade dessa espécie normativa costuma ser objeto de alguma controvérsia na doutrina que se aprofunda no tema. É bastante difundida entre nós a concepção dos princípios como "mandados de otimização", que determinam que algo seja realizado na maior medida possível, e que, formulados como razões *prima facie*, não se aplicam em qualquer situação, impondo que eventual conflito entre eles seja resolvido por meio de uma hierarquização no caso concreto, realizada na dimensão do peso – em oposição ao conflito entre regras (razões definitivas), que se resolve na dimensão da validade.[87] Sob essa concepção, os princípios traduziriam, no plano deontológico (*dever ser*), os valores, situados no plano axiológico (*bem*).[88]

---

contratos, 2. ed. São Paulo: Método, 2007, p. 167; TEPEDINO, Gustavo. Notas sobre a função social dos contratos. *In* TEPEDINO, G.; e FACHIN, L. E. (coord.). *O direito e o tempo*: embates jurídicos e utopias contemporâneas. Rio de Janeiro: Renovar, 2008, p. 395; TOMASEVICIUS FILHO, Eduardo. Resolução e revisão contratuais por violação da função social do contrato. *Crise econômica e soluções jurídicas*, num. 61. São Paulo: dez./2015, recurso eletrônico. *Contra*: BERALDO, Leonardo de Faria. Os 18 anos da função social do contrato. *In* BARBOSA, H.; SILVA, J. C. F. (coord.). *A evolução do direito empresarial e obrigacional*, v. II. São Paulo: Quartier Latin, 2021, p. 311.

85. TEPEDINO, Gustavo. Premissas metodológicas para a constitucionalização do direito civil. *Temas de direito civil*, 3. ed, Rio de Janeiro: Renovar, 2004, p. 19.

86. BONAVIDES, Paulo, *Curso de direito constitucional*. São Paulo, Malheiros, 2000, p. 232-238.

87. ALEXY, Robert. *Teoría de los derechos fundamentales*. Madrid: Centro de Estudios Constitucionales, 1993, p. 86-87. Nessa perspectiva, é comum utilizar o termo *ponderação* especificamente para a solução de conflitos entre princípios, sem prejuízo da perspectiva que compreende a ponderação como parte também do processo hermenêutico envolvendo regras. Sobre o debate, v. BARCELLOS, Ana Paula. *Ponderação, racionalidade e atividade jurisdicional*. Rio de Janeiro: Renovar, 2005.

88. Essa concepção tida como axiologizante é criticada sob o fundamento de que esse mecanismo de preferência e mensuração seria condizente somente com o tratamento de valores, no plano teleológico, incompatível portanto com o caráter normativo dos princípios, atuantes no plano do agir obrigatório, e que não poderiam então ter uma pretensão de validade gradual (HABERMAS, Jürgen. *Between facts and norms: contributions to a discourse theory of law and democracy*. Cambridge: MIT Press, 1998, p. 255 e ss.). Neste sentido os princípios se distinguiriam das diretrizes políticas (passíveis de ponderação), como afirma DWORKIN, Ronald. *Levando os direitos a sério*, São Paulo, Martins Fontes, 2002, p. 36 e ss. Para essa outra concepção, a distinção entre princípios e regras se dá pela separação entre o plano da *justificação*, onde os princípios encontram sua fundamentação, e o plano da *aplicação*, onde se discute a adequação do princípio a um caso concreto: Diversamente das regras, que se aplicam de maneira "tudo ou nada", com exceções previamente enumeráveis, dois princípios aparentemente contraditórios no plano da justificação são apenas concorrentes no plano da aplicação, pois um princípio excepciona a aplicação do outro em virtude de circunstâncias características do caso concreto (GÜNTHER, Klaus. *Teoria da argumentação no direito e na moral*: justificação e aplicação, trad. Cláudio Molz, São Paulo, Landy, 2004, especialmente p. 367 e ss.). Os princípios seriam então definidos como normas cujas

Perlingieri, nessa linha, define princípio como "norma que impõe a máxima realização de um valor".[89] Com efeito, sob a metodologia civil-constitucional, os valores integram o sistema jurídico – "o direito é cultura, um complexo conjunto de valores orientados à determinação do sentido do viver comum" – e, portanto, contém princípios que colidem entre si, colisão a ser resolvida com razoabilidade e a partir da hierarquia constitucional.[90] Nesse âmbito, o princípio é caracterizado pela indefinibilidade em abstrato das *fattispecie* às quais ele é aplicável, indicando que ele não incide sempre com a mesma intensidade, nem importa sempre a mesma solução.[91]

A qualificação da função social do contrato como princípio é condizente com determinada sistematização que se difundiu amplamente entre princípios contratuais clássicos ou liberais – que incluiriam a liberdade contratual, a relatividade dos efeitos do contrato e a sua força obrigatória – e princípios contratuais novos ou sociais – abrangendo a boa-fé, a função social do contrato e o equilíbrio contratual: tendo em vista que esses dois grupos de princípios respondem a valores distintos, eles tenderiam a entrar em conflito no contexto de sua aplicação, gerando um cenário de hipercomplexidade.[92] Assim, a função social do contrato, como princípio, tenderia a competir com os princípios clássicos – mais especificamente com a relatividade dos efeitos do contrato, como já destacado – e sua aplicação efetiva dependeria de um juízo de razoabilidade a ser implementado pelo intérprete à luz das circunstâncias do caso concreto.[93]

Já se observou, com pertinência, que a qualificação de determinado enunciado normativo como princípio não deve se pautar por abordagens estritamente

---

condições de aplicação não são pré-determinadas (HABERMAS, Jürgen. *Between facts and norms*: contributions to a discourse theory of law and democracy, Cambridge: MIT Press, 1998, p. 217). Para uma comparação crítica das duas correntes, v. GALUPPO, M. C. Os princípios jurídicos no Estado Democrático de Direito: ensaio sobre o modo de sua aplicação. *Revista de Informação Legislativa*, n. 143, jul.-set. 1999, p. 191-210, especialmente p. 196. Normalmente estas duas correntes são aproximadas pela doutrina (especialmente no sentido de incluir Dworkin na primeira, junto com Alexy, sem relevar suas distinções) como, por exemplo, pelo pioneiro BONAVIDES, Paulo, *Curso de direito constitucional*. São Paulo: Malheiros, 2000, p. 248.

89. PERLINGIERI, Pietro. *Manuale di diritto civile*, 5. ed.. Napoli: ESI, 2005, p. 9.
90. PERLINGIERI, Pietro. *Manuale di diritto civile*, 5. ed.. Napoli: ESI, 2005, p. 13-14.
91. PERLINGIERI, Pietro. *Manuale di diritto civile*, 5. ed.. Napoli: ESI, 2005, p. 9-10.
92. Essa sistematização tem origem em AZEVEDO, Antonio Junqueira de. Princípios do novo direito contratual e desregulamentação do mercado – Direito de exclusividade nas relações contratuais de fornecimento – Função social do contrato e responsabilidade aquiliana do terceiro que contribui para o inadimplemento contratual. *Revista dos tribunais*, n. 750. São Paulo, abr. 1998, p. 113-120, e foi recuperada e desenvolvida por outros autores, em especial NEGREIROS, Teresa. *Teoria do contrato*: *novos paradigmas*, 2. ed. Rio de Janeiro: Renovar, 2006, p. 105 e ss.
93. Sobre o tema, seja consentido remeter a KONDER, Carlos Nelson. Princípios contratuais e exigência de fundamentação das decisões: boa-fé e função social do contrato à luz do CPC/2015. *Revista opinião jurídica*, v. 14. Fortaleza: 2017, p. 33-57.

formalistas, mas levar em conta a pesquisa axiológica, isto é, a preexistência de um valor cuja máxima realização seja imposta por aquela ordem jurídica.[94] Ou seja: alça-se à categoria de princípio o enunciado normativo que exprime um valor que a ordem jurídica, em determinado contexto histórico, pretende que seja realizado na maior medida possível.[95]

Sob essa perspectiva, a função social do contrato é um princípio do direito contratual contemporâneo, pois nela o atendimento a interesses metaindividuais, originalmente extracontratuais, relevantes deve ser realizado na maior medida possível. De modo mais geral, a função social das situações jurídicas patrimoniais é um princípio geral de direito civil, na medida em que o texto constitucional vigente deixa claro que a solidariedade é um valor que deve ser realizado na maior medida possível.

Em termos argumentativos, ademais, já se destacou que a principialização da função social do contrato parece ter sido um passo importante para que lhe fosse atribuído algum efeito específico, especialmente frente ao já relatado movimento de nela reconhecer somente uma afirmação de uma relevância social intrínseca a qualquer contrato, como um fim em si mesmo.[96] A sua sistematização, fundada na solidariedade, como um contraponto ao princípio da relatividade dos efeitos do contrato, fundado na liberdade individual, permitiu a atribuição de alguns efeitos próprios pela doutrina, como observado.

Entretanto, ainda se guiando pelo esforço de uma qualificação útil à identificação do *modus operandi* da função social do contrato, cumpre observar algumas peculiaridades. Com efeito, enquanto os princípios costumam associar-se a um valor mais específico, a função social do contrato conduz a uma grande gama de valores, reunidos somente pela referência comum a interesses metaindividuais. A função social acaba por remeter à aplicação de outros princípios e direitos fundamentais, de modo que eles é que efetivamente conflitam e se ponderam com a relatividade dos efeitos do contrato ou outro preceito normativo que colida em concreto com um interesse extracontratual relevante. Ou seja, a função social acaba, muitas vezes, atuando menos como um princípio-norma em si mesmo, e mais como uma metanorma ou norma de segundo grau, isto é, como

---

94. SCHREIBER, Anderson. *Equilíbrio contratual e dever de renegociar*. São Paulo: Saraiva, 2018, p. 44-46.

95. *Contra*, em linha com a mencionada crítica à referência a valores no âmbito da aplicação de princípios, RAMOS, André Luiz Arnt. *Segurança jurídica e indeterminação normativa deliberada: elementos para uma teoria do direito (civil) contemporâneo*. Curitiba: Juruá, 2021. Para o autor, "no contexto brasileiro, a enviesada e fragmentária importação de algumas seções suas [teoria de Alexy], especialmente em correlação à Jurisprudência dos Valores, tem conduzido a resultados desastrosos" (*ibid.*).

96. KONDER, Carlos Nelson. Para além da "principialização" da função social do contrato. *Revista Brasileira de Direito Civil – RBDCivil*, Belo Horizonte, v. 13, p. 39-59, jul./set. 2017, p. 54.

um *postulado normativo*.[97] Mais especificamente, já se afirmou ser um postulado metodológico-hermenêutico que leva o intérprete a submeter a tutela do direito individual ao atendimento de interesses metaindividuais.[98]

Por conta disso, constata-se que a função social é um princípio, mas, ao mesmo tempo, é mais do que um princípio.[99] Com efeito, o que esse panorama indica é que a função social do contrato pode ser enquadrada em todas essas qualificações, e cada uma delas contribui em alguma medida para identificar uma forma de sua atuação, mas ao mesmo tempo nenhuma delas, sozinha, é capaz de exaurir todas as suas potencialidades.[100]

Assim, como conceito indeterminado destaca-se a importância da construção doutrinária de seu conteúdo, como cláusula geral, o controle da atividade do intérprete na sua utilização, como princípio, o sopesamento diante do conflito com outros princípios, e como postulado, a importância da interpretação sistemática do ordenamento. De todos eles, sobressai como a abertura impõe ao intérprete um ônus argumentativo maior na solução dos conflitos sobre os quais têm potencial para incidir, especialmente tendo em vista que veiculam valores reputados solidários ("sociais"), sem, contudo, o afastamento definitivo

---

97. Conceitua Humberto Ávila: "os postulados, de um lado, não impõem a promoção de um fim, mas, em vez disso, estruturam a aplicação do dever de promover um fim; de outro, não prescrevem indiretamente comportamentos, mas modos de raciocínio e de argumentação relativamente a normas que indiretamente prescrevem comportamentos. [...] Sempre há uma outra norma por trás [...]. Por esse motivo, é oportuno tratá-las como metanormas" (ÁVILA, Humberto. *Teoria dos princípios: da definição à aplicação de princípios jurídicos*, 5. ed. São Paulo: Malheiros, 2005, p. 123-125). No tocante à função social, sustenta Ricardo Waldman: "A função social do contrato, compreendida do modo exposto, é o sobre-princípio do direito dos contratos, pois é através dela que se pode dar o conteúdo adequado para os demais princípios e regras desta área do direito, ainda mais tendo em vista a Constituição Federal, que ao reconhecer a dignidade da pessoa humana (art. 1.º, III), subordinou toda ordem da comunidade a ela, inclusive a ordem econômica (art. 170)" (WALDMAN, Ricardo Libel. O sobre-princípio da função social do contrato: da filosofia à dogmática jurídica. *Revista de direito do consumidor*, v. 59. São Paulo: jul.-set./2006, p. 127-149, recurso eletrônico).

98. KONDER, Carlos Nelson. Para além da "principialização" da função social do contrato. *Revista Brasileira de Direito Civil – RBDCivil*, v. 13. Belo Horizonte, jul./set. 2017, p. 58.

99. Em sentido similar, afirma Teresa Negreiros: "a função social do contrato, quando concebida como um princípio, antes de qualquer outro sentido e alcance que se lhe possa atribuir, significa muito simplesmente que o contrato não deve ser concebido como uma relação jurídica que só interessa às partes contratantes, impermeável às condicionantes sociais que o cercam e que são por ele próprio afetadas" (NEGREIROS, Teresa. *Teoria do contrato: novos paradigmas*, 2. ed. Rio de Janeiro: Renovar, 2006, p. 208). Mais adiante, prossegue: "a função social, muito além de ser mais um princípio, com finalidades delimitativas, é elemento de qualificação que varia conforme a concreta correlação de interesses em causa" (*ibid.*, p. 209-210).

100. Para Judith Martins-Costa, "se é bem verdade que o princípio da função social, como expressão da 'diretriz da socialidade', indica um rumo a seguir, oposto ao do individualismo predatório, também é certo que a atuação exaustiva de suas funções ainda está *in fieri*" (MARTINS-COSTA, Judith. Notas sobre o princípio da função social do contrato. *Revista literária de direito*, n. 37. São Paulo, ago./set. 2004, p. 17).

de estruturas normativas que ainda respondem a valores liberais, cumprindo ao intérprete, na análise do caso concreto, indicar qual deles deve prevalecer.[101]

2.2.2. O modelo de tríplice função e a criação de deveres aos contratantes

Prosseguindo nessa empreitada operativa, parece útil recorrer a um modelo razoavelmente bem-sucedido de densificação de enunciado normativo sem enrijecimento de sua aplicação: a boa-fé.[102] Estudo quantitativo recente identificou que, comparativamente, as decisões fundadas na boa-fé têm fundamentação argumentativa mais adequada e individualizada do que aquelas fundadas na função social do contrato.[103] Essa peculiaridade pode ser atribuída ao significativo desenvolvimento obtido pela doutrina sobre as formas de aplicação do princípio da boa-fé nos últimos anos: a especificação dos diversos deveres anexos e das suas características, bem como a enunciação de diversas especializações funcionais ou figuras parcelares, contribuíram sobremaneira para uma aplicação mais clara, previsível e rigorosa do princípio da boa-fé.[104]

Tudo isso parece começar na sistematização de uma tríplice função do princípio da boa-fé. Segundo essa abordagem amplamente difundida entre nós, a atuação da boa-fé poderia dar-se sob função interpretativa, restritiva ou normativa.[105] Na função interpretativa, também chamada hermenêutica

---

101. KONDER, Carlos Nelson. Fundamentação das decisões e aplicação da função social do contrato: aportes do Código de Processo Civil de 2015 *In*: MENDES, A. G. C.; BEDAQUE, J. R. S.; CARNEIRO, P. C. P.; ALVIM, T. A. (coord.). *O novo processo civil: temas relevantes – Estudos em homenagem ao professor, jurista e ministro Luiz Fux*. Rio de Janeiro: GZ, 2018, v.1, p. 206-207.

102. Tradicionalmente indicada somente como princípio e cláusula geral, Judith Martins-Costa defende que a boa-fé configura verdadeiro modelo jurídico ou instituto, mais especificamente, "um *modelo jurídico complexo e prescritivo*. Trata-se de um *modelo* porque o significado e as eficácias do «comportamento segundo a boa-fé» não resultam de uma norma isolada, mas de uma estrutura normativa que articula, finalisticamente, normas provindas de mais de uma das fontes [...], ou propor determinado entendimento. E se trata de um *modelo prescritivo* porque é dotado da possibilidade de impor ações, condutas, vedações, sanções – e não apenas «recomendações» ao aplicado do Direito" (MARTINS-COSTA, Judith. *A boa-fé no direito privado: critérios para a sua aplicação*, 2. ed. São Paulo: Saraiva, 2018, p. 284).

103. Em estudo envolvendo decisões do TJRJ, enquanto 59% das decisões invocando a boa-fé foram qualificadas como tendo fundamentação argumentativa e 60% autônoma, no tocante à função social essa proporção caía para 16% e 9%, respectivamente (TERRA, Aline de Miranda Valverde; KONDER, Carlos Nelson; GUEDES, Gisela Sampaio da Costa. Boa-fé, função social e equilíbrio contratual: reflexões a partir de alguns dados empíricos In: TERRA, A. M. V.; KONDER, C. N.; GUEDES, G. S. C. (coord.). *Princípios contratuais aplicados: boa-fé, função social e equilíbrio contratual à luz da jurisprudência*. Indaiatuba, SP: Foco, 2019, p. 8-15).

104. KONDER, Carlos Nelson. Princípios contratuais e exigência de fundamentação das decisões: boa-fé e função social do contrato à luz do CPC/2015. *Revista Opinião Jurídica*, v. 14. Fortaleza, 2017, p. 47-48.

105. A tripartição das funções da boa-fé, com variada denominação, pode ser encontrada em, por exemplo, AGUIAR JÚNIOR, Ruy Rosado de. A boa-fé na relação de consumo. *Revista de direito do consumidor*, v. 4, n. 14. São Paulo, abr.-jun./1995, p. 20-26; MARTINS-COSTA, Judith. *A boa-fé no direito privado:*

ou interpretativa-integrativa, a boa-fé conduz à atribuição do significado do negócio mais compatível com a confiança construída naquela relação. Na função limitativa, também chamada corretora, a boa-fé conjuga-se à figura do abuso do direito, impedindo o exercício de posições jurídicas de forma incompatível com as legítimas expectativas criadas na outra parte. Já na função normativa a boa-fé atua na criação de deveres anexos, exigindo das partes condutas de proteção e de cooperação para a adequada consecução da finalidade perseguida pelo negócio.

A divisão desempenha papel didático e sistemático, não se prestando a limitar de forma rígida a aplicação da boa-fé. Menos do que categorias estanques de atuação do princípio, parecem funcionar como perspectivas que facilitam a atividade do intérprete no manejo do instituto.[106] Com efeito, já se destacou que a função limitativa e a função normativa configuram, na realidade, duas faces do mesmo fenômeno, pois são os "deveres anexos, que formando o núcleo da cláusula geral de boa-fé, se impõem ora de forma positiva, exigindo dos contratantes determinado comportamento, ora de forma negativa, restringindo ou condicionando o exercício de um direito previsto em lei ou no próprio contrato".[107]

Levando ao extremo, também a função interpretativa não deixa de poder abranger as demais, na medida que o efeito da atividade interpretativa será individuar a situação jurídica subjetiva complexa – ativa ou passiva – de que é titular o contratante. Ou seja, ao interpretar, o hermeneuta estará também limitando o exercício de posição jurídica ou impondo deveres jurídicos.

Não obstante, constata-se que a identificação dessa tríplice função efetivamente contribuiu para o subsequente desenvolvimento doutrinário das potencialidades do princípio, bem como ofereceu balizas mais seguras à jurisprudência para sua aplicação de forma mais previsível. Esse modelo teórico bem-sucedido, por conta disso, vem sendo aplicado também a outros conceitos jurídicos, como, por exemplo, os bons-costumes.[108]

---

sistema e tópica no processo obrigacional. São Paulo, Revista dos Tribunais, 1999; AZEVEDO, Antonio Junqueira de. Insuficiências, deficiências e desatualização do projeto de código civil na questão da boa-fé objetiva nos contratos. Revista trimestral de direito civil, v. 1, n. 1. Rio de Janeiro: jan./mar. 2000, p. 3-12.

106. Explica Teresa Negreiros: "Na prática, estas funções complementam-se, sendo por vezes difícil definir, num caso concreto, sob que 'tipo' a boa-fé está sendo invocada; qual, enfim, a função específica que está em particular" (NEGREIROS, Teresa. O princípio da boa-fé contratual. In: MORAES, M. C. B. (coord.). Princípios do direito civil contemporâneo. Rio de Janeiro: Renovar, 2006, p. 232).

107. TEPEDINO, Gustavo; SCHREIBER, Anderson. Os efeitos da Constituição em relação à cláusula da boa-fé no Código de Defesa do Consumidor e no Código Civil. Revista da EMERJ, v. 6. Rio de Janeiro, 2003, p. 146.

108. CASTRO, Thamis Dalsenter Viveiros de. Bons costumes no direito civil brasileiro. São Paulo: Almedina, 2017, p. 179.

Parece viável, dessa forma, recorrer a esse modelo de sistematização para compreender com mais definição o *modus operandi* da função social do contrato. Nesse sentido, pode-se falar inicialmente de um *papel interpretativo* da função social do contrato. Diante de cláusulas ambíguas ou obscuras, de lacunas ou omissões, e, especialmente, diante de dúvidas acerca da sempre tumultuada interação entre autonomia e heteronomia na delimitação da normativa contratual, a função social do contrato atuará como critérios hermenêutico, a determinar a atribuição ao contrato do significado mais compatível com o atendimento aos interesses metaindividuais, originalmente extracontratuais, envolvidos pelos seus efeitos.[109]

Hipótese frequente disso, especialmente ante o volume de processos com esse tema, diz respeito aos plano de saúde, em que são recorrentes decisões que invocam a função social do contrato para conferir interpretação ampliativa à cobertura de modo a assegurar o direito à saúde.[110] Pode ser aduzida, em especial, a controvérsia acerca do caráter taxativo ou exemplificativo do rol de procedimentos estabelecidos pela ANS.[111] Também exemplifica essa atuação da função social do contrato a qualificação do seguro facultativo como estipulação em favor de terceiro, para permitir à "vítima em acidente de veículos propor ação de indenização diretamente, também, contra a seguradora, sendo irrelevante que o contrato envolva, apenas, o segurado, causador do acidente, que se nega a usar a cobertura do seguro".[112] Observa-se, nos julgados, como a função social do contrato contribuiu para essa qualificação, ao entender que mesmo o seguro facultativo desempenha uma função social que envolve a tutela dos interesses das vítimas e a diluição dos riscos sociais decorrentes da condução de veículos.[113] Mais recentemente, sob o mesmo fundamento, se interpretou que a embriaguez

---

109. Excluindo dessa esfera o papel de integração, defende Andrea Marighetto: "o dever de respeitar a função social do contrato diz respeito à relação econômico-contratual e aos canais de acesso ao contrato, não concretizando *em si* qualquer forma de integração das obrigações contratuais" (MARIGHETTO, Andrea. *O acesso ao contrato: sentido e extensão da função social do contrato.* São Paulo: Quartier Latin, 2012, p. 132).

110. TJRS, 5ª C.C., Ap. Cível n. 70026788521, Rel. Jorge Luiz Lopes do Canto, julg. 15/10/2008; TJRS, 5ª C.C., Ag. Instr. n. 70026516435, Rel. Jorge Luiz Lopes do Canto, julg. 15/10/2008; TJRJ, 15ª C.C., Ap. Cível. 200800142010, Rel. Helda Lima Meireles, julg. 01/07/2008; TJSP, 4ª T.C., Recurso Inominado 11449, Rel. Maria do Carmo Honorio, julg. 08/07/2008; TJDF, 1ª T. C., Ag. Instr. 20080020101970, Rel. Natanael Caetano, julg. 24/09/2008.

111. STJ, 3ª T., AgInt no REsp 1911407, Rel. Min. Paulo de Tarso Sanseverino, julg. 18/05/2021.

112. STJ, 3ª T., REsp 228840, Rel. Min. Ari Pargendler, Rel. p/ acórdão Min. Carlos Alberto Menezes Direito, julg. 26.06.2000, p. 150. V. também STJ, 4ª T., REsp 401718, Rel. Min. Sálvio de Figueiredo Teixeira, julg. 03.09.2002; STJ, 4ª T., REsp. 294057, Rel. Min. Ruy Rosado de Aguiar, julg. 28.06.2001; e STJ, 4ª T., REsp. 97590, Rel. Min. Ruy Rosado de Aguiar, julg. 15.10.1996, e especialmente STJ, 3ª T., REsp 444716, Rel. Min. Nancy Andrighi, julg. 11/05/2004.

113. TJSP, 35ª C.D.P., Ap. Cível 1071021000, Rel. Mendes Gomes, julg. 26/11/2007; TJDF, 3ª T.R.C., Ap. Cível 20060610085403, Rel. Alfeu Machado, julg. 01/10/2008; TJRS, 1ª T.R.C., Ap. Cível n. 71001737865, Rel. Ricardo Torres Hermann, julg. 09/10/2008.

do condutor, embora presuma o agravamento do risco para excluir a cobertura do segurado, não afasta a cobertura perante terceiros.[114]

Pode-se falar também de um *papel limitador* da função social do contrato. Essa é a perspectiva mais comumente utilizada entre aqueles que se dedicam à sua atuação em concreto, possivelmente por conta da redação da disposição codificada, que se refere à função social como *limite* à liberdade contratual. Nessa sede, a função social encontra-se com a figura do *abuso do direito*, este despido de sua tradicional conotação subjetiva e compreendido como exercício disfuncional de posição jurídica, tendo como paradigma o elemento axiológico do Direito.[115] Tradicionalmente associado à limitação dos poderes atribuídos à autonomia privada,[116] à concepção relativista e socializante dos direitos,[117] bem como à superação do formalismo no controle de ilicitude das condutas,[118] o abuso do direito pode acolher, dessa forma, parte significativa da atuação da função social do contrato.

Com efeito, reconhecendo-se que, apesar da referência a "direito" cristalizada na expressão, o abuso pode ocorrer no exercício de qualquer situação jurídica subjetiva,[119] ele abrange dessa forma também posições estabelecidas contratualmente, bem como o exercício da própria liberdade contratual. Em especial, a leitura civil-constitucional da função social do contrato, que a reconduz à principiologia constitucional, se casa com esse diálogo com o abuso do direito, onde a centralidade do elemento valorativo e a leitura funcional que se encontram no

---

114. STJ, 3ª T., REsp 1684228, Rel. Min. Nancy Andrighi, Rel. p/ Acórdão Min. Ricardo Villas Bôas Cueva, julg. 27/08/2019. Sobre o tema, v. REINIG, Guilherme Henrique Lima; SOUZA, Viviane Isabel Daniel Speck de. Nexo causal nas relações securitárias: análise da jurisprudência do STJ sobre o agravamento do risco na hipótese de condução de veículo sob a influência de álcool. *In* GOLDBERG, I.; JUNQUEIRA, T. (coord.). *Temas atuais de direito dos seguros*, tomo I. São Paulo: Thompson Reuters Brasil, 2020, p. 569, e seja consentido remeter a KONDER, Carlos Nelson. Agravamento intencional do risco em contrato de seguro: critérios interpretativos para a perda da garantia. *In Anais do II Congresso Internacional de Direito de Seguro e VIII Fórum José Sollero Filho*, no prelo.

115. SÁ, Fernando Augusto Cunha de. *Abuso do direito*. Coimbra: Almedina, 1997, p. 52; CARPENA, Heloísa. *Abuso do direito nos contratos de consumo*. Rio de Janeiro: Renovar, 2001, p. 67-68; SOUZA, Carlos Affonso Pereira de. *Abuso do direito nas relações privadas*. Rio de Janeiro: Elsevier, 2013, p. 79.

116. MARTINS, Pedro Baptista. *O abuso do direito e o ato ilícito*, 3. ed. Rio de Janeiro: Forense, 1997, p. 102.

117. JOSSERAND, Louis. *Essais de téléologie juridique I: De l'esprit des droits et de leur relativité. Théorie dite de l'abus des droits*. Paris: Dalloz, 1927, p. 10.

118. ATIENZA, Manuel; MANERO, Juan Ruiz. *Ilícitos atípicos: sobre o abuso do direito, fraude à lei e desvio de poder*. São Paulo: Marcial Pons, 2014, p. 58; MIRAGEM, Bruno. *Abuso do direito: proteção da confiança e limite ao exercício das prerrogativas jurídicas no direito privado*. Rio de Janeiro: Forense, 2009, p. 60.

119. LORENZETTI, Ricardo Luis. Nuevas fronteras del abuso de derecho (situaciones jurídicas lesivas de libertades. tutela del mercado y amparo). *Revista dos tribunais*, v. 723. São Paulo, jan./1996, p. 53 e ss., recurso eletrônico.

seu cerne vêm sendo lidas também a partir da Constituição.[120] Significativamente, afirma Maria Celina Bodin de Moraes, que "abusivo é, nessa medida, o ato exercido em contrariedade ao objetivo do direito, ao seu espírito, à sua função social".[121]

A previsão expressa do abuso do direito no artigo 187 do Código Civil, não obstante a inadequada recondução ao ato ilícito,[122] prevê parâmetros para a caracterização do exercício abusivo: boa-fé, fim econômico ou social e bons costumes. Enquanto a relação entre a boa-fé e o abuso do direito é objeto de considerável doutrina, e mesmo os bons costumes já foram estudados de forma mais detida, é curioso que a referência a fim econômico ou social do direito costume ser abordada de forma mais aberta e geral.[123]

Para além de eventual abusividade do conteúdo do contrato, em que o exercício abusivo da liberdade contratual se materializa em disposição por si mesma inválida,[124] a potencialidade do dispositivo parece recair sobre o exercício de

---

120. CARDOSO, Vladimir Mucury. O abuso do direito na perspectiva civil-constitucional. *In* MORAES, Maria Celina Bodin de. *Princípios do direito civil contemporâneo*. Rio de Janeiro: Renovar, 2006, p. 89; PINHEIRO, Rosalice Fidalgo. *O abuso do direito e as relações contratuais*. Rio de Janeiro: Renovar, 2002, p. 316.

121. Na íntegra: "O direito subjetivo não se qualifica apenas por seu conteúdo pré-definido pelo legislador (pressuposto fático) mas principalmente pelas circunstâncias do seu exercício. Abusivo é, nessa medida, o ato exercido em contrariedade ao objetivo do direito, ao seu espírito, à sua função social" (MORAES, Maria Celina Bodin de. Recusa à investigação do exame de DNA na investigação da paternidade e direitos da personalidade. *Direito, Estado e Sociedade*: Revista do Departamento de Direito da PUC-Rio, n. 9. Rio de Janeiro: ago.-dez./1996, p. 98).

122. A equiparação não passa sem críticas: "A ultrapassada concepção do abuso de direito como forma de ato ilícito, na prática, condicionava sua repressão à prova de culpa, noção quase inerente ao conceito tradicional de ilicitude. No direito civil contemporâneo, ao contrário, a aferição de abusividade deve depender tão-somente da verificação de desconformidade concreta entre o exercício da situação jurídica e os valores tutelados pelo ordenamento civil-constitucional. [...] Assim sendo, o art. 187 do CC, que define o abuso de direito como ato ilícito, deve ser interpretado como uma referência a uma ilicitude *lato sensu*, no sentido de contrariedade ao direito como um todo, e não como uma identificação entre a etiologia do ato ilícito e a do ato abusivo, que são claramente diversas" (TEPEDINO, Gustavo; BARBOZA, Heloisa Helena; MORAES Maria Celina Bodin de (orgs.) *et alli*. *Código Civil interpretado conforme a Constituição da República*, v. 1. Rio de Janeiro: Renovar, 2004, p. 342). Na mesma linha, SCHREIBER, Anderson. Abuso do direito e boa fé objetiva. *Direito Civil e Constituição*. São Paulo: Atlas, 2013, p. 58.

123. Destaca Eduardo Nunes de Souza: "O conteúdo da expressão 'fim econômico ou social', porém, resta ainda incerto" (SOUZA, Eduardo Nunes de. Abuso do direito: novas perspectivas entre a licitude e o merecimento de tutela. *Revista trimestral de direito civil*, v. 50. Rio de janeiro: abr.-jun./2012, p. 53.

124. Judith Martins-Costa diferencia: "O primeiro («abuso do direito») diz respeito *ao exercício jurídico* (Código Civil, art. 187), configurando um exercício desmedido, disfuncional, desviado dos fins a que foi cometida a permissão configurada num direito subjetivo, *lato sensu* compreendido. [...] A segunda («abusividade contratual») diz respeito ao *conteúdo contratual*. Abusiva é a cláusula em si mesma porque ultrapassa aquilo que constitui, segundo a Ordem jurídica, o padrão mínimo do equilíbrio entre as posições contratuais" (MARTINS-COSTA, Judith. *A boa-fé no direito privado: critérios para a sua aplicação*, 2. ed. São Paulo: Saraiva, 2018, p. 637). E prossegue a autora: "A correção do «abuso» está no *plano da eficácia* [...]. Já a correção da abusividade situa-se, *prima facie*, no plano da validade" (*ibid.*, p. 638).

posições jurídicas ocasionadas pelo contrato de forma incompatível com o fim que as fundamenta. Nessa toada, a referência ao *fim econômico* pode vincular-se ao exame da causa, ou mesmo do fim do contrato sob a perspectiva da *frustration of purpose*, já abordada: seria abusivo o exercício de um direito ocasionado pelo contrato em desacordo com a razão pela qual foi estabelecido entre as partes, por exemplo, cobrando prestação que se tornou inútil, esvaziado o interesse econômico que fundamenta aquele negócio.[125]

Será, todavia, na referência ao abuso do direito por incompatibilidade com o seu fim social que se encontrará a interação clara com o papel limitador da função social do contrato.[126] Nessa toada, a atuação restritiva da função social do contrato serviria a impedir o exercício de direitos ocasionados pelo contrato quando conflitantes com interesses metaindividuais, originalmente extracontratuais, merecedores de proteção.[127]

Essa perspectiva pode ser observada, por exemplo, no entendimento consolidado na súmula 308 do STJ, segundo o qual "A hipoteca firmada entre a construtora e o agente financeiro, anterior ou posterior à celebração da promessa

---

125. Para Antônio Junqueira de Azevedo, "O fim que não mais pode ser atingido faz com que o contrato perca sua função social, devendo torná-lo juridicamente ineficaz. [...] Em todas essas hipóteses, o contrato tornado inútil, dever ser resolvido por falta de função social. A impossibilidade de obtenção do fim último visado pelo contrato constitui, a nosso ver, juntamente com a ofensa a interesses coletivos (meio-ambiente, concorrência etc.) e a lesão à dignidade da pessoa humana, os três casos em que a função social do contrato deve levar à ineficácia superveniente" (AZEVEDO, Antonio Junqueira de. Natureza jurídica do contrato de consórcio: classificação de atos jurídicos quanto ao número de partes e quanto aos efeitos; os contratos relacionais; a boa-fé nos contratos relacionais; contratos de duração; alteração das circunstâncias e onerosidade excessiva; sinalagma e resolução contratual; resolução parcial do contrato; função social do contrato. (parecer). *Revista dos tribunais*, n. 832. São Paulo, fev. 2005, p. 133).

126. PINHEIRO, Rosalice Fidalgo. *O abuso do direito e as relações contratuais*. Rio de Janeiro: Renovar, 2002, p. 306.

127. Afirma Luís Gustavo Haddad: "outro uso sustentável para a função social do contrato consiste em fundamentar a aplicação da sanção de ineficácia a contratos ou cláusulas contratuais que, fora das situações de invalidade previstas na parte geral, venham a afrontar, de modo concreto, o meio ambiente, o consumidor, a concorrência ou ainda outros valores e instituições que podem ser tidos como tutelados pela ordem jurídica sob o manto genérico da ordem pública" (HADDAD, Luís Gustavo. *Função social do contrato: um ensaio sobre seus usos e sentidos*. São Paulo: Saraiva, 2013, p. 197). Diferenciando as figuras, afirma Gerson Branco: "tanto a ideia de 'função social dos contratos' quanto a 'finalidade econômica e social' prevista no art. 187 do Código Civil possuem um componente finalístico que lhe é inerente. A diferença entre o estudo da função social e da finalidade econômica e social, está na perspectiva do jurista na análise do fenômeno jurídico em relação aos resultados práticos do ato: o jurista que estuda a função, tem seu foco sobre o instrumento para alcançar determinados fins pré-determinado, sua validade e eficácia condicionada pela funcionalidade; o jurista que estuda os fins, tem seu foco sobre os efeitos, não pela contraposição ao instrumento, mas em relação a norma que pré-determina os fins a serem alcançados pelo instrumento" (BRANCO, Gerson Luiz Carlos. A função social do contrato no Código Civil: 18 anos de vigência e a interpretação jurisprudencial do STJ. *In* BARBOSA, H.; SILVA, J. C. F. (coord.). *A evolução do direito empresarial e obrigacional*, v. II. São Paulo: Quartier Latin, 2021, p. 293).

de compra e venda, não tem eficácia perante os adquirentes do imóvel".[128] O argumento predominante no debate foi a abusividade da imposição aos consumidores dos efeitos das dívidas da construtora, ou seja, pode o consumidor arcar com os efeitos do inadimplemento do financiamento obtido por ele próprio para a aquisição da sua unidade, mas não por aqueles relativos ao financiamento obtido pela incorporadora para a construção.[129] A função social do contrato atua sobre a caracterização dessa abusividade levando especialmente em conta a proteção aos consumidores e o acesso à moradia.

Outro exemplo que pode ser apontado nessa mesma linha refere-se às decisões que reputam abusiva a cláusula resolutiva que priva o devedor do direito a purgar a mora nos contratos de financiamento habitacional: "Isto porque o contrato, na modalidade apontada, contempla manifesto interesse social – obtenção de moradia".[130] Com efeito, na interpretação protetiva do mutuário em contratos de financiamento habitacional e educacional, em virtude do acesso à moradia e à educação, é frequente a referência à função social do contrato.[131]

Terceiro exemplo que pode ser aduzido diz respeito à aplicação da função social do contrato para limitar o valor da multa por inadimplemento nos contratos de crédito educativo. Apesar de consolidado o entendimento de que o Código de Defesa do Consumidor não se aplica a esses contratos, entende-se que "a elevada finalidade nitidamente social da sua instituição" atrai a incidência da função social do contrato, a justificar a limitação do montante da multa.[132]

A abordagem da função social do contrato como fundamento para combate ao abuso e à abusividade, embora prevalente, não parece suficiente para o tema ora sob exame.[133] Para os fins desta tese, é ainda mais importante compreender

---

128. STJ, 2ª S., EREsp 187940, Rel. Min. Antônio de Pádua Ribeiro, julg. 22/09/2004.
129. OLIVA, Milena Donato; RENTERÍA, Pablo. Tutela do consumidor na perspectiva civil-constitucional: A cláusula geral de boa-fé objetiva nas situações jurídicas obrigacionais e reais e os enunciados 302 e 308 da súmula da jurisprudência predominante do Superior Tribunal de Justiça. *Revista de direito do consumidor*, São Paulo, v. 101. São Paulo: set.-out./2015, p. 124.
130. TJSP, Ap. Cível 91624087220068260000, Rel. Elcio Trujillo, publ. 25/09/2006.
131. Nesse sentido, Eduardo Tomasevicius: "Em matéria de direito à educação, a função social do contrato foi usada na correção de cláusulas abusivas, entre elas, a cobrança integral de mensalidade em curso superior, mesmo quando o aluno não tivesse participado de parte delas por ter sido dispensado das mesmas ao tê-las cursado em outra instituição. Também se aplicou esse princípio para que a multa moratória fosse reduzida para o limite de 2% do montante da dívida. Esse mesmo entendimento reproduziu-se no julgamento pelo STJ de multa em financiamento estudantil, em virtude do reconhecimento da elevada finalidade social desse contrato" (TOMASEVICIUS FILHO, Eduardo. Uma década de aplicação da função social do contrato análise da doutrina e da jurisprudência brasileiras. Revista dos tribunais, v. 940. São Paulo: fev./2014, p. 49, recurso eletrônico).
132. STJ, 1ª T., AgRg no REsp 1272995, Rel. Min. Napoleão Nunes Maia Filho, julg. 07/02/2012.
133. Destaca Judith Martins-Costa: "É de se convir, no entanto, que se a esse papel de 'previsão de limite externo negativo' se resumisse o princípio da função social do contrato, o art. 421 seria virtualmente

a função social do contrato como criadora de deveres de conduta, impondo a cada parte, além dos compromissos perante a outra, também o atendimento de interesses metaindividuais, originalmente extracontratuais, que sejam envolvidos pelos efeitos do contrato.[134] Essa abordagem da função social enfatiza que não se trata somente de exigir dos contratantes que se abstenham de prejudicar esses interesses, mas que efetivamente se comportem ativamente para a sua promoção, quando pertinente.

Nesse sentido, a função social do contrato, nas palavras de Gustavo Tepedino, "desempenha o papel de impor aos titulares de posições contratuais o dever de perseguir, ao lado de seus interesses individuais, a interesses extracontratuais socialmente relevantes, dignos de tutela jurídica, relacionados ou alcançados pelo contrato".[135] Assim, a relação contratual dá ensejo a deveres de conduta heterônomos, relativos não somente à tutela da confiança criada e à proteção da pessoa e do patrimônio do outro contratante, ensejados pela boa-fé, mas também, graças à função social, à tutela de interesses metaindividuais extracontratuais relevantes, como saúde, educação, moradia, transporte, livre-concorrência, meio-ambiente, proteção do consumidor etc.[136] A função social do contrato, nessa atuação, contribui também para a complexificação das situações jurídicas subjetivas, cominando aos poderes dos contratantes também a satisfação de certos deveres perante a coletividade, como explica Perlingieri:

> O ordenamento [...] atribui a cada situação subjetiva uma função social. O fenômeno pode ser mais ou menos relevante; às vezes é tal que chega a transfigurar a situação subjetiva. [...] No ordenamento, o interesse é tutelado enquanto atende não somente ao interesse do titular, mas também àquele da coletividade. Na maior parte das hipóteses o interesse dá

---

inútil, uma vez que o exame de casos já decididos pela jurisprudência demonstra que, ou as hipóteses já estão apanhadas pela regra do art. 187 do Código Civil (consagradora da ilicitude de meios), ou não se trata de caso de incidência do princípio da função social" (MARTINS-COSTA, Judith. Notas sobre o princípio da função social do contrato. *Revista literária de direito*, n. 37. São Paulo, ago./set. 2004, p. 19).

134. Explica Paulo Lôbo: "a função social é dever geral de conduta dos contratantes, que se integra àquele independentemente das vontades destes" (LÔBO, Paulo Luiz Netto. Prefácio. *In* EHRHARDT JÚNIOR, M.; LOBO, F. A. (coord.) *A função social nas relações privadas*. Belo Horizonte: Fórum, 2019, p. 12).

135. TEPEDINO, Gustavo. Notas sobre a função social dos contratos. *In* TEPEDINO, G; e FACHIN, L. E. (coord.). *O direito e o tempo*: embates jurídicos e utopias contemporâneas. Rio de Janeiro: Renovar, 2008, p. 399.

136. Judith Martins-Costa, tratando do meio-ambiente, afirma que "não apenas a responsabilidade contratual pela segurança e garantia do meio ambiente deve ser estendida a toda a cadeia contratual, caso haja dano, como impõe-se aos contratantes *deveres positivos de atenção, prevenção, resguardo e fiscalização*" (MARTINS-COSTA, Judith. Notas sobre o princípio da função social do contrato. *Revista literária de direito*, n. 37. São Paulo, ago./set. 2004, p. 21). Luís Gustavo Haddad, por sua vez, ressalta: "Pode-se notar o mesmo fenômeno de expansão dos efeitos contratuais nos casos em que a função social do contrato se manifesta como uma fonte de deveres laterais de conduta" (HADDAD, Luís Gustavo. *Função social do contrato: um ensaio sobre seus usos e sentidos*. São Paulo: Saraiva, 2013, p. 249).

2 • A APLICAÇÃO DA FUNÇÃO SOCIAL DO CONTRATO 93

lugar portanto a uma situação subjetiva complexa, composta tanto de poderes quando de deveres, obrigações, ônus. A complexidade das situações subjetivas – pela qual em cada situação estão presentes momentos de poder e de dever [...] – exprime a configuração solidarista do nosso ordenamento constitucional.[137]

Considerando que a normativa contratual é oriunda de não apenas uma justaposição ou cotejo, mas verdadeiramente de uma integração entre a ordem de autonomia e a ordem de heteronomia,[138] a função social do contrato desempenha, portanto, relevante papel na conformação dessa dimensão heterônoma da normativa contratual. Interesses metaindividuais que são atingidos pelo contrato, embora originalmente extracontratuais, passam a compor a normativa contratual, seja guiando a atuação do intérprete de modo geral, seja limitando o exercício de posições jurídicas contratuais que contrastem com tais interesses, seja, ainda e especialmente, impondo aos contratantes deveres de conduta voltados à tutela de tais interesses.

Nessa linha, a consequência da proteção aos interesses metaindividuais pode ser não apenas a privação de efeitos dos negócios que afrontam tais interesses, mas também a conservação ou o tratamento jurídico diferenciado de um contrato que tenha grande repercussão no atendimento de um interesse especialmente relevante.[139] Trata-se da limitação ao exercício de extinguir unilateralmente o contrato ou de verdadeiro dever de suportar os seus efeitos, ainda que temporariamente, a despeito de existir causa para sua superveniente ineficácia, quando se verificar em concreto que deve prevalecer interesse metaindividual especialmente abarcado pelos efeitos do negócio.[140]

---

137. PERLINGIERI, Pietro. *Perfis do direito civil*. Rio de Janeiro: Renovar, 1999, p. 107.
138. As expressões são de Judith Martins-Costa: "na interpretação dos contratos nos defrontamos com o momento em que as regras derivadas de uma *ordem de autonomia* entram em contato a *ordem de heteronomia*, uma e outra compondo o ordenamento jurídico" (MARTINS-COSTA, Judith. O método da concreção e a interpretação dos contratos: primeiras notas de uma leitura suscitada pelo Código Civil. *In* DELGADO, M. L.; ALVES, J. F. (coord.). *Questões controvertidas: no direito das obrigações e dos contratos*, v. 4. São Paulo: Método, 2005, p. 142).
139. Em linha similar, aponta Bruno Miragem: "Neste aspecto, a função social poderá informar o juiz, tanto na identificação da necessidade de conservação do contrato – e a partir disto determinar aos esforços de integração do juiz a finalidade de mantê-lo -, quanto na possibilidade de, em certos casos, promover a revisão dos termos do contrato" (MIRAGEM, Bruno Nubens Barbosa. Diretrizes interpretativas da função social do contrato. *Revista de direito do consumidor*, v. 56. São Paulo: out.-dez./2005, p. 22-45, recurso eletrônico. Afirma também Luís Gustavo Haddad: "nem sempre o resultado de se aplicar a função social do contrato consiste em restringir ou desconstituir os efeitos de um contrato" (HADDAD, Luís Gustavo. *Função social do contrato: um ensaio sobre seus usos e sentidos*. São Paulo: Saraiva, 2013, p. 247).
140. Na síntese de Luiz Edson Fachin: "o desaproveitamento da função social contratual configura da violação de dever jurídico específico, independentemente de afetar as respectivas prestações típicas ou principais, e à luz do sentido do art. 421 do CC/2002, este descumprimento da função social pode corresponder a uma forma de inadimplemento ou inexecução do contrato, caracterizando-se aí responsabilidade independente de culpa. O atual Código Civil contém cláusula geral que tutela interesses metaindivi-

Com efeito, essa possiblidade decorre do papel central assumido pela já referida função promocional do direito, ao lado de sua função repressiva. Enquanto esta função repressiva sobressai na coibição da liberdade contratual exercida em contradição com a função social do contrato, a função promocional pode ser percebida na manutenção de efeitos do contrato que se revelem especialmente condizentes com a realização de interesses metaindividuais relevantes. Assim, quando a ponderação entre os interesses voltados à extinção ou suspensão dos efeitos do contrato e aqueles referentes à sua manutenção pender em favor aos últimos, sua conservação, ainda que temporária, pode se justificar com base na aplicação da função social do contrato, para o atendimento de interesses metaindividuais, originalmente extracontratuais. A identificação do espaço dessa atuação da função social na conservação de efeitos dos contratos será objeto do próximo capítulo.

---

duais ou (interesse individual relativo à dignidade da pessoa humana. Além disso, mitiga o princípio da relatividade dos efeitos em relação a terceiros, bem como reforça o princípio da conservação do contrato, assegurando trocas úteis e justas" (FACHIN, Luiz Edson. Contratos e responsabilidade civil: duas funcionalizações e seus traços. *Revista dos tribunais*, v. 903. São Paulo: jan./2011, p. 26, recurso eletrônico).

PARTE II
A APLICAÇÃO DA FUNÇÃO SOCIAL À CONSERVAÇÃO DOS EFEITOS DO CONTRATO

Estabelecida uma conceituação de função social do contrato devidamente fundamentada na unidade do ordenamento jurídico, sob a perspectiva civil-constitucional, e adequadamente operacional, tanto do ponto de vista prático como normativo, é possível passar a analisar sua aplicação dita *conservativa*, isto é, a já citada atuação não para a privação de efeitos dos negócios que afrontam interesses metaindividuais, mas para a conservação de efeitos de um contrato que tenha grande repercussão na promoção de interesses metaindividuais especialmente relevantes.

Adentrando, assim, no ponto central da tese, passa-se a avaliar quando e como a função social do contrato desempenha esse papel conservativo. Para isso, esta segunda parte da tese será decomposta em dois capítulos (3 e 4). O capítulo três volta-se a avaliar quando vem acontecendo a atuação da função social para conservação de seus efeitos. Parte-se da hipótese de que essa utilização conservativa da função social do contrato já vem ocorrendo, expressa ou implicitamente, em contraposição a diversas situações de ineficácia superveniente do contrato, mas de forma frequentemente atécnica e assistemática. Busca-se, então, analisar panoramicamente essas situações – tanto aquelas em que se reputa abusiva a pretensão a tornar ineficaz o negócio, como aquelas em que se impõe aos contratantes suportar a continuidade do vínculo – não com o objetivo de exauri-las, mas somente de nelas identificar as características dessa atuação conservativa da função social.

O capítulo quatro, por sua vez, volta-se a propor parâmetros para, justamente, controlar a atuação do intérprete na aplicação da função social do contrato à conservação dos efeitos do contrato. Inferidos sistematicamente a partir da fundamentação e operacionalização da função social do contrato anteriormente traçadas e tomando por base as hipóteses em que ela já vem sendo aplicada, objeto do terceiro capítulo. Pretende-se, por meio desses parâmetros, tanto substantivos como metodológicos, oferecer um quadro normativo que compatibilize a flexibilidade argumentativa necessária à abordagem de casos tão distintos entre si com o também necessário atendimento a imperativos de coerência, segurança e previsibilidade que devem gular a atividade hermenêutica.

3
HIPÓTESES DE APLICAÇÃO DA FUNÇÃO SOCIAL À CONSERVAÇÃO DOS EFEITOS DO CONTRATO

Firmada a premissa de que a função social do contrato é um instrumento de funcionalização da liberdade contratual a imperativos de solidariedade social constitucionalmente tutelados, bem como analisada sua atuação normativa que, para além do papel hermenêutico, incide tanto no controle de abusividade do exercício da liberdade contratual como na atribuição de deveres de conduta para os contratantes relativos ao atendimento de interesses metaindividuais merecedores de tutela, passa-se a investigar a maneira pela qual essa atuação se realiza nos diversos cenários em que pode ser identificado um interesse metaindividual à conservação dos efeitos do contrato.

Para isso realiza-se corte transversal nas diversas formas de extinção do contrato em que a função social opera para permitir a subsistência de seus efeitos quando presentes interesses mais relevantes àqueles conducentes à sua extinção. A abordagem é sistematizada recuperando as duas formas mais comuns de atuação da função social do contrato, quais sejam, permitir o controle de abusividade do exercício de posições jurídicas e criar deveres de conduta voltados a suportar a continuidade do vínculo que deveria ter cessado de produzir efeitos.

No tocante à primeira, serão abordadas as hipóteses em que a função social corrobora o controle de abusividade de prerrogativas autorizadoras da extinção do contrato por uma das partes, como a resilição unilateral e a resolução por inadimplemento ou por onerosidade excessiva. No tocante à segunda, serão abordadas figuras como os ditos "efeitos do nulo" e também as relações contratuais de fato e a chamada responsabilidade pós-contratual.

O objetivo, naturalmente, não é abordar essas figuras como um fim em si mesmas – razão pela qual não se pretende uma abordagem exauriente – mas apenas buscar colher nesse panorama, sem prejuízo das peculiaridades de cada cenário, elementos identificativos específicos da atuação da função social do contrato nesse papel promocional, de modo a viabilizar a construção de critérios aptos a guiar uma abordagem unitária da função social como fonte da conservação dos efeitos do contrato, a despeito da causa de sua ineficácia formal.

3.1 O CONTROLE DE ABUSIVIDADE NA EXTINÇÃO UNILATERAL DO CONTRATO

O presente item destina-se a abordar o papel da função social na conservação dos efeitos do contrato quando o término do contrato seria fundado no exercício de direito potestativo extintivo concedido pelo ordenamento, naquelas circunstâncias, para apenas uma das partes. Como visto, a partir da tripartição exposta, embora possa se vislumbrar também sob uma perspectiva puramente interpretativa ou mesmo normativa (criação do dever de suportar a continuidade da produção de efeitos do negócio), esse tipo de invocação da função social do contrato parece condizer mais com um controle de abusividade do poder de pôr fim ao contrato.

Na empreitada de buscar identificar hipóteses e características da atuação da função social do contrato com esse papel conservativo, o item será dividido sistematicamente em dois subitens conforme a natureza do direito potestativo extintivo objeto de controle. Em primeiro lugar, serão abordadas as hipóteses de controle da resilição unilateral do contrato, em que se permite a extinção por mera manifestação de vontade imotivada ("denúncia vazia"), como ocorre nos contratos vigentes por prazo indeterminado.

Em segundo lugar, serão abordadas as hipóteses de controle do exercício de direito à resolução, seja ele fundado em inadimplemento da outra parte (a chamada "cláusula resolutiva tácita"), seja ele fundado em onerosidade excessiva. O objetivo é, a partir da leitura proposta do "fim social" que guia o controle de abusividade dos direitos em nosso ordenamento, identificar a atuação conservativa da função social do contrato, colhendo também subsídios para propor parâmetros para essa aplicação.

3.1.1 Resilição unilateral e prorrogação compulsória do contrato

O papel da função social no controle de abusividade do exercício de direito potestativo extintivo do contrato pode ser identificado inicialmente no cenário comumente referido por "prorrogação compulsória do contrato", decorrente da incidência das limitações à prerrogativa de resilição unilateral. Mais especificamente, a hipótese se configura quando descumprida a exigência de aviso prévio para a denúncia do contrato, a qual, nos termos do parágrafo único do artigo 473 do Código Civil, só "produzirá efeito depois de transcorrido prazo compatível com a natureza e o vulto dos investimentos".[1]

---

1. Destaca Paulo Dóron Rehder Araújo que "o parágrafo único do artigo 473 do Código Civil é de fato a porta de entrada para a discussão acerca do controle judicial do exercício da faculdade de não prolongar

A terminologia nessa seara é objeto de significativa controvérsia, mas, utilizando-se a acepção aparentemente adotada pelo Código, a denúncia consiste no ato de exercício da resilição unilateral, que, por sua vez, configura o direito de extinguir o contrato por manifestação de vontade de apenas um dos contratantes, independentemente de inadimplemento da outra parte.[2]

Tendo em vista que a regra é que o vínculo firmado entre as partes somente possa ser dissolvido pelo mútuo acordo entre elas (resilição bilateral ou distrato), as hipóteses em que a resilição unilateral é cabível são restritas, fundadas em previsão contratual ou legal, expressa ou implícita. Entre os exemplos comumente aduzidos de permissão legal implícita para a resilição unilateral, estão os contratos por prazo indeterminado, nos quais a denúncia é franqueada como forma de evitar a eternização forçada do vínculo.

Entretanto, a perspectiva de que essa extinção do contrato por ato unilateral possa surpreender a outra parte, privando-a de investimento que empreendera na execução do negócio, sob a legítima expectativa de sua continuidade, justifica que, além de seu cabimento ficar restrito a determinados casos, mesmo quando cabível seu exercício será condicionado ao denominado pré-aviso.[3] Com efeito, a doutrina destaca aqui a existência, na realidade, de dois prazos condicionantes para a efetiva extinção do contrato por resilição unilateral: o dito prazo estabilizador, referente ao tempo de execução do contrato até aquele momento, e o prazo de aviso prévio, isto é, o intervalo de tempo entre a comunicação do exercício da resilição e a efetiva cessação dos efeitos do negócio.[4]

Pelo prazo estabilizador, o contrato deve ser executado por um prazo mínimo compatível com a função que visa a desempenhar, de modo que, até o alcance desse

---

o vínculo contratual" (ARAÚJO, Paulo Dóron Rehder. *Prorrogação compulsória de contratos a prazo: pressupostos para sua ocorrência*. Tese de doutorado. São Paulo: USP, 2011, p. 25).

2. GOMES, Orlando. *Contratos*, 26. ed. Rio de Janeiro: Forense, 2009, p. 224. Em crítica a essa terminologia, distinguindo a resilição unilateral da denúncia a partir da retroatividade dos efeitos, v. MIRANDA, Francisco Cavalcanti Pontes de. *Tratado de direito privado*, tomo XXV, 2 ed.. Rio de Janeiro: Borsoi, 1959, p. 375 e ss.; TOMASETTI JR., Alcides. *Comentários à lei de locação de imóveis urbanos* (coord. Juarez de Oliveira). São Paulo: Saraiva, 1992, p. 60 e ss.; LEONARDO, Rodrigo Xavier. A denúncia e a resilição: críticas e propostas hermenêuticas ao art. 473 do CC/2002 brasileiro. *Revista de direito civil contemporâneo*, v. 7. São Paulo: abr.-jun./2016, p. 99-100; HAICAL, Gustavo. Apontamentos sobre o direito formativo extintivo de denúncia no contrato de agência, In: MARTINS-COSTA, J. (coord.). *Modelos de direito privado*. São Paulo: Marcial Pons, 2014, p. 311.

3. Explica Gustavo Tepedino: "Pretendeu o legislador evitar que, dada a natureza de determinados contratos, o contratante viesse a ser surpreendido com a resilição unilateral promovida, subitamente, pela outra parte, após ter realizado significativos investimentos com vistas ao adequado cumprimento do contrato" (TEPEDINO, Gustavo. Validade e efeitos da resilição unilateral dos contratos. In: *Soluções Práticas*, v. 2. São Paulo: Revista dos Tribunais, 2011, p. 571-584, recurso eletrônico).

4. VIÉGAS, Francisco de Assis. *Denúncia contratual e dever de pré-aviso*. Belo Horizonte: Fórum, 2019, p. 262.

período implícito na sua própria finalidade, seria descabida a resilição. O exemplo comumente aduzido é do arrendamento rural em que houve semeadura, mas ainda não a colheita.[5] Por outro lado, mesmo decorrido esse tempo inicial, a denúncia deve ser acompanhada de novo prazo, voltado então a permitir que a outra parte, ciente da iminente extinção do vínculo, se organize para a extinção do contrato.[6] Não atendido esse prazo, o exercício da resilição unilateral seria reputado abusivo.[7]

Essas restrições se revelam especialmente importantes na seara empresarial, no âmbito da constituição de redes contratuais em que um agente central se vale da multiplicação de contratos similares com diversos sujeitos para viabilizar essa organização sistêmica e, comumente, exerce a gestão da rede por meio de cláusulas que lhe fornecem maior controle sobre as atividades dos demais, como ocorre nos contratos de agência, distribuição e franquia.[8] Por conta dessa disparidade de poder econômico e jurídico, é comum que o rompimento de determinado contrato gere controvérsias e possa, diante das circunstâncias, se revelar abusivo.[9] Sob essa perspectiva, o Código Civil preconiza que o prazo dado deve ser proporcional à natureza e ao vulto dos investimentos realizados, impondo cuidado com o patrimônio do outro contratante que foi empregado na adequada persecução do fim comum do contrato.

A leitura mais recorrente nesse cenário – como, por sinal, nos outros cenários – vem se realizando exclusivamente pela perspectiva da boa-fé e para a tutela dos interesses dos contratantes, isto é, pela proteção da confiança e das legítimas expectativas que seriam frustradas pela (súbita) ineficácia superveniente do

---

5. DUARTE, Victória Albertão. *Contratos empresariais de colaboração: a resilição unilateral e a proteção dos investimentos*. Dissertação de mestrado. Porto Alegre: PUC-RS, 2020, p. 45; ARAÚJO, Paulo Dóron Rehder. *Prorrogação compulsória de contratos a prazo: pressupostos para sua ocorrência*. Tese de doutorado. São Paulo: USP, 2011, p. 188.

6. Andrea Cristina Zanetti diferencia o aviso prévio do prazo cominado pelo parágrafo único do artigo 473 do CC: "O aviso prévio é o período necessário para a tomada de medidas de encerramento do contrato, preparação e reorganização da parte – e que podem variar segundo a natureza e o objeto do contrat[o]. [...] Já o prazo previsto no parágrafo único do art. 473 do diploma civil só ocorre se a parte houver realizado investimentos consideráveis" (ZANETTI, Andrea Cristina. *Denúncia nos contratos privados de assistência à saúde*. Tese de doutorado. São Paulo: PUC-SP, 2018, p. 155).

7. Explica Judith Martins-Costa, com base em exemplo da jurisprudência superior: "A 'abusividade' detectada, como se vê, não está na resilição unilateral, mas no modo como operada sem que oferecido a outra parte, mediante 'aviso prévio', um 'prazo razoável' para que se pudesse ter planejado empresarialmente" (MARTINS-COSTA, Judith. O caso dos produtos Tostines: uma atuação do princípio da boa-fé na resilição de contratos duradouros e na caracterização da *suppressio* – Comentários ao acórdão REsp 401.704/PR. In: FRAZÃO, A.; TEPEDINO, G. (coord.). *O Superior Tribunal de Justiça e a reconstrução do direito privado*. São Paulo: Revista dos Tribunais, 2011, p. 540.

8. LORENZETTI, Ricardo Luis. *Tratado de los contratos*, tomo I. Buenos Aires: Rubinzal-Culzoni, 2007, p. 81.

9. Para Rogério Tucci, "o escopo da norma é a vedação de abuso de poder econômico" (TUCCI, Rogério Lauria Marçal. *Prorrogação compulsória dos contratos*. Salvador: JusPodivm, 2017, p. 47).

3 • HIPÓTESES DE APLICAÇÃO DA FUNÇÃO SOCIAL À CONSERVAÇÃO DOS EFEITOS DO CONTRATO

negócio. Entretanto, parte da doutrina vem destacando que essa abusividade no exercício da resilição unilateral pode decorrer também da infração à função social do contrato. Isso ocorre nos casos em que o problema decorrente da interrupção abrupta dos efeitos do contrato atinge não somente a outra parte, mas interesses da coletividade vinculados aos efeitos daquele negócio. Luccas Goldfarb Cobbett levanta o exemplo do fornecimento do único produto para purificação de águas disponibilizado em certa comunidade:

> [...] uma companhia de tratamento de águas tem um único fornecedor de um produto para clarear e limpar as águas de certa cidade. O referido fornecedor, por sua vez, também possui um único distribuidor, com quem firmou contrato de exclusividade por tempo indeterminado, sendo, de maneira prática, o único apto a fazer a remessa do produto à companhia de águas. Diga-se, ainda, que, por eventualidade, o distribuidor venha, em exercício do seu direito de resilir, efetivá-lo, interrompendo o cumprimento do programa contratual e deixando de efetivar a entrega. Neste caso, a companhia de águas seria impedida de efetuar o tratamento adequado, atingindo não apenas as partes envolvidas no contrato, mas toda a população de uma cidade. Os impactos que a resilição do contrato de distribuição pode gerar não se limitam aos desequilíbrios do vínculo contratual entre as partes, cujos remédios podem ser acionados para reparar os danos imediatos surgidos às partes. Em cenários assim, com maior relevância, a função social do contrato serve de filtro valorativo, de modo a avaliar se a interrupção unilateral da avença foi balizada por outros valores constitucionais, como o direito a saúde, moradia, trabalho, defesa dos consumidores e do meio ambiente, que estão ligados à atividade empresarial – na qual se inclui a distribuição – e que devem nortear o exercício da autonomia privada.[10]

Com efeito, é possível identificar na lógica por trás do parágrafo único do artigo 473 do Código Civil também um nicho próprio de atuação da função social do contrato.[11] Quando a função social impele a conservação dos efeitos do negócio, o aviso prévio como condição à resilição unilateral não se destinará (somente) à tutela da confiança da outra parte e a lhe permitir recuperar os investimentos realizados, mas sim à tutela da solidariedade social e para permitir à comunidade se organizar para encontrar outros meios de satisfação daquele interesse metaindividual. Dessa forma, o "congelamento eficacial da denúncia [...] pelo tempo necessário ao alcance dos objetivos de proteção da parte contratante submetida ao direito potestativo"[12] também pode ocorrer pelo tempo necessário à proteção de interesses metaindividuais relevantes.

---

10. COBBETT, Luccas Goldfarb. *A suspensão dos efeitos da resilição contratual à luz da função social do contrato: o exemplo do contrato de distribuição do Código Civil.* Dissertação. Rio de Janeiro: UERJ, 2020, p. 105.

11. HADDAD, Luís Gustavo. *Função social do contrato: um ensaio sobre seus usos e sentidos.* São Paulo: Saraiva, 2013, p. 204.

12. Os termos são de LEONARDO, Rodrigo Xavier. A denúncia e a resilição: críticas e propostas hermenêuticas ao art. 473 do CC/2002 brasileiro. *Revista de direito civil contemporâneo*, v. 7. São Paulo: abr.-jun./2016, p. 95-117.

A identificação de quais sejam esses interesses e quais as razões para prevalecerem em concreto sobre a resilição não transparece, todavia, na fundamentação de alguns julgados que invocam a função social do contrato. Tome-se como exemplo as recorrentes decisões que reputam abusiva a resilição e mesmo a não renovação de contrato de seguro de vida, que vinha sendo mantido por vários anos, com base não somente na boa-fé objetiva (vinculada à criação de legítima expectativa de continuidade do vínculo), mas também na função social do contrato (sem, contudo, explicitação de sua relevância para o caso concreto).[13] Esse tipo de fundamentação prejudica a sistematização científica dos critérios de ponderação que provê segurança jurídica à aplicação da função social nos casos efetivamente pertinentes.

Buscando identificar hipóteses em que interesses metaindividuais realmente sobressaiam, além de contratos que forneçam bens e serviços diretamente relevantes para a saúde pública, educação coletiva, acesso à moradia e tutela do meio ambiente, é comum visualizar nessa seara casos em que a resilição unilateral súbita acarreta a extinção imediata ou redução significativa da sociedade contratada, com a consequente demissão de empregados e resolução de diversos outros negócios.[14] Nesses casos, é bastante frequente a invocação igualmente da *função social da empresa* como fundamento para o controle da denúncia do pacto e sua manutenção forçada, ainda que temporariamente.[15]

Com efeito, a referência à função social da empresa vem comumente associada à imposição ao empresário de deveres relativos à tutela de interesses da coletividade além do interesse econômico relativo à obtenção de lucro, sejam eles exógenos à atividade empresarial, como aqueles relativos ao meio ambiente e à livre concorrência, sejam mesmo endógenos a ela, como a tutela de empregados e suas famílias.[16] Isso leva a doutrina dedicada ao tema a sistematizar sua atuação,

---

13. Por exemplo, STJ, 3ª T., AgRg EREsp 1422191, Rel. Min. Paulo de Tarso Sanseverino, julg. 06/08/2015; STJ, 3ª T., AgRg REsp 1444292, Rel. Min. Sidnei Beneti, julg. 05/08/2014; STJ, 3ª T., AgRg AREsp 193379, Rel. Min. Ricardo Villas Bôas Cueva, julg. 02/05/2013.

14. Para Luís Gustavo Haddad: "Na medida em que o caráter abusivo do rompimento da relação estiver relacionado (a) à impossibilidade de recuperação dos investimentos realizados, (b) ao comprometimento injustificado da continuidade da empresa; e/ou (c) sua generalização a todo o conjunto de casos semelhantes for deletéria para as utilidades que o arranjo contratual oferece para as partes, e para a coletividade que dele se serve, também a função social do contrato pode restar violada. Cuidar-se-ia assim de uma concretização da função social do contrato como limitação da liberdade contratual, esta última manifestada no poder formativo de extinguir a relação" (HADDAD, Luís Gustavo. *Função social do contrato: um ensaio sobre seus usos e sentidos*. São Paulo: Saraiva, 2013, p. 185).

15. Preconiza o enunciado n. 53 das Jornadas de Direito Civil (CEJ/CJF): "Deve-se levar em consideração o princípio da função social na interpretação das normas relativas à empresa, a despeito da falta de referência expressa".

16. Em síntese, a função social da empresa é entendida como "dever, imposto ao empresário, de observar, ao lado dos interesses econômicos que o levam a desempenhar a atividade, também interesses da

3 • HIPÓTESES DE APLICAÇÃO DA FUNÇÃO SOCIAL À CONSERVAÇÃO DOS EFEITOS DO CONTRATO

por um lado, em um papel condicionador do exercício da atividade empresarial – ao atendimento dos já referidos interesses exógenos e endógenos – e, por outro lado, em um papel incentivador do exercício da empresa, no sentido de desprender sua tutela dos interesses exclusivos de seus administradores para reconhecer nela um elemento da economia coletiva merecedor de tutela pelos fins sociais que desempenha.[17]

A despeito das controvérsias sobre o tema[18], prevalece hoje o entendimento de que a função social da empresa não implica afastamento da responsabilidade do Estado, mas condicionamento, por um lado, e incentivo, por outro, da atividade empresarial em razão dos interesses coletivos aos quais deve atender, nos mesmos moldes da função social da propriedade.[19] Fica clara, diante disso, a aproximação com a função social do contrato, nos termos expostos, dessa funcionalização da atividade empresarial a interesses sociais já descrita como "identificação da ação empresarial com as reivindicações comunitárias" e "compromisso permanente com a reumanização da economia".[20] Daí a recorrente sobreposição entre o controle da resilição unilateral no âmbito do direito contratual e no âmbito do direito econômico.

Com efeito, é comum a caracterização da resilição unilateral como hipótese de abuso de poder econômico.[21] A figura teria inclusive inspirado Miguel Reale

---

coletividade aí incluídos direitos dos consumidores, da livre concorrência, do meio ambiente e assim por diante. Nesse particular, importante destacar que a função social da empresa atende, também, à tutela dos interesses dos empregados e de suas famílias que dela dependem para seu sustento, os quais deverão ser preservados sempre que possível" (TEPEDINO, Gustavo; BARBOZA, Heloísa Helena; MORAES, Maria Celina Bodin de (coord.) *et al.. Código civil interpretado conforme a Constituição da República*, v. 3. Rio de Janeiro: Renovar, 2011, p. 6). Em linha similar, afirma Eduardo Tomasevicius filho: "A função social da empresa constitui o poder-dever de o empresário e os administradores da empresa harmonizarem as atividades da empresa, segundo o interesse da sociedade, mediante a obediência de determinados deveres positivos e negativos" (TOMASEVICIUS FILHO, Eduardo. A função social da empresa. *Revista dos tribunais*, v. 810. São Paulo: abr./2003, p. 33-50, recurso eletrônico).

17. OLIVEIRA, Viviane Perez de. Revisitando o tema da função social da empresa. *In*.: SCHREIBER, A.; MONTEIRO FILHO, C. E. R.; OLIVA, M. D. (org.). *Problemas de direito civil*. Rio de Janeiro: Forense, 2021, p. 1009; RODRIGUES, Cássio Monteiro; RÉGIS, Erick da Silva. Função social da empresa em tempos de crise: desafios à sua realização em virtude da pandemia da Covid-19. *Revista brasileira de direito civil – RBDCivil*, v. 25. Belo Horizonte: jul.-set./2020, p. 353-379.

18. Ganhou destaque, nesse sentido, a crítica de Fabio Konder Comparato, para quem "a tese da função social das empresas apresenta hoje o sério risco de servir como mero disfarce retórico para o abandono, pelo Estado, de toda política social, em homenagem à estabilidade monetária e ao equilíbrio das finanças públicas" (COMPARATO, Fábio Konder. Estado, empresa e função social. *Revista dos tribunais*, v. 732. São Paulo: out./1996, p. 38-46, recurso eletrônico).

19. BARTHOLO, Bruno Paiva; GAMA, Guilherme Calmon Nogueira da. Função social da empresa. *In* GAMA, G. C. N. (coord.). *Função social no direito civil*, 2. ed. São Paulo: Atlas, 2008, p. 102-110.

20. LAMY FILHO, Alfredo. A função social da empresa e o imperativo de sua reumanização. *Revista de direito administrativo*, v. 190. Rio de Janeiro: out./1992, p. 59.

21. Lei n. 12.529/2011, art. 36. "Constituem infração da ordem econômica, independentemente de culpa, os atos sob qualquer forma manifestados, que tenham por objeto ou possam produzir os seguintes

na elaboração do Anteprojeto do Código Civil, a partir da aproximação entre abuso do direito e abuso do poder econômico, destacando que, embora conceitos jurídicos distintos, "no plano efetivo da práxis, muitas vezes se combinam para atentar contra situações subjetivas merecedoras de amparo", combinação que estaria por trás da previsão constante no parágrafo único do atual artigo 473 do Código Civil.[22]

A doutrina mais clássica sobre o tema, ainda pautada por uma rigorosa dicotomia entre direito público e direito privado, antes do advento do Código de 2002 reputava que o controle na esfera civil se limitava a resguardar a autonomia privada, razão pela qual a resilição injusta conduziria somente à indenização, mas essa sanção não seria suficiente no âmbito concorrencial, no qual se tutela o livre mercado.[23] Mesmo nessa seara, todavia, se reconhecia que "o direito econômico não torna abusivo o que o direito civil e comercial reconhece como Direito".[24]

Hoje, todavia, se reconhece que a relevância que os interesses coletivos ganharam nas relações privadas não mais justificam uma rígida separação entre as

---

efeitos, ainda que não sejam alcançados: [...] § 3º As seguintes condutas, além de outras, na medida em que configurem hipótese prevista no caput deste artigo e seus incisos, caracterizam infração da ordem econômica: [...] XII – dificultar ou romper a continuidade ou desenvolvimento de relações comerciais de prazo indeterminado em razão de recusa da outra parte em submeter-se a cláusulas e condições comerciais injustificáveis ou anticoncorrenciais". Na jurisprudência, pode ser aduzido o exemplo do encerramento unilateral de conta corrente de sociedade empresária (STJ, REsp 1906514, Rel. Min. Marco Buzzi, julg. 30/11/2020), de contrato de distribuição prejudicado pela modificação do local de retirada das bebidas (TJSP, 19ª C.D.P., Ap. Cível 11076060320198260100, Rel. Des. João Camillo de Almeida Prado Costa, julg. 20/11/2020) e de plano de saúde (TJRJ, 12ª C.C., Ap. Cível 00089271920198190087, Rel. Des. Jaime Dias Pinheiro Filho, julg. 24/03/2022; TJRJ, 23ª C.C., Ap. Cível 00108115120188190206, Rel. Des. Murilo André Kieling Cardona Pereira, julg. 21/07/2020; TJRJ, 23ª C.C., Ap. Cível 03909829620118190001, Rel. Des. Alcides da Fonseca Neto, julg. 18/03/2015).

22. REALE, Miguel. Abusos do poder econômico e garantias individuais. *Anais da Quinta Conferência Nacional da Ordem dos Advogados do Brasil*. Rio de Janeiro: Conselho Federal da Ordem dos Advogados do Brasil, 1974, p. 202.

23. Nesse sentido: "Enquanto na resilição injusta resguarda-se a autonomia privada, donde a indenização como consequência, no rompimento, com o objetivo de dominar o mercado ou causar dificuldades ao funcionamento de outra empresa, o princípio resguardado é o da proteção à onerosidade do investimento no interesse do mercado. Daí decorre, como consequência, a exigência de que uma relação seja continuada, mesmo contra a vontade de uma das partes, até que, no interesse da produção e circulação da riqueza, o custo do investimento, afetado pelo rompimento, seja absorvido. Ou seja, na ruptura contratual regida pelo direito privado, prevalece a autonomia da vontade, posto que a resilição unilateral, ainda que injusta, é mantida, resolvendo-se a injustiça em indenização. Na ruptura por abuso de poder econômico prevalece o interesse do mercado, onde o fator tempo é decisivo para que não se percam investimentos ineficientemente" (FERRAZ JR., Tércio Sampaio. Direito econômico, resilição unilateral de relações comerciais de prazo indeterminado e a lei de defesa da concorrência. *Cadernos de Direito Tributário e Finanças Públicas*, ano 1, n. 14. São Paulo: jul.-set./1993, p. 270-279. Disponível em <t.ly/n7P5>, acesso em 10 dez. 2021).

24. FERRAZ JR., Tércio Sampaio. Direito econômico, resilição unilateral de relações comerciais de prazo indeterminado e a lei de defesa da concorrência. *Cadernos de Direito Tributário e Finanças Públicas*, ano 1, n. 14. São Paulo: jul.-set. 1993, p. 270-279. Disponível em <t.ly/n7P5>, acesso em 10 dez. 2021

duas figuras, permitindo reconduzir as hipóteses de abuso do poder econômico à figura mais ampla do abuso do direito.[25] Assim, o exercício da resilição unilateral que abusa da "capacidade do agente econômico de influenciar, com atitudes individuais, o mercado como um todo, impondo a sua vontade na condução da atividade econômica"[26], em conflito com a função social da empresa, também pode ser lido como abuso do direito por violação da função social do contrato, que atuará então para a conservação de seus efeitos. A recondução ao abuso do direito como categoria ampla traz ainda a vantagem de abarcar não somente a figura legalmente positivada do abuso de poder econômico, mas toda forma de abuso da livre-iniciativa.[27]

Essa controvérsia remete ao debate, mais geral, sobre a sanção por violação do aviso prévio para a resilição do contrato: a prorrogação compulsória do contrato ou apenas o dever de indenizar. Nas relações contratuais em que a confiança desempenha papel central, parece predominar o entendimento de que a manutenção forçada do vínculo, além de configurar restrição desproporcional à liberdade contratual, seria medida pouco eficaz para a satisfação dos interesses perseguidos por aquele negócio.[28] Entretanto, em outros cenários seria cabível a

---

25. Explica Ana Frazão: "existe uma certa resistência da doutrina especializada em tentar situar o abuso do poder econômico diante da teoria geral. [...] Mas o exame atento de tais óbices mostra que a não--aceitação da teoria geral sobre o abuso de direito é injustificada" (LOPES, Ana Frazão de Azevedo. *Empresa e propriedade: função social de abuso do poder econômico*. São Paulo: Quartier Latin, 2006, p. 284). Prossegue a autora: "Se a teoria do abuso de direito foi exatamente uma tentativa de superar a dicotomia entre o direito público e o direito privado, mostrando que mesmo o exercício dos direitos privados precisa se orientar em face das necessidades sociais, a teoria não só se mostra cabível como inteiramente pertinente ao abuso de poder econômico, em relação ao qual se quer verificar se o exercício privado da atividade empresarial está contrariando ou não os princípios maiores que regem a ordem econômica" (*ibid.*, p. 285).

26. Na definição de Ana Frazão: "Tal poder (econômico), cuja origem está diretamente associada à posse ou propriedade dos bens de produção, foi identificado a partir de dois conceitos fundamentais: (i) a independência do agente econômico em relação aos concorrentes e consumidores e (ii) a capacidade do agente econômico de influenciar, com atitudes individuais, o mercado como um todo, impondo a sua vontade na condução da atividade econômica" (LOPES, Ana Frazão de Azevedo. *Empresa e propriedade: função social de abuso do poder econômico*. São Paulo: Quartier Latin, 2006, p. 175). Na síntese de Paulo Lôbo: "O poder econômico empresarial escapa a um rígido enquadramento conceitual e dogmático. É algo real, sentido, mas profundamente indócil a determinado regime jurídico" (LÔBO, Paulo. *Condições gerais dos contratos e cláusulas abusivas*. São Paulo: Saraiva, 1991, p. 16).

27. Afirma Ana Frazão: "Embora não haja previsão constitucional explícita sobre o assunto, como ocorre em relação à vedação do abuso de poder econômico, a existência de uma cláusula geral de vedação ao abuso da livre iniciativa empresarial é uma das consequências do caráter deontológico e vinculante dos princípios previstos no art. 170, da Constituição" (FRAZÃO, Ana. *Função social da empresa: repercussões sobre a reponsabilidade civil de controladores e administradores de S/As*. Rio de Janeiro: Renovar, 2011, p. 225).

28. Explica Francisco Viégas: "Desse modo, não se revela merecedora de tutela, a princípio, a pretensão de manter contrato sem termo final sem que a contraparte esteja disposta a preservar o vínculo. A ausência de merecimento de tutela fundamenta-se, a princípio, em duas frente: (i) internamente, diante da causa contratual, será tormentosa a preservação da relação de cooperação, essencial ao atingimento

prorrogação compulsória do contrato, isto é, dado o aviso extintivo do negócio sem o tempo adequado, o contrato continuaria a produzir seus efeitos típicos por mais tempo, até que se alcançasse o objetivo buscado pela norma.

Já quando se trata da tutela de interesses extracontratuais resguardados pela função social do contrato, a solução aplicável é, necessariamente, a manutenção forçada do vínculo, pois "a função social, ao remeter o controle funcional da denúncia ao atendimento de interesses coletivos, inclui, portanto, uma nova *ratio* que altera a equação apresentada".[29] Francisco Viégas levanta o exemplo de contrato pelo qual determinada indústria realizava o tratamento de metais pesados advindos de sua atividade produtiva e cuja interrupção súbita poderia ocasionar danos ao meio ambiente:

> Pondere-se, sempre a título de exemplo, a situação em que o contrato denunciado era o instrumento por meio do qual a Indústria X obtinha o serviço de tratamento de metais pesados advindos de sua atividade produtiva. A extinção abrupta do contrato, ainda que acompanhada do pagamento do valor de seu cumprimento pelo período de pré-aviso razoável, poderia ocasionar danos severos ao meio ambiente. A extinção repentina do contrato representa, nesta hipótese, ameaça aos interesses da coletividade, tendo em vista que o meio ambiente constitui bem comum, reconhecendo-se a cada cidadão, independentemente das titularidades vinculadas à indústria e ao local onde são tratados os metais, o direito de atuar na sua proteção. Por isso que se deve determinar, em tais circunstâncias, a manutenção do contrato, tornando-se inviável inclusive a faculdade de o denunciante efetuar o pagamento do valor de cumprimento de avença pelo prazo razoável.[30]

Com efeito, a sanção indenizatória se revela especialmente insuficiente no que tange à tutela de interesses coletivos, sobretudo ante a possibilidade de conservação dos efeitos dos contratos, ainda que temporariamente. Esse será o âmbito, por excelência, da dita prorrogação compulsória do contrato. No que tange à tutela do direito à saúde, por exemplo, é recorrente o impedimento à resilição nos contratos referentes a planos de saúde.[31] Além do recorrente exemplo

---

do escopo econômico dos contratos de duração indefinida; (ii) no âmbito social, a manutenção do contrato incompatível com as necessidades e interesses das partes, conflitante com a realidade negocial em que inserido, certamente ocasionará prejuízos aos terceiros que, ainda que indiretamente, são atingidos pelo contrato" (VIÉGAS, Francisco de Assis. *Denúncia contratual e dever de pré-aviso*. Belo Horizonte: Fórum, 2019, p. 64). Em linha similar: HAICAL, Gustavo. Apontamentos sobre o direito formativo extintivo de denúncia no contrato de agência, In: MARTINS-COSTA, Judith. Modelos de direito privado. São Paulo: Marcial Pons, 2014, p. 326.

29. VIÉGAS, Francisco de Assis. *Denúncia contratual e dever de pré-aviso*. Belo Horizonte: Fórum, 2019, p. 248.

30. VIÉGAS, Francisco de Assis. *Denúncia contratual e dever de pré-aviso*. Belo Horizonte: Fórum, 2019, p. 248.

31. Tratando especificamente do abuso da denúncia nos contratos de planos de saúde, Andrea Cristina Zanetti elenca as possíveis consequências: "a) o sobrestamento dos efeitos, ou mesmo o afastamento, da denúncia, de forma a manter (de maneira temporária ou perene) a relação contratual; b) a aplicação

dos planos de saúde coletivos,[32] vale mencionar também contratos que fazem parte da conformação da rede de assistência aos usuários, como aqueles firmados entre a operadora e as clínicas credenciadas. Tome-se como exemplo caso julgado pelo TJRJ em que se impôs a conservação dos efeitos do contrato firmado entre operadora de plano de saúde e clínica oncológica pelo prazo de sessenta dias, impedindo a resilição unilateral que levaria ao descredenciamento da clínica, com fundamento na função social do contrato: a despeito de se reconhecer a tendência à verticalização da prestação daqueles serviços, considerou-se a necessidade de "garantir a continuidade do atendimento dos consumidores que já estavam em tratamento naquele local".[33]

Em síntese, o exercício da resilição unilateral poderá ser reputado abusivo, por violação à função social, quando os efeitos do contrato atenderem a interesses metaindividuais relevantes, que sejam lesionados pela súbita interrupção dos efeitos do negócio. Nesse caso, a sanção adequada será a prorrogação compulsória do contrato, conservando os efeitos do negócio para o reequilíbrio entre os interesses que autorizam a resilição unilateral e aqueles interesses sociais cujo atendimento dependia da continuidade do vínculo. Em lugar da natureza e do vulto dos investimentos feitos por uma das partes, todavia, os parâmetros para guiar o intérprete serão distintos, conforme será abordado no capítulo 4.

3.1.2   Resolução por inadimplemento e onerosidade excessiva

A função social do contrato atua também como fundamento para impedir a resolução do contrato nas hipóteses em que se franqueia a uma das partes o direito de pôr termo aos efeitos do negócio em decorrência de inadimplemento da contraparte ou em razão de onerosidade excessiva. Assim como a prerrogativa de resilição unilateral, também o exercício do direito à resolução nos casos que a lei o atribui ao credor pode ser objeto de controle de abusividade em face de interesses metaindividuais relevantes, de modo a implicar a manutenção forçada da relação contratual, impondo ao contratante o dever de suportar a continuidade da produção de efeitos do negócio.

---

de multa contratual, quando existente; c) a indenização dos prejuízos apurados; e d) a cominação de sanções administrativas" (ZANETTI, Andrea Cristina. *Denúncia nos contratos privados de assistência à saúde*. Tese de doutorado. São Paulo: PUC-SP, 2018, p. 280).

32.   Em julgado monocrático sobre o tema, afirma expressamente o relator: "Caso se admitisse a possibilidade de a operadora rescindir o contrato unilateralmente e sem motivação alguma, não apenas o abuso de poder econômico (art. 187 do Código Civil) estaria configurado, mas, também, estar-se-ia diante de indisfarçável afronta à função social do contrato (art. 421 do Código Civil)" (STJ, EDREsp 1685792, Rel. Min. Marco Aurélio Belizze, julg. 16.10.2017).

33.   TJRJ, 17ª C.C., Ag. Instr. 00507828420158190000, Rel. Des. Márcia Ferreira Alvarenga, Rel. p/acórdão Des. Flávia Romano de Rezende, julg. 07.10.2015.

Como é cediço, atribui-se a cada contratante o direito à resolução do contrato por inadimplemento não somente em virtude de cláusula que o preveja expressamente, mas também por força de lei, quando a obrigação inadimplida compõe o sinalagma que dá causa ao próprio contrato, naquilo que a doutrina tradicionalmente refere por "cláusula resolutiva tácita".[34] Para tanto, costumam ser elencados como requisitos a bilateralidade do contrato (no tocante à sinalagmaticidade da obrigação inadimplida), o inadimplemento absoluto da obrigação (também referido como descumprimento definitivo) e a não inadimplência do credor que pretende a resolução.[35]

Entretanto, para além da verificação de seus pressupostos, a doutrina indica ainda a necessidade de controle de legitimidade do exercício do direito à resolução.[36] Ou seja, ainda que presentes os requisitos para a licitude da resolução do contrato por inadimplemento, é necessário aferir em concreto se seu exercício não está inquinado por abusividade, cumprindo ao credor vítima de inadimplemento resignar-se à execução forçada.[37]

A referência teórica mais comumente invocada para empreender esse controle vem sendo a *teoria do adimplemento substancial*.[38] Originada das cortes

---

34. Esclarece Aline Terra: "A cláusula resolutiva tácita, por se entender subentendida nos contratos, sequer é cláusula: trata-se de regra legal" (TERRA, Aline de Miranda Valverde. *Cláusula resolutiva expressa*. Belo Horizonte: Fórum, 2017, p. 58).

35. AGUIAR JR., Ruy Rosado. *Extinção dos contratos por incumprimento do devedor: resolução*, 2. ed. Rio de Janeiro: Aide, 2004, p. 79-176. Reputando cabível resolução mesmo diante de inadimplemento relativo: BUSSATTA, Eduardo Luiz. *Resolução dos contratos e teoria do adimplemento substancial*. São Paulo: Saraiva: 2007, p. 89.

36. Afirma-se que "a resolução contratual, como direito potestativo que é, não escapa aos limites impostos pelo ordenamento ao seu exercício. Em outras palavras, a faculdade e resolutória não pode ser exercida arbitrariamente, como de resto todas as situações jurídicas subjetivas, mas apenas dentro dos limites funcionais que justificam sua previsão pelo ordenamento e a tornam merecedora de tutela" (FURTADO, Gabriel Rocha. *Mora e inadimplemento substancial*. São Paulo: Atlas, 2014, p. 44). Na mesma linha, explica Giovanni Nanni: "A resolubilidade contratual por inadimplemento não é ilimitada, é instituto assegurado por lei como reação à patologia, que é acionado precisamente para remediá-la. Contudo, a dose do tratamento não pode ser excessiva: é necessário que sua utilização seja adequada, o que se apresenta quando ela preenche os seus requisitos e é coerente com fim a que se destina" (NANNI, Giovanni Ettore. *Inadimplemento absoluto e resolução contratual: requisitos e efeitos*. São Paulo: Thomson Reuters Brasil, 2021, recurso eletrônico).

37. Cogita-se em doutrina, ainda, da aplicação da revisão contratual como remédio ao inadimplemento (SILVA, Rodrigo da Guia. A revisão do contrato como remédio possível para o inadimplemento. *Revista dos Tribunais*, v. 995. São Paulo: set./2018, p. 129-155).

38. Em oposição ao entendimento predominante, Aline Terra e Gisela Guedes defendem que o adimplemento substancial situa-se ainda na verificação dos requisitos para a titularidade do direito resolução, e não sobre o controle do seu exercício: "Em presença de adimplemento substancial, a resolução é afastada justamente porque de inadimplemento absoluto não se trata, pois a prestação ainda é útil para o credor" (TERRA, Aline de Miranda Valverde; GUEDES, Gisela Sampaio da Cruz. Adimplemento substancial e tutela do interesse do credor: análise da decisão proferida no REsp 1.581.505. *Revista brasileira de direito*, v. 11. Belo Horizonte: jan.-mar./2017, p. 110).

3 • HIPÓTESES DE APLICAÇÃO DA FUNÇÃO SOCIAL À CONSERVAÇÃO DOS EFEITOS DO CONTRATO

inglesas do século XVIII, a teoria preconiza que, diante de um inadimplemento insignificante, que não prejudique o interesse do credor, seria descabida a pretensão resolutória, cabendo ao credor somente a pretensão à execução forçada, com os consectários da mora.[39] Explicam Aline Terra e Gisela Guedes:

> a Teoria do Adimplemento Substancial protege o devedor, ao impedir que o credor lhe imponha remédios que lhe causarão sacrifícios desproporcionais à lesão que o descumprimento causou ao seu interesse na prestação. No entanto, não encerra salvo-conduto para que o devedor se exima das obrigações contratualmente assumidas, afinal, pacta sunt servanda. O credor sempre poderá exigir o cumprimento da prestação devida; os demais efeitos da mora, no entanto, só serão aplicáveis se proporcionais àquele desacordo.[40]

A teoria do adimplemento substancial vem sendo mais comumente coligada ao controle do exercício do direito à resolução, por ser o remédio mais incisivo para o inadimplemento, eis que priva o contrato de seus efeitos de forma definitiva. Entretanto, vale destacar que a referida teoria tem potencial mais amplo, para atuar no controle de legitimidade – e, consequentemente, de proporcionalidade – de qualquer remédio pretendido face ao impacto do inadimplemento nos interesses envolvidos.[41]

Nesse sentido, abarca, também, o recurso à *exceptio non adimpleti contractus*, que somente suspende temporariamente a eficácia do negócio. Com efeito, há muito a doutrina indica que a exceção de contrato não cumprido, especialmente tratando-se de instrumento de autotutela, deve ser invocada de forma compatível com o princípio da boa-fé, reputando-se descabida a retenção da contraprestação, com a suspensão da execução do contrato, quando exercida de forma incompatível com a confiança legítima.[42] Assim, o reconhecimento de que

---

39. BECKER, Anelise. A doutrina do adimplemento substancial no direito brasileiro e em perspectiva comparativista. *Revista da Faculdade de Direito da Universidade Federal do Rio Grande do Sul*. Porto Alegre: Livraria do Advogado, 1993, p. 60 e ss..

40. TERRA, Aline de Miranda Valverde; GUEDES, Gisela Sampaio da Cruz. Adimplemento substancial e tutela do interesse do credor: análise da decisão proferida no REsp 1.581.505. *Revista brasileira de direito*, v. 11. Belo Horizonte: jan.-mar./2017, p. 105.

41. Explica Aline Terra: "o grande mérito do desenvolvimento da teoria [do adimplemento substancial] foi ressaltar a necessidade de controlar a legitimidade de *todos* os instrumentos de tutela pleiteados pelo credor, a partir de um juízo de proporcionalidade" (TERRA, Aline de Miranda Valverde. *Cláusula resolutiva expressa*. Belo Horizonte: Forum, 2017, p. 114 – grifo no original).
    No mesmo sentido, afirma-se que "a tendência tem sido, hoje, a de perquirir, em cada caso concreto, a existência de outros remédios capazes de atender ao interesse do credor (e. g., perdas e danos), com efeitos menos gravosos ao devedor – e a eventuais terceiros afetados pela relação obrigacional – que a resolução do vínculo" (SCHREIBER, Anderson. A tríplice transformação do adimplemento – Adimplemento substancial, inadimplemento antecipado e outras figuras. *Revista trimestral de direito civil*, v. 32. Rio de Janeiro: out.-dez./2007, p. 21).

42. Conforme Serpa Lopes: "se, de um lado, não é necessário suportar sacrifícios incompatíveis com os seus recursos, para assegurar uma impecável execução de suas obrigações, por outro lado, a ideia de *tolerância necessária* entre eles tem aplicação quando o autor não cumpriu exatamente sua prestação,

o controle de legitimidade abrange todos os remédios cabíveis ao credor vítima do inadimplemento levou a também se admitir que a teoria do adimplemento substancial, como doutrina mais popular acerca desse controle, também não se restringisse à resolução.

A ampliação da abrangência da teoria do adimplemento substancial envolve também o seu fundamento normativo. Entre nós, é comum encontrar sua fundamentação conjugando boa-fé e função social do contrato, de forma genérica e indistinta.[43] Em sede jurisprudencial parece especialmente frequente essa fundamentação dupla, própria da já criticada tendência à invocação dos princípios contratuais em bloco, sem precisar os traços distintivos de cada um nem sua ligação específica com o caso concreto.[44]

Já na doutrina, ao menos nos estudos que desenvolvem o tema com especificidade, é mais comum encontrar sua inclusão exclusivamente sob o pálio do princípio da boa-fé.[45] São poucos os trabalhos que atribuem à função social do contrato, de forma distinta e apartada, o papel de fundamento da teoria do adimplemento substancial.[46]

---

mas esse defeito de execução da prestação ou as insuficiências que a diminuem são de escassa importância olhadas de conjunto" (LOPES, Miguel Maria de Serpa. *Exceções substanciais: exceção de contrato não cumprido*. Rio de Janeiro: Freitas Bastos, 1959, p. 309). No mesmo sentido, SALLES, Raquel Bellini. *Autotutela nas relações contratuais*. Rio de Janeiro: Processo, 2019, p. 214.

43. Nesse sentido, por todos, o enunciado n. 361 das Jornadas de Direito Civil (CEJ/CJF): "O adimplemento substancial decorre dos princípios gerais contratuais, de modo a fazer preponderar a função social do contrato e o princípio da boa-fé objetiva, balizando a aplicação do art. 475".

44. Ilustrativamente, no TJSP, tribunal com maior volume de julgados que permite a pesquisa no inteiro teor das decisões, entre os 5519 julgados que contém "adimplemento substancial" na ementa, 3316 resultados indicam conter "boa-fé" na pesquisa livre (isto é, em qualquer parte da decisão), 1398 "função social do contrato" e 1355 contém ambas as expressões. Dos julgados que se referem somente à função social do contrato, somente em cinco se encontrou explicação sobre sua ligação com o caso – dois a associando ao direito à moradia veiculado pelo contrato (TJSP, 8ª C.D.P., Ap. Cível 10339947520198260506, Rel. Des. Alexandre Coelho, julg. 03/08/2021, e TJSP, 3ª C.D.P., Ap. Cível 10060481720158260071, Rel. Des. Carlos Alberto de Salles, julg. 08/03/2017) e três a associando ao "princípio da conservação" (TJSP, 27ª C.D.P., Ap. Cível 40020132120138260624, Rel. Des. Maria Lúcia Pizzotti, julg. 11/09/2017; TJSP, 30ª C.D.P., Ap. Cível 10050577720168260565, Rel. Des. Maria Lúcia Pizzotti, julg.17/05/2017; TJSP, 27ª C.D.P., Ap. Cível 92147153220088260000; Rel. Des. Berenice Marcondes Cesar, julg. 22/11/2011) –, nos demais a expressão aparece somente como argumento das partes ou é referida na fundamentação da decisão sem explicação com sua relação com o caso.

45. Nesse sentido, BECKER, Anelise. A doutrina do adimplemento substancial no direito brasileiro e em perspectiva comparativista. *Revista da Faculdade de Direito da Universidade Federal do Rio Grande do Sul*. Porto Alegre: Livraria do Advogado, 1993, p. 60.

46. A associação entre a teoria do adimplemento substancial e o efeito de conservação do contrato por vezes remete à função social do contrato em termos genéricos, de forma "a preservar o contrato em seus fins e em prestígio ao trato econômico-social que ele representa" (ALVES, Jones Figueirêdo. Do adimplemento substancial como fator obstativo do direito à resolução do contrato. São Paulo. *Revista do advogado*, v. 28, n. 98, São Paulo: jul./2008, p. 130). Conclui o autor: "A teoria do adimplemento substancial atende, com precisão, ao interesse na conservação dos contratos, de modo a impedir a resolução do negócio" (*ibid.*, p. 130).

3 • HIPÓTESES DE APLICAÇÃO DA FUNÇÃO SOCIAL À CONSERVAÇÃO DOS EFEITOS DO CONTRATO

Destaque-se, nesse sentido, estudo de Bruno Terra, em que defende que "se o negócio jurídico estiver fortemente impregnado de um interesse socialmente relevante, a sua manutenção via adimplemento substancial, por consequência, estará fundamentada na função social".[47] O autor sustenta que em contratos relativos, por exemplo, a acesso à moradia e à atividade laborativa, tendo em vista a "significativa carga de interesse público" neles contida, o interesse social na manutenção do contrato permitiria considerar adimplemento substancial um pagamento de percentual inferior do que em um contrato que não tivesse a mesma intensidade do interesse social.[48]

Em orientação similar, defende Bárbara Naves:

> nos contratos existenciais, como seguro de vida e saúde e compromisso de compra e venda de imóvel residencial, a aplicação da teoria do adimplemento substancial é muito mais frequente e o percentual médio em que a substancialidade do adimplemento foi reconhecida é um pouco mais baixo do que nos casos que envolviam contratos de lucro, como leasing e alienação fiduciária. Ficou evidente essa distinção, ainda, dentro da temática da alienação fiduciária, pelo fato de que, quando se tratava de bem financiado que servia ao trabalho, a jurisprudência se mostrava mais propensa a vedar a resolução, priorizando a manutenção da relação contratual. Embora a fundamentação dos acórdãos, em geral, não especificasse a razão desse posicionamento, é possível deduzir que o referido abrandamento do rigor na avaliação dos critérios do adimplemento substancial se deve à função social do contrato, manifesta nos contratos existenciais.[49]

Ainda que sob apenas a referência geral de "interesse público", é possível identificar pelos exemplos aduzidos que, ao menos em parte significativa, o raciocínio pode ser reconduzido de forma mais específica à tutela de interesses

---

47. MORAES, Bruno Terra de. A função social do contrato como fundamento da aplicação da teoria do adimplemento substancial: quando ocorre e quais as repercussões práticas. In: TEPEDINO, Gustavo; MENEZES, Joyceane Bezerra de (org.). *Autonomia privada, liberdade existencial e direitos fundamentais.* Belo Horizonte: Fórum, 2018, p. 657. Tratando especificamente da aplicação da teoria aos contratos de alienação fiduciária, sustenta Bárbara Naves: "Ficou evidente essa distinção, ainda, dentro da temática da alienação fiduciária, pelo fato de que, quando se tratava de bem financiado que servia ao trabalho, a jurisprudência se mostrava mais propensa a vedar a resolução, priorizando a manutenção da relação contratual. Embora a fundamentação dos acórdãos, em geral, não especificasse a razão desse posicionamento, é possível deduzir que o referido abrandamento do rigor na avaliação dos critérios do adimplemento substancial se deve à função social do contrato, manifesta nos contratos existenciais" (NAVAS, Bárbara Gomes. O abuso do direito de resolver: análise da teoria do adimplemento substancial no direito brasileiro. *Revista de direito civil contemporâneo*, v. 11. São Paulo: abr.-jun./2017, p. 79-102, recurso eletrônico).

48. MORAES, Bruno Terra de. A função social do contrato como fundamento da aplicação da teoria do adimplemento substancial: quando ocorre e quais as repercussões práticas. In: TEPEDINO, G.; MENEZES, J. B. (org.). *Autonomia privada, liberdade existencial e direitos fundamentais.* Belo Horizonte: Fórum, 2018, p. 658-659.

49. NAVAS, Bárbara Gomes. O abuso do direito de resolver: análise da teoria do adimplemento substancial no direito brasileiro. *Revista de direito civil contemporâneo*, v. 11. São Paulo: abr.-jun./2017, p. 79-102, recurso eletrônico.

metaindividuais, originalmente extracontratuais, a pressionar o intérprete em favor da continuidade da execução do contrato, a qual, segundo a leitura dos autores, interferiria sobre a caracterização do adimplemento substancial. A posição dos autores, contudo, é controversa, pois, de outro lado, a doutrina defende "descarta[r]-se, peremptoriamente, a função social como fundamento da Teoria do Adimplemento Substancial, que se ocupa apenas dos interesses das partes contratantes".[50] Com efeito, há aqui uma dificuldade latente, decorrente do fato de os interesses metaindividuais, embora idôneos a justificar a conservações dos efeitos do contrato, não interferirem a rigor com a "substancialidade" do adimplemento.

A origem do problema parece residir no protagonismo que a doutrina do adimplemento substancial assumiu, em virtude de sua ampla acolhida em doutrina e jurisprudência, o que ocasionou relativa sobreposição entre ela e o próprio controle de abusividade do exercício do direito de resolução. Em contraponto, parece salutar reconhecer que esse controle pode ser exercido de forma independente do controle de substancialidade do adimplemento. Mesmo no âmbito da incidência do princípio da boa-fé reconhece-se sua atuação sobre o exercício do direito resolutório por meio de outras figuras parcelares, como o *venire contra factum proprium*.[51] Assim, permite-se também o controle do direito à resolução por meio da função social do contrato quando a extinção da relação contratual acarrete prejuízo a interesses extracontratuais merecedores de tutela, paralelamente à avaliação da substancialidade do adimplemento. Afirma Mariana Siqueira:

> Também não se nega que, em determinadas situações a manutenção ou a extinção de um contrato não possa ser justificada pela sua função social. A hipótese, contudo, é excepcional, para os instrumentos que, de alguma forma considerados essenciais, possam gerar efeito e consequências para a sociedade como um todo. Nesses casos, a conservação da relação obrigacional não terá por fundamento o adimplemento substancial, mas a consecução de determinado interesse extracontratual.[52]

Sob essa perspectiva metodológica, a substancialidade do adimplemento ingressa como um dos veículos do princípio da boa-fé na ponderação dos interesses em jogo entre a resolução ou manutenção do vínculo contratual, atuando de forma complementar ou eventualmente contraposta, a depender do caso, à incidência da função social do contrato nesse mesmo controle. Nesse modelo, a referência à substancialidade acaba por servir como um dos índices para se aferir, em concreto, se a vicissitude sofrida pela relação contratual é, de fato, justificativa suficiente para cessar

---

50. TERRA, Aline de Miranda Valverde; GUEDES, Gisela Sampaio da Cruz. Adimplemento substancial e tutela do interesse do credor: análise da decisão proferida no REsp 1.581.505. *Revista brasileira de direito*, v. 11. Belo Horizonte: jan.-mar./2017, p. 107.
51. STF, 1ª T., RE 67205, Rel. Min. Aliomar Baleeiro, julg. 06/04/1973.
52. SIQUEIRA, Mariana Ribeiro. *Adimplemento substancial: parâmetros para sua configuração.* Rio de Janeiro: Lumen Juris, 2019, p. 46.

os seus efeitos ou se, ao reverso, há interesses legítimos a impor a eficácia do contrato que, de outra forma, se teria tornado ineficaz. Seu objetivo, como destaca Schreiber, é:

> permitir o controle judicial de legitimidade no remédio invocado para o inadimplemento, especialmente por meio do balanceamento entre, de um lado, os efeitos do exercício da resolução (e outras medidas semelhantes) para o devedor *e eventuais terceiros*, e, de outro, os efeitos do seu não-exercício para o credor, que pode dispor de outros remédios muitas vezes menos gravosos para obter a adequada tutela do seu interesse.[53]

Dessa forma, também interesses metaindividuais tornam-se relevantes nessa ponderação entre o remédio resolutório e outras formas de endereçar a dificuldade na execução do avençado. Na jurisprudência, é comum encontrar a função social do contrato invocada como fundamento para impedir o exercício do direito à resolução fora das hipóteses de adimplemento substancial, mas muitas vezes sem a explicitação dos interesses metaindividuais envolvidos no caso concreto.[54] Por vezes, o interesse é explicitado, mas sem a explicação das razões para sua prevalência em concreto ou apenas para corroborar dispositivo legal – como no caso do direito à saúde invocado nas hipóteses em que se disputa a pretensão à resolução de contrato de plano saúde por inadimplemento do usuário[55] – o que também prejudica a sistematização dessa ponderação.[56]

Em outra sede, o controle do exercício do direito de resolução também se coloca nas hipóteses em que ele é autorizado pela superveniência de *onerosidade*

---

53. SCHREIBER, Anderson. A tríplice transformação do adimplemento – Adimplemento substancial, inadimplemento antecipado e outras figuras. *Revista trimestral de direito civil*, v. 32. Rio de Janeiro: out.-dez./2007, p. 22-23 (grifou-se).

54. Ilustrativamente, em litígio pelo qual adquirentes de unidades imobiliárias, diante da falência da incorporadora, pretendiam a resolução do contrato pelo qual outros adquirentes, conformados como uma comissão que obteve alvará judicial para persistir no empreendimento, entregaram a outra construtora o imóvel para finalizar a construção, o entendimento foi de que a nova construtora era parte ilegítima, eis que "a continuidade da obra, esse caminho constitui a melhor maneira de assegurar a funcionalidade econômica e preservar a função social do contrato de incorporação, do ponto de vista da coletividade dos contratantes e não dos interesses meramente individuais de seus integrantes" (STJ, 3ª T., REsp 1115605, Rel. Min. Nancy Andrighi, julg. 07/04/2011). Não parece haver no caso, interesse metaindividual que tenha sido destacado como fundamento para o julgado, mas somente a tutela dos interesses dos contratantes – os adquirentes que formaram a comissão autorizada para conduzir a continuidade da obra.

55. Por exemplo, TJSP, 3ª C.D.P., Ap. Cível 10569861620218260100, Rel. Des. Donegá Morandini, julg. 05/04/2022; TJSP, 1ª C.D.P., Ap. Cível 10037598820188260562, Rel. Des. Enéas Costa Garcia, julg. 25/03/2022.

56. Vale mencionar, todavia, julgado em que a resolução não fundada em inadimplemento, mas em suposta superveniente impossibilidade jurídica do objeto, foi afastada aduzindo, entre outros argumentos, a função social do contrato como veículo para a tutela do meio ambiente: trata-se de caso de Termo de Ajustamento de Conduta em que os sujeitos passivos, tendo descumprido a obrigação de reflorestamento, pretendiam ver o termo resolvido com base na superveniência de nova legislação florestal que seria com ele incompatível, mas prevaleceu o entendimento resguardando o *tempus regit actum*, invocando-se também a função social do contrato para manter os efeitos do acordo (STJ, 2ª T., Ag. Inst. no RESP 1688885, Rel. Min. Herman Benjamin, julg. 01/09/2020).

excessiva. Os requisitos para o surgimento da prerrogativa extintiva, nesse outro cenário, são bastante distintos, quais sejam, indicados em doutrina com algumas variações, a duração do contrato, a onerosidade excessiva da prestação, a imprevisibilidade do desequilíbrio e a inimputabilidade do credor.[57] Assim, enquanto na resolução ensejada por inadimplemento encontra-se prejudicado o sinalagma entre as obrigações, sob a perspectiva da função do negócio e das legítimas expectativas criadas, na resolução ensejada por onerosidade excessiva atinge-se diretamente o equilíbrio contratual, tida a resolução como decorrência da atuação desse princípio contratual.[58] Entretanto, ainda que a onerosidade excessiva encontre fundamento no princípio do equilíbrio contratual, a determinação do remédio mais adequado à sua configuração se abre para a influência de outros fundamentos normativos à luz do caso concreto.

Com efeito, também aqui a doutrina discute eventual controle sobre o direito à resolução, acenando com a cominação de outros efeitos à onerosidade excessiva que evitem a terminação do vínculo. Embora o Código Civil de 2002, na seção dedicada à onerosidade excessiva, tenha atribuído protagonismo à resolução, prevendo subsidiariamente a manutenção do negócio somente para o caso de oferta de redução equitativa pelo réu, a doutrina insurgiu-se contra essa aparente exclusividade do remédio extintivo.

Com base na atuação jurisprudencial anterior ao tratamento legislativo da onerosidade excessiva e socorrendo-se de dispositivo originalmente concebido para a atualização das obrigações pecuniárias – no que já foi chamado de "puxadinho hermenêutico"[59] – defendeu-se amplamente a possibilidade de revisão

---

57. A evolução dos debates sobre os requisitos pode ser observada em, sob a legislação anterior, LIRA, Ricardo Pereira. A onerosidade excessiva nos contratos. *Revista de direito administrativo*, 159. Rio de janeiro: jan.-mar./1985, p. 15-16, com a iminência da aprovação do Código Civil de 2002, RODRIGUES JR., Otávio Luiz. *Revisão judicial dos contratos*. São Paulo: Atlas, 2002, p. 142 e ss.; e mais recentemente DIAS, Antônio Pedro Medeiros. *Revisão e resolução do contrato por excessiva onerosidade*. Belo Horizonte: Fórum, 2017, p. 51 e ss.

58. O reconhecimento da onerosidade excessiva como decorrência de um princípio autônomo de equilíbrio contratual, mas que a ela não limita seu âmbito de incidência, vem sendo desenvolvida em doutrina nacional, em especial por SCHREIBER, Anderson. *Equilíbrio contratual e dever de renegociar*. São Paulo: Saraiva, 2018, *passim*. Sobre o tema, v. também BRITO, Rodrigo Toscano de. *Equivalência material dos contratos*. São Paulo: Saraiva, 2006; ZANETTI, Andrea Cristina. *Princípio do equilíbrio contratual*. São Paulo: Saraiva, 2012; MARTINS, Fernando Rodrigues. *Princípio da justiça contratual*, 2. ed.. São Paulo: Saraiva, 2011; RENNER, Rafael. *Novo direito contratual: a tutela do equilíbrio contratual*. Rio de Janeiro: Maria Augusta Delgado, 2007; MONTEIRO FILHO, Carlos Edison do Rêgo; RITO, Fernanda Paes Leme Peyneau. Subsídios para o equilíbrio funcional dos contratos. *In* TEPEDINO, G.; TEIXEIRA, A. C. B.; ALMEIDA, V. (coord.). *O direito civil entre o sujeito e a pessoa*. Belo Horizonte, Fórum, 2016, p. 425-442; MATTIETTO, Leonardo. O princípio do equilíbrio contratual. *Revista de direito da Procuradoria Geral do Estado*, v. 64. Rio de Janeiro: 2009, p. 183-191.

59. A expressão é de Anderson Schreiber: "o art. 317 tornou-se, em nossa experiência, uma espécie de 'puxadinho hermenêutico' dos arts. 478 a 480, sendo raro encontrar quem trate desses sem aquele, e

3 • HIPÓTESES DE APLICAÇÃO DA FUNÇÃO SOCIAL À CONSERVAÇÃO DOS EFEITOS DO CONTRATO **115**

judicial dos contratos que se tornarem desequilibrados.[60] A intervenção judicial reequilibradora, embora sofresse resistência na doutrina mais tradicional por ser reputada mais invasiva da autonomia negocial, ganhou popularidade como forma de conservação dos efeitos negócios, sendo considerada por muitos até mesmo prioritária em comparação com a resolução.[61]

Entre os fundamentos para essa interpretação sistemática do texto legal, que prioriza a revisão do contrato sobre a sua resolução, leva-se em conta não somente o prejuízo para as partes nos casos em que ainda seria possível alcançar a finalidade comum perseguida pelo negócio. Costuma ser invocado também o prejuízo que a extinção pode acarretar para terceiros e para a coletividade a quem os efeitos produzidos por aquele contrato tivessem atingido. Nesse sentido, aparecem com frequência referências não somente ao princípio da conservação dos negócios jurídicos[62] mas também à função social do contrato.[63] É o que defende Schreiber:

---

vice-versa. O art. 317 acaba, assim, por ser empregado em uma interpretação corretiva dos arts. 478 a 480, para garantir a revisão mesmo na hipótese dos contratos bilaterais, ao contrário do que sugerir a leitura isolada daqueles dispositivos" (SCHREIBER, Anderson. *Equilíbrio contratual e dever de renegociar*. São Paulo: Saraiva, 2018, p. 248).

60. Relata Antonio Pedro Dias: "Com o tempo, contudo, verificou-se uma tendência geral de alteração da interpretação e da aplicação dos artigos 478 a 480, fazendo com que a revisão contratual passasse a ser admitida no mínimo enquanto opção equiparada à resolução, não mais como remédio subsidiário e, portanto, permitindo-se o pedido direto de revisão do contrato por parte do contratante prejudicado pela superveniência" (DIAS, Antônio Pedro Medeiros. *Revisão e resolução do contrato por onerosidade excessiva*. Belo Horizonte: Fórum, 2017, p. 128).

61. Afirma Guilherme Nitschke: "Não obstante as previsões do Código Civil, que dão impressão de privilegiarem a resolução contratual, as tendências cristalizadas em jurisprudência, doutrina, ordenamentos estrangeiros e *lex mercatória* apontam para a manutenção do contrato e sua revisão como prioridade, compreendendo seu desfazimento apenas como *ultima ratio*" (NITSCHKE, Guilherme Carneiro Monteiro. Revisão, resolução, reindexação, renegociação: o juiz e o desequilíbrio superveniente de contratos de duração. *Revista trimestral de direito civil*, v. 50. Rio de Janeiro: abr.-jun./2012, p. 158). Em sentido contrário, para Franciso Marino, a revisão sempre depende de concordância do credor com a modificação equitativa: "No sistema dos arts. 478 e 479 do Código Civil, cabe ao devedor da prestação tornada excessivamente onerosa pleitear unicamente a resolução da relação contratual, podendo o credor requerido evitá-la, oferecendo-se a modificar equitativamente as bases do contrato. O poder de modificar as bases do contrato não é conferido ao devedor, muito menos, *ex officio*, ao juiz" (MARINO, Francisco Paulo De Crescenzo. *Revisão contratual: onerosidade excessiva e modificação contratual equitativa*. São Paulo: Almedina, 2020, p. 72).

62. Enunciado n. 176 das Jornadas de Direito Civil (CEJ/CJF): "Art. 478: Em atenção ao princípio da conservação dos negócios jurídicos, o art. 478 do Código Civil de 2002 deverá conduzir, sempre que possível, à revisão judicial dos contratos e não à resolução contratual". Em sede jurisprudencial, destacou-se que "Não obstante a literalidade do art. 478 do CC/02 – que indica apenas a possibilidade de rescisão contratual – é possível reconhecer onerosidade excessiva também para revisar a avença, como determina o CDC, desde que respeitados, obviamente, os requisitos específicos estipulados na Lei civil. Há que se dar valor ao princípio da conservação dos negócios jurídicos que foi expressamente adotado em diversos outros dispositivos do CC/02, como no parágrafo único do art. 157 e no art. 170" (STJ, 3ª T., REsp 977007, Rel. Min. Nancy Andrighi, julg. 24/11/2009).

63. Afirma Nelly Potter: "O prestígio à manutenção do contrato alia-se à observância de sua função social, já que a extinção do vínculo acabaria por naufragar seus efeitos jurídicos e econômicos à coletividade" (WELTON, Nelly Maria Potter. *Revisão e resolução dos contratos no Código Civil conforme perspectiva*

A função social do contrato também desempenha aqui um papel. O contrato, em sua hodierna roupagem, é visto como instrumento de realização não apenas dos interesses das partes, mas também de interesses sociais relevantes. Sua utilidade social reforça o caráter excepcional da resolução, que poderia colocar fim, portanto, a algo que atende a interesses sociais relevantes, enfatizando a preferência pelo instrumento revisional, como mais apto a realizar a finalidade concreta do contrato.[64]

Dessa forma, também no controle de exercício do direito à resolução por onerosidade excessiva se encontra a atuação da função social do contrato, impondo a manutenção do vínculo, por meio da correção do desequilíbrio pela revisão judicial, quando envolvidos relevantes interesses metaindividuais referentes aos efeitos daquele contrato.[65]

Na jurisprudência, é frequente a invocação da função social do contrato nos litígios envolvendo onerosidade excessiva. O papel dela na fundamentação dos julgados, todavia, nem sempre é claro. Tendo em vista a persistência, em alguns julgados, das já referidas abordagens originais da função social do contrato, que lhe atribuíam amplíssima abrangência, sobrepondo-se ao princípio do equilíbrio econômico, não é incomum encontrar decisões que lhe atribuem papel retórico de fundamentar a própria aplicação do instituto da onerosidade excessiva.[66]

Em outros casos, a referência genérica à função social do contrato como fundamento para a revisão por onerosidade excessiva não permite entrever se

---

civil-constitucional. Rio de Janeiro: Lumen Juris, 2009, p. 201). Em crítica, Marino destaca a sobreposição entre os fundamentos: "Essa referência vaga à função social do contrato acaba, quando muito, sendo um 'duplo' do princípio da conservação" (MARINO, Francisco Paulo De Crescenzo. *Revisão contratual: onerosidade excessiva e modificação contratual equitativa*. São Paulo: Almedina, 2020, p. 41).

64. SCHREIBER, Anderson. *Equilíbrio contratual e dever de renegociar*. São Paulo: Saraiva, 2018, p. 259.

65. Indo além, Nelly Potter sugere a legitimidade processual de terceiros para pretender a conservação do contrato: "O próprio princípio clássico da relatividade já foi subvertido neste sentido pela função social, que impõe os efeitos contratuais para além da avença negocial, fazendo com que, ao mesmo tempo, o respeito à disciplina contratual seja oponível a terceiros, na exata medida em que os contratantes devem respeitar todos os titulares de interesses socialmente relevantes alcançados pela órbita do contrato. Nesta linha, não há como negar direito a terceiro que possa ser afetado pela resolução da avença, podendo este ingressar nos autos como interessado para requerer a intervenção judicial, comprovando suas razões e a iminente lesão a seus interesses em caso de extinção do contrato *sub judice*. Com base neste pedido poderá o juiz, convencido de que merece prosperar tal pretensão, interferir na equação contratual para reduzi-la a termos aceitáveis, impondo-os às partes, pelos menos até que seja sanado o risco de lesão ao terceiro interessado. Eis o que de melhor se pode esperar de nosso modelo normativo no qual a força obrigatória do contrato repousa na própria lei, submetendo-se a liberdade à satisfação de finalidade que não se reduzem exclusivamente ao interesse particular de quem a emite, mas igualmente à satisfação da função social do contrato" (WELTON, Nelly Maria Potter. *Revisão e resolução do contratos no Código Civil conforme perspectiva civil-constitucional*. Rio de Janeiro: Lumen Juris, 2009, p. 192).

66. Exemplificativamente, TJRJ, 24ª C.C.C., Ap. Cível 00024550420128190004, Rel. Des. Flavio Marcelo de Azevedo Horta Fernandes, julg. 23/03/2015; TJSP, 20ª C.D.P., Ap. Cível 01001455620088260011, Rel. Des. Maria Lúcia Pizzotti, julg. 01/07/2013.

ela atua na aplicação da onerosidade excessiva em si, ou na escolha pelo remédio revisional.[67] Na abordagem aqui sugerida, a função social do contrato deveria servir somente a coibir a utilização do remédio resolutório, priorizando o revisional, quando já configurados os requisitos para caracterização de onerosidade excessiva, e sua atuação somente deveria se justificar quando explicitados interesses metaindividuais, originalmente extracontratuais, que no caso prevaleceriam sobre as razões para a dissolução do vínculo.

Nesse sentido, vale colacionar o caso julgado pelo TJSP, em que a contratante pretendia impedir a resolução de contrato de exploração de jazida basáltica, pleiteando sua revisão ante a presença dos requisitos da onerosidade excessiva, e a tutela antecipada foi concedida com base na função social contrato, pois a extinção imediata do negócio atingiria não somente o interesse do autor, mas também "o interesse da coletividade, já que há perigo de dano à economia local, ante a possível paralisação das atividades da agravante" ("relata que são 18 empregos diretos e mais de 100 indiretos").[68]

3.2   O DEVER DE SUPORTAR OS EFEITOS DO CONTRATO INEFICAZ

Entre as situações em que se pode encontrar a atuação da função social para a conservação dos efeitos de contrato que, de outra forma, restaria ineficaz, é possível identificar aquelas em que essa atuação parece adequar-se menos ao modelo de limitação ao exercício de uma prerrogativa de extinguir a eficácia do vínculo e mais ao modelo da criação de deveres instrumentais: mais especificamente, o dever de suportar os efeitos do contrato ineficaz, em virtude da associação desses efeitos a interesses metaindividuais, originalmente extracontratuais, cuja proteção se revele preponderante no caso concreto.

Assim, apenas para fins sistemáticos, essas hipóteses serão abordadas nesse item em separado das anteriores, mas persistindo na análise voltada exclusivamente a colher características da atuação da função social do contrato idôneas a permitir a inferência de critérios para guiar o intérprete na sua aplicação. Nesse sentido, dois exemplos serão abordados com esse fim.

O primeiro é o caso dos denominados "efeitos do nulo", expressão utilizada para abarcar as situações em que se admite que um contrato inválido venha a produzir efeitos. O segundo diz respeito à chamada responsabilidade pós-contratual,

---

67. Exemplificativamente, TJRJ, 14ª C.C., AI 00719702620218190000, Rel. Des. Francisco de Assis Pessanha Filho, julg. 30/03/2022; TJRJ, 12ª C.C., AI 00486377920208190000, Rel. Des. José Acir Lessa Giordani, julg. 10/12/2020; TJSP, 24ª C.D.P., Ap. Cível 91820751020078260000, Rel. Des. Maria Lúcia Pizzotti, julg. 21/06/2012.

68. TJSP, 27ª C.D.P., Ag. Inst. 22099782220198260000, Rel. Des. Alfredo Attié, julg. 01/12/2019.

que abrange situações em que se reconhece persistirem efeitos obrigacionais do negócio após o advento de seu termo final ou de cumprida a prestação principal. Pretende-se, nesses dois exemplos, identificar a atuação conservativa da função social, impondo aos contratantes o dever de persistir sob a eficácia do vínculo.

3.2.1 Os denominados efeitos do contrato nulo

A abordagem mais tradicionalmente voltada ao reconhecimento de efeitos produzidos por contratos reputados juridicamente ineficazes encontra-se no âmbito da teoria das invalidades, por fenômeno comumente referido como "efeitos do negócio jurídico nulo", ou simplesmente "efeitos do nulo". Trata-se de considerações teóricas que admitem que o negócio nulo produza determinados efeitos, mas somente em circunstâncias consideradas excepcionais, de modo a não sacrificar significativamente relativa fidelidade ao modelo tradicional da nulidade.

Com efeito, difundiu-se entre nós modelo teórico bastante esquemático e rigoroso das invalidades, que segmenta a aptidão do negócio à produção de efeitos em três planos, consistentes na existência, validade e eficácia. A despeito da influência alemã, reconhece-se hoje que esse modelo é na verdade originalmente brasileiro, tributado ao gênio criativo de Pontes de Miranda[69], posteriormente desenvolvido por outros juristas nacionais, como Antônio Junqueira de Azevedo[70] e Marcos Bernardes de Mello.[71]

Segundo esse modelo, o exercício da autonomia negocial deveria passar por três etapas de avaliação, sequenciadas e preclusivas: iniciando pela averiguação dos elementos necessários para ele ser reputado existente; passando na sequência para a conferência dos requisitos de validade; para então aferir-se a presença de fatores para sua eficácia.[72] Tido por inexistente, sequer se avaliaria a validade do negócio, assim como do negócio inválido não se cogitaria de eficácia.

Entretanto, os próprios teóricos do modelo reconhecem a existência de situações em que, no plano fático, o negócio nulo veio a produzir efeitos jurídicos

---

69. Essa é a constatação de Jan Peter Schmidt, que afirma que se trata de mais um exemplo em que "os brasileiros tomam por evidente algo que os alemães mal conhecem, e ainda menos utilizam" (SCHMIDT, Jan Peter. Vida e obra de Pontes de Miranda a partir de uma perspectiva alemã: com especial referência à tricotomia "existência, validade e eficácia do negócio jurídico". *Revista Fórum de Direito Civil – RFDC*, Belo Horizonte, ano 3, n. 5, jan./abr. 2014, recurso eletrônico).

70. AZEVEDO, Antônio Junqueira de. *Negócio jurídico: existência, validade e eficácia*, 4. ed. São Paulo: Saraiva, 2007, *passim*.

71. MELLO, Marcos Bernardes de. *Teoria do fato jurídico: plano da validade*, 9. ed.. São Paulo: Saraiva, 2009, *passim*.

72. Sintetiza o autor: "[...] há três planos, o da *inexistência*, o da *nulidade* e o da *anulabilidade*, um acima do outro, essa é a ordem em que se hão de apresentar, discutir e julgar as questões" (MIRANDA, Francisco Cavalcanti Pontes de. *Tratado de direito privado*, tomo IV, 2. ed. Rio de Janeiro: Borsoi, 1954, p. 76-77).

3 • HIPÓTESES DE APLICAÇÃO DA FUNÇÃO SOCIAL À CONSERVAÇÃO DOS EFEITOS DO CONTRATO — 119

cujo desfazimento geraria problemas significativos. Nesse sentido, alerta Pontes de Miranda:

> Todos os que definem o ato jurídico nulo como aquele que não produz efeitos, portanto 'nulidade = ineficácia', cometem, desde logo, o erro de definir o fato de ser com o ter determinadas consequências, e topam, adiante, com o desmentido dos fatos: há atos jurídicos nulos que surtem efeitos; e efeitos correspondentes ao seu conteúdo.[73]

Costumam ser aduzidos como exemplos de negócios nulos eficazes, muitos deles figurando em previsões legais específicas, o casamento putativo, a chamada "adoção à brasileira", os atos de menor monta praticados por incapazes, aqueles decorrentes de lei declarada inconstitucional, o contrato de trabalho nulo que gera o direito à remuneração, a compra e venda nula que gera posse de boa-fé e a alegação de nulidade que implicar *venire contra factum proprium*, entre tantos outros.[74]

O desconforto causado à divisão rigorosa dos planos por esse "'furo' na técnica da eliminação progressiva"[75] é comumente compensado pela afirmação de sua excepcionalidade.[76] Indica-se, ainda, que os efeitos produzidos pelo negócio nulo normalmente não são aqueles próprios ou típicos.[77] Mais do que isso, já se afirmou que, em virtude de sua excepcionalidade, tais hipóteses de eficácia do nulo deveriam ser interpretadas de forma restritiva e admitidas somente quando expressamente previstas em lei e no limite dos efeitos que ela expressamente tolera.[78]

---

73. MIRANDA, Francisco Cavalcanti Pontes de. *Tratado de direito privado*, tomo IV, 2. ed. Rio de Janeiro: Borsoi, 1954, p. 75. Em seguida sintetiza o autor: "o negócio jurídico totalmente ineficaz é nulo; mas o negócio jurídico nulo não é, necessariamente, totalmente ineficaz" (*ibid.*, p. 76).

74. Nos últimos anos, esse debate ganhou novo destaque em razão dos contratos viciados por atos de corrupção, sobre os quais destaca Judith Martins-Costa: "Segundo reza o brocardo, *quod nullum est nullum effectum producit* – do ato nulo não nascem efeitos. Essa asserção, porém, não é nem rigorosa nem correta. Quando se diz não decorrem efeitos dos atos nulos, se está a referir que deles não decorre a sua *eficácia típica*, isto é, os efeitos normais aos quais o negócio estava predisposto. Não significa, de modo algum, que as consequências fenomênicas de atos atingidos por defeitos em sua formação sejam irrelevantes para a Ordem jurídica. E há efeitos não apenas porque mesmo nos atos nulos pode haver a eficácia mínima de vinculação, mas, igualmente, porque a declaração negocial é recebida pelo Ordenamento como *fato jurídico* do qual decorrerão outros efeitos, não necessariamente aqueles queridos pelas partes" (MARTINS-COSTA, Judith. Efeitos obrigacionais da invalidade: o caso dos contratos viciados por ato de corrupção. *In* BARBOSA, H.; SILVA, J. C. F. (coord.). *A evolução do direito empresarial e obrigacional*, v. II. São Paulo: Quartier Latin, 2021, p. 230).

75. AZEVEDO, Antônio Junqueira de. *Negócio jurídico: existência, validade e eficácia*, 4. ed. São Paulo: Saraiva, 2007, p. 64.

76. DÍEZ-PICAZO, Luis. *Fundamentos del derecho patrimonial*, I, 6. ed. Pamplona: Civitas, 2007, p. 572-573.

77. AZEVEDO, Antônio Junqueira de. *Negócio jurídico: existência, validade e eficácia*, 4. ed. São Paulo: Saraiva, 2007, p. 49.

78. MELLO, Marcos Bernardes de. *Teoria do fato jurídico: plano da validade*, 9. ed.. São Paulo: Saraiva, 2009, p. 230-231.

Entretanto, o rol de exemplos comumente aduzido contrasta com essa perspectiva extremamente restritiva e leva a questionar o grau de rigor de sua excepcionalidade. Como já observado, a mera afirmação de que a aplicação de determinada norma deve ser excepcional parece não contribuir significativamente para o esclarecimento das suas condições de aplicação. Com efeito, para garantir isonomia e previsibilidade, parece mais importante o oferecimento de critérios para nortear o intérprete na sua atividade, de modo a compreender mais adequadamente esse fenômeno.

Nesse sentido, pode ser aduzido o esforço pioneiro da teoria das *relações contratuais de fato*, que se desenvolveu na Europa na primeira metade do século XX com o objetivo de permitir que situações socialmente recorrentes produzissem efeitos típicos de contratos independentemente de manifestação de vontade das partes que pudesse ser reputada válida do ponto de vista formal. Alguns dos exemplos que costumam ser citados poderiam albergar-se na categoria mais ampla de "efeitos do nulo" (ou, por vezes mesmo de negócios inexistentes), mas destacam-se dos demais não somente pela frequência social, mas também por serem situações mais radicais, em que o efeito se produz sem qualquer manifestação de vontade do envolvido ou, por vezes, mesmo contra a vontade por ele declarada.

Costuma ser atribuída a Haupt a primeira versão dessa teoria, que albergaria três grupos de situações: contatos sociais que impõem determinados deveres de cuidado e proteção à outra parte (como nas relações pré-contratuais); coletividades fáticas decorrentes de relações de trabalho e de sociedade estabelecidas sem os requisitos legais; e relações contratuais fáticas decorrentes de dever de prestar social, como na utilização de serviços públicos.[79] A teoria recebeu posteriores reformulações, especialmente por Karl Larenz.[80]

Partindo da premissa de que a autonomia privada não se exerce exclusivamente por meio da figura tradicional do negócio jurídico, Larenz desenvolve a ideia de comportamentos socialmente típicos: "O efeito obrigatório do comportamento do usuário não se baseia [...] no fato de ele ser imputado ao sujeito

---

79. LARENZ, Karl. Estabelecimento de relações obrigacionais por meio de comportamento social típico. *Revista Direito GV*, v. 2, n. 1. São Paulo: jan.-jun./2006, p. 57.

80. Costuma ser citada também a influência de Ascarelli, ao tratar do conceito de atividade: *"L'attività effettivamente svolta costituisce non solo, come rilevato, un «fatto» e un fatto per la cui giuridica rilevanza è non solo indifferente la volontà del soggetto nei riguardi delle conseguenze che legalmente ne derivano, mas quanto alla sua sussistenza, essendo sufficiente l'esistenza di una volontà del soggetto nei riguardi degli atti che integrano l'attività (e, vedremo, per quanto concerne l'attività qualificata imprenditrice, nei riguardi dell'intento di detti atti, mentre a sua volta dovrà essere valutata obbiettivamente a detti effetti indipendentemente dalla volontà del soggetto, l'esistenza dell'organizzazione)"* (ASCARELLI, Tullio. *Lezioni di diritto commerciale: introduzione*, 2. ed. Milano: Giuffrè, 1955, p. 106-107).

3 • HIPÓTESES DE APLICAÇÃO DA FUNÇÃO SOCIAL À CONSERVAÇÃO DOS EFEITOS DO CONTRATO

como expressão de vontade própria de obrigar-se, mas sim no fato de que, sem levar em conta a vontade do agente, o comportamento será entendido, de acordo com os usos do tráfego, como justificador de uma obrigação".[81] Dessa forma, essas condutas vinculantes ainda se situariam no campo da autonomia privada, mas, para o jurista alemão, não seriam negócios – inaplicáveis as regras sobre capacidade e vícios de vontade, por exemplo –, embora não descarte a possibilidade de, conforme os usos linguísticos, serem conduzidas a um "contrato em sentido amplo".[82]

Afirma-se que a teoria ganhou maior popularidade a partir de sua adoção pelo BGH diante do caso de uma pessoa que teria deixado repetidamente seu automóvel em um estacionamento público da cidade de Hamburgo – identificado por meio de placas explicativas e faixas brancas pintadas no chão –, mas que se recusava ao pagamento sob o argumento de que todas as vezes esclarecia ao funcionário local que recusava a vigilância e o pagamento da taxa de estacionamento: para o tribunal alemão, a relação aperfeiçoou-se pela colocação de fato do veículo no estacionamento, independente da manifestação de vontade negativa perante os funcionários, por se tratar de um comportamento socialmente típico.[83]

Entretanto, nas décadas subsequentes a popularidade da teoria sofreu significativo declínio, prevalecendo paulatinamente abordagens que buscavam reconduzir aquelas situações a uma versão expandida da tradicional categoria voluntarística do negócio jurídico, associando o comportamento concludente a uma manifestação tácita ou presumida de vontade.[84] O próprio Larenz, que

---

81. LARENZ, Karl. Estabelecimento de relações obrigacionais por meio de comportamento social típico. *Revista Direito GV*, v. 2, n. 1. São Paulo: jan.-jun./2006, p. 60.

82. LARENZ, Karl. Estabelecimento de relações obrigacionais por meio de comportamento social típico. *Revista Direito GV*, v. 2, n. 1. São Paulo: jan.-jun./2006, p. 61-62.

83. LARENZ, Karl. Estabelecimento de relações obrigacionais por meio de comportamento social típico. *Revista Direito GV*, v. 2, n. 1. São Paulo: jan.-jun./2006, p. 57.

84. Afirma Paulo Mota Pinto: "Uma tomada de posição quanto ao problema dos fundamentos não negociais de vinculação, parece-nos exigir, porém, como já se pode concluir, antes do mais, ideias claras quanto aos *limites* do negócio jurídico e sua teoria. [...] Ora, de todos os limites do domínio do negócio jurídico, pode sem exagero afirmar-se que nenhum se revelou historicamente tão 'elástico' como aquele flanco em que deparamos com a 'declaração tácita de vontade'" (PINTO, Paulo Cardoso Correia da Mota. *Declaração tácita e comportamento concludente no negócio jurídico*. Coimbra: Almedina, 1995, p. 67). Tendo em vista especificamente o exemplo do comportamento realizado com declaração de vontade contrária à caracterização de negócio jurídico, afirma o autor: "Tendo em mente, em particular, os casos ditos de 'comportamentos social-típicos', que, como já referimos, foram aproximados da declaração 'tácita' e dos comportamentos concludentes, quando existir uma *protestatio*, julgamos que a alternativa se desenhará, não entre um enquadramento negocial e um extra-negocial, mas antes *fora do negócio*, entre, por um lado, a adequação de uma solução conseguida com recursos aos institutos da *responsabilidade civil* e do *enriquecimento sem causa*, e, por outro, a necessidade de apoio em *outras fontes* de vinculações, de direito escrito ou não – outras fontes estas que poderão resultar diretamente da concretização de certos princípios jurídicos já integrantes do actual *corpus iuris* ou concentrar-se numa nova *fonte de obrigações*. O que nos parece certo é, pois, que, desde logo por causa da *protestatio*

inicialmente afirmava que "permitir que [o conceito 'doutrinário' de negócio jurídico] se dissolva no conceito muito mais amplo e indeterminado do comportamento socialmente relevante [...] não seria um avanço, mas um retrocesso para a dogmática",[85] acabou por ceder à posição dominante e reputar o comportamento social típico como expressão de uma vontade presumida ou como mecanismo excepcional de ressarcimento para se evitar enriquecimento sem causa.[86]

Em análise crítica desse movimento histórico, Gustavo Tepedino indica que se mostra "plausível imaginar que a rejeição à doutrina das relações jurídicas de fato se associe mais ao contexto histórico e ideológico em que se insere do que aos seus fundamentos teóricos".[87] O autor esclarece que a teoria das relações contratuais de fato atuava como um mecanismo de escape aos rigores da teoria do negócio jurídico, associada ao "esplendor do voluntarismo do final do Século XIX" e que seu declínio condiz com o contexto histórico e ideológico de neoliberalismo e "retomada entusiasmada da autonomia privada como expressão da vontade individual".[88]

No contexto atual, todavia, a teoria das relações contratuais fáticas vem ganhando nova força, apesar das resistências,[89] em vinculação ao desenvolvimento dos estudos sobre normas contratuais heterônomas. A associação com fundamentos normativos devidamente positivados oferece maior legitimidade e segurança à imposição de obrigações contratuais por conta de relações de contato social, cujo grande desafio sempre foi a identificação de "o que faz uma conduta

---

(quando ela for relevante aplicável ao caso em questão), não existirá nem uma declaração negocial, nem um negócio jurídico" (*Ibid.*, p. 813-815).

85. LARENZ, Karl. Estabelecimento de relações obrigacionais por meio de comportamento social típico. *Revista Direito GV*, v. 2, n. 1. São Paulo: jan.-jun./2006, p. 60.

86. TEPEDINO, Gustavo. Atividade sem negócio jurídico fundante e a formação progressiva dos contratos. *Revista trimestral de direito civil*, v. 11, n. 44. Rio de janeiro: out.-dez./2010, p. 24.

87. TEPEDINO, Gustavo. Atividade sem negócio jurídico fundante e a formação progressiva dos contratos. *Revista trimestral de direito civil*, v. 11 n. 44. Rio de janeiro: out.-dez./2010, p. 21-22.

88. TEPEDINO, Gustavo. Atividade sem negócio jurídico fundante e a formação progressiva dos contratos. *Revista trimestral de direito civil*, v. 11, n. 44. Rio de janeiro: out.-dez./2010, p. 19-22.

89. Em crítica a esse movimento, Otávio Luiz Rodrigues Jr. afirma que "Está-se diante de uma doutrina arruinada na Alemanha e que hoje se estuda mais como um elemento histórico do que propriamente como um constructo teórico relevante. É óbvio que os acórdãos e autores que a ela se referiram no Brasil, nos anos 1970-2000, prestaram grande serviço à dogmática nacional. E merecem todos os elogios por sua abordagem pioneira do tema. Não se pode admitir, porém, que, em 2012, os doutrinadores continuem a repetir lições de 1958, como se fossem grandes novidades [...]" (RODRIGUES JUNIOR, Otavio Luiz. Problemas na importação de conceitos jurídicos. *Consultor jurídico*, 8 ago. 2012. Disponível em <t.ly/WBhC>, acesso em 26 abr. 2021.). Para Gramstrup e Zanetti, "Não podemos asseverar que essa teoria seja amplamente aceita no Brasil. Entre nós, a aceitação de teorias que tendem a um entendimento extensivo do negócio jurídico é o viés pelo qual a doutrina e os tribunais têm-se direcionado" (GRAMSTRUP, Erik Frederico; ZANETTI, Andrea Cristina. Aspectos formativos do contrato na atualidade. *Quaestio iuris*, v. 12, n. 4. Rio de Janeiro: 2019, p. 683).

objetiva, em tese desprovida de natureza contratual, passar a ser encarada pelo ordenamento como tal".[90]

Essa tendência pode ser associada a um movimento mais amplo, empreendido pela doutrina mais recentemente dedicada ao fenômeno dos "efeitos do nulo", que vem reconhecendo um espaço não tão restrito à superação das causas de invalidade e busca, de modo a compreender mais adequadamente o fenômeno, o estabelecimento de critérios para sua caracterização. Partem, principalmente, de uma leitura funcional das invalidades, isto é, da constatação de que as regras que cominam nulidades desempenham uma função no ordenamento jurídico e que é em vista dessa função que devem ser interpretadas.[91] Assim, quando sua aplicação gerar resultado inidôneo ao atendimento dessa função, devem ceder lugar à aplicação de outras normas, que realizem mais adequadamente, naquele contexto, o valor resguardado. Isso envolve também reconhecer que a aplicação do rígido e abstrato sistema das invalidades deve ser mais sensível aos interesses envolvidos na relação concreta.[92] Como explica Vincenzo Roppo:

> L'idea di una definizione generale e unitaria della nullità tende a essere abbandonata dalla dottrina. Prevale un'impostazione relativistica e pluralistica. Si prende atto che il legislatore, nell'arbitrio delle sue scelte, per un verso ricollega la nullità a fattispecie molto diverse fra loro; e per altro verso regola le varie fattispecie di nullità in modi alquanto diversi fra loro. Conseguentemente, si tende a rinunciare a una teoria generale delle cause de nullità; e – se non si rinuncia a una teoria generale delle conseguenze della nullità – si riconosce che essa incontra eccezioni sempre più numerose e rilevanti.[93]

---

90. SIRENA, Hugo Cremonez. Direito dos contratos: relações contratuais de fato e o princípio da boa-fé. *Revista jurídica da Procuradoria Geral do Estado do Paraná*, n. 5. Curitiba, 2014, p. 208.

91. Em outra linha metodológica, mas partilhando a mesma premissa, BUNAZAR, Maurício. *A invalidade do negócio jurídico*. São Paulo: Thompson Reuters, 2020, recurso eletrônico: "defende-se que, como corolário do *favor negotii*, o intérprete-adjudicador deverá deixar de aplicar a sanção de invalidade se, em dado caso concreto, restar evidenciado que a ineficacização implicará contrariar a finalidade da norma jurídica".

92. Destaca-se a crítica à teoria clássica das nulidades de Orlando Gomes: "Todo esforço da doutrina consistia na sistematização desses princípios, com o objeto científico de coordenar a matéria em algumas regras gerais que, tecnicamente, pudessem dar ao intérprete orientação lógica e segura. Parece que esse esforço não alcançou seu objetivo. As tentativas de sistematização multiplicaram-se, concorrendo para a maior obscuridade da teoria que se procurava construir. Os conceitos fundamentais variam. O sentido das palavras não é uniforme. As classificações divergem. As categorias aumentam ou diminuem por efeito de insegurança conceitual. [...] E, quando conseguem fixar os traços característicos de vários graus de imperfeição dos negócios jurídicos, não apresentam caracteres que permitam distinção rígida. Diz-se, realmente, que o negócio nulo não produz efeitos, pois a nulidade é imediata, absoluta, insanável e imprescritível, ao contrário do anulável, que tem eficácia e pode ser sanado pela vontade do interessado e pelo decurso do tempo. Tais postulados não resistem à mais aprofundada análise. Via de regra, o que é nulo nenhum efeito produz. Há negócios nulos que todavia produzem efeitos" (GOMES, Orlando. *Introdução ao direito civil*, 19. ed. Rio de Janeiro: Forense, 2009, p. 431).

93. ROPPO, Vincenzo. *Il contratto*. Milano: Giuffrè, 2001, p. 740. Em tradução livre: "A ideia de uma definição geral e unitária da nulidade tende a ser abandonada pela doutrina. Prevalece uma abordagem

Nessa toada, reconhece-se que as exceções são decorrência da ponderação do interesse jurídico que comina a nulidade com outros interesses merecedores de tutela, cuja proteção, em concreto, pode se revelar mais adequada. Esse entendimento, inclusive, foi sedimentado no enunciado n. 537 das Jornadas de Direito Civil (CEJ/CJF), segundo o qual "a previsão contida no art. 169 não impossibilita que, excepcionalmente, negócios jurídicos nulos produzam efeitos a serem preservados quando justificados por interesses merecedores de tutela".

Alimenta esse movimento uma mudança de perspectiva acerca do próprio fundamento de obrigatoriedade dos contratos, que se desloca da manifestação de vontade em si mesma, para os fins merecedores de tutela por ele perseguidos. Às fontes autônomas de obrigações entrelaçam-se as fontes heterônomas impostas pelo ordenamento e, conjugadas, determinam a normativa aplicável ao contrato em compatibilidade com o merecimento de tutela atribuído à sua função.[94] Nesse viés, o reconhecimento de que obrigações contratuais podem surgir sem prévia manifestação de vontade dos contratantes, ao menos nos termos mais formais da teoria do negócio jurídico, não é situação estranha ou excepcional. Dispensa-se, com isso, o significativo esforço de reconduzir essas hipóteses a algum tipo de manifestação de vontade tácita ou presumida, incompatível com as circunstâncias em que se colocam:

> Não seria razoável admitir como válidos tais negócios com fundamento em suposta vontade presumida de seus responsáveis já que, por vez, as atividades desenvolvidas são levadas a cabo contra a vontade expressa de quem deveria autorizar. Também em outras hipóteses de atividade desenvolvidas por pessoas capazes, mostra-se insustentável cogitar-se de vontade presumida pelo simples fato de que o agente se recusa a celebrar o negócio. E tampouco se sustentaria a explicação circunscrita à liquidação de danos quando se pensa na execução específica de certos contratos fundados em negócio nulo, na esteira de tendência progressiva do direito obrigacional.[95]

---

relativística e pluralista. Nota-se que o legislador, no arbítrio de suas escolhas, por um lado vincula a nulidade a casos muito diferentes; e, por outro lado, regula os vários casos de nulidade de formas bem diferentes. Consequentemente, há uma tendência a renunciar a uma teoria geral das causas da nulidade; e – se não se renunciar a uma teoria geral das consequências da nulidade – reconhece-se que ela encontra exceções cada vez mais numerosas e relevantes". Destaca também Eduardo Nunes de Souza: "por serem as regras gerais das invalidades muito rígidas, a tendência é que o intérprete, valorando os efeitos do ato, decida quanto às consequências do vício, isto é, quanto aos tipos de eficácia que serão permitidos e que serão vedados para o ato concretamente considerado, por vezes a despeito da disciplina abstrata que o legislador previra para aquele caso de invalidade" (SOUZA, Eduardo Nunes de. *Teoria geral das invalidades do negócio jurídico: nulidade e anulabilidade no direito civil contemporâneo*. São Paulo: Almedina, 2017, p. 262-263).

94. RODOTÀ, Stefano. *Le fonti di integrazione del contratto*. Milano: Giuffrè, 1970, p. 72 e ss.

95. TEPEDINO, Gustavo. Esboço de uma classificação funcional dos atos jurídicos. *Revista brasileira de direito civil*, v. 1. Rio de Janeiro: jul.-set./2014, p. 34.

3 • HIPÓTESES DE APLICAÇÃO DA FUNÇÃO SOCIAL À CONSERVAÇÃO DOS EFEITOS DO CONTRATO

Isso não significa, contudo, desprezar a vontade individual, expressa nos moldes formais da teoria do negócio jurídico, mas rejeitar-lhe o papel de fonte exclusiva de obrigatoriedade, de modo a reconhecer espaço também às expressões de autonomia viabilizadas pela própria atividade levada a cabo pelo contratante,[96] bem como ao papel de fontes heterônomas, oriundas de interesses originalmente extracontratuais, mas merecedores de tutela.

A partir do reconhecimento dessa possibilidade e da sistemática que lhe subjaz, a doutrina vem empreendendo esforços para delinear os critérios que costumam guiar essa ponderação, de modo a oferecer maior segurança jurídica e previsibilidade à atribuição de efeitos aos contratos nulos. Em especial, sob a perspectiva civil-constitucional, também essa hipótese é reconduzida para uma ponderação entre princípios resguardados pelo texto constitucional.[97] Como explica Perlingieri:

> Da contraposição nítida entre as figuras de nulidade e anulabilidade passou-se, pouco a pouco, a atribuir importância às exceções: assim, a nulidade não apenas absoluta, mas relativa; não é apenas total, mas parcial; determinam-se, além disso, razões para derrogar a disciplina da anulabilidade. Em definitivo, constata-se, realisticamente, que os interesses individuados, deduzidos no contrato ou a eles coligados, são diversos, de maneira que as patologias contratuais são obrigadas a se conformar a tais interesses. Os 'remédios' devem ser adequados aos interesses, de modo que a prevalência da nulidade parcial, como expressão da prevalência do princípio de conservação dos efeitos, é aceitável toda vez que for melhor (para o ordenamento) que o contratante (vulnerável) obtenha, pelo menos em parte, o resultado.[98]

Nesse sentido, Eduardo Nunes de Souza aponta conservação, boa-fé subjetiva, boa-fé objetiva, enriquecimento sem causa, vulnerabilidade e segurança jurídica como valores idôneos a permitir a modulação de efeitos do negócio nulo, ressaltando tratar-se de rol que não se pretende minimamente exaustivo.[99]

---

96. Explica Gustavo Tepedino: "Esta teoria, nos dias atuais, deve ser contextualizada, sendo indispensável examiná-la sem excluir, para sua admissão, o papel da vontade dos contratantes. Ao contrário, é de se examinar as atividades sem negócio em face das diversas formas de expressão e de valoração da vontade contratual. Desse modo, será possível avaliar o papel da vontade na presença e na ausência de negócio jurídico que celebre a atividade contratual" (TEPEDINO, Gustavo. Atividade sem negócio jurídico fundante e a formação progressiva dos contratos. *Revista trimestral de direito civil*, v. 11, n. 44. Rio de janeiro: out.-dez./2010, p. 26).

97. "Nada impede, portanto, que o juiz, ao individuar a normativa do caso concreto a partir dos princípios e valores consagrados pela Constituição da República, prestigie a manutenção de certos negócios jurídicos nulos – ou apenas os seus efeitos – quando os efeitos produzidos representarem a realização de um interesse social mais relevante do que a causa que justifica a invalidade" (DICKSTEIN, Marcelo. *Nulidades prescrevem? Uma perspectiva funcional da invalidade*. Rio de Janeiro: Lumen Juris, 2015, p. 49).

98. PERLINGIERI, Pietro. *O direito civil na legalidade constitucional*. Rio de Janeiro: Renovar, 2008, p. 374.

99. SOUZA, Eduardo Nunes de. Teoria geral das invalidades do negócio jurídico: nulidade e anulabilidade no direito civil contemporâneo. São Paulo: Almedina, 2017, p. 294.

Marcelo Dickstein, por sua vez, identifica como critérios a preeminência das situações existenciais sobre as patrimoniais, a boa-fé objetiva e a função social do contrato.[100] Já Hamid Charaf Bdine Jr. indica como guias "os valores da solidariedade e da cooperação ditados pelo texto constitucional e, em seguida, os princípios da função social do contrato, da boa-fé, da conservação, e o que veda comportamentos contraditórios, bem como os da proporcionalidade e da razoabilidade".[101] Esse esforço para a indicação de vetores substantivos, embora não seja suficiente para debelar qualquer ambiguidade argumentativa, parece ser contribuição mais significativa para a segurança jurídica do que a mera afirmação de que os efeitos do nulo são excepcionais.[102]

No âmbito específico das chamadas relações contratuais de fato, observa-se que a boa-fé é o princípio de direito contratual mais comumente invocado para dar suporte à invocação da teoria dos contratos de fato, em associação à referência à tutela da confiança.[103] Entretanto, mesmo para autores que adotam essa linha, como Hugo Sirena, a carga axiológica que torna vinculantes os comportamentos sociais típicos encontra fundamento "porque relevantes à sociedade e porque vinculantes a outros sujeitos"[104] e, mais explicitamente, afirma o jurista que:

> o contato social só ganha ares contratuais se imerso em uma gama de fatores particularmente considerados, objetivamente determinados: a intensidade do contato, combinada com a relevância social do liame, imerso em um contexto de coordenação típica de centros de interesses, adjetivado pela incidência principiológica da boa-fé e da função social do (agora) contrato.[105]

Juliana Pedreira da Silva, por sua vez, indica que o princípio da boa-fé pode ser invocado como fundamento para a tutela desses contratos, mas o que permite

---

100. DICKSTEIN, Marcelo. *Nulidades prescrevem? Uma perspectiva funcional da invalidade*. Rio de Janeiro: Lumen Juris, 2015, p. 51, 65 e 80, respectivamente.
101. BDINE JR., Hamid Charaf. *Efeitos do negócio jurídico nulo*. Tese. São Paulo: USP, 2007, p. 190.
102. Por outro lado, afirma Maurício Bunazar: "Não basta, por exemplo, afirmar que o efeito retroativo da invalidação pode afetar a segurança jurídica, violar a boa-fé, violar a proporcionalidade, violar o dever de solidariedade social e, até mesmo, violar a dignidade humana, é necessário fornecer balizas dogmáticas mais ou menos seguras para que o intérprete, com base no sistema normativo em que está atuando, decida racionalmente – é dizer, fundamentalmente – por uma ou outra solução" (BUNAZAR, Maurício. *A invalidade do negócio jurídico*. São Paulo: Thompson Reuters, 2020, recurso eletrônico).
103. AGUIAR JR., Ruy Rosado. *Extinção dos contratos por incumprimento do devedor: resolução*, 2. ed. Rio de Janeiro: Aide, 2004, p. 251; SIRENA, Hugo Cremonez. Direito dos contratos: relações contratuais de fato e o princípio da boa-fé. *Revista jurídica da Procuradoria Geral do Estado do Paraná*, n. 5. Curitiba, 2014, p. 216.
104. SIRENA, Hugo Cremonez. Direito dos contratos: relações contratuais de fato e o princípio da boa-fé. *Revista jurídica da Procuradoria Geral do Estado do Paraná*, n. 5. Curitiba, 2014, p. 205.
105. SIRENA, Hugo Cremonez. Direito dos contratos: relações contratuais de fato e o princípio da boa-fé. *Revista jurídica da Procuradoria Geral do Estado do Paraná*, n. 5. Curitiba, 2014, p. 154.

3 • HIPÓTESES DE APLICAÇÃO DA FUNÇÃO SOCIAL À CONSERVAÇÃO DOS EFEITOS DO CONTRATO **127**

que "as condutas dos centros de interesses se coordenem e sejam típicas" é o fato de "desempenharem, concatenadas, uma função social".[106]

Parece possível vislumbrar, portanto, um espaço de atuação da função social do contrato junto à fundamentação da obrigatoriedade dos chamados contratos de fato. Além das expectativas legítimas criadas pelos comportamentos sociais típicos, que seriam tuteladas pela incidência do princípio da boa-fé, é viável reconhecer que, ao menos em alguma parcela dos casos, a atividade contratual levada a cabo pelos envolvidos acaba por atender a interesses originalmente extracontratuais merecedores de tutela, pertinentes à coletividade que cerca aquela relação, de modo a justificar a obrigatoriedade do cumprimento das obrigações resultantes do contato social também em atendimento a, justamente, seu aspecto social.

Já no âmbito mais amplo dos ditos "efeitos do nulo", não é incomum a referência à função social do contrato, mas normalmente associada ao princípio da conservação dos negócios jurídicos.[107] Como exposto inicialmente, a referência somente ao princípio da conservação, sob a metodologia aqui adotada, revela-se insuficiente, pois toma a vontade como fim merecedor de tutela em si mesmo, sem analisar os interesses que subjazem sua proteção.[108] Por isso, deve-se ter atenção a essa justaposição entre ela e a função social, visto que pode servir não para funcionalizar a conservação dos negócios, mas inversamente para desfuncionalizar a função social do contrato.

Adotada nesta tese a compreensão da função social do contrato como um enunciado normativo que determina a funcionalização da liberdade contratual a interesses metaindividuais relevantes, como critério interpretativo, limitador do exercício de direitos e criador de deveres para os contratantes perante a coletividade que os cerca, sua associação à conservação de negócios jurídicos deve guiar-se

---

106. SILVA, Juliana Pedreira da. *Contratos sem negócio jurídico*. São Paulo: Atlas, 2011, p. 32.
107. Por exemplo, KLIEMANN, Ana Carolina. O princípio da manutenção do negócio jurídico: uma proposta de aplicação. *Revista trimestral de direito civil*, v. 26. Rio de Janeiro: abr.-jun. 2006, p. 12-13; HADDAD, Luís Gustavo. *Função social do contrato: um ensaio sobre seus usos e sentidos*. São Paulo: Saraiva, 2013, p. 246. Nesse sentido, o enunciado n. 22 das Jornadas de direito civil (CEJ/CJF): "A função social do contrato, prevista no art. 421 do novo Código Civil, constitui cláusula geral que reforça o princípio de conservação do contrato, assegurando trocas úteis e justas".
108. Para Cristiano Zanetti, por exemplo, afirma: "Devidamente interpretado, o texto legal [art. 421] põe em evidência que a preservação dos contratos e, por extensão, dos negócios jurídicos, é cara ao direito brasileiro. De fato, a conclusão de negócios em respeito aos ditames legais aproveita à sociedade como um todo, pois promove a colaboração em benefício das pessoas" e "a preservação dos efeitos dos negócios jurídicos tem um valor social, na medida de sua utilidade e, também uma função social, dado que seus efeitos fomentam a colaboração por meio da criação e circulação de riquezas" (ZANETTI, Cristiano de Souza. *A conservação dos contratos nulos por defeito de forma*. São Paulo: Quartier Latin, 2013, p. 64).

por essa mesma orientação. Assim, o negócio nulo poderá ser eficaz, com base na função social do contrato, quando idôneo a tutelar interesses jurídicos coletivos, homogêneos ou transindividuais mais relevantes que aqueles viabilizados pela aplicação das normas que tornam o negócio ineficaz.[109]

Essa assertiva é corroborada pelo disposto no artigo 21 da LINDB, que, no âmbito da já referida reforma administrativa de viés pragmático-consequencialista, passou a determinar que a decisão que invalide um contrato não apenas "deverá indicar de modo expresso suas consequências jurídicas e administrativas", mas ainda deverá "indicar as condições para que a regularização ocorra de modo proporcional e equânime e sem prejuízo aos interesses gerais".[110] Regulamentada pelo D. 9.830/2019, a disposição dá ensejo, ainda, à possibilidade expressa de, no âmbito da decisão de invalidação, "I – restringir os efeitos da declaração; ou II – decidir que sua eficácia se iniciará em momento posteriormente definido" (art. 4º, §4º).[111] A inovação vem fundada, segundo a doutrina que embasou o projeto, na constatação de que "decisões irresponsáveis que desconsiderem situações juridicamente constituídas e possíveis consequências aos envolvidos são incompatíveis com o Direito".[112]

---

109. NALIN, Paulo. A função social do contrato no futuro Código Civil brasileiro. *Revista de direito privado*, n. 12. São Paulo, out./dez. 2002, p. 58.

110. DL. 4.657/1942, art. 21. "A decisão que, nas esferas administrativa, controladora ou judicial, decretar a invalidação de ato, contrato, ajuste, processo ou norma administrativa deverá indicar de modo expresso suas consequências jurídicas e administrativas. Parágrafo único. A decisão a que se refere o caput deste artigo deverá, quando for o caso, indicar as condições para que a regularização ocorra de modo proporcional e equânime e sem prejuízo aos interesses gerais, não se podendo impor aos sujeitos atingidos ônus ou perdas que, em função das peculiaridades do caso, sejam anormais ou excessivos" (incluído pela L. 13.655/2018).

111. O D. 9.830/2019, que regulamenta o dispositivo, determina: "Art. 4º. A decisão que decretar invalidação de atos, contratos, ajustes, processos ou normas administrativos observará o disposto no art. 2º. § 1º A consideração das consequências jurídicas e administrativas é limitada aos fatos e fundamentos de mérito e jurídicos que se espera do decisor no exercício diligente de sua atuação. § 2º A motivação demonstrará a necessidade e a adequação da medida imposta, consideradas as possíveis alternativas e observados os critérios de proporcionalidade e de razoabilidade. § 3º Quando cabível, a decisão a que se refere o caput indicará, na modulação de seus efeitos, as condições para que a regularização ocorra de forma proporcional e equânime e sem prejuízo aos interesses gerais. § 4º Na declaração de invalidade de atos, contratos, ajustes, processos ou normas administrativos, o decisor poderá, consideradas as consequências jurídicas e administrativas da decisão para a administração pública e para o administrado: I – restringir os efeitos da declaração; ou II – decidir que sua eficácia se iniciará em momento posteriormente definido. § 5º A modulação dos efeitos da decisão buscará a mitigação dos ônus ou das perdas dos administrados ou da administração pública que sejam anormais ou excessivos em função das peculiaridades do caso.

112. MARQUES NETO, Floriano de Azevedo; SUNDFELD, Carlos Ari; DALLARI, Adilson de Abreu; DI PIETRO, Maria Sylvia Zanella; MEDAUAR, Odete; JUSTEN FILHO, Marçal; CARRAZZA, Roque; BINENBOJM, Gustavo; ALMEIDA, Fernando Menezes de; SCAFF, Fernando Facury; CÂMARA, Jacintho Arruda; MOREIRA, Egon Bockman; MENDONÇA, José Vicente Santos de; PEREZ, Marcos Augusto; PIOVESAN, Flavia; MODESTO, Paulo; ROSILHO, André Janjácomo; JORDÃO, Eduardo Ferreira. Resposta aos comentários tecidos pela Consultoria Jurídica do TCU ao PL n. 7.448/2017, disponível em <t.ly/Jlbl>, acesso em 06 dez. 2018, p. 6.

3 • HIPÓTESES DE APLICAÇÃO DA FUNÇÃO SOCIAL À CONSERVAÇÃO DOS EFEITOS DO CONTRATO

Como analisado no item 2.1.2, a abordagem consequencialista pode ser casada com a perspectiva civil-constitucional, em vista da interpretação com fins aplicativos (voltada à implementação do projeto constitucional) e da função promocional no direito (a tarefa civilizatória de transformação do *status quo*), bem como, em especial, com a função social do contrato, já que o atendimento aos preceitos de solidariedade, meio-ambiente, mercado de consumo, livre-concorrência, acesso à saúde, educação e moradia, entre outros, envolvem levar em conta as repercussões globais de cada decisão individual. Sob essa perspectiva, portanto, a inovação legislativa dá suporte a reconhecer-se um papel da função social na conservação de efeitos do contrato inválido, quando adequados ao atendimento de interesses metaindividuais, originalmente extracontratuais, pertinentes.

Observe-se, nesse sentido, o entendimento consolidado no âmbito do STJ no sentido de que contratos bancários viciados pela prática de agiotagem devem ser mantidos com a eliminação somente dos efeitos das cláusulas usurárias, firmado a partir de precedente cuja fundamentação expressamente indica que, para a conservação em lugar da nulificação integral "sobreleva o interesse da própria coletividade na manutenção dos efeitos dos negócios jurídicos realizados com vistas à estabilidade social e segurança jurídica".[113] Parece que a fundamentação se beneficiaria de uma identificação mais concreta dos interesses metaindividuais envolvidos, analisando, por exemplo, o impacto, especialmente de natureza existencial, que haveria sobre toda a coletividade de mutuários da súbita extinção de todos os financiamentos em que se contivesse cláusula reputada abusiva.

Devidamente fundamentada, a conservação configura corolário do reconhecimento de que, assim como a teoria contratual de forma específica, a teoria das invalidades também deve ser sensível aos interesses merecedores de tutela que se situam além da esfera jurídica dos contratantes.[114] Portanto, "um negócio nulo pode ser preservado pelo mesmo ordenamento se os efeitos dele decorrentes representarem a realização de um fim social mais relevante do que a causa por trás da nulidade".[115] O cenário é indicado por Hamid Charaf Bdine Jr.:

> A proteção de terceiros em relação aos efeitos do contrato é decorrência da função social do contrato, cuja sociabilidade não pode jamais ser afastada, mitigando o princípio da

---

113. STJ, 3ª T., REsp 1106625, Rel. Min. Sidnei Beneti, julg. 16/8/2011.
114. Nas palavras de Hamid Charaf Bdine Jr., "a evidência de que os contratos atingem a órbita de direitos daqueles que dele não fazem parte torna necessário identificar esses reflexos como um novo aspecto a enfrentar no estudo das invalidades" (BDINE JR., Hamid Charaf. *Efeitos do negócio jurídico nulo*. Tese. São Paulo: USP, 2007, p. 121).
115. DICKSTEIN, Marcelo. *Nulidades prescrevem? Uma perspectiva funcional da invalidade*. Rio de Janeiro: Lumen Juris, 2015, p. 85.

relatividade contratual. O princípio referido pode ensejar vantagens e proteção ao terceiro, inclusive, note-se, o de permitir o reconhecimento de eficácia do contrato invalidade, como modo de concretizar a referida proteção.[116]

Sem prejuízo de outros institutos idôneos a permitir que o negócio nulo produza efeitos, merece destaque aqui a possibilidade de reconhecer na função social do contrato um instrumento normativo capaz de compreender e assimilar esse fenômeno em conjunto com outras situações em que o contrato ineficaz deve produzir efeitos.

Ilustrativa dessa interseção entre a conservação de efeitos do negócio nulo e a função social do contrato entre nós é o debate jurisprudencial acerca dos chamados "contratos de gaveta". Trata-se de negócio pelo qual o promitente-comprador do imóvel, que conseguiu seu financiamento junto ao Sistema Financeiro de Habitação (SFH), transmitiria sua posição contratual, incluindo o dever de pagar as prestações do financiamento e o direito à aquisição definitiva do bem, a terceiro, sem, contudo, a obtenção do consentimento da instituição financeira, que seria necessário à efetiva cessão de posição contratual.[117] Diante disso, o efeito translativo do contrato de gaveta não seria juridicamente tutelado, criando uma realidade paralela àquela formalmente reconhecida pelo Direito.

A prática, todavia, tornou-se socialmente recorrente, em razão da anuência da instituição financeira comumente ser precedida do recálculo e atualização do valor das prestações vincendas, além da aferição das condições do pretendido cessionário. Nesse sentido, parece aplicável ao caso a indicação doutrinária no sentido de que, embora seja em princípio uma prerrogativa do credor, a negação de consentimento à assunção de dívida por terceiro deve ser objeto de controle de abusividade.[118]

Indo além, afirma-se que a função social do contrato, nesse contexto, deveria atuar para, em tutela do direito à moradia (finalidade central do SFH) e reco-

---

116. BDINE JR., Hamid Charaf. *Efeitos do negócio jurídico nulo*. Tese. São Paulo; USP, 2007, p. 202. Prossegue o autor: "A função social pode, efetivamente, como princípio que é, permitir a mitigação das regras de invalidade, a justificar a preservação dos efeitos do negócio em nome de sua relevância social" (*ibid.*, p. 208) e "é possível encontrar no artigo 421 do Código Civil o embasamento jurídico para sustentar a possibilidade de se conferir ao negócio nulo a eficácia do negócio válido" (*ibid.*, p. 209).

117. Na descrição de Ruzyk e Frank: "enquanto um contrato é realizado entre a financiadora e o comprador que atende aos requisitos exigidos pelo mercado habitacional, outro contrato (o contrato de gaveta) é feito, paralela e posteriormente àquele, entre o outrora comprador, agora promitente vendedor, e aquele que de fato pagará as prestações do imóvel, o agora promitente comprador" (RUZYK, Carlos Eduardo Pianovski; FRANK, Felipe. Revisitando os direitos reais a partir de sua interface com o direito obrigacional: a importância da relatividade entre os planos real e obrigacional nas relações privadas. *Seqüência*, n. 63. Florianópolis, dez./2011, p. 152.

118. TEPEDINO, Gustavo; SCHREIBER, Anderson. *Código civil comentado*: direito das obrigações, v. IV. São Paulo: Atlas, 2008, p. 185.

3 • HIPÓTESES DE APLICAÇÃO DA FUNÇÃO SOCIAL À CONSERVAÇÃO DOS EFEITOS DO CONTRATO

nhecendo nessa prática generalizada uma situação análoga à relação contratual de fato, atribuir ao contrato de gaveta dignidade jurídica, conferindo-lhe efeitos translatícios a despeito da ausência de consentimento da instituição financeira.[119] A referência à função social do contrato, com efeito, pode ser identificada em alguns julgados que davam tutela aos efeitos pretendidos com os contratos de gaveta, somando-se à tutela de situações de fato consumado.[120] Em especial, serviu a legitimar o cessionário a discutir e demandar em juízo questões pertinentes às obrigações assumidas, sob o fundamento, entre outros, da função social do contrato.[121]

Após alguma controvérsia, contudo, a posição assumida pelo Superior Tribunal de Justiça se pacificou no sentido de que o advento da Lei n. 10.150/2000 modificou o regime jurídico do SFH, de modo que, para os contratos celebrados após 25/10/1996, a anuência da instituição financeira à cessão passou a ser necessária para o cessionário pretender a revisão dos termos do contrato, enquanto nos contratos anteriores a anuência seria dispensável para esse fim se houver cobertura do FCVS.[122] A reviravolta, contudo, não afasta a constatação da relevância da função social do contrato na ponderação entre as normas que imporiam a invalidade do contrato e aquelas que tutelam outros interesses metaindividuais, como o acesso à moradia, determinando, eventualmente, o dever de cada parte suportar a conservação de efeitos a despeito da causa de nulidade.[123]

3.2.2 A chamada responsabilidade pós-contratual

Ao rol exemplificativo de hipóteses em que se vislumbra a atuação conservativa da função social do contrato, sempre com o intuito de identificar características e inferir parâmetros de sua incidência, pode ser aduzida a chamada responsabilidade pós-contratual ou *culpa post pactum finitum*. Trata-se de teoria cujo berço costuma ser indicado na década de 1920, sistematizada doutrinariamente a partir de algumas decisões da jurisprudência alemã.[124] Costumam ser aduzidos os julgados em que se determinou que mesmo após a cessão de crédito

---

119. CORDEIRO, Eros Belin de Moura; CORDEIRO, Noemia Paula Fontanela de Moura. Dignidade jurídica dos contratos de gaveta: em busca da concretização do acesso à moradia. *In* TEPEDINO, G.; FACHIN, L. E. (coord.). *Diálogos sobre direito civil*, v. II. Rio de Janeiro: Renovar, 2008, p. 99-129.

120. TJRS, 9ª C.C., Ap. Cível n. 70022284731, rel. Odone Sanguiné, julg. 16/04/2008; TJSP, 9ª C.D.P., Ag. Instr. 5245314900, Rel. Grava Brazil, julg. 25/09/2007; STJ, 3ª T., REsp 811670, Rel. Min. Nancy Andrighi, julg. 16/11/2006.

121. STJ, 1ª T., REsp 627424, Rel. Min. Luiz Fux, julg. 06/03/2007.

122. STJ, Corte Especial, REsp 1150429, Rel. Min. Ricardo Villas Bôas Cueva, julg. 25/04/2013.

123. DICKSTEIN, Marcelo. *Nulidades prescrevem? Uma perspectiva funcional da invalidade*. Rio de Janeiro: Lumen Juris, 2015, p. 87.

124. CORDEIRO, António Manuel da Rocha e Menezes. *Da boa-fé no direito civil*. Coimbra: Almedina, 2001, p. 626.

o cedente deve continuar a não impor obstáculos ao cessionário e que o titular dos direitos autorais não podia publicar novas edições enquanto não esgotadas as anteriores mesmo após finda a vigência do contrato de edição original.[125]

Entretanto, afirma-se que "no período posterior ao segundo conflito mundial, deu-se, em certas proporções, a florescência mais significativa da CPPF [*culpa post pactum finitum*]".[126] Nessa fase, são referidos os precedentes que se tornaram ilustrativos da própria teoria, como a responsabilização do vendedor que, depois da transferência, comprou terreno vizinho e bloqueou a vista que valorizava o terreno da venda inicial; o caso dos fabricantes de casacos que, após encomenda inicial, venderam o mesmo modelo para concorrentes; e, ainda, o julgado referente à vendedora de uma alcatifa pela violação do dever explicar as particularidades relevantes para a operação de sua colagem.[127]

A sistematização teórica que sucedeu as decisões permitiu reconhecer a persistência de determinados deveres de conduta que, embora originados por ocasião do contrato, não se encerrariam com o cumprimento da prestação principal ou mesmo com o advento de seu termo final.[128] Incluem-se, nesse sentido, o dever de não provocar danos ao patrimônio ou à pessoa do outro contratante, a manutenção do dever de informação relacionado ao ato praticado, o dever de não adotar atitudes que possam frustrar o objetivo perseguido pela situação obrigacional finda e o dever de não se aproveitar da antiga posição contratual para a diminuição de vantagens ou a geração de danos à outra parte, bem como deveres de fornecer peças sobressalentes e assistência técnica, de não concorrência e de sigilo.[129] Dessa forma, nos casos relatados teria ocorrido a violação de tais deveres, a ensejar a obrigação de indenizar os prejuízos deles decorrentes. Entre nós, costuma ser aduzido precedente histórico do TJRS, de relatoria do então desembargador Ruy Rosado de Aguiar Jr., referente ao vendedor que, após a alienação, inviabiliza que a compradora disponha do bem mediante ameaças.[130]

---

125. DONINI, Rogério, *Responsabilidade civil pós-contratual*, 3. Ed. São Paulo: Saraiva, 2011, p. 132.
126. CORDEIRO, António Manuel da Rocha e Menezes. *Da boa-fé no direito civil*. Coimbra: Almedina, 2001, p. 627.
127. DONINI, Rogério. *Responsabilidade civil pós-contratual*, 3. ed. São Paulo: Saraiva, 2011, p. 133-135.
128. TREVISAN, Marco Antonio. Responsabilidade civil pós-contratual. *Revista de direito privado*, v. 16. São Paulo: 2003, p. 199-215, recurso eletrônico.
129. CORDEIRO, António Manuel da Rocha e Menezes. *Da boa-fé no direito civil*. Coimbra: Almedina, 2001, p. 629. Em crítica a essa categorização, MOTA, Mauricio. A pós-eficácia das obrigações. *Questões de direito civil contemporâneo*. Rio de Janeiro: Elsevier, 2008, p. 291-292.
130. TJRS, 5ª C.C., Ap. Cível n. 588042580, Rel. Des. Ruy Rosado de Aguiar Júnior, julg. 16/08/1988. O julgado é analisado por MELO, Diogo Leonardo Machado de. Notas sobre a responsabilidade pós-contratual. *In*: NANNI, G. E. (coord.). *Temas relevantes do direito civil contemporâneo: reflexões sobre os cinco anos do Código Civil*. São Paulo, Atlas, 2008, p. 424-425.

3 • HIPÓTESES DE APLICAÇÃO DA FUNÇÃO SOCIAL À CONSERVAÇÃO DOS EFEITOS DO CONTRATO — 133

Mais uma vez, tais deveres são comumente fundamentados no princípio da boa-fé, reputados deveres anexos que, protegendo as legítimas expectativas dos envolvidos, se espraiam aos períodos pré e pós-contratual.[131] Nesse sentido, afirma-se que a responsabilidade pós-contratual se assemelha, na estrutura e na fundamentação, *mutatis mutandis*, à responsabilidade pré-contratual, ambas fundadas na violação de deveres anexos impostos pela boa-fé: "a *culpa post pactum finitum* corresponde à projeção simétrica da *culpa in contrahendo* no período pós-contratual".[132] A construção se tributa à necessidade prática de encontrar fundamento normativo para a pretensão indenizatória dos danos gerados, a despeito da dificuldade de enquadramento em algum dos tipos legais do BGB que ensejavam a reparação, no mesmo contexto da chamada "violação positiva do contrato".[133]

Também sob essa abordagem mais clássica, a violação desses deveres ensejaria o dever de indenizar os prejuízos decorrentes da violação da confiança incutida pela contratação.[134] Entretanto, o espaço para a execução específica em nosso ordenamento ampliou-se significativamente, com a mitigação do *nemo precise ad factum cogi potesti* para a tutela mais efetiva não do interesse do credor, mas do interesse jurídico subjacente ao vínculo obrigacional, sob perspectiva funcional.[135] Mesmo no âmbito das obrigações de não fazer, hoje reconhece-se a possibilidade de configuração de mora, quando persistir o interesse do credor no comportamento de omissão do devedor.[136] Nesse contexto, não parece mais existir razão para restringir os efeitos do descumprimento de deveres de conduta após a execução da prestação principal ao dever de indenizar, devendo-se admitir, quando pertinente aos interesses em jogo, a pretensão do credor à execução específica mesmo nos casos da chamada responsabilidade pós-contratual.

Entre nós, a persistência dos deveres anexos no período pós-contratual é amplamente aceita, em crítica à tímida redação do artigo 422 do Código Civil

---

131. GARCIA, Eneas Costa. *Responsabilidade pré e pós-contratual a luz da boa-fé*. São Paulo: J. de Oliveira, 2003, p. 278.

132. CORDEIRO, António Manuel da Rocha e Menezes. *Da boa-fé no direito civil*. Coimbra: Almedina, 2001, p. 625. Em contraponto, observa-se que "ao passo que na responsabilidade pré-contratual a construção normativa visa sancionar a ruptura injustificada da legítima expectativa da conclusão do contrato, a responsabilidade pós-contratual tem como sentido sancionar comportamentos que frustrem a concretização plena do escopo do contrato" (GONÇALVES, Marcos Alberto da Rocha. *Função social das situações jurídicas obrigacionais: da eficácia pós-contratual ao fim progressivo dos contratos*. Tese. Rio de Janeiro: UERJ, 2019, p. 39).

133. TREVISAN, Marco Antonio. Responsabilidade civil pós-contratual. Revista de Direito Privado, V. 16, São Paulo, Revista dos Tribunais, 2003, p. 199-215.

134. COSTA, Mario Júlio de Almeida. *Direito das obrigações*, 9. ed. Coimbra: Almedina, 2005, p. 323.

135. TEPEDINO, Gustavo. Inadimplemento contratual e tutela específica das obrigações. *Soluções práticas*, v. 2. São Paulo: Revista dos tribunais, 2011, p. 133-148.

136. TEPEDINO, Gustavo; SCHREIBER, Anderson. *Fundamentos do direito civil, v. 2: obrigações*, 2. ed.. Rio de Janeiro: Forense, 2021, p. 89.

brasileiro, que os prevê somente nos momentos de conclusão e execução do contrato.[137] Assim, diferentemente do contexto do ordenamento alemão, nossa estrutura legislativa não parece levantar obstáculos relevantes ao reconhecimento desses deveres de conduta no período pós-contratual, decorrentes da incidência de princípios de direito contratual, nos moldes da *culpa post pactum finitum*.[138]

Observa-se que, mesmo sediada exclusivamente na boa-fé pela maioria da doutrina, portanto vinculando-a à tutela da confiança legítima incutida entre os contratantes, a responsabilidade pós-contratual decorre não somente da violação do dever de não causar danos à pessoa ou patrimônio do outro contratante, mas também – mesmo após o advento do termo final do contrato – de "não o inviabilizar, em vista dos fins que haviam sido perseguidos pelo negócio".[139] A referência constante ao fim (finalidade) do negócio, cuja tutela persiste mesmo após o fim (termo) de sua vigência – como ao definir a *culpa post factum finitum* pela violação do "dever de omitir comportamentos suscetíveis de prejudicar o fim do contrato"[140] –, abre espaço para a leitura funcional do instituto e, consequentemente, para a entrada de outros fundamentos normativos.

Nessa toada, ampliam-se os estudos que defendem que a boa-fé não é a única fonte da responsabilidade pós-contratual e que, entre os demais fundamentos normativos para a *culpa post pactum finitum*, figura também a função social do contrato.[141] Com efeito, tendo em vista a constatação de que, tal qual a boa-fé é princípio que impõe deveres de conduta heterônomos, além daqueles deveres contratuais primários e secundários oriundos diretamente da autonomia negocial, também a função social do contrato pode atuar de modo a impor aos contratantes deveres de conduta relativos à tutela de interesses metaindividuais merecedores de tutela, resguardados por outros princípios. Dessa forma, também esses deveres originados da função social do contrato podem persistir após o término

---

137. AZEVEDO, Antônio Junqueira de. Insuficiências, deficiências e desatualização do projeto de código civil na questão da boa-fé objetiva nos contratos. *Revista trimestral de direito civil*, v. 1, n. 1. Rio de Janeiro: jan./mar. 2000, p. 3-12.

138. Sobre a imposição heterônoma desses direitos, sustenta Maurício Mota: "é só desnaturando a noção de contrato, fundado na autonomia privada, que se pode admitir o acordo de vontades como causa dos deveres laterais ou acessórios de conduta. Atribuindo-se a esses deveres um fundamento na noção objetivada de contrato e sendo o seu resultado hibridamente conformado e imputado às partes, já se abandonou o campo da autonomia privada e se ingressou no campo da disciplina heterônoma de uma dada relação" (MOTA, Mauricio. A pós-eficácia das obrigações. *Questões de direito civil contemporâneo*. Rio de Janeiro: Elsevier, 2008, p. 297).

139. MARTINS-COSTA, Judith. *A boa-fé no direito privado: critérios para a sua aplicação*, 2. ed. São Paulo: Saraiva, 2018, p. 473.

140. PINTO, Carlos Alberto da Mota. *Cessão da posição contratual*. Coimbra: Atlântida, 1970, p. 354.

141. DONINI, Rogério. *Responsabilidade civil pós-contratual*, 3. ed. São Paulo: Saraiva, 2011, p. 168; BICHARA, Maria Carolina. a responsabilidade civil pós-contratual. *Revista de direito privado*, v. 100. São Paulo: jul.-ago./2019, p. 41-69.

3 • HIPÓTESES DE APLICAÇÃO DA FUNÇÃO SOCIAL À CONSERVAÇÃO DOS EFEITOS DO CONTRATO   135

da vigência do negócio, exigindo das partes a manutenção de comportamentos que, embora originalmente determinados pelos termos do contrato, encontram fundamentos heterônomos após o seu término porque idôneos a atenderem a interesses extracontratuais relevantes.

De modo geral, ao interesse negocial que deu origem à contratação podem unir-se interesses extracontratuais que, no curso do seu desenvolvimento, podem desencadear demandas funcionais relativas à persistência de determinados comportamentos por parte dos contratantes.[142] Marcos Alberto da Rocha Gonçalves, em estudo específico sobre o papel da função social do contrato na responsabilidade pós-contratual, estabelece analogia com a categoria dos "bens comuns", sustentando que em determinadas situações essas condutas originalmente impostas pelo contrato ganham relevância coletiva, tornando-se "resultantes contratuais comuns".[143] Na síntese do autor:

> A limitação da eficácia pós-negocial à atuação dos comportamentos anexos advindos da boa-fé tende a restringir os efeitos emanados da concretização do interesse negocial, ignorando que o ordenamento constitucional impõe às situações subjetivas o cumprimento de certa função social geneticamente distinta dos interesses individuais que a fez surgir.[144]

O autor prossegue destacando que, em tais casos, se estaria diante de verdadeiro "fim progressivo do contrato", em analogia com a dita "formação progressiva do contrato": "a função social é capaz de promover um prolongamento objetivo das relações obrigacionais, a fim de que se atendam os fins socialmente relevantes surgindo ao longo e em razão da realização dos interesses negociais".[145] Para corroborar a hipótese defendida, levanta alguns exemplos ilustrativos.

O primeiro decorreu da conduta do Conselho Nacional de Justiça (CNJ) que, após a execução do contrato que celebrara com a Infox para desenvolvimento da

---

142. GONÇALVES, Marcos Alberto da Rocha. *Função social das situações jurídicas obrigacionais: da eficácia pós-contratual ao fim progressivo dos contratos*. Tese. Rio de Janeiro: UERJ, 2019, p. 80-81.

143. GONÇALVES, Marcos Alberto da Rocha. *Função social das situações jurídicas obrigacionais: da eficácia pós-contratual ao fim progressivo dos contratos*. Tese. Rio de Janeiro: UERJ, 2019, p. 86. Sobre o tema dos bens comuns, v. entre nós TEPEDINO, Gustavo. Acesso aos direitos fundamentais, bens comuns e unidade sistemática do ordenamento. *In* MATOS, A. C. H.; TEIXEIRA, A. C. B.; TEPEDINO, G. (coord.) *Direito Civil, Constituição e unidade do sistema*. Belo Horizonte: Fórum, 2019, p. 17-32; DANTAS, Marcus; RENTERÍA, Pablo. Notas sobre os bens comuns. *In* TEPEDINO, Gustavo; TEIXEIRA, A. C. B.; ALMEIDA, V. (coords.), *O direito entre o sujeito e a pessoa: estudos em homenagem ao professor Stefano Rodotà*. Belo Horizonte: Fórum, 2016, p. 131-146; e CORTIANO JR., Eroulths; KANAYAMA, Rodrigo Luís. Notas para um estudo sobre os bens comuns. *Revista da Academia Brasileira de Direito Constitucional*, v. 15, n. 15. Curitiba: jul.-dez./2016, p. 480-491.

144. GONÇALVES, Marcos Alberto da Rocha. *Função social das situações jurídicas obrigacionais: da eficácia pós-contratual ao fim progressivo dos contratos*. Tese. Rio de Janeiro: UERJ, 2019, p. 59.

145. GONÇALVES, Marcos Alberto da Rocha. *Função social das situações jurídicas obrigacionais: da eficácia pós-contratual ao fim progressivo dos contratos*. Tese. Rio de Janeiro: UERJ, 2019, p. 107.

estrutura computacional denominada como Processo Judicial Eletrônico (PJe), recusou o pleito da OAB fundado na Lei de Acesso à Informação para fornecer informações ligadas ao código fonte do produto, sob o fundamento de se tratar propriedade intelectual da União de interesse estratégico: para Gonçalves, "a informação objeto do negócio é dotada de uma 'utilidade socialmente apreciável" que supera o citado interesse estratégico nacional, tendo em vista a necessidade geral de transparência de sua contratação e implantação, como instrumento de gestão da atividade jurisdicional.[146] Com efeito, pode observar-se nesse caso o interesse coletivo dos jurisdicionados no tocante aos efeitos desse contrato, que podem propiciar, mesmo após a execução total da prestação principal imposta à Infox, dever de informar por parte do CNJ perante a coletividade atingida pelo resultado daquele negócio.

O segundo exemplo trazido pelo autor é hipotético, mas fundado em fatos reais. A partir do caso de projeto de mineração levado a cabo na bacia do rio Trombetas, no Pará, onde se encontravam comunidades quilombolas pendentes de reconhecimento judicial, levanta-se a hipótese de o referido projeto ter contratado serviço de reconhecimento local que aferiu a maior extensão das terras quilombolas a partir de descobertas antropológicas, levando à desistência do projeto de mineração: sustenta o autor que ainda assim o dever de consolidar e dar sentido prático às descobertas antropológicas pode ser exigido em razão dos interesses extracontratuais envolvidos.[147]

Terceiro exemplo construído por Gonçalves diz respeito a produtor de insumos agrícolas que contrata empresa de geoprocessamento de dados para produção de banco de dados com diversas variáveis relevantes para a produtividade agrícola da região mapeada: segundo o autor, o "impacto relevante nos setores econômico e social, seja pelo papel de realce da agricultura na produção econômica, seja pelo caráter de abastecimento promovido por essa atividade" ultrapassa o interesse negocial das partes, gerando "uma resultante obrigacional comum cujo acesso há de ser facultado a quem dele possa se beneficiar".[148]

Na jurisprudência, até encontram-se julgados que associam a função social do contrato à responsabilidade pós-contratual, mas comumente sem explicitação dos interesses metaindividuais subjacentes, com a já referida sobreposição à boa-fé, por exemplo, em caso de ausência de baixa de gravame de automóvel

---

146. GONÇALVES, Marcos Alberto da Rocha. *Função social das situações jurídicas obrigacionais: da eficácia pós-contratual ao fim progressivo dos contratos*. Tese. Rio de Janeiro: UERJ, 2019, p. 82-84.
147. GONÇALVES, Marcos Alberto da Rocha. *Função social das situações jurídicas obrigacionais: da eficácia pós-contratual ao fim progressivo dos contratos*. Tese. Rio de Janeiro: UERJ, 2019, p. 117-120.
148. GONÇALVES, Marcos Alberto da Rocha. *Função social das situações jurídicas obrigacionais: da eficácia pós-contratual ao fim progressivo dos contratos*. Tese. Rio de Janeiro: UERJ, 2019, p. 152-156.

3 • HIPÓTESES DE APLICAÇÃO DA FUNÇÃO SOCIAL À CONSERVAÇÃO DOS EFEITOS DO CONTRATO

vendido,[149] de manutenção de nome em cadastro de inadimplentes de devedor que já purgou a mora[150] e de utilização de plano de conteúdo em outro restaurante diferente daquele para o qual foi contratada sua elaboração.[151] Mesmo em casos em que se poderia identificar a existência de interesses originalmente extracontratuais – como a aquisição de imóvel para servir de hotel cujo ar condicionado não funcionava adequadamente por vício de construção – a referência à função social é citada como imposição de "comportamento ético, proporcional aos contraentes, impedindo distorções à ideia de comutatividade".[152]

Entretanto, pode ser aduzido em outra linha o caso analisado pelo STJ no julgamento do REsp 1804965.[153] Decidiu-se, no julgado, que o seguro habitacional obrigatório para imóveis adquiridos no âmbito do Sistema Financeiro Habitacional deve cobrir também danos que só se manifestam depois de finda a vigência do contrato de financiamento. Entre as razões da decisão, a relatora destacou não somente a boa-fé objetiva, mas também a função social do contrato, sob a ótica do interesse público: "a integridade estrutural do imóvel é condição essencial para que o bem se mostre apto a acautelar o financiamento e, a um só tempo, a atingir sua finalidade de facilitar e promover a construção e a aquisição da casa própria ou moradia, especialmente pelas classes de menor renda da população, assegurando, por conseguinte, a continuidade da política habitacional". Sobressai da fundamentação, portanto, o interesse metaindividual na persistência daquele efeito do contrato, relacionado ao direito à moradia, cuja tutela se veicula pela função social.

O exemplo corrobora a perspectiva de que, também na chamada responsabilidade pós-contratual, se encontre seara propícia à atuação da função social do contrato como fundamento para a produção de efeitos jurídicos por parte de um contrato que já estaria formalmente ineficaz. Essa abordagem mais ampla e sistemática da responsabilidade e dos deveres de conduta dos contratantes após o cumprimento da prestação principal ou mesmo o advento de seu termo acaba por relativizar a autonomia dogmática do instituto da responsabilidade pós-contratual. Com efeito, mesmo na doutrina mais clássica, onde é comum o esforço por diferenciar *culpa post pactum finitum* de outros fenômenos que ensejam responsabilização posterior ao "término" do contrato[154], já se indicou ser

---

149. TJRJ, 24ª C.C., Ap. Cível n. 00645576220098190038, Rel. Des. Peterson Barroso Simão, julg. 13/01/2014.
150. TJRJ, 19ª C.C., Ap. Cível n. 00081868620128190066, Rel. Des. Eduardo de Azevedo Paiva, julg. 25/02/2013.
151. TJSP, 2ª C.D.P., Ap. Cível n. 10204857120188260002, Rel. Des. José Joaquim dos Santos, julg. 07/05/2019.
152. TJSP, 2ª C.D.P., Ap. Cível n. 10246587320198260562, Rel. Des. José Joaquim dos Santos, julg. 23/11/2021.
153. STJ, 2ª S., REsp 1804965, Rel. Min. Nancy Andrighi, julg. 27/05/2020.
154. Em sistematização ainda hoje repetida por boa parte da doutrina, Antonio Menezes Cordeiro esforça-se em apartar a "CPPF" de outras três categorias similares, mas distintas: "Num certo amorfismo

"a fórmula 'responsabilidade pós-contratual' apropriada, apenas, com referência à extinção dos deveres de prestação contratuais".[155] A doutrina contemporânea encontra no fenômeno outra manifestação da transformação temporal do conceito de adimplemento, que se prolonga para além do cumprimento da prestação principal, "impondo a conservação dos seus efeitos e a concreta utilidade da sua realização".[156] Afirma-se, nesse sentido, que, em síntese, "o cumprimento da prestação principal não encerra a responsabilidade do devedor"[157] e que "aquilo que já se tem teoricamente delimitado como eficácia pós-contratual é verdadeiramente espécie de conteúdo contratual estendido".[158]

---

acrítico, têm sido consideradas de CPPF todas as manifestações de juridicidade que se manifestam depois de extinta uma obrigação. Feita a destrinça, descobre-se: a pós-eficácia aparente – quando a lei associe, de modo expresso, certos deveres à extinção das obrigações – a pós-eficácia virtual – quando uma situação jurídica complexa preveja, desde o início, deveres a observar no seu termo – e a eficácia continuada – quando, numa situação também complexa, se extinga o dever de prestar principal, subsistindo os restantes" (CORDEIRO, António Manuel da Rocha e Menezes. *Da boa-fé no direito civil.* Coimbra: Almedina, 2001, p. 627-628).

155. PINTO, Carlos Alberto da Mota. *Cessão da posição contratual.* Coimbra: Atlântida, 1970, p. 356.

156. SCHREIBER, Anderson. A tríplice transformação do adimplemento – Adimplemento substancial, inadimplemento antecipado e outras figuras. *Revista trimestral de direito civil,* v. 32. Rio de Janeiro: out.-dez./2007, p. 23.

157. SCHREIBER, Anderson. A tríplice transformação do adimplemento – Adimplemento substancial, inadimplemento antecipado e outras figuras. *Revista trimestral de direito civil,* v. 32. Rio de Janeiro: out.-dez./2007, p. 24.

158. GONÇALVES, Marcos Alberto da Rocha. *Função social das situações jurídicas obrigacionais: da eficácia pós-contratual ao fim progressivo dos contratos.* Tese. Rio de Janeiro: UERJ, 2019, p. 19.

4
PARÂMETROS PARA A APLICAÇÃO DA FUNÇÃO SOCIAL À CONSERVAÇÃO DOS EFEITOS DO CONTRATO

A partir das informações colhidas no exame geral das hipóteses em que a função social do contrato costuma atuar de forma conservativa, é possível inferir parâmetros idôneos a guiar a atuação do intérprete de forma mais segura, coerente e sistemática, à luz da compreensão do fundamento e do *modus operandi* da função social desenvolvidos na Parte I desta tese. Os parâmetros ora propostos podem ser sistematizados didaticamente entre parâmetros substantivos e parâmetros metodológicos.

Por parâmetros substantivos, objeto do primeiro item deste capítulo, tomam-se categorias de imediata carga valorativa, que decorrem do próprio conteúdo material dos enunciados normativos envolvidos, como o alcance dos efeitos do contrato sobre a coletividade e a essencialidade desses efeitos para os não contratantes. Por parâmetros metodológicos, por sua vez objeto do segundo item deste capítulo, tem-se categorias relativas ao procedimento em si de ponderação entre os enunciados normativos conflitantes, quais sejam, a temporariedade da conservação e a fundamentação argumentativa da decisão.

4.1 PARÂMETROS SUBSTANTIVOS PARA A ATUAÇÃO CONSERVATIVA DA FUNÇÃO SOCIAL DO CONTRATO

A ponderação necessária entre a atuação conservativa da função social do contrato e o fundamento normativo para a sua extinção pode ser implementada com maior segurança e previsibilidade a partir do estabelecimento de parâmetros substantivos para o intérprete, isto é, relativos ao próprio conteúdo material dos enunciados normativos envolvidos. Nesse sentido, o presente item destina-se a propor dois parâmetros que, a partir das reflexões traçadas, entende-se condizerem com a sistemática do ordenamento jurídico brasileiro contemporâneo.

O primeiro parâmetro que se pretende defender diz respeito ao alcance dos efeitos do contrato sobre interesses metaindividuais. Recuperando a premissa de que a função social do contrato atua com maior força em contratos cujos efeitos atingem maior número de não contratantes, seja em razão da natureza de seu objeto, seja em razão da massificação daquele contrato, analisa-se em que medida a amplitude desse alcance serve de parâmetro para guiar o intérprete na avaliação do peso da atuação conservativa da função social no exame do caso concreto.

O segundo parâmetro que se busca sustentar diz respeito à intensidade dos efeitos do contrato sobre os interesses metaindividuais, compreendidos a partir da dimensão existencial dos sujeitos envolvidos. Nesse sentido, toma-se o conceito de essencialidade como chave de leitura dessa intensidade, analisando seu diálogo com categorias como os contratos existenciais, o princípio da dignidade da pessoa humana e a condição de vulnerabilidade dos sujeitos atingidos.

4.1.1 O alcance dos efeitos do contrato sobre interesses metaindividuais

Recuperando as premissas estabelecidas no item 2.1.1, todo e qualquer contrato deve atender à sua função social, pois não é possível conceber negócio jurídico ou relação patrimonial cuja função possa ser indiferente ou imune aos interesses extracontratuais reputados relevantes pelo constituinte, mas é natural que as repercussões da função social do contrato se apresentem de formas distintas a depender do alcance dos efeitos do contrato que esteja sob exame. Mais especificamente, é possível inferir que o grau de relevância da função social do contrato está associado aos interesses metaindividuais que são mais efetivamente atingidos pelos seus efeitos.

Dessa forma, o primeiro parâmetro que pode guiar o intérprete na aplicação da função social para a conservação dos efeitos do contrato diz respeito, justamente, ao alcance desses efeitos: *quanto maior for o alcance dos efeitos do contrato para o atendimento de interesses metaindividuais, maior será a tendência a conservá-los com base na sua função social*. Em sentido contrário, quanto mais restritos estiverem os efeitos dos contratos à esfera jurídica dos contratantes, menor será o papel da função social na decisão pela sua conservação, sem prejuízo da incidência de outros princípios nesse sentido.

A função do contrato pode acabar por alcançar, direta ou indiretamente, maior número de pessoas e esse fato deve ser levado em conta na ponderação entre a sua extinção e a sua conservação. Recapitulando as reflexões inicialmente traçadas, isso pode decorrer de o contrato prover uma prestação que interessa não somente ao contratante, mas a toda uma comunidade, ou porque, embora interessando essencialmente ao contratante, aquele negócio se repete de forma massificada, multiplicando o efeito de determinado entendimento sobre ele de modo a atingir um grande grupo de contratantes. Sob uma perspectiva conse-

4 • APLICAÇÃO DA FUNÇÃO SOCIAL À CONSERVAÇÃO DOS EFEITOS DO CONTRATO

quencialista – dentro dos parâmetros já estabelecidos – essa é uma consideração relevante para o intérprete ao decidir sobre a conservação ou não de seus efeitos. A socialidade envolvida nos interesses metaindividuais alcançados pelo contrato conduzem a função social ao que já foi referido como uma "intensidade pululante".[1]

Ilustrativamente, pesaria a favor da conservação de um contrato para financiamento de instalação de centro universitário, cuja resolução seria possível em razão de atraso de prestações mensais, o fato de toda aquela comunidade local ficar desprovida de acesso ao ensino superior se não for possível sua manutenção. Por outro lado, também em um contrato singular de financiamento estudantil, cuja validade esteja sendo questionada em razão da ausência de certa autorização governamental, dá suporte à sua conservação a constatação de que centenas de estudantes foram financiados por aquele mesmo modelo de negócio e que, tendencialmente, serão também privados do acesso à educação pela sua invalidação.

A inclusão dessa dimensão coletiva, no processo de ponderação, por meio da função social do contrato tem por base relevante mudança de perspectiva hermenêutica, na qual o foco sobre as manifestações de vontade dos contratantes no momento de sua celebração se desloca para os efeitos do contrato sobre o tecido social no momento de sua execução.[2] Com efeito, já se identificou que o reconhecimento da relevância dos interesses metaindividuais e da necessidade de tutelá-los, em razão do desenvolvimento tecnológico e das transformações no sistema de produção, foi um dos motores para a transformação do próprio paradigma hermenêutico e para o despontar de um modelo de interpretação dito pós-positivista.[3]

---

1. REMÉDIO JÚNIOR, José Ângelo. O princípio de socialidade e direitos metaindividuais: responsabilidade social. *Revista de direito econômico e socioambiental*, v. 2, n. 2. Curitiba: jul.-dez./2011, p. 327.
2. Afirma Claudia Lima Marques: "a nova concepção de contrato é uma concepção social deste instrumento jurídico, para a qual não só o momento da manifestação da vontade (consenso) importa, mas sem que também e principalmente os efeitos do contrato na sociedade serão levados em conta" (MARQUES, Claudia Lima. O novo modelo de direito privado brasileiro e os contratos: entre interesses individuais, sociais e direitos fundamentais. In: _____ (org.). *A nova crise do contrato: estudos sobre a nova teoria contratual*. São Paulo: Revista dos Tribunais, 2007. p. 27-28).
3. Segundo Fausto Gaia: "A natureza metaindividual dos conflitos de interesses, muitos deles oriundos da própria evolução tecnológica, minou a própria base do juspositivismo, que tem como pressuposto a existência de um ordenamento jurídico sem lacunas. O Estado democrático de Direito exigiu do intérprete autêntico, em razão da massificação dos conflitos sociais e da natureza metaindividual dos interesses a ser tutelados pelo Estado, um novo olhar relacionado com a realidade fática. O novo paradigma de Estado, fundado no papel central a ser ocupado pela Constituição, supera a concepção do positivismo jurídico de que esta tem o papel apenas de parametrizar a aferição de validade da norma jurídica. Assumem as Constituições no Estado democrático de Direito força normativa própria capaz de autorizar o aplicador do direito a possibilidade de construção de normas jurídicas no caso concreto, inclusive a partir dos seus princípios estruturantes" (GAIA, Fausto Siqueira. A legitimação judicial

Reconhece-se que a análise singularizada do contrato, levando em conta somente os interesses dos contratantes, não dá conta de atender à realidade social contemporânea, passando-se, então, ao que já foi chamado de paradigma do "direito privado coletivo", no qual "os esforços do Direito Privado, enfocados exclusivamente em problemas bilaterais, não são suficientes".[4] A relevância da proteção dessa coletividade – muitas vezes indeterminável – de pessoas, que vem sendo realçada sob a perspectiva constitucional, deve ser interiorizada pelo direito contratual, de modo que o sopesamento dos interesses metaindividuais na conservação do contrato é também mais um corolário da superação da dicotomia entre direito público e direito privado.[5]

Nessa toada, a função social do contrato, em sua atuação interpretativa-integrativa, demanda do intérprete levar em conta o alcance dos efeitos do contrato no atendimento de interesses metaindividuais para decidir acerca da conservação desses efeitos a despeito da existência de outro fundamento normativo para sua ineficácia. Sob outras perspectivas, pode-se afirmar abusiva, por contraste com o fim social do direito, a conduta do contratante que pretende pôr fim subitamente aos efeitos do contrato que até então beneficiava certa coletividade, bem como pode-se sustentar a existência de deveres anexos de conduta, impostos pela função social, de suportar a continuidade desses efeitos coletivos do contrato por mais tempo, a despeito da existência de causa para que eles fossem suspensos.

A preocupação com a tutela efetiva desses interesses vem sendo demonstrada, quase que exclusivamente, no âmbito do direito processual. Influenciada pela doutrina italiana, a processualística nacional, a partir principalmente das décadas de 1970 e 1980, passou a difundir a importância de refletir sobre meios

---

no processo construtivo do direito no pós-positivismo jurídico. *Revista de estudos constitucionais, hermenêutica e teoria do direito (RECHTD)*, v. 9, n. 3. São Leopoldo, set.-dez./2017, p. 253).

4. LORENZETTI, Ricardo Luis. *Fundamentos de direito privado*. São Paulo: Revista dos Tribunais, 1998, p. 170-171. Explica o autor: "As instituições jusprivatistas do Século XIX eram ideadas para poucas pessoas; dispõem, geralmente, de problemas bilaterais. O contrato é um conflito entre credor e devedor; não está presente a contratação em massa. [...] Este contorno avaro condiciona o emprego desses instrumentos quando se pretende utilizá-los para o 'acesso massificado e igualitário'" (*ibid.*, p. 110) e prossegue: "Abre-se assim, uma porta para exceder a visão horizontal do conflito entre duas pessoas, para apreender as relações verticais que apresenta com o resto da sociedade. Trata-se de ampliar o fundamento de fato, de forma que relacione os conflitos individuais com as tensões estruturais sistemáticas da vida social" (*ibid.*, p. 237).

5. Nesse sentido: "Os interesses metaindividuais representam a preocupação da sociedade moderna com a tutela não apenas do indivíduo, mas de uma coletividade até indeterminável de pessoas. Tais direitos encontram-se entre o público e privado, gerando uma dicotomia a ser superada na pós-modernidade, com reflexão às suas fronteiras e mudança nas relações sociais" (CRUZ, Luana Pedrosa de Figueiredo; MATOS, Leonardo Raphael Carvalho de. Os direitos metaindividuais no direito civil: o individual que se transforma em público. *Percurso – Anais do V congresso luso-brasileiro de direitos humanos na sociedade da informação*, v. 3, n. 26. Curitiba, 2018, p. 188).

4 • APLICAÇÃO DA FUNÇÃO SOCIAL À CONSERVAÇÃO DOS EFEITOS DO CONTRATO

adequados de tutela de interesses que se constituem sob a perspectiva coletiva.[6] Destacou-se a insuficiência de "continuar, segundo a tradição individualística do modelo oitocentista, a atribuir direitos exclusivamente a pessoas individuais" diante de "atividades e relações que se referem sempre mais frequentemente a categorias inteiras de indivíduos, e não a qualquer indivíduo".[7]

Na seara legislativa, o problema foi endereçado inicialmente pela promulgação da Lei n. 7.347/85, que ao instituir a lei de ação civil pública abriu as portas para o denominado "processo coletivo", paulatinamente ampliando o espaço voltado ao premente problema das "chamadas macro-lides, ações de 'massa', repetitivas, isomórficas ou seriadas, sem dúvidas, as principais responsáveis por impor sobremaneira uma grande carga de trabalho atualmente imposta ao Poder Judiciário".[8] O ponto nevrálgico parece ainda residir nas discussões sobre legitimação para a atuação em favor desses interesses,[9] tendo em vista que muitas vezes cada um dos atingidos não se anima a perseguir judicialmente a tutela desses interesses, que acabam não protegidos por falta de iniciativa.[10]

A tutela desses interesses, todavia, não pode se resumir ao debate estritamente processual. Com efeito, a identificação desses interesses merecedores de tutela independentemente de titularidade determinada é matéria que se caracteriza como eminentemente de direito material. Da mesma forma, o obstáculo à sua adequada tutela parece residir também no direito material, consistente nas restrições decorrentes do paradigma do direito subjetivo, ao se reputar que,

---

6. GIDI, Antonio. Class action in Brazil – a model for civil law countries. *The American journal of comparative law*, v. 51, n. 2. Oxford: 2003, p. 324. Para um exame da evolução da doutrina dedicada ao tema, cf. ROQUE, Andre Vasconcelos. As ações coletivas no direito brasileiro contemporâneo: de onde viemos, onde estamos e para onde vamos? *Revista eletrônica de direito processual*, v. XII. Rio de Janeiro: 2013, p. 36-65, recurso eletrônico.

7. CAPPELLETTI, Mauro. Formações sociais e interesses coletivos diante da justiça civil. *Revista de processo*, v. 2, n. 5. São Paulo: 1977, p. 128-159, recurso eletrônico.

8. PINHO, Humberto Dalla Bernardina de; MARCA, Luiz Augusto Castello Branco de Lacerda. Possibilidades e limites para a tutela da intimidade e da privacidade enquanto direitos meta-individuais. *Revista eletrônica de direito processual – REDP*, a. 11, v. 18, n. 1. Rio de Janeiro: jan.-abr./2017, p. 288.

9. A legitimação para a defesa desses interesses foi descrita como o seu "tendão de aquiles" por Morello, Hitters e Berizonce (*apud* LORENZETTI, Ricardo Luis. *Fundamentos de direito privado*. São Paulo: Revista dos Tribunais, 1998, p. 212).

10. NUNES, Ana Luisa Tarter; BESSA, Leonardo Roscoe. Tutela de direito individual homogêneo: a eficácia territorial da decisão proferida em ação coletiva. *Universitas Jus*, v. 27, n. 3. Brasília: 2016, p. 234. Destacam Aluisio Mendes e Carolina Paes de Castro Mendes: "os escopos principais dos instrumentos processuais coletivos são: a) acesso à Justiça; b) economia judicial; c) equidade; d) efetividade do direito material (se apenas alguns dos membros afetados ajuízam uma ação, significa que o ofensor pode obter sucesso, se apenas os lucros imediatos forem levados em consideração); e) equilíbrio das partes no processo" (MENDES, Aluisio; MENDES, Carolina Paes de Castro. O direito processual coletivo e o novo Código de Processo Civil: estudos em homenagem ao professor, jurista e ministro Luiz Fux. *In* MENDES, A. G. C.; BEDAQUE, J. R. S.; CARNEIRO, P. C. P.; ALVIM, T. A. (coord.). *O novo processo civil brasileiro: temas relevantes*, v. 1. Rio de Janeiro: GZ, 2018, p. 8).

sem a comprovação de titularidade de um direito subjetivo, não terá sucesso a demanda no Tribunal.[11]

A dita "crise do direito subjetivo" conduz a uma perspectiva mais ampla, na qual essa figura, há muito controvertida por seu viés individualista e patrimonialista, "perde centralidade definitivamente e aflui a exigência de diversificar os interesses e de dar formas e técnicas de tutela das pessoas asseguradas por novos órgãos e impor novos instrumentos".[12]

Diante disso, assim como foi fundamental a superação do paradigma do direito subjetivo, com seu viés individualista e patrimonialista, para a adequada tutela da pessoa humana por meio das mais variadas situações jurídicas,[13] também no direito contratual é imperioso reconhecer relevância jurídica aos interesses metaindividuais, atribuindo-lhes, por exemplo, o papel de parâmetro para a ponderação entre a conservação ou extinção dos efeitos do contrato, por meio da função social. Com efeito, destaca-se que não deve ser o interesse a se adaptar à atuação do remédio processual, mas o remédio que deve ser modulado em função dos interesses considerados em concreto.[14]

No âmbito do direito material, o debate vem sendo restrito a âmbitos específicos, como o direito ambiental e o direito do consumidor. Nesta seara inclusive destacou-se que "o resultado da produção, comunicação e consumo de massa, não poderia ser outro senão os conflitos de massa".[15] Com efeito, o Código de Defesa do Consumidor foi o diploma legal a pioneiramente criar um sistema de tutela desses interesses por meio de ações coletivas, que acabou por transformar-se em modelo com vocação expansiva, utilizado por analogia também para interesses metaindividuais não abarcados por relações de consumo.[16] O alcance é tamanho que, em virtude do processo de globalização das atividades empresariais, ultrapassa as fronteiras nacionais.[17]

---

11. GIDI, Antonio. Class action in Brazil – a model for civil law countries. *The american journal of comparative law*, v. 51, n. 2. Oxford: 2003, p. 345.

12. PERLINGIERI, Pietro. *O direito civil na legalidade constitucional*. Rio de Janeiro: Renovar, 2008, p. 678.

13. Para a crítica à "estrutura subjetiva e patrimonialista da relação jurídica que, em primeiro lugar, vincula a proteção da personalidade à prévia definição de um direito subjetivo" entre nós, v. TEPEDINO, Gustavo. *Temas de direito civil*, tomo I, 4. ed. Rio de Janeiro: Renovar, 2008, p. 62.

14. No original: "*non è l'interesse a strutturarsi attorno al rimedio, ma il rimedio a trovare modulazione in funzione degli interessi considerati dalla fattispecie concreta. Si deve discorrere, insomma, di flessibilità del sistema rimediale*" (PERLINGIERI, Pietro. Il "giusto rimedio" nel diritto civile. *Il giusto processo civile*, n. 1. Napoli: 2011, p. 4-5).

15. CARPENA, Heloísa. O Ministério Público e a defesa do consumidor. *In* VIEIRA, J. R. (org.). *20 anos da Constituição cidadã de 1988: efetivação ou impasse institucional?* Rio de Janeiro: Forense, 2008, p. 332.

16. CARPENA, Heloísa. O Ministério Público e a defesa do consumidor. *In* VIEIRA, J. R. (org.). *20 anos da Constituição cidadã de 1988: efetivação ou impasse institucional?* Rio de Janeiro: Forense, 2008, p. 338.

17. Aluísio Mendes e Larissa Silva falam nesse sentido em danos transnacionais, com diversos exemplos: "Na Europa, são mencionados pelo menos 4 (quatro) casos a ilustrarem a relevância das demandas

4 • APLICAÇÃO DA FUNÇÃO SOCIAL À CONSERVAÇÃO DOS EFEITOS DO CONTRATO

Com efeito, diante da composição do mercado de consumo por relações contratuais massificadas, mesmo a decisão sobre a abusividade de cláusula ou prática determinada acaba gerando efeitos coletivos, tendo em vista que sua tendencial repetição em outros contratos que seguem o mesmo padrão lhe atribui um alcance coletivo. A decisão extintiva dos efeitos do negócio, portanto, deve levar em conta não só os efeitos para aquele consumidor específico, mas também o "efeito cascata" que gerará sobre todo aquele grupo de consumidores.

Na dimensão ambiental, por sua vez, esse alcance é elevado a outro patamar, tendo em vista que a garantia de um meio-ambiente equilibrado como requisito para sadia qualidade de vida é colocado como um direito intergeracional, vinculando solidariedade e dignidade da pessoa humana na proteção dos interesses de gerações futuras.[18] Dessa forma, a extinção de um contrato que sirva de assistência a atividades petrolíferas para prevenir derramamento de óleo no oceano, por exemplo, deve ser sopesada, por meio do papel de conservação da função social do contrato, com a tutela desse interesse intergeracional ao meio--ambiente equilibrado.

Além do direito do consumidor e do direito ambiental, se destaca a importância desses interesses em outras searas, como as normas de proteção ao patrimônio histórico-cultural, à liberdade religiosa e à comunicação social.[19] É fácil ilustrar com o exemplo hipotético da súbita rescisão de um contrato pelo

---

coletivas transnacionais, versando sobre próteses mamárias; emissão de gases de automóveis, em que muitos consumidores da União Europeia foram lesados pela venda de carros com informações enganosas acerca do nível de emissões; a companhia belga Fortis e a Apple [...] Já nos Estados Unidos, teve destaque o caso dos pneus Firestone23: a empresa Firestone forneceu pneus para os veículos da montadora Ford, sendo que um dos veículos que era fabricado pela Ford com pneus Firestone, o Ford Explorer, tornou-se um carro com elevado número de vendas em diversos países. Na década de 90, porém, esse sucesso foi interrompido quando diversos de motoristas do Ford Explorer em países como a Arábia Saudita, a Colômbia, a Venezuela, o Panamá e o Equador acidentaram-se. Após investigações nos diversos países, ficou expressamente constatado que a causa dos acidentes foi o defeito nos pneus Firestone" (MENDES, Aluisio; MENDES, Carolina Paes de Castro. O direito processual coletivo e o novo Código de Processo Civil: estudos em homenagem ao professor, jurista e ministro Luiz Fux. *In* MENDES, A. G. C.; BEDAQUE, J. R. S.; CARNEIRO, P. C. P.; ALVIM, T. A. (coord.). *O novo processo civil brasileiro: temas relevantes*, v. 1. Rio de Janeiro: GZ, 2018, p. 435-436).

18. CF, art. 225. "Todos têm direito ao meio ambiente ecologicamente equilibrado, bem de uso comum do povo e essencial à sadia qualidade de vida, impondo-se ao Poder Público e à coletividade o dever de defendê-lo e preservá-lo para as presentes e futuras gerações". Sobre o tema, v. CONTIPELLI, Ernani. Medio ambiente, solidaridad y dignidad humana en la constitución brasileña. *Revista de derecho político*, n. 107. Madrid: enero-abril/2020, p. 352; SARLET, Ingo Wolfgang; FERNSTERSEIFER, Tiago. *Direito constitucional ecológico*, 6. ed.. São Paulo: Thomson Reuters, 2018, p. 79-81.

19. Exemplifica José Carlos Barbosa Moreira com "a segurança do acesso às fontes de informação, a difusão desembaraçada de conhecimentos técnicos e científicos, a criação e manutenção de condições favoráveis à investigação filosófica e ao livre exercício dos cultos religiosos, a proteção dos bens de valor histórico ou artístico" (MOREIRA, José Carlos Barbosa. Tutela jurisdicional dos interesses coletivos ou difusos. *Revista de processo*, v. 39. São Paulo: jul.-set./1985, p. 55-77, recurso eletrônico).

qual se fazia a manutenção de monumentos históricos expostos à deterioração ou, em tema extremamente atual, contrato que presta serviço de verificação de fatos (*fact checking*) para combater na imprensa a difusão de notícias falsas (*fake news*).[20] Esses interesses costumam ser reconduzidos aos denominados direitos fundamentais de terceira geração, "que não se destinam especificamente à proteção dos interesses de um indivíduo, de um grupo ou de um determinado Estado", mas "têm primeiro por destinatário o gênero humano mesmo".[21]

Mesmo dentro do direito civil, a sensibilidade a esse tema é maior na esfera da responsabilidade civil, onde o princípio da reparação integral impôs a consideração sobre as formas adequadas de reparação desses interesses metaindividuais, principalmente a partir de seu reconhecimento pelo Código de Defesa do Consumidor.[22] O destaque que vêm ganhando, especialmente nessa seara, as formas de reparação não pecuniária como mais idôneas à tutela dos interesses envolvidos[23], bem como a relevância obtida pela execução

---

20. Com efeito, em um dos artigos sobre o tema, já indicava José Carlos Barbosa Moreira como exemplo de cabimento de ação coletiva o interesse difuso em defender-se de programas que vão contra o art. 220, § 3º, II, da Constituição (MOREIRA, José Carlos Barbosa. Ação civil pública e programação da TV. *Revista de Direito Administrativo*, n. 201. Rio de Janeiro: jul.-set. 1995, p. 45-56, recurso eletrônico). Atualmente, sobre o tema das *fake news*, entre outros, v. BRANCO, Sérgio. Fake news e os caminhos para fora da bolha. *Interesse Nacional*, ano 10, n. 38. São Paulo: ago.-out./2017, p. 51-61; SCHREIBER, Anderson. Direito e mídia. In: SCHREIBER, A. (coord.). *Direito e mídia*. São Paulo: Atlas, 2013, p. 9-26; ALVES, André Farah. *Liberdade de expressão e remoção de conteúdo da internet*. Rio de Janeiro: Lumen Juris, 2018.

21. Como define Paulo Bonavides: "dotados de altíssimo teor de humanismo e universalidade, os direitos da terceira geração tendem a cristalizar-se no fim do século XX enquanto direitos que não se destinam especificamente à proteção dos interesses de um indivíduo, de um grupo ou de um determinado Estado. Têm primeiro por destinatário o gênero humano mesmo, num momento expressivo de sua afirmação como valor supremo em termo de existencialidade concreta" (exemplos do meio ambiente, da comunicação e do patrimônio comum da humanidade)" (BONAVIDES, Paulo. *Curso de direito constitucional*, 15. ed. São Paulo: Malheiros, 2000, p. 569).

22. Segundo Fernando Noronha: "A necessidade sentida pela sociedade de não deixar dano nenhum sem reparação é que mudou as coisas. [...] conduziu ao reconhecimento da necessidade de tutelar também os danos transindividuais (também chamados de supraindividuais ou metaindividuais), que são os que resultam da violação dos chamados interesses difusos e coletivos, definidos pelo Código de Defesa do Consumidor (Lei nº 8.078/90), art. 81, parágrafo único, incs. I e II. Trata-se de danos que dizem respeito a bens do interesse da generalidade das pessoas que integram uma comunidade, destacando-se, dentre eles, os prejuízos causados ao meio-ambiente, ao consumidor e a bens ou direitos da coletividade" (NORONHA, Fernando. Desenvolvimentos contemporâneos da responsabilidade civil. *Sequência*, v. 19, n. 37. Florianópolis: 1988, p. 27).

23. Historicamente, era a posição de MIRANDA, Francisco Cavalcanti Pontes de. *Tratado de direito privado*, tomo XXVI, 2. ed.. Rio de Janeiro: Borsoi, 1954, p. 27; e de SILVA, Clóvis do Couto e. O conceito de dano no direito brasileiro e comparado. *Revista de direito civil contemporâneo*, v. 2. São Paulo: jan./mar. 2015, p. 334. O tema ganhou novo desenvolvimento contemporaneamente, como se observa em SCHREIBER, Anderson. Reparação não-pecuniária dos danos morais. *In* TEPEDINO, G.; FACHIN, L. E. (coord.). *Pensamento crítico do direito civil brasileiro*. Curitiba: Juruá, 2011, p. 329-346; DANTAS BISNETO, Cícero. *Formas não monetárias de reparação do dano moral*. Florianópolis, Tirant lo blanch,

4 • APLICAÇÃO DA FUNÇÃO SOCIAL À CONSERVAÇÃO DOS EFEITOS DO CONTRATO **147**

específica[24], corroboram a constatação de que, também no âmbito contratual, a tutela de interesses que alcançam grande grupo de pessoas pode justificar a conservação forçada de efeitos do contrato.

Entretanto, a tutela dos interesses metaindividuais atravessa de forma transversal os diversos ramos do direito, como consequência do processo de constitucionalização do direito.[25] No âmbito do direito contratual, portanto, parece um parâmetro importante para guiar a função social como fundamento para conservação de efeitos do contrato. Em um ordenamento que cada vez mais prioriza a execução específica das obrigações e a reparação *in natura* dos danos, a atuação desses interesses metaindividuais de forma mais congruente com sua efetividade reside justamente na conservação forçada dos efeitos do contrato que os atendiam, ainda que temporariamente.

Na jurisprudência, é especialmente ilustrativo caso julgado pelo TJRJ, referente a contrato pelo qual postes de titularidade de concessionária de energia elétrica eram compartilhados com prestadora de serviços de telefonia e aquela pretendia a retirada dos cabos desta em virtude de alegado inadimplemento: a manutenção do contrato foi determinada por decisão provisória fundamentada na função social do contrato, porque a súbita interrupção privaria mais de oito mil consumidores da região dos lagos do Estado de acesso à telefonia e internet, inclusive prefeituras, hospitais e escolas.[26]

Em linha similar, podem ser aduzidos os julgados relativos à interrupção de fornecimento de energia ou água, ou mesmo outras medidas constritivas, fundada em inadimplemento de usuário que presta serviços à coletividade, em virtude do impacto que teriam sobre um grupo significativo de pessoas que dependem da atividade do usuário (por exemplo, postos de saúde, hospitais, escolas, creches, serviços de segurança pública, iluminação de vias públicas, sede do Executivo

---

2019; FAJNGOLD, Leonardo. *Dano moral e reparação não pecuniária: sistemática e parâmetros*. São Paulo: Thomson Reuters, 2021.

24. Explica Barbosa Moreira: "o objetivo do processo deveria consistir na obtenção de resultado prático que coincidisse de modo exato com o que se atingiria por aquele caminho natural. Não sendo isso possível, valorar-se-á o funcionamento do mecanismo processual, em todo caso, à luz da sua aptidão para produzir resultado próximo do ideal de coincidência. Dir-se-á, então, que o processo funciona tanto melhor quanto mais se aproximar o seu resultado prático daquele a que levaria a atuação espontânea do direito" (MOREIRA, José Carlos Barbosa. Tendências em matéria de execução de sentenças e ordens judiciais. *Revista de processo*, v. 41. São Paulo: jan.-mar./1986, p. 151-168, recurso eletrônico).

25. ABI-EÇAB, Pedro. Transversalidade dos princípios dos direitos metaindividuais. *Revista de direito privado*, v. 36. São Paulo: out.-dez./2008, p. 278-295, recurso eletrônico.

26. TJRJ, 17ª C.C., Ap. Cível n. 00488615820138190001, Rel. Des. Márcia Ferreira Alvarenga, julg. 08/06/2016. O julgado é analisado em GARCIA, Rodrigo Saraiva Porto. Um estudo de caso da aplicação autônoma do princípio da função social do contrato. *In* TERRA, A. M. V.; KONDER, C. N.; GUEDES, G. S. C. (coord.). *Princípios contratuais aplicados: boa-fé, função social e equilíbrio contratual à luz da jurisprudência*. Indaiatuba, SP: Foco, 2019, p. 245-257.

e casas legislativas), isto é, "onde se atinge interesses plurissubjetivos".[27] Ilustrativamente, é possível citar julgado do TJSP que impediu o exercício de medidas constritivas pela concessionária contra Santa Casa que "presta serviços de inegável interesse social envolvendo a proteção da saúde e bem estar dos cidadãos",[28] ou, no âmbito do STJ, julgado que impediu a suspensão do fornecimento de água a uma casa de saúde e maternidade, "sob pena de se colocar em risco a vida e a saúde dos pacientes lá internados".[29] A jurisprudência, todavia, tem destacado que, embora a restrição não se restrinja à lista de usuários que as próprias agências reguladoras costumam listar como insuscetíveis de interrupção, tampouco se pode generalizar que a interrupção é descabida quanto a qualquer pessoa jurídica de direito público.[30]

Constata-se, assim, a partir desses exemplos, a relevância de combinar o critério do alcance com outro critério idôneo a estimar a intensidade do impacto da ineficácia superveniente do contrato sobre a coletividade atingida. Em sistematização utilizada pela doutrina processualista, pode-se afirmar que o impacto sobre interesses metaindividuais pode ocorrer atingindo intensamente uma comunidade restrita, afetando diversas pessoas, mas em intensidades e modos distintos, ou pode ainda alcançar, com a mesma intensidade, todas as pessoas do planeta.[31] Assim, imagine-se: no primeiro caso um contrato para assistência socioantropológica e médica a determinada comunidade indígena ou mesmo para prover segurança contra invasores no território que lhes for reservado, que alcança intensamente o interesse daquele grupo étnico; no segundo caso, recupere-se o exemplo do serviço de *fact checking* que, interrompido, tem o potencial de prejudicar diversas pessoas com a disseminação de informações falsas, mas de modos bastantes distintos; enfim, no terceiro caso, considerem-se contratos voltados à recomposição da camada de ozônio, à recaptura de carbono para conter o aquecimento global, ou apenas para prevenir vazamentos de óleo em embarcações transoceânicas.

A distinção entre eles – que vem sendo bastante discutida em sede processual, onde se fala de "diferentes graus de coletivização"[32] – não parece um obstáculo a

---

27. Trecho do voto do relator no julgado STJ, 1ª S., EREsp 845982, Rel. Min. Luiz Fux, julg. 24/06/2009.
28. TJSP, 22ª C.D.P., Ag. Inst. 20130048020178260000, Rel. Des. Alberto Gosson, julg. 27/04/2018.
29. STJ, 2ª T., AgRg no REsp 1.201.283/RJ, Rel. Min. Humberto Martins, julg. 16/09/2010.
30. Por exemplo, STJ, 2ª T., REsp 1884231, Rel. Min. Mauro Campbell Marques, julg. 22/3/2022.
31. A distinção entre os três tipos de litígios referentes à tutela coletiva é defendida por VITORELLI, Edilson. Tipologia dos litígios: um novo ponto de partida para a tutela coletiva. *Revista de interés público*, v. 4, n. 3. Buenos Aires: maio/2020, p. 43-74.
32. Segundo Rodolfo Camargo Mancuso: "o legislador brasileiro deparou-se com a necessidade de trazer para o âmbito do Direito Objetivo o gênero "interesses transindividuais", subdividindo-o nas três espécies antes referidas, que na verdade correspondem a diferentes "graus de coletivização", seja numa perspectiva horizontal ou objetiva (amplitude da projeção do interesse ao interior da sociedade

4 • APLICAÇÃO DA FUNÇÃO SOCIAL À CONSERVAÇÃO DOS EFEITOS DO CONTRATO — 149

reconhecer o alcance como um parâmetro para a ponderação da função social na conservação dos efeitos do contrato, mas uma razão para combiná-la com outro parâmetro substantivo idôneo a marcar essa diversa intensidade: a essencialidade.

4.1.2 A essencialidade dos efeitos do contrato para a coletividade

Além do alcance, que é um parâmetro relativo à amplitude dos efeitos do contrato sobre os interesses metaindividuais, pode ser indicado um segundo parâmetro para a aplicação da função social na conservação dos efeitos do contrato, relativo à sua intensidade: a essencialidade. Sob essa perspectiva: *quanto maior for a essencialidade dos efeitos do contrato para o atendimento de interesses metaindividuais, maior será a tendência a conservá-los com base na sua função social.*

A utilização da essencialidade como um critério relevante no âmbito do direito contratual foi defendida por Teresa Negreiros, que reputava se tratar de verdadeiro paradigma, à luz do qual se propõe que "a utilidade existencial do bem contratado passe a ser um critério juridicamente relevante no exame das questões contratuais".[33] Para a autora, a essencialidade conduziria a uma nova classificação dos contratos, levando em conta a destinação do bem objeto do contrato para as necessidades humanas do contratante, de modo a que a intervenção estatal no negócio seja tão maior quanto mais essencial ele for.[34]

A referência ao paradigma da essencialidade foi associada por parcela significativa da doutrina à categoria dos chamados "contratos existenciais", proposta por Antonio Junqueira de Azevedo. Na definição do autor, "os contratos existenciais têm basicamente como uma das partes, ou ambas, as pessoas naturais; essas pessoas estão visando a sua subsistência".[35]

---

civil), seja numa perspectiva vertical ou subjetiva (expressão numérica dos sujeitos concernentes e bem assim o grau de sua indeterminação – absoluta ou relativa)" (MANCUSO, Rodolfo de Camargo. Interesses difusos e coletivos. *Revista dos tribunais*, v. 747. São Paulo: jan./1998, p. 67-84, recurso eletrônico).

33. NEGREIROS, Teresa. *Teoria do contrato: novos paradigmas*, 2. ed. Rio de Janeiro: Renovar, 2006, p. 388.

34. NEGREIROS, Teresa. *Teoria do contrato: novos paradigmas*, 2. ed. Rio de Janeiro: Renovar, 2006, p. 418.

35. AZEVEDO, Antonio Junqueira de. Entrevista concedida à *Revista trimestral de direito civil*, n. 34. Rio de Janeiro: abr.-jun. 2008, p. 304. A definição é traçada com caracteres um pouco distintos por aqueles que vieram a recuperar o conceito. Por exemplo, para Basan, "entender-se-á como 'contrato existencial' àquele firmado entre pelo menos uma (e necessariamente) pessoa humana, em situação subjetiva de vulnerabilidade (aspecto subjetivo), e que tenha como objeto contratual (aspecto objetivo) algo inerente à subsistência digna dessa pessoa humana, isto é, à sua utilidade essencial existencial" (BASAN, Arthur Pinheiro. O contrato existencial: análise de decisão judicial que assegura a sua aplicação. *Revista brasileira de direito civil*, v. 7. Belo Horizonte: jan.-mar./2016, p. 17).

A categoria dos contratos existenciais foi sugerida de forma incipiente pelo professor paulista, em uma ocasião em contraponto a "contratos de lucro"[36] e em outra ocasião em contraponto a "contratos empresariais"[37], mas com a ressalva do próprio autor de que a classificação ainda demandava maiores esclarecimentos.[38] Foi a doutrina subsequente que, buscando dar maior desenvolvimento à ideia, realizou a reunião das figuras como complementares ou mesmo justapostas, embora os textos pioneiros sobre contratos existenciais não façam referência ao paradigma da essencialidade, nem a tese de Teresa Negreiros mencione o conceito criado por Antonio Junqueira de Azevedo.[39]

A referência à essencialidade como critério hermenêutico parece, contudo, pouco compatível com a construção de uma dicotomia rigorosa, na qual, de um lado, todo contrato existencial teria objeto essencial a um dos contratantes, enquanto todos os demais contratos seriam indiferentes à satisfação das necessidades básicas da pessoa humana.[40] Ao contrário, prescindindo de uma lógica formalista, a essencialidade parece atuar como vetor gradual, a interferir na

---

36. AZEVEDO, Antonio Junqueira de. Entrevista concedida à *Revista trimestral de direito civil*, n. 34. Rio de Janeiro: abr.-jun. 2008, p. 304: "Justamente, estou propugnando uma nova dicotomia contratual – contratos existenciais e contratos de lucro, a dicotomia do séc. XXI".

37. AZEVEDO, Antonio Junqueira de. Relatório brasileiro sobre revisão contratual apresentado para as Jornadas Brasileiras da Associação Henri Capitant. *Novos estudos e pareceres de direito privado*. São Paulo: Saraiva, 2009, p. 185: "A nosso ver, o direito brasileiro e, talvez, o direito universal, devesse, no séc. XXI, fazer uma distinção essencial, admitindo expressamente *uma nova dicotomia contratual*. Essa dicotomia seria a de *contratos empresariais* e *contratos existenciais*" (grifos no original).

38. Ressalva o autor: "Infelizmente, nessa entrevista, não temos possibilidade de desenvolver esse tema em toda a sua riqueza, especialmente nas situações limítrofes como as pessoas naturais, que mesmo fora do exercício profissional, visam lucro, ou as de empresas muito pequenas, etc." (AZEVEDO, Antonio Junqueira de. Entrevista concedida à *Revista trimestral de direito civil*, n. 34. Rio de Janeiro: abr.-jun. 2008, p. 305).

39. A ligação original entre os dois conceitos, especialmente em virtude de se voltarem a determinar o grau de intervenção judicial, parece residir em AGUIAR JÚNIOR, Ruy Rosado. Contratos relacionais, existenciais e de lucro. *Revista trimestral de direito civil*, v. 45. Rio de Janeiro: jan.-mar./2011, p. 106. Destaca o autor: "O objetivo da adoção do paradigma da essencialidade é de dispensar aos contratos classificados como existenciais um regime jurídico que permita a realização da sua função social, seja interna (equivalência), seja externa (realização dos fins sociais para os quais existe o contrato), garantindo e assegurando os valores inerentes à dignidade da pessoa" (*ibid.*, p. 106). A aproximação é reafirmada em MADEIRA, Débora Fernandes Pessoa; MARINHO, Raquel da Silva; SANTOS, Lorena Pereira dos. Essencialidade e vulnerabilidade no consumo de água para a jurisprudência no tribunal de justiça de minas gerais e no STJ. *Revista de direito*, v.12, n. 2. Viçosa: 2020, p. 10.

40. Afirma Antonio Junqueira de Azevedo, de forma categórica: "São existenciais, por exemplo, todos os contratos de consumo (o consumidor é o destinatário final das vantagens contratuais ou não visa obter lucro), o contrato de trabalho, o de aquisição da casa própria, o de locação da casa própria, o de conta corrente bancária e assim por diante" (AZEVEDO, Antonio Junqueira de. Relatório brasileiro sobre revisão contratual apresentado para as Jornadas Brasileiras da Associação Henri Capitant. *Novos estudos e pareceres de direito privado*. São Paulo: Saraiva, 2009, p. 186).

atuação do intérprete conforme a intensidade da importância vital dos efeitos envolvidos, que poderão ser mais ou menos essenciais.[41]

Embora se reconheça que as referências normativas sobre o tema, muitas vezes tomadas como inspiração para esse paradigma, por vezes se limitem ao enquadramento rígido de certos bens como essenciais, excluindo os demais (tais como a lista de atividades essenciais para exercício do direito de greve[42] e a relação nacional de medicamentos considerados essenciais[43]), em outras ocasiões a referência à essencialidade encontra-se aberta, impelindo o intérprete à avaliação da imprescindibilidade em concreto (por exemplo, na enunciação do alcance do salário mínimo[44] e no regime de responsabilidade por vício do produto[45]).

Transposta para a seara hermenêutica, a essencialidade parece configurar mais um parâmetro substantivo para a ponderação do que um critério formal de distinção entre contratos, como já vem ocorrendo nos debates acerca da aplicação de direitos fundamentais nas relações privadas.[46] Em lugar de afirmar abstratamente que todos os contratos de certa seara ou firmados com certo tipo de pessoa devem sofrer maior intervenção estatal por conta de interesses existenciais necessariamente predominantes, enquanto nos demais a intervenção seria excepcional por estarem ausentes esses interesses, parece mais adequado à complexidade das situações jurídicas subjetivas impor ao intérprete, em cada relação contratual, a investigação da existência e relevância de interesses exis-

---

41. Segundo Teresa Negreiros, "a intervenção nos contratos é gradual em função de uma gradação identificada nas necessidades humanas" (NEGREIROS, Teresa. *Teoria do contrato: novos paradigmas*, 2. ed. Rio de Janeiro: Renovar, 2006, p. 418).

42. L. 7.783/89, art. 10. O exemplo é citado em NEGREIROS, Teresa. *Teoria do contrato: novos paradigmas*, 2. ed. Rio de Janeiro: Renovar, 2006, p. 469.

43. Portaria n. 3.047, de 28 de novembro de 2019, do Ministério da Saúde, citada por SANT'ANA, J. M. B.; PEPE V. L. E.; OSORIO-DE-CASTRO C. G. S.; VENTURA M. Essencialidade e assistência farmacêutica: considerações sobre o acesso a medicamentos mediante ações judiciais no Brasil. *Revista panamericana de salud publica*, v. 29, n. 2. Washington: 2011, p. 138-144.

44. CF, art. 7º, IV, citado em: NEGREIROS, Teresa. *Teoria do contrato: novos paradigmas*, 2. ed. Rio de Janeiro: Renovar, 2006, p. 468; BASAN, Arthur Pinheiro. O contrato existencial: análise de decisão judicial que assegura a sua aplicação. *Revista brasileira de direito civil*, v. 7. Belo Horizonte: jan.-mar./2016, p. 20.

45. CDC, art. 18, §3º, citado por ALVES. Fabrício Germano; FERREIRA, Egle Rigel Gonçalves. O conceito de produto essencial para fins de responsabilização do fornecedor em caso de vício. *Revista do curso de direito da UNIFOR-MG*, v. 11, n. 1. Formiga: jan.-jun./2020, p. 147-169.

46. Afirma Sarmento: "no campo das relações econômicas, a essencialidade do bem é um critério importante para aferição da intensidade da proteção conferida à autonomia privada. Portanto, quanto mais o bem envolvido na relação jurídica em discussão for considerado essencial para a vida humana, maior será a proteção do direito fundamental em jogo, e menor a tutela da autonomia privada. Ao inverso, quando o bem sobre o qual versar a relação privada puder ser qualificado como supérfluo, a proteção da autonomia negocial será maior, e menos intensa se fará a tutela ao direito fundamental contraposto" (SARMENTO, Daniel. *Direitos fundamentais e relações privadas*. Rio de Janeiro: Lumen Juris, 2004, p. 309).

tenciais afetados pelos efeitos do negócio, sejam eles referentes aos contratantes ou sejam interesses metaindividuais originalmente extracontratuais, e adequar a normativa aplicável ao atendimento desses interesses. Essa postura facilita, também, a construção de soluções hermenêuticas compromissórias, idôneas a equilibrar os interesses envolvidos em lugar de identificar somente as posições extremas.[47]

Nesse sentido, a incorporação da essencialidade como parâmetro substantivo para a aplicação da função social à conservação dos efeitos do contrato extravasa sua concepção original. Enquanto na obra de Teresa Negreiros propunha-se a avaliação da essencialidade do bem perante o contratante, defende-se aqui a avaliação dos efeitos do contrato perante a coletividade. Assim, utilizando-se da terminologia recorrente na doutrina dedicada à função social do contrato, trata-se não mais de uma utilização endógena ou interna da essencialidade, mas de uma utilização exógena ou externa.[48]

Sob a já referida concepção mais ampla da função social do contrato, o objeto do contrato ser essencial apenas para o contratante poderia ser suficiente para autorizar a invocação da função social quando o contrato for massificado, tendo em vista que a multiplicação de sua interpretação levaria a um impacto coletivo, idôneo a alcançar a dignidade de um grupo significativo de pessoas (contratantes). Entretanto, mesmo sob acepção mais estrita, parece cabível recorrer à referência à essencialidade, quando, ainda que o objeto do contrato não seja essencial para aquele contratante, os efeitos do negócio se tornaram em alguma medida essenciais para a coletividade de não contratantes.

Nesse sentido, a função social guarnece tanto contratos massificados de efeitos em princípio individuais, como aqueles voltados ao fornecimento individual

---

47. Nesse sentido, Bessa e César, dedicando-se especificamente ao já citado problema da interrupção do fornecimento de água por inadimplemento, defendem: "Observa-se, pelas divergências apresentadas, que tanto a doutrina como a jurisprudência tendem a assumir posições extremadas, ora para admitir, ora para vedar o corte. O diálogo das fontes, sob as luzes constitucionais, permite solução intermediária que, ao final, acaba por prestigiar as normas que estão em aparente conflito (Lei n. 8.078/90 e Lei n. 8.987/95), conferindo-se coerência interna ao ordenamento jurídico. (...) a solução está em verificar se o corte importa, no caso concreto, em ofensa à dignidade da pessoa humana, ou seja, se pessoas físicas serão diretamente afetadas com a suspensão do fornecimento da água" (BESSA, Leonardo Roscoe; CÉSAR, Gabriela Gomes Acioli. O corte do fornecimento de água em face do inadimplemento do consumidor: análise à luz do Diálogo das Fontes. *Revista brasileira de políticas públicas*, v. 6, n. 2. Brasília: 2016, p. 252).

48. Nesse sentido, afirma Carlos Elias de Oliveira: "a atenção à função social está diretamente relacionada à essencialidade do direito, pois essa aferição da essencialidade deve levar em conta não apenas a sua importância para o indivíduo (essencialidade endógena), mas também para a sociedade (essencialidade exógena)" (OLIVEIRA, Carlos Eduardo Elias de. *Parâmetros analíticos do direito civil constitucional: por um ponto de equilíbrio entre os discursos de Direito, Estado, Economia e Sociedade.* Dissertação de mestrado. Brasília: UNB, 2016, p. 182).

4 • APLICAÇÃO DA FUNÇÃO SOCIAL À CONSERVAÇÃO DOS EFEITOS DO CONTRATO | 153

de água, medicamentos ou tratamento ambulatorial para o próprio contratante – tendo em vista que a súbita extinção do vínculo gera efeito cascata, por conta da massificação, sobre toda a coletividade de contratantes –, como também os efeitos de contratos não massificados de efeitos que atingem interesses metaindividuais, por exemplo o fornecimento de água para abastecimento de um distrito isolado, de medicamentos para o único hospital de certa região ou o serviço de atendimento sanitário para uma comunidade indígena. Em todos os casos, a súbita interrupção dos efeitos do contrato lesiona os interesses existenciais de toda uma coletividade de pessoas para quem aqueles efeitos eram essenciais, justificando, portanto, a conservação desses efeitos, ainda que temporariamente.[49]

A utilização da essencialidade como parâmetro valorativo é corolário da metodologia aqui adotada, consistente na constitucionalização do direito civil, que tem por premissa a preeminência das situações existenciais sobre as patrimoniais.[50] A muitas vezes referida prioridade do "ser" sobre o "ter" se traduz na exigência de que as situações jurídicas existenciais recebam uma tutela qualitativamente diversa das patrimoniais, já que enquanto estas devem atender a uma função social, aquelas são tuteladas como fins em si mesmas.[51] Dessa forma, não se trata de segregar os interesses existenciais dos patrimoniais, mas de funcionalizar o "ter" ao "ser".[52]

Sob essa premissa teórica, parece adequado que, quanto mais intensamente os efeitos do contrato resguardem interesses existenciais metaindividuais, maior a atuação da função social para a conservação desses efeitos. A medida da intensidade desse vínculo entre os efeitos do contrato e os interesses existenciais metaindividuais extracontratuais se encontra, justamente, na sua essencialidade,

---

49. Referindo-se a algumas hipóteses de suspensão ou extinção dos efeitos do contrato, explica Kirchner: "os pactos subsumidos a condição de essencialidade de seu objeto estejam sujeitos a uma disciplina legal de índole tutelar (ampliando o âmbito de aplicação do CDC), mitigando os efeitos da mora e do inadimplemento por parte do consumidor superendividado, resguardando-o de cláusulas resolutivas tácitas (extinção do pacto somente após interpelação judicial) e da aplicação direta dos efeitos da teoria da *exceptio non adimplendi contractus* (art. 476, do CC/2002)" (KIRCHNER, Felipe. Os novos fatores teóricos de imputação e concretização do tratamento do superendividamento de pessoas físicas. *Revista de direito do consumidor*, v. 65. São Paulo: jan.-mar./2008, p. 63-113, recurso eletrônico.

50. Perlingieri refere-se à "funcionalização das situações patrimoniais àquelas existenciais, reconhecendo a estas últimas, em atuação dos princípios constitucionais, uma indiscutível preeminência" (PERLINGIERI, Pietro. *Perfis do direito civil*. Rio de Janeiro: Renovar, 1999, p. 32).

51. PERLINGIERI, Pietro. *O direito civil na legalidade constitucional*. Renovar: Rio de Janeiro, 2008, p. 122. Entre nós, v. FACHIN, Luiz Edson; RUZYK, Carlos Eduardo Pianovski. A dignidade da pessoa humana no direito contemporâneo: uma contribuição à crítica da raiz dogmática do neopositivismo constitucionalista. *Revista trimestral de direito civil*, v. 35. Rio de Janeiro, jul./set. 2008, p. 101-119.

52. SCHREIBER, Anderson. Direito civil e Constituição. *Direito civil e Constituição*. São Paulo: Atlas, 2013, p. 21.

em referência à necessidade desses sujeitos de que aquele efeito contratual persista para a sua subsistência com dignidade.[53]

A utilização da essencialidade como parâmetro interpretativo no direito contratual encontra fundamento no princípio da *dignidade da pessoa humana*.[54] Reconhece-se que, ao elevar a dignidade da pessoa humana a fundamento da República, a Constituição Federal impôs uma releitura de todos os institutos tradicionais de direito civil, com corolários os mais variados. Buscando-se evitar certa banalização de sua invocação,[55] decorrente de sua amplitude, a doutrina vem especificando seus corolários, tais como: a vedação à instrumentalização da pessoa, que, na linha kantiana, deve ser sempre fim e nunca meio, ponderando-se nela liberdade, igualdade, solidariedade e integridade;[56] a atribuição de direitos e garantias fundamentais, incluindo o resguardo de um mínimo existencial;[57] a tutela das identidades pessoais e comunitárias, bem como a garantia de um direito ao seu reconhecimento;[58] e, em especial, a caracterização de uma cláusula geral de tutela da personalidade, sob o viés não somente repressivo, mas também promocional.[59]

Essas diretrizes decorrentes da positivação do princípio da dignidade da pessoa humana podem atuar diretamente sobre as relações contratuais, com efeitos concretos frequentemente voltados à proteção da personalidade do contratante contra excessos decorrentes dos imperativos econômicos que dão conteúdo aos contratos. Podem atuar também, todavia, como diretrizes hermenêuticas

---

53. Na definição de Schmidt: "a essencialidade do bem contratado define-se pela necessidade existencial dos contratantes, a qual está intimamente ligada aos direitos fundamentais, que são a base para sobrevivência do indivíduo, a fim de determinar o regime contratual estabelecido entre as partes" (SCHMIDT, Ayeza. Contrato, essencialidade e direitos fundamentais: a essencialidade do bem, à luz do direito fundamental à saúde. *Cadernos da Escola de Direito e Relações Internacionais*, n. 21. Curitiba: 2014, p. 20).

54. Afirma Teresa Negreiros: "O paradigma da essencialidade [...] encontra fundamento na Constituição, na medida em que esta instituiu uma cláusula geral de tutela da dignidade da pessoa humana, impondo, desta forma, o reconhecimento da influência de interesses não-patrimoniais sobre a conformação jurídica das relações contratuais" (NEGREIROS, Teresa. *Teoria do contrato: novos paradigmas*, 2. ed. Rio de Janeiro: Renovar, 2006, p. 461).

55. Afirma Luís Roberto Barroso: "No plano abstrato, poucas ideias se equiparam a ela [a dignidade da pessoa humana] na capacidade de encantar o espírito e ganhar adesão unânime. Contudo, em termos práticos, a dignidade, como conceito jurídico, frequentemente funciona como um mero espelho, no qual cada um projeta seus próprios valores" (BARROSO, Luis Roberto. *A dignidade da pessoa humana no direito constitucional contemporâneo* Belo Horizonte: Fórum, 2013, p. 9-10).

56. MORAES, Maria Celina Bodin de. *Danos à pessoa humana*. Rio de Janeiro: Renovar, 2003, p. 81.

57. BARCELLOS, Ana Paula de. *A eficácia jurídica dos princípios constitucionais*: o princípio da dignidade da pessoa humana. Rio de Janeiro: Renovar, 2002, p. 287 e ss.

58. SARMENTO, Daniel. *Dignidade da pessoa humana: conteúdo, trajetórias e metodologia*, 2. ed. Belo Horizonte: Fórum, 2016, p. 241-298.

59. TEPEDINO, Gustavo. A tutela da personalidade no ordenamento civil-constitucional brasileiro. *Temas de direito civil*, 3. ed. Rio de Janeiro: Renovar, 2004, p. 23-58.

complementares à incidência da função social do contrato, quando seus efeitos extravasam a esfera contratual para alcançar uma coletividade.

Exemplificativamente, pode-se ter em mente que as organizações da sociedade civil de interesse público e demais entidades filantrópicas desempenham suas atividades assistenciais por meio de contratos, cuja súbita interrupção pode prejudicar significativamente todos os beneficiados. Assim, em vista dos corolários da dignidade da pessoa humana já referidos, pode-se pensar em contratos que dão suporte a atividades de informação e esclarecimento quanto a doação de órgãos e tecidos, ações de assistência social e distribuição de mantimentos à população em situação de rua, restauração de obras de arte, preservação de imóveis tombados ou mesmo ao resgate arqueológico de criações de comunidades indígenas ou quilombolas, cuja súbita extinção pode levar à deterioração definitiva desses elementos histórico-culturais, bem como assistência jurídica e psicológica a pessoas em transição de gênero. Em todos esses casos se encontra espaço para a atuação conservativa da função social do contrato, preservando os interesses metaindividuais alcançados pelos efeitos do negócio com especial intensidade em razão da incidência também da dignidade da pessoa humana em seus vários corolários, que se traduzem em uma avaliação da essencialidade desses efeitos.

Trata-se, assim, de diálogo necessário entre a função social do contrato e a dignidade da pessoa humana, que é bem-vindo também no que tange à conservação de efeitos do contrato. A associação entre a função social do contrato e os interesses existenciais tutelados pela dignidade da pessoa humana é recorrente na doutrina[60] e, ainda que não se reconheça uma imprescindibilidade dessa associação direta, deve-se indicar que sua presença corrobora significativamente a atuação da função social.

Com efeito, é possível vislumbrar cenários em que a função social do contrato atua exclusivamente com base no parâmetro do alcance, sem ligação direta com a dignidade, como ocorre por exemplo quando se trata de tutelar a livre concorrência ou mesmo o mercado de consumo, bem como pode-se identificar também a atuação direta e exclusiva da dignidade da pessoa humana, sem referência à função social do contrato, quando os efeitos atingirem somente o contratante sem repercussão metaindividual. Entretanto, certamente há um nicho bastante relevante em que a atuação conservativa da função social incide com mais força em virtude de sua congruência direta com a dignidade da pessoa humana, por

---

60. Nesse sentido: "Essa forma de interpretação, em última instância, protege a função social dos contratos existenciais, tendo em vista o caráter difuso ou de interesse homogêneo normalmente atribuído ao seu objeto, os bens essenciais" (MADEIRA, Débora Fernandes Pessoa; MARINHO, Raquel da Silva; SANTOS, Lorena Pereira dos. Essencialidade e vulnerabilidade no consumo de água para a jurisprudência no tribunal de justiça de minas gerais e no STJ. *Revista de direito*, v. 12, n. 2. Viçosa: 2020, p. 10).

meio do parâmetro da essencialidade, de modo que mais forte o peso da função social do contrato quanto mais essencial se revelar a manutenção dos seus efeitos para a dignidade da coletividade por eles atingida.

Essa profícua combinação entre função social do contrato e dignidade da pessoa humana – que não se confunde com a insidiosa invocação retórica de ambos sem identificação da autonomia normativa de cada um – se revela especialmente pertinente quando a coletividade cujos interesses são resguardados pelos efeitos do contrato se encontra em situação de *vulnerabilidade*.

A expressão vulnerabilidade foi cunhada originalmente no âmbito da saúde pública, para se referir a pessoas ou grupos fragilizados,[61] mas seu uso foi ampliado no âmbito do direito para se referir a qualquer forma inferioridade nas relações jurídicas, especialmente a partir de sua associação generalizada à categoria de consumidor.[62] Resgata-se aqui, todavia, a definição do conceito em seu sentido existencial, associado à sua acepção original, como a situação jurídica subjetiva em que o titular se encontra sob maior suscetibilidade de ser lesionado na sua esfera extrapatrimonial, impondo a aplicação de normas jurídicas de tutela diferenciada para a satisfação do princípio da dignidade da pessoa humana.[63]

Trata-se, assim, de grupos ou pessoas que, para a proteção e o livre desenvolvimento de sua personalidade, dependem mais diretamente da atuação da comunidade em sua assistência, incidindo com especial força aqui o princípio da solidariedade. Basta pensar, nesse sentido, em contratos cujos efeitos resguardem interesses metaindividuais de idosos, crianças, pessoas com deficiência ou problemas de saúde, pacientes em tratamento, minorias étnicas etc. Assim, quando estiverem em jogo interesses de grupos vulneráveis, os efeitos do contrato que os resguarde se revelarão essenciais com mais frequência, em virtude da maior suscetibilidade de serem lesionados pela interrupção, razão pela qual a função social atuará com maior força no sentido de sua conservação.

No âmbito jurisprudencial, o exemplo mais ilustrativo dessa atuação conservativa da função social do contrato pautada pelo parâmetro da essencialidade se encontra no já mencionado exemplo da resilição unilateral no âmbito dos

---

61. BARBOZA, Heloísa Helena. Vulnerabilidade e cuidado: aspectos jurídicos. *In* PEREIRA, T. S.; OLIVEIRA, G. (coord.). *Cuidado e vulnerabilidade*. São Paulo: Atlas, 2009, p. 114.

62. LÔBO, Paulo Luiz Netto. Contratante vulnerável e autonomia privada. *RIBD – Revista do Instituto Brasileiro de Direito*, n. 10. Lisboa: 2012, p. 6189. Para uma crítica à generalização do uso do termo vulnerabilidade – e a subsequente criação do termo "hipervulnerabilidade", v. KONDER, Carlos Nelson; KONDER, Cíntia Muniz de Souza. Da vulnerabilidade à hipervulnerabilidade: exame crítico de uma trajetória de generalização. *Revista Interesse Público*, v.127. Belo Horizonte: 2021, p. 53-68.

63. KONDER, Carlos Nelson. Vulnerabilidade patrimonial e vulnerabilidade existencial: por um sistema diferenciador. *Revista de direito do consumidor*, v. 99. São Paulo: 2015, p. 111.

contratos de planos de saúde.[64] Nessa seara, costuma-se destacar o conflito entre, de um lado, a liberdade contratual e a racionalidade econômica necessárias ao funcionamento da rede privada de assistência[65], e, de outro lado, a natureza existencial do bem objeto do contrato[66] e sua aptidão para servir ao atendimento do direito fundamental à saúde.[67]

Diante disso, torna-se especialmente relevante ir além da generalização e da invocação retórica da função social[68] para proceder à avaliação da essencialidade em concreto, tendo em vista a vulnerabilidade efetiva do usuário, como ocorreu no caso dos pacientes internados. Nesse âmbito, a própria legislação prevê a impossibilidade de suspensão ou rescisão do contrato durante período

---

64. Nesse sentido, destaca Gabriel Schulman: "A essencialidade da atividade das operadoras do plano de saúde, permeada pelo direito fundamental, condiciona a possibilidade de extinção do contrato, cuja função extrapola a condição de instrumento para troca de riquezas. Razoável admitir-se, por conseguinte, o dever de manter a contratação, não para determinar que o plano substitua o Estado, mas para estabelecer parâmetros à atividade do particular" (SCHULMAN, Gabriel. *Planos de saúde: saúde e contratos na contemporaneidade*. Rio de Janeiro: Renovar, 2009, p. 358).

65. Destaca Aline Terra: "não há como dissociar o imperativo respeito ao mutualismo do sistema de planos privados de assistência médica da manutenção do equilíbrio econômico do contrato individualmente celebrado entre a operadora e o contratante individual; o desequilíbrio econômico do contrato individual impacta o equilíbrio da rede de contratos promovido pelo mutualismo. Daí a importância capital de se garantir a delicada equação econômico-financeira de cada contrato, lastreada em complexos cálculos atuariais" (TERRA, Aline de Miranda Valverde. Planos privados de assistência à saúde e boa-fé objetiva: natureza do rol de doenças estabelecido pela Agência Nacional de Saúde para fins de cobertura contratual obrigatória. *Revista brasileira de direito civil – RBDCivil*, v. 23. Belo Horizonte: jan.-mar./2020, p. 183).

66. Afirma Ricardo Lupion: "o contrato que tem por objeto o plano de saúde coletivo empresarial, embora firmado por uma empresa, o destinatário da prestação contratual não é a empresa e sim os seus empregados e familiares. A partir dessa característica, é possível classificar esse contrato, na perspectiva da nova dicotomia do século XXI, como sendo um contrato existencial" (LUPION, Ricardo. Plano de saúde coletivo contratado por empresa: contrato existencial ou contrato de lucro? Por uma nova interpretação dos contratos empresariais: a dicotomia do século XXI. *Direitos fundamentais & justiça*, a. 8, n. 29. Belo Horizonte: out.-dez./2014, p. 116).

67. A ponderação é ressaltada por Ayeza Schmidt: "não se pode deixar de ressaltar que o direito social à saúde prestacional, na órbita das relações privadas, assentam-se em uma racionalidade contratual, e, por isso, sua incidência deve ser diferenciada da eficácia deste direito social nas relações entre cidadão e Estado, ensejando a necessária ponderação entre a autonomia privada e os direitos fundamentais envolvidos" (SCHMIDT, Ayeza. Contrato, essencialidade e direitos fundamentais: a essencialidade do bem, à luz do direito fundamental à saúde. *Cadernos da escola de direito e relações internacionais*, v. 2, n. 21. Curitiba: 2014, p. 33). Milena Oliva e Pablo Rentería destacam a necessidade de uma abordagem funcional da ponderação: "abusivas são as cláusulas que, em concreto, embora ajustadas com a anuência do consumidor, frustrem o escopo da avença, incapacitando o contrato para cumprir uma função para a qual foi firmado" (OLIVA, Milena Donato; RENTERIA, Pablo. Tutela do consumidor na perspectiva civil-constitucional: A cláusula geral de boa-fé objetiva nas situações jurídicas obrigacionais e reais e os enunciados 302 e 308 da súmula da jurisprudência predominante do Superior Tribunal de Justiça. *Revista de direito do consumidor*, v. 101. São Paulo: set.-out./2015, recurso eletrônico).

68. MARINHO, Maria Proença. Planos privados de assistência à saúde e a função social do contrato. *In* TERRA, A. M. V.; KONDER, C. N.; GUEDES, G. S. C. (coord.). *Princípios contratuais aplicados: boa-fé, função social e equilíbrio contratual à luz da jurisprudência*. Indaiatuba, SP: Foco, 2019, p. 231-244.

em que o titular esteja internado no tocante aos planos individuais ou familiares,[69] mas o STJ recentemente fixou o entendimento de que a vedação também alcança os planos coletivos – "a operadora, mesmo após o exercício regular do direito à rescisão unilateral de plano coletivo, deverá assegurar a continuidade dos cuidados assistenciais prescritos a usuário internado ou em pleno tratamento médico garantidor de sua sobrevivência ou de sua incolumidade física, até a efetiva alta, desde que o titular arque integralmente com a contraprestação devida" –, interpretação que, segundo a decisão, "encontra amparo na boa-fé objetiva, na segurança jurídica, na função social do contrato e no princípio constitucional da dignidade da pessoa humana".[70]

4.2 PARÂMETROS METODOLÓGICOS PARA A ATUAÇÃO CONSERVATIVA DA FUNÇÃO SOCIAL DO CONTRATO

Além dos parâmetros substantivos, que decorrem diretamente do conteúdo valorativo dos enunciados normativos em exame, cabe propor também parâmetros metodológicos, destinados a guiar formalmente a atuação do intérprete no que tange a realizar com rigor científico e sistematicidade o próprio procedimento de ponderação.

Nesse sentido, primeiramente será abordado o parâmetro da temporariedade da conservação de efeitos do contrato, reconhecendo-se que entre os dois extremos da conservação definitiva dos efeitos e a sua extinção imediata existem diversas hipóteses intermediárias aptas a permitir que o intérprete concilie os interesses envolvidos prevendo um prazo a progressiva extinção do negócio. Analisa-se, nesse item inicial, a denominada modulação de efeitos da decisão,

---

69. Lei n. 9.656/98, art. 13. "Os contratos de produtos de que tratam o inciso I e o § 1o do art. 1o desta Lei têm renovação automática a partir do vencimento do prazo inicial de vigência, não cabendo a cobrança de taxas ou qualquer outro valor no ato da renovação. Parágrafo único. Os produtos de que trata o caput, contratados individualmente, terão vigência mínima de um ano, sendo vedadas: [...] III – a suspensão ou a rescisão unilateral do contrato, em qualquer hipótese, durante a ocorrência de internação do titular".

70. STJ, 2ª S., REsp 1846123, Rel. Min. Luis Felipe Salomão, julg. 22/06/2022 (Tema 1082). Em precedente anterior, o tribunal já havia indicado a importância da função social do contrato para a conservação de efeitos nesse tipo de caso: "a liberdade de contratar não é absoluta, devendo ser exercida nos limites e em razão da função social dos contratos, notadamente em casos como o presente, cujos bens protegidos são a saúde e a vida do beneficiário, os quais se sobrepõem a quaisquer outros de natureza eminentemente contratual, impondo-se a manutenção do vínculo contratual entre as partes até que os referidos beneficiários encerrem o respectivo tratamento médico" (STJ, 3ª T., REsp n. 1818495, Rel. Min. Marco Aurélio Bellizze, julg. 8/10/2019). Sobre o debate, antes da pacificação da jurisprudência superior, no tocante a abuso na denúncia e manutenção temporária do plano, v. ZANETTI, Andrea Cristina. *Denúncia nos contratos privados de assistência à saúde*. Tese de doutorado. São Paulo: PUC-SP, 2018, p. 254 e ss.

4 • APLICAÇÃO DA FUNÇÃO SOCIAL À CONSERVAÇÃO DOS EFEITOS DO CONTRATO

que já vem sendo invocada em doutrina e prevista em lei para as invalidades, a partir do modelo da declaração de inconstitucionalidade.

Em seguida, se aborda o parâmetro da fundamentação argumentativa da decisão, pelo qual em lugar de pretender controlar a atuação do intérprete com base em limitação externa própria do modelo subsuntivo, busca-se um limite interno, consistente no ônus argumentativo imposto para decisões fundadas em categorias abertas. Nesse segundo item são abordados ainda o papel da fundamentação argumentativa no que tange à pré-compreensão do intérprete e no tocante ao raciocínio consequencialista.

4.2.1 Temporariedade da conservação dos efeitos

O primeiro parâmetro metodológico a guiar o intérprete na aplicação da função social do contrato para a conservação dos seus efeitos diz respeito à inclusão do fator temporal nessa ponderação. Mais especificamente, a diretriz será a conservação dos efeitos pelo *tempo mínimo necessário para o equilíbrio dos interesses envolvidos*. Isso significa que a atuação da função social no sentido da conservação dos efeitos do contrato que atendam a interesses metaindividuais relevantes deve ser tendencialmente *provisória*, pelo período de tempo estritamente necessário para compatibilizar a tutela desses interesses com aqueles que dão fundamento para que cessem os efeitos do contrato.

O reconhecimento desse parâmetro metodológico se insere em uma transformação mais ampla relativa ao papel do tempo nas relações obrigacionais em geral. Em detrimento da tradicional abordagem estática da relação obrigacional, a importância do perfil dinâmico está associada entre nós à difusão da concepção da *obrigação como processo*, isto é, como um conjunto de momentos sucessivos, interligados em unidade ontológica, uma estrutura verdadeiramente orgânica, repleta de relações recíprocas de instrumentalidade ou interdependência.[71] O vínculo, portanto, se protrai no tempo de forma flexível, suscetível de modificações decorrentes da conduta das partes ou de outras vicissitudes que venham a atingir os interesses de qualquer forma abarcados pela tutela daquela relação jurídica.

A complexificação da relação obrigacional associada a essa leitura dinâmica que, para além do direito do credor à prestação e do dever do devedor a satisfa-

---

71. Na definição do autor, "Com a expressão 'obrigação como processo', tenciona-se sublinhar o ser dinâmico da obrigação, as várias fases que surgem no desenvolvimento da relação obrigacional e que entre si se ligam com interdependência" (SILVA, Clóvis Veríssimo do Couto e. *A obrigação como processo*. Rio de Janeiro: FGV, 2007, p. 20). Para uma releitura atualizada do tema, v. XAVIER, Luciana Pedroso; XAVIER, Marília Pedroso; e NALIN, Paulo. A obrigação como processo: breve releitura trinta anos após. *In* TEPEDINO, G.; FACHIN, L. E. (orgs.). *Diálogos sobre direito civil*, v. II. Rio de Janeiro: Renovar, 2008, p. 299-322.

zê-la, reconhece diversas outras situações jurídicas subjetivas conjugadas – uma "pluralidade de elementos autonomizáveis" – costuma ser lida exclusivamente a partir da incidência do princípio da boa-fé.[72] Tributa-se, nesse sentido, a compreensão da relação obrigacional como um sistema de processos à necessária colaboração entre os sujeitos vinculados.[73]

Entretanto, também aqui parece possível expandir as fontes de dinamização da relação obrigacional além da boa-fé, permitindo igualmente a outros enunciados normativos o condão de modificar o vínculo para o atendimento de outros interesses merecedores de tutela. De modo geral, é cabível reconhecer que variados interesses externos à vontade dos contratantes passam a imiscuir-se no contrato, estabelecendo composição entre autonomia e heteronomia em uma "nova complexidade".[74]

Com efeito, partindo da premissa original de que o adimplemento "atrai e polariza a obrigação",[75] pode-se afirmar que "o fim da relação obrigacional é a satisfação da totalidade dos interesses envolvidos na relação".[76] A funcionalização da relação obrigacional faz com que todos os direitos, subjetivos e potestativos, ônus e deveres, poderes e faculdades, toda a situação jurídica complexa cuja existência é temporária, fiquem orientados e condicionados ao atingimento de um fim objetivamente considerado, que deve concretizar-se em todo um conjunto de interesses merecedor de tutela.[77] Dessa forma, além da tutela da confiança estabelecida entre as partes, também o atendimento de interesses metaindividuais atingidos por aquela relação pode condicionar a normativa que a rege e justificar a superveniente modificação de seu regime normativo diante de novas circunstâncias.

Essa dinamicidade abarca, naturalmente, as relações contratuais, como exemplo de destaque no plano das obrigações. O contrato, reconhecido não somente como fonte da relação, mas como seu título justificativo, que atua sua função e seu regulamento, impõe abordar o fenômeno sob perspectiva procedimental, superando a mera relação causa-efeito.[78] Dessa forma, o fato

---

72. FRADA, Manuel A. Carneiro da. *Contrato e deveres de proteção*. Coimbra: Coimbra, 1994, p. 37-38.

73. LARENZ, Karl. *Derecho de obligaciones*, tomo I. Madrid: Revista de derecho privado, 1958, p. 37-41.

74. RODOTÀ, Stefano. *Le fonti di integrazione del contratto*. Milano: Giuffrè, 1970, p. 72.

75. SILVA, Clóvis Veríssimo do Couto e. *A obrigação como processo*. Rio de Janeiro: FGV, 2007, p. 17.

76. MARTINS-COSTA, Judith. *A boa-fé no direito privado: critérios para a sua aplicação*, 2. ed. São Paulo: Saraiva, 2018, p. 233.

77. KONDER, Carlos Nelson; RENTERÍA, Pablo. A funcionalização das relações obrigacionais: interesse do credor e patrimonialidade da prestação. *In* TEPEDINO, G.; e FACHIN, L. E. (orgs.). *Diálogos sobre direito civil*, v. II. Rio de Janeiro: Renovar, 2007, p. 266-267.

78. Leciona Pietro Perlingieri: "*La pretesa separazione – acquisita o da acquisire –, normativa e concettuale, tra il rapporto obbligatorio e le sue fattispecie costitutive si fonda su una concezione atomistica che attribuisce tutt'al più al fatto costitutivo il ruolo di un mero ed occasionale fatto causativo, rilevante*

4 • APLICAÇÃO DA FUNÇÃO SOCIAL À CONSERVAÇÃO DOS EFEITOS DO CONTRATO — 161

gerador inicial não determina a normativa aplicável à relação de forma estática e definitiva, reconhecendo-se também no contrato a flexibilidade e dinamicidade idônea a modificar sua normativa conforme as vicissitudes que atinjam os interesses envolvidos.[79]

A normativa trazida pelo contrato não se encontra fechada no momento de sua celebração, já que mesmo durante a execução ela se completa e se reconstrói em perspectiva dinâmica, como atividade mais do que como ato.[80] Em especial, o reconhecimento de que a ocasião do vínculo contratual permite a produção de efeitos jurídicos mesmo nos períodos pré e pós-contratual para a proteção de interesses extracontratuais não vinculados estritamente ao exercício da autonomia privada – tampouco restritos à incidência da boa-fé, como observado – dá destaque a essa dimensão dinâmica e mutável da normativa contratual, na qual o fator *tempo* sobressai.[81]

Essa perspectiva tem ganhado importância diante do protagonismo crescente da categoria dos denominados "contratos de longa duração" ou simplesmente "contratos de duração", marcados, justamente, pela internalização do tempo como

---

esclusivamente come fonte *del rapporto e non già quale* titolo, *ragione giustificatrice dello stesso, influente sulla sua funzione e sul suo regolamento. [...] In realtà occorre prospettare il fenomeno in una visione procedimentale che «superando lo schema fatto-rapporto, là dove il fatto funge dalla causa ed il rapporto da effetto» incentri la propria attenzione «nella triade rapporto-fatto-rapporto», sì che specificamente il rapporto obbligatorio o la situazione iniziale fungano da «prius del fatto condizionandone la struttura»"* (PERLINGIERI, Pietro. *Le obbligazioni tra vecchi e nuovi dogmi*. Napoli: ESI, 1990, p. 20).

79. Segundo Judith Martins-Costa, "A expressão [dinamismo da relação obrigacional] traduz a ideia de a relação de obrigação no transcorrer de sua existência, e de seu percurso em direção ao adimplemento poder gerar outros direitos e deveres que não os expressados na relação de subsunção entre a situação fática e a hipótese legal; ou, ainda, poderes e deveres não indicados no título (contrato), ou ainda, poderes formativos geradores, modificativos ou extintivos, e os correlatos estados de sujeição não vislumbrados na relação original; pode, por igual, importar na criação de ônus jurídicos e deveres laterais («deveres de proteção») correspondentes a interesses de proteção que convivem a *latere* do interesse à prestação" (MARTINS-COSTA, Judith. *A boa-fé no direito privado: critérios para a sua aplicação*, 2. ed. São Paulo: Saraiva, 2018, p. 232).

80. Afirma Judith Martins-Costa: "Um contrato qualifica-se, antes de mais, como *atividade*, isto é, como conjunto ordenado de ações coligadas por uma finalidade" (MARTINS-COSTA, Judith. Contratos. Conceito e evolução. *In* LOTUFO, R.; NANNI, G. E. (coord.). *Teoria geral dos contratos*. São Paulo: Atlas, 2011, p. 41). Explica a autora: "Não se pense, todavia, ser o acordo contratual o resultado de um único momento, abrupto, fixo, instantâneo, atomizado, que surge *ab ovo* sendo, uma vez alcançado, rígido e imutável no tempo. O esforço científico voltou-se, nos finais do séc. XX, para comprovar que, como atividade comunicativa que é, a formação e a execução contratual operam sempre num *contexto significativo e dinâmico*" (*ibid.*, p. 43)

81. Segundo Vitor Ramos, "Só é possível, entretanto, pensar em um contrato no tempo quando se vislumbra que o processo obrigacional não é um fenômeno que se encerra no momento da contratação, isto é, no momento da formação do vínculo obrigacional; e mais: que de um mesmo contrato podem advir uma série de relações futuras que não estavam expressamente manifestadas no texto original" (RAMOS, Vitor de Paula. A dependência econômica nos contratos de longa duração. *Revista brasileira de direito civil – RBDCivil*, v. 20. Belo Horizonte: abr.-jun./2019, p. 18).

elemento constitutivo da própria causa do contrato.[82] Neles, o tempo deixa de ser um obstáculo a ser suportado até o efetivo adimplemento e passa a figurar como condição necessária para que o contrato desempenhe a função pretendida.[83] Movidos por intenções estratégicas de longo prazo,[84] são pactos que levam em conta a necessidade de estabelecer um quadro normativo amplo e flexível diante da inevitável variação das circunstâncias – e dos interesses – ao longo do percurso.[85]

A construção teórica dessa categoria – assim como outras categorias, *e.g.* contratos relacionais[86] e contratos-quadros[87] – parte da insuficiência da concepção tradicional dos contratos exclusivamente como modelos síncronos de troca, em que o foco na sua substância descura de seu papel como processo através do qual a relação das partes se desenvolverá.[88] A intencional abertura, flexibilidade

---

82. OPPO, Giorgio. I contratti di durata. *Rivista del diritto commerciale*, v. XLI, parte prima. Milano: 1943, p. 228.

83. Explica Granieri: *"Benché in ogni forma di contrattazione sussista un apprezzamento della dimensione temporale, nei contratti di durata il tempo assurge (...) ad elemento definitorio e caratterizzante della fattispecie e determina alcune conseguenze circa il trattamento normativo a livello fisiologico e patologico"* (GRANIERI, Massimiliano. *Il tempo e il contratto: itinerario storico-comparativo sui contratti di durata.* Milano: Giuffrè, 2007, p. 32). Também nesse sentido: "A duração é do próprio ato de adimplemento, é a própria função do contrato, no sentido de que o protrair-se do adimplemento por uma certa duração é condição para que o contrato produza o efeito querido pelas partes e satisfaça as necessidades que motivaram o contrato" (MARTINS-COSTA, Judith; NITSCHKE, Guilherme Carneiro Monteiro. Contratos duradouros lacunosos e poderes do árbitro: questões teóricas e práticas. *RJLB – Revista jurídica luso-brasileira*, a. 1, n. 1. Lisboa: 2015, p. 1265-1267).

84. Segundo Giovanna Schunck, os contratos de longa duração podem servir a facilitar investimentos diminuindo o impacto da concorrência externa; viabilizar planejamento de longo prazo sem a internalização de serviços; fomentar troca de tecnologia, florescimento de sinergias, sedimentar estruturas eficientes, estabilizar soluções contratuais, realizar alianças estratégicas (SCHUNCK, Giuliana Bonanno. *Contratos de longo prazo e dever de cooperação.* São Paulo: Almedina, 2016, p. 29-30).

85. Explica Guilherme Nitschke, "A dialética que se estabelece entre *tempo* e *texto contratual* é reflexo da intenção humana de domesticar os eventos futuros, e revela a contraposição entre *variabilidade* e *fixidez*, *justiça* e *segurança*, resolvida no cruzamento das linhas de *equidade* e *estabilidade*, que ao fim e ao cabo se revelam complementares" (NITSCHKE, Guilherme Carneiro Monteiro. Tempo e equilíbrio contratual. *In* MOTA, M.; KLOH, G. (orgs.). *Transformações contemporâneas do direito das obrigações.* Rio de Janeiro: Elsevier, 2010, p. 115).

86. Segundo Antônio Junqueira de Azevedo: "São relacionais todos os contratos que, sendo prolongados no tempo, têm como seu objeto a própria colaboração (contrato de sociedade, contrato de parceria etc.) e, ainda o que, mesmo não tendo por objeto a colaboração, exigem-na intensa para poder atingir os seus fins [...]. Ora, o princípio de boa-fé deve ser mais intensamente considerado nos contratos relacionais, tendo em vista seu caráter aberto, com forte indefinição na sua projeção para o futuro, impondo, para atingir os seus fins, extrema lealdade entre as partes" (AZEVEDO, Antonio Junqueira. *Novos estudos e pareceres de direito privado.* São Paulo: Saraiva, 2009, p. 100). Sobre o tema, v. MACEDO JR., Ronaldo Porto. *Contratos relacionais e defesa do consumidor.* São Paulo: Max Limonad, 1998, *passim*.

87. Na definição de Jacques Ghestin, «Le contrat-cadre est un contrat qui ne détermine pas les termes essentiels de l'échange économique définitif» (GHESTIN, Jacques. La notion de contrat-cadre et les enjeux théoriques et pratiques qui s'y attachent. *JCP E* 1997, suppl. N. 3-4, p. 7).

88. Explica Granieri: *"Dunque, la predisposizione di un contratto di durata diviene una forma di programmazione, che riguarda non più soltanto la sostanza – intendendo per tala la misura delle prestazioni corrispettive – bensì anche il processo attraverso il quale la vita del contratto si svolgerà"*

e mesmo incompletude desses negócios é uma estratégia para administrar a inevitável necessidade de alteração da normativa contratual conforme a alteração das circunstâncias com a passagem do tempo.[89] Significativamente, se costuma destacar a importância central nesses negócios dos denominados remédios conservativos (*rimedi mantenutivi*), voltados a adaptar o conteúdo do contrato, de forma colaborativa, em lugar de conduzir à dissolução do vínculo.[90]

Em síntese, a dinamicidade das relações e a flexibilidade dos contratos traduzem a ideia geral de que o tempo é um fator decisivo na determinação da normativa contratual, já que o negócio, como processo, pode, de forma superveniente, incorporar interesses extracontratuais na sua tutela, justificando a manutenção, ao menos parcial, dos seus efeitos, ainda que se tenham extintos os interesses contratuais presentes na sua origem. Por outro lado, também se pode extrair, então, que essa conservação de efeitos deve dar-se, tendencialmente, por um período de tempo limitado, suficiente apenas para atender minimamente a esses interesses de modo a equilibrá-los com os interesses dos contratantes.

Com efeito, conservar indefinidamente os efeitos do contrato para o atendimento de interesses metaindividuais pode implicar sacrifício excessivo aos interesses dos contratantes, contradizendo as próprias premissas de dinamicidade da relação e flexibilidade da normativa contratual. Após represada a súbita interrupção dos efeitos contratuais sobre os interesses metaindividuais, espera-se a progressiva alteração do contexto que cerca o contrato, para assimilar e se adaptar às novas circunstâncias, de modo a que a passagem do tempo paulatinamente altere o fiel da balança: quanto maior o tempo decorrido, mais importância ganham os fundamentos para a extinção do negócio e a liberação dos contratantes e mais relevantes devem ser os interesses metaindividuais idôneos a justificar a persistência forçada do vínculo.

Identificando-se na aplicação da função social para a conservação de efeitos do contrato uma atividade hermenêutica de ponderação, a doutrina dedicada ao tema há muito reconhece a importância de evitar soluções extremas e buscar

---

(GRANIERI, Massimiliano. *Il tempo e il contratto: itinerario storico-comparativo sui contratti di durata*. Milano: Giuffrè, 2007, p. 364).

89. Em sentido similar: "a tensão existente entre o texto do contrato e o fluxo fático deixa claro que, se no passado, com a supremacia do pacta sunt servanda, imaginava-se que os fatos futuros não tinham influência sobre os contratos, hoje parece não haver dúvida de que o contrato é uma instituição cronotópica, que lida com o pretérito, o presente e o futuro. Não um futuro pontual, estático, sempre previsível, mas um futuro contínuo, dinâmico e, muitas vezes, totalmente imprevisível" (RAMOS, Vitor de Paula. A dependência econômica nos contratos de longa duração. *Revista brasileira de direito civil – RBDCivil*, v. 20. Belo Horizonte: abr.-jun./2019, p. 20).

90. GRANIERI, Massimiliano. *Il tempo e il contratto: itinerario storico-comparativo sui contratti di durata*. Milano: Giuffrè, 2007, p. 54 e 411.

medidas intermediárias de equilíbrio.[91] Trata-se do que se costuma referir por "concordância prática", de modo a não sacrificar excessivamente nenhum dos interesses em jogo.[92] A duração da conservação dos efeitos do contratos que resguardem interesses metaindividuais – em contraposição aos fundamentos que levariam à sua extinção – contribui justamente a permitir alcançar essa harmonização dos preceitos em jogo.

É ilustrativo, nesse sentido, o caso *CTC x Coelba*.[93] No caso, a CTC alegava que prestava serviços quase que exclusivamente à Coelba há cerca de cinco anos quando foi comunicada por ela que o vínculo seria extinto unilateralmente em trinta dias. Diante dessa conduta que reputava abusiva pleiteou cautelarmente a manutenção forçada do vínculo, o que lhe foi garantido por decisão liminar posteriormente confirmada em sentença e também em segundo grau de jurisdição: o TJBA, com base na afirmação de que a resilição levaria à demissão de aproximadamente mil empregados, reputou que "a rescisão unilateral dos instrumentos viola a função social do contrato, compreendendo-a como a finalidade pela qual o ordenamento jurídico confere aos contratantes mecanismos jurídicos capazes de coibir qualquer desigualdade dentro da relação contratual". No STJ, a relatora iniciou com a ressalva de que embora a livre iniciativa abranja também a liberdade de pôr fim ao negócio, "o acórdão recorrido caminha bem ao reconhecer que a função social do contrato limita [...] a liberdade de encerrar o negócio jurídico". Entretanto, observou que a liminar fora deferida há mais de cinco anos, sem "notícia sobre o andamento da ação principal e tampouco uma previsão plausível para o seu deslinde", razão pela qual "o acórdão recorrido extrapolou os limites do art. 421 do CC/02", descabido utilizá-lo "para manter duas sociedades empresárias ligadas por vínculo contratual durante um longo e indefinido período". Conclui, portanto, determinando que o prazo de cinco anos já foi mais do que suficiente, em analogia com o art. 473 do CC, mas garantiu ainda mais 45 dias de vigência, para que eventuais rescisões trabalhistas ainda pendentes não surpreendessem esses trabalhadores.

---

91. Explica Daniel Sarmento: "[o intérprete] deve, à luz das circunstâncias concretas, impor 'compressões' recíprocas sobre os interesses protegidos pelos princípios em disputa, objetivando lograr um ponto ótimo, onde a restrição a cada interesse seja a mínima indispensável à sua convivência com o outro" (SARMENTO, Daniel. *A ponderação de interesses na Constituição Federal*. Rio de Janeiro: Lumen Juris, 2002, p. 102).

92. Conforme Ana Paula de Barcellos, "O objetivo final do processo de ponderação será sempre alcançar a concordância prática dos enunciados em tensão, isto é, sua harmonização recíproca de modo que nenhum deles tenha sua incidência totalmente excluída na hipótese" (BARCELLOS, Ana Paula de. *Ponderação, racionalidade e atividade jurisdicional*. Rio de Janeiro: Renovar, 2005, p. 133).

93. STJ, 3ª T., REsp 972436, Rel. Min. Nancy Andrighi, julg. 17/03/2009.

4 • APLICAÇÃO DA FUNÇÃO SOCIAL À CONSERVAÇÃO DOS EFEITOS DO CONTRATO 165

Isso não significa, naturalmente, que em determinadas situações a relevância dos interesses metaindividuais envolvidos não justifique que a conservação de determinados efeitos ocorra de forma definitiva. Será o caso, por exemplo, das hipóteses cogitadas em doutrina de resolução do contrato por inadimplemento em que se tornou impossível a restituição *in natura* de alguma prestação, que acabará retida pelo devedor inadimplente, ao qual se incumbirá a restituição somente pelo seu equivalente.[94] Imagine-se que um particular contratou um empreiteiro para realizar obras em seu imóvel e que, uma delas, foi a instalação de uma barragem em um fluxo de água, que beneficiou também o restante da comunidade local por evitar inundações em época de cheias: ainda que o proprietário fique inadimplente e o empreiteiro pretenda a resolução do contrato, não se justifica o desfazimento e devolução das instalações da barragem, cabendo ao devedor somente, quanto a esta prestação, a restituição de seu equivalente, restando esta obra definitivamente incorporada em razão do seu impacto para os interesses daquela comunidade. O ônus argumentativo imposto ao intérprete, nesses casos, será significativo, pois lhe caberá demonstrar as condições específicas nas quais a temporariedade da conservação não se justifica à luz do ordenamento.[95]

Essa modulação temporal da extinção do contrato, como parâmetro metodológico para a atuação conservativa da função social, associa-se à já citada ideia de atribuir vocação expansiva ao enunciado normativo referente à necessidade de prazo para que a resilição unilateral produza efeitos. Entretanto, o prazo não corresponderá aqui à existência de investimentos consideráveis de uma parte, mas ao alcance e à essencialidade dos efeitos do contrato para a coletividade, conforme abordado anteriormente.

A analogia com o disposto no parágrafo único do artigo 473 do Código Civil levanta, todavia, um problema. A fixação de um prazo dentro do qual certos efeitos do contrato serão conservados a despeito dos fundamentos para sua extinção encontra obstáculo na diversidade de regime jurídico entre esses fundamentos normativos. Com efeito, algumas das causas de extinção dos efeitos dos contratos já trazem em sua normativa preceitos determinadores de sua eficácia temporal,

---

94. TERRA, Aline de Miranda Valverde. *Cláusula resolutiva expressa*. Belo Horizonte: Fórum, 2017, p. 188-190.

95. Segundo Ana Paula de Barcellos: "A não incidência em nenhuma medida de um enunciado válido e pertinente em determinado caso, não afastado por qualquer das exceções admitidas pela ordem jurídica, constitui uma quebra de sistema e deve, tanto quanto possível, ser evitada. De toda sorte, quando se tratar de um resultado inevitável, o processo de ponderação continuará a ser uma ferramenta importante de ordenação e fundamentação da escolha entre as soluções propugnadas pelos enunciados conflitantes" (BARCELLOS, Ana Paula de. *Ponderação, racionalidade e atividade jurisdicional*. Rio de Janeiro: Renovar, 2005, p. 138-139).

predeterminando a partir de que momento a extinção dos seus efeitos se dará, inclusive, muitas das vezes, de modo retroativo.

Assim, exemplificativamente, a extinção do contrato por decurso do prazo atua de pleno direito com o implemento do seu termo final, embora se controverta sobre eventual retroação da condição resolutiva.[96] A resolução por inadimplemento dependerá de seu fundamento na cláusula resolutiva expressa – quando atua a partir da comunicação do credor – ou tácita – quando dependente de decisão judicial.[97] À resolução por onerosidade excessiva o legislador comina expressamente eficácia extintiva a partir da citação.[98] Nos casos de invalidade, é tradicional a distinção doutrinária entre a eficácia extintiva da nulidade (*ex tunc*) e da anulabilidade (*ex nunc*).[99] Quanto à resilição unilateral, a variedade envolve até a já abordada controvérsia terminológica, em vista de casos em que ela opera *ex tunc*, enquanto em outros a extinção é protraída para o futuro.

Assim, levanta-se pertinente dúvida a respeito da possibilidade de afirmar que a fixação de um prazo para a conservação de efeitos do contrato, em nome da sua função social, possa ser um parâmetro metodológico geral, apto a ser utilizado diante de qualquer hipótese de extinção do contrato, independentemente de seu regime normativo. Seria facultado ao intérprete, por exemplo, diante de um caso em que a própria lei prevê que devem-se extinguir os efeitos retroativamente, determinar que esses efeitos persistam por mais tempo?

---

96. CC, art. 128. "Sobrevindo a condição resolutiva, extingue-se, para todos os efeitos, o direito a que ela se opõe; mas, se aposta a um negócio de execução continuada ou periódica, a sua realização, salvo disposição em contrário, não tem eficácia quanto aos atos já praticados, desde que compatíveis com a natureza da condição pendente e conforme aos ditames de boa-fé". Como explica Amaral, "A questão tem menos importância prática quando se verifica que ambos os sistemas asseguram a proteção ao credor condicional. Enquanto no sistema da retroatividade, como o francês, ela é expressa, no alemão inexiste disposição idêntica, embora, de igual modo, se protejam os direitos expectativos, tornando ineficazes os atos com eles incompatíveis" (AMARAL, Francisco. *Direito civil: introdução*, 8. ed. Rio de Janeiro: Renovar, 2014, p. 522).

97. CC, art. 474. "A cláusula resolutiva expressa opera de pleno direito; a tácita depende de interpelação judicial".

98. CC, art. 478. "Nos contratos de execução continuada ou diferida, se a prestação de uma das partes se tornar excessivamente onerosa, com extrema vantagem para a outra, em virtude de acontecimentos extraordinários e imprevisíveis, poderá o devedor pedir a resolução do contrato. Os efeitos da sentença que a decretar retroagirão à data da citação".

99. Por exemplo, LOPES, Miguel Maria de Serpa. *Curso de direito civil*, v. I. Rio de Janeiro: Freitas Bastos, 1953, p. 315. Em crítica à distinção, MATTIETTO, Leonardo de Andrade. *Teoria da invalidade e princípio da conservação dos atos jurídicos*. Tese de doutorado. Rio de Janeiro: UERJ, 2003; e VELOSO, Zeno. *Invalidade do negócio jurídico: nulidade e anulabilidade*, 2. ed. Belo Horizonte: Del Rey, 2005, p. 338, onde afirma: "Temos que repudiar, portanto, e com toda a energia, a falsa afirmação de que a sentença de nulidade opera retroativamente e a sentença de anulação *ex nunc*, prospectivamente. Ambas têm eficácia *ex tunc*".

4 • APLICAÇÃO DA FUNÇÃO SOCIAL À CONSERVAÇÃO DOS EFEITOS DO CONTRATO

Sem descurar do necessário rigor científico, que pressupõe respeito às categorias dogmáticas como instrumento de garantir a coerência e harmonia das soluções oferecidas pelo sistema, a resposta pode ser positiva. Com efeito, deve-se reconhecer que mesmo no âmbito de cada um desses marcos temporais categoriais, ainda quando fixados como regra pelo legislador, cumpre ao intérprete reconhecer casos em que se justifica sua relativização e superação.[100]

Observa-se, assim, que ainda quando o legislador prefixa um marco temporal a partir do qual a extinção dos efeitos do contrato deve atuar – até mesmo quando determina a retroatividade –, há espaço para o intérprete adiar essa eficácia extintiva, ao menos parcialmente, modulando esse marco temporal à luz dos interesses em jogo. Exemplo significativo vem da teoria das invalidades, mais especificamente de sua forma mais radical e tradicional, a declaração de inconstitucionalidade.[101] Mesmo nesses casos, em que há a violação de norma da mais alta alçada do nosso ordenamento, admite-se a conservação de efeitos produzidos em razão da ponderação com outros interesses envolvidos, isto é, em casos em que a retroação poderia lesar ainda mais os interesses que a inconstitucionalidade visava resguardar. A partir disso, defende Eduardo Nunes de Souza a generalização do procedimento em potencial para todas as hipóteses de invalidade, utilizando-se "o termo 'modulação de efeitos' para designar esse procedimento, em uma referência deliberada à terminologia que tem sido empregada, pelo direito constitucional, em matéria de inconstitucionalidade das leis pelo Supremo Tribunal Federal".[102] Nessa linha, como citado, o D. 9.830/2019,

---

100. Com o exemplo da resolução por onerosidade excessiva, afirma Nelly Potter: "o artigo tratou de forma pouco pertinente, ou pouco clara, o alcance dos efeitos da decisão, pois não se pode aceitar que nos contratos imediatos de execução diferida, por sua própria natureza, a sentença não destrua a relação jurídica desde a sua celebração, produzindo efeitos *ex tunc*" (WELTON, Nelly Maria Potter. *Revisão e resolução dos contratos no Código Civil conforme perspectiva civil-constitucional*. Rio de Janeiro: Lumen Juris, 2009, p. 208).

101. BARBOSA, Ruy. *Os atos inconstitucionais do Congresso e do Executivo ante a Justiça Federal*. Rio de Janeiro: Companhia impressora, 1893.

102. SOUZA, Eduardo Nunes de. *Teoria geral das invalidades do negócio jurídico: nulidade e anulabilidade no direito civil contemporâneo*. São Paulo: Almedina, 2017, p. 292. Afirma Zeno Veloso: "A inconstitucionalidade é a patologia extrema, a doença capital, o defeito mais grave, intenso e profundo que pode aparecer no mundo jurídico. Não obstante, para atender razões de segurança jurídica, de excepcional interesse social, admite-se que a declaração de inconstitucionalidade não se projete para o passado, desfazendo situações constituídas sob a égide da norma impugnada, mantendo-se relações criadas, desenvolvidas e consumadas com base na boa-fé, na confiança, amparadas em uma lei, devidamente promulgada, publicada e em pleno vigor, que gozava da presunção de legitimidade, apesar da imperfeição, da mácula, do vício enormíssimo que continha, e que, depois, é invalidada por decisão judicial, que atesta e proclama sua desconformidade com o parâmetro normativo – constitucional. Se esta atenuação dos dogmas e princípios tornou-se necessária e foi possível, tratando-se de lei inconstitucional, por que não estender a solução, presentes iguais motivos, as mesmas razões, par ao caso do negócio jurídico inválido" (VELOSO, Zeno. *Invalidade do negócio jurídico: nulidade e anulabilidade*, 2. ed. Belo Horizonte: Del Rey, 2005, p. 362).

prevê expressamente que, na decisão de invalidação, poderá o intérprete "decidir que sua eficácia se iniciará em momento posteriormente definido" (art. 4º, §4º).

Com efeito, o *prospective overruling*, que originalmente demandava "razões de segurança jurídica ou de excepcional interesse social" e estava restrito às declarações de inconstitucionalidade,[103] hoje encontra-se generalizado pelo Código de Processo Civil para os precedentes dos tribunais superiores.[104] A ampliação dessa prerrogativa pode ser associada à maior popularização do juízo consequencialista, já que ela está centrada em "um estado de coisas que possa ser avaliado negativamente".[105] Mais do que isso, a preocupação com o prejuízo à segurança jurídica decorrente da súbita mudança normativa está claramente associada ao alcance dos efeitos do ato impugnado e sua duração no tempo.[106] Com efeito, tendo a norma impugnada incidência geral, alcançará grande quantidade de pessoas, e quanto mais perdurar no tempo, mais situações se constituirão fundadas nos seus efeitos.[107]

A analogia com o contrato que produz efeitos relativos a interesses metaindividuais parece, portanto, cabível. Assim, da mesma forma, justifica-se que o intérprete, ao avaliar o cabimento da extinção do contrato, mesmo que seu regime normativo justifique a retroação, possa ressalvar a conservação de certos efeitos por certo período de tempo, para balancear a tutela de interesses metaindividuais que se fundavam na continuidade desses efeitos. O ônus argu-

---

103. Art. 27, da Lei 9.868/1999: "Ao declarar a inconstitucionalidade de lei ou ato normativo, e tendo em vista razões de segurança jurídica ou de excepcional interesse social, poderá o Supremo Tribunal Federal, por maioria de dois terços de seus membros, restringir os efeitos daquela declaração ou decidir que ela só tenha eficácia a partir de seu trânsito em julgado ou de outro momento que venha a ser fixado".

104. CPC, art. 927, §3º "Na hipótese de alteração de jurisprudência dominante do Supremo Tribunal Federal e dos tribunais superiores ou daquela oriunda de julgamento de casos repetitivos, pode haver modulação dos efeitos da alteração no interesse social e no da segurança jurídica".

105. LEAL, Fernando Angelo Ribeiro. Consequencialismo judicial na modulação de efeitos das decisões declaratórias de inconstitucionalidade nos julgamentos de direito tributário. *Revista brasileira de políticas públicas*, v. 7, n. 3. Brasília: 2017, p. 823-834.

106. Leciona Luis Roberto Barroso: "A atribuição de efeitos meramente prospectivos à mudança de orientação jurisprudencial deverá ser especialmente considerada nos casos em que o entendimento que está sendo alterado tornou-se pacífico por longo período. É que uma nova interpretação tende a produzir efeitos práticos semelhantes aos que decorrem da edição de lei nova. Vale dizer: embora não haja uma alteração formal do Direito vigente, verifica-se uma alteração substancial, que, como regra, deve valer apenas para a frente 205. Diante de tal situação, o valor a ser promovido com a nova orientação deverá ser ponderado com outros valores, como a boa-fé, a proteção da confiança e a segurança jurídica". (BARROSO, Luís Roberto O *controle de constitucionalidade no direito brasileiro: exposição sistemática da doutrina e análise crítica da jurisprudência*, 5. ed. São Paulo: Saraiva, 2011, p. 101).

107. Nesse sentido: "O lapso temporal decorrido até o reconhecimento da inconstitucionalidade, o número de situações jurídicas regidas pelo ato impugnado e o grau de aplicação judicial da lei são circunstâncias de fato relevantes que devem ser tomadas em conta pelo julgador" (PEREZ, Carlos Alberto Navarro. A modulação temporal de efeitos dos provimentos jurisdicionais de controle de constitucionalidade Dissertação de mestrado. São Paulo: USP, 2013, p. 177).

4 • APLICAÇÃO DA FUNÇÃO SOCIAL À CONSERVAÇÃO DOS EFEITOS DO CONTRATO 169

mentativo para realizar a modulação, todavia, será mais significativo quanto mais distante estiver o marco temporal previsto pela norma para a eficácia extintiva, razão pela qual a fundamentação da decisão se afigura como outro parâmetro metodológico relevante.

4.2.2 Fundamentação argumentativa da decisão

O segundo parâmetro metodológico que se propõe para a aplicação da função social à conservação de efeitos do contrato diz respeito ao dever de fundamentação[108]: *o ônus argumentativo será tão maior quanto mais extensa for a restrição à extinção do contrato*. Trata-se de reconhecer que a conservação dos efeitos decorre de a função social sobrepor-se em concreto à aplicação da norma que preconiza a extinção dos efeitos do contrato, logo a intensidade da incidência do dever de fundamentação acaba por ser proporcional à extensão dessa sobreposição.

A ampliação desse ônus argumentativo está diretamente relacionada à extensão dos poderes que se reconhece ao intérprete no manejo da função social do contrato para fins de conservação dos seus efeitos, a despeito da existência de causa extintiva. De início, a afirmação de que a função social do contrato é norma de ordem pública – como, aliás, destacado pelo próprio legislador no parágrafo único do artigo 2.035 do Código Civil[109] – já restringe significativamente o espaço de liberdade dos contratantes para, no exercício da autonomia negocial, se precaverem contra as repercussões de sua invocação na atividade jurisdicional.

Além disso, a leitura da função social em associação com a tutela de interesses metaindividuais extracontratuais corrobora a força de sua intervenção heterônoma, no sentido de ampliar o espaço de atuação do intérprete frente à liberdade contratual.[110] No âmbito processual, inclusive, serve a justificar a

---

108. Opta-se aqui pela referência a *fundamentação* em lugar da mais tradicional *motivação* em razão da ênfase na explicação racionalmente estruturada em lugar do viés subjetivo que a acepção tradicional parece trazer: "É preciso que fique claro que motivação e fundamentação são coisas distintas. Confundir tais conceitos é afirmar que o juiz primeiro decide e depois apenas motiva aquilo que já escolheu. Se assim fosse, seria a morte da teoria da interpretação, porque a decisão ficaria refém da boa (ou da má) vontade do julgador, o que tornaria o processo absolutamente inútil e tudo se transformaria em argumentos finalísticos-teleológicos" (VIEIRA, Gustavo Silveira. Teoria da interpretação e precedentes no CPC/15: a fundamentação como standard de racionalidade estruturante e condição de possibilidade para discursos de aplicação. *Revista de processo*, v. 284. São Paulo: out./2018, p. 399-423, recurso eletrônico).

109. CC, art. 2.035, parágrafo único: "Nenhuma convenção prevalecerá se contrariar preceitos de ordem pública, tais como os estabelecidos por este Código para assegurar a função social da propriedade e dos contratos".

110. Conclui Swarai Cervone: "A molecularização da slides e a possibilidade de resolução de conflitos de massa recomendam ao juiz maior dose de comprometimento na condução do processo, com adoção de postura extremamente ativa. [...] O exercício de amplos poderes pelo juiz, nas ações coletivas, tem fundamento na Constituição Federal e obedece ao devido processo legal. [...] Ao exercer tais poderes e interpretar o direito, o juiz deve ser dotado de boa margem de liberdade. Porém, a liberdade de

intervenção do Ministério Público e mesmo autorizar a atuação do magistrado *ex officio*.[111]

Adicionalmente, a aplicação da função social para a conservação dos efeitos do contrato envolve a restrição à aplicação de regras específicas, legais ou contratuais, razão pela qual se trata de intervenção significativa do intérprete no âmbito do contrato. Com efeito, nas hipóteses examinadas, a extinção dos efeitos do contrato é amparada não somente por princípios como a liberdade de contratar, mas também por regras legais, tais como aquelas que autorizam a resilição unilateral, a resolução por inadimplemento ou onerosidade excessiva, ou por cláusulas contratuais, como a fixação de termo extintivo.

Dessa forma, o reconhecimento de todo esse significativo âmbito de atuação do intérprete vem acompanhado por uma igualmente significativa intensificação do dever de fundamentação, como parâmetro metodológico de observância necessária para evitar decisões autoritárias e arbitrárias, desconexas dos fundamentos normativos providos pelo ordenamento e, portanto, despidas de legitimação democrática. Com efeito, o cenário jurisprudencial no que tange à função social do contrato parece legitimar preocupações relativas a previsibilidade e segurança, pela falta de clareza acerca das hipóteses e efeitos de sua aplicação, mas o controle desse aspecto da atividade hermenêutica deve ser viabilizado não pelos clamores ao retorno das concepções formalistas sobre o papel do intérprete, mas pelo desenvolvimento dos modelos voltados à racionalização e compreensão científica de sua atuação.

Nesse sentido, o disposto no artigo 93, IX, da Constituição funciona como pilar capital da atividade jurisdicional, ao determinar que todas as decisões do Poder Judiciário devem ser fundamentadas.[112] Com efeito, reconhece-se amplamente que a fundamentação atua não somente para viabilizar a rediscussão do *decisum* em sede recursal, mas como exigência para que seja dotada de legi-

---

interpretação e as escolhas têm como baliza a fundamentação das decisões, que não pode ultrapassar certa moldura predeterminada pela Constituição Federal e legislação infraconstitucional" (OLIVEIRA, Swarai Cervone de. *Poderes do juiz nas ações coletivas*. São Paulo: Atlas, 2009, p. 122). Destacando como a tutela de interesses coletivos implica poderes maiores para o magistrado, FELITTE, Beatriz Valente. *Os limites dos poderes do juiz na revisão de contratos*. Tese de doutorado. São Paulo: USP, 2018, p. 30.

111. Nesse sentido: "Sendo o princípio da função social norma de ordem pública, pode o juiz declarar de ofício e, em alguns casos, haver a intervenção do Ministério Público, especialmente em se tratando de proteção a direitos difusos e coletivos" (RULLI NETO, Antonio. *Função social do contrato*. São Paulo: Saraiva, 2011, p. 204).

112. CF, art. 93, IX: "todos os julgamentos dos órgãos do Poder Judiciário serão públicos, e fundamentadas todas as decisões, sob pena de nulidade, podendo a lei limitar a presença, em determinados atos, às próprias partes e a seus advogados, ou somente a estes, em casos nos quais a preservação do direito à intimidade do interessado no sigilo não prejudique o interesse público à informação".

4 • APLICAÇÃO DA FUNÇÃO SOCIAL À CONSERVAÇÃO DOS EFEITOS DO CONTRATO | 171

timidade democrática.[113] Dessa forma, o adequado atendimento da exigência constitucional não se satisfaz com a explicitação da motivação do magistrado, tampouco com a mera indicação dos dispositivos normativos utilizados, nos moldes do que foi referido como "formalismo ingênuo e redutor".[114] Trata-se da exigência de uma *fundamentação argumentativa*.

A textura aberta da linguagem revela serem ilusórias as concepções formalistas que reduzem a atividade do intérprete ao modelo da subsunção, sob a ilusão de um silogismo lógico,[115] mas isso não significa abrir mão de qualquer forma de racionalidade no âmbito hermenêutico. Sob distintas vertentes,[116] reconhece-se amplamente que admitir a flexibilidade na atuação do intérprete não implica afastar a controlabilidade científica de sua atuação. Esse controle é possível pelo

---

113. Explica Taruffo: "*Alla tradizionale funzione endoprocessuale, secondo la quale la motivazione della sentenza è finalizzata a facilitare l'impugnazione e il giudizio sull'impugnazione, si è infatti aggiunta una funzione extraprocessuale: la motivazione rappresenta infatti la garanzia della controllabilità dell'esercizio del potere giudiziario al di fuori del contesto processuale, e quindi da parte del quivis de populo e dell'opinione pubblica in generale. Ciò discende da una concezione democratica del potere, secondo la quale l'esercizio del potere deve sempre poter essere controllato dall'esterno*" (TARUFFO, Michele. Considerazioni su prova e motivazione. *Revista de processo*, v. 151. São Paulo: set./2007, p. 229-240, recurso eletrônico). Também destaca Larenz: "O desenvolvimento judicial do Direito precisa de uma fundamentação levada a cabo metodicamente se se quiser que o seu resultado haja de justificar-se como 'Direito', no sentido da ordem jurídica vigente. Precisa de uma justificação, porque sem ela os tribunais só usurpariam de facto um poder que não lhes compete" (LARENZ, Karl. *Metodologia da ciência do direito*, 4. ed. Lisboa: Fundação Calouste Gulbenkian, 2005, p. 524).
114. Os termos são utilizados por Claudio Ari Mello, referindo-se à inovação trazida pelo CPC de 2015, que será abordado em seguida. Afirma o autor: "Nesse sentido, o art. 489, §§ 1.º e 2.º, do CPC/2015 deve ser compreendido como um importante avanço na disciplina das decisões proferidas por juízes e tribunais brasileiros. No mínimo parece ser um definitivo abandono do formalismo ingênuo e redutor do sistema anterior e um estímulo para que os dogmáticos e os atores judiciais admitam que somente uma fundamentação responsável e adequada das decisões pode legitimar os julgamentos judiciais, sejam eles puras para criação de direito novo, sejam refinadas construções de um direito ideal. Muito mais do que impor uma 'fundamentação analítica', o Código exige dos juízes que aceitem e assumam consciente e ativamente a extrema complexidade do processo interpretativo que precede toda decisão judicial. Ou seja, o dever de fundamentação analítica deve ser compreendido não como um fim em si mesmo, mas como uma determinação legal dirigida aos juízes para explicitarem responsavelmente as razões das escolhas ou das construções interpretativas que precedem suas decisões" (MELLO, Cláudio Ari. Interpretação jurídica e dever de fundamentação das decisões judiciais no novo Código de Processo Civil. *Revista de processo*, v. 255. São Paulo: maio/2016, p. 63-90, recurso eletrônico).
115. Nas palavras de Taruffo: "*Una prima premessa riguarda la teoria del silogismo giudiziale, che tuttora viene evocata quando si parla di interpretazione della legge da parte del giudice nell'ambito della decisione. Essa è stata certamente una "pia illusione" (come hanno sottolineato Fiandaca e Musco), ma è stata anche qualcosa di più e di diverso: è stata una descrizione in ogni tempo e in ogni ordinamento inattendibile sia della formulazione della decisione giudiziaria, sia della sua giustificazione nella motivazione della sentenza. I giudici non hanno mai ragionato per silogismi -e tanto meno per catene di silogismi- e nessuna motivazione è davvero riducibile ad un silogismo o ad una catena di silogismi*" (TARUFFO, Michele. Il fatto e l'interpretazione. *Revista de processo*, v. 227. São Paulo: jan./2014, p. 31-45, recurso eletrônico).
116. Para a contraposição entre "teoria da argumentação" e "hermenêutica filosófica", v. SCALABRIN, Felipe. As deficiências da teoria da argumentação jurídica uma análise da recepção da hermenêutica filosófica no Direito. *Revista crítica do direito*, v. 66. p. 62. 2015.

reconhecimento de que o processo decisório deve ser fundamentado por meio argumentativo, e que essa argumentação, embora não se paute pelas premissas da lógica formal, não deixa de ser caracterizada por uma racionalidade científica.

Destaca-se que a fundamentação argumentativa se pauta por postulados de razoabilidade e de adequação.[117] Embora não respondam ao raciocínio *more geometrico* e à técnica da demonstração pela evidência, seus recursos discursivos revelam que o poder de deliberar e argumentar também é guiado por uma racionalidade própria.[118] Esse modo de pensar guiado por valores e por uma lógica informal é também pautado por uma racionalidade e também pode ser objeto de análise científica, já que se vincula a uma pretensão de correção.[119] Afirma-se que a aceitação racional das decisões judiciais é viabilizada com base na qualidade dos argumentos levantados, cuja verificação permite que o processo argumentativo seja concluído quando, desse todo coerente, resultar um acordo racionalmente motivado.[120]

Reconhecendo-se que as escolhas valorativas são intrínsecas ao processo decisório, em lugar de mascará-las, como ocorre sob o modelo positivista tradicional, é necessário que o intérprete as exponha, para que possam ser submetidas ao controle democrático.[121] A exposição clara das decisões tomadas pelo intérprete não importa libertá-lo do ordenamento, mas justamente o contrário, admoestando-o à sua responsabilidade.[122] Nesse sentido, já se destacou que a superação do limite externo, formal, que restringia o intérprete – o dogma da subsunção – não importa a consagração do arbítrio, mas sim a imposição de um limite interno, metodológico: a exigência de fundamentação das decisões judiciais.[123]

---

117. CAMARGO, Margarida Lacombe. *Hermenêutica e argumentação*: uma contribuição ao estudo do Direito, 3. ed. Rio de Janeiro: Renovar, 2003, p. 137.
118. PERELMAN, Chaïm, e OLBRECHTS-TYTECA, Lucie. *Tratado da argumentação* – A nova retórica, 2. ed. São Paulo: Martins Fontes, 2005, p. 1.
119. ALEXY, Robert. *Teoria da argumentação jurídica*, 2. ed. São Paulo: Landy, 2005, p. 212.
120. HABERMAS, Jürgen. *Between facts and norms*: contributions to a discourse theory of law and democracy, Cambridge: MIT Press, 1998, *passim*.
121. Para Taruffo, "*Se la motivazione deve rendere possibile il controllo sulle ragioni per cui il giudice ha esercitato in un certo modo i suoi poteri decisori, allora ne deriva che la motivazione deve giustificare tutte le scelte che il giudice ha compiuto per giungere alla decisione finale: se alcune scelte rimangono prive di giustificazione, infatti, ciò implica che il controllo sul loro fondamento razionale non sia possibile. Si può dunque parlare di un principio di completezza della motivazione, in funzione del quale la giustificazione in essa contenuta deve riguardare tutte le scelte che il giudice ha formulato. In particolare, dato che il giudice effettua valutazioni sia quando interpreta la legge, sia quando decide sulle prove, la motivazione deve fornire la giustificazione razionale dei giudizi di valore che hanno condizionato la decisione*" (TARUFFO, Michele. Considerazioni su prova e motivazione. *Revista de processo*, v. 151. São Paulo: set./2007, p. 229-240, recurso eletrônico).
122. PERLINGIERI, Pietro. *O direito civil na legalidade constitucional*. Rio de Janeiro: Renovar, 2008, p. 96.
123. KONDER, Carlos Nelson de Paula. *A constitucionalização do processo de qualificação dos contratos no ordenamento jurídico brasileiro*. Tese de doutorado. Rio de Janeiro: UERJ, 2009, p. 112.

4 • APLICAÇÃO DA FUNÇÃO SOCIAL À CONSERVAÇÃO DOS EFEITOS DO CONTRATO | 173

A exigência de racionalidade permeia o dever de fundamentação, de modo que a fundamentação se coloca como uma explicitação de todas as operações justificadas pelo intérprete de modo a permitir aos demais que acompanhem e avaliem a correção do raciocínio empregado.[124] Trata-se não propriamente de a fundamentação persuadir ou convencer as partes, terceiros ou a coletividade, mas de permitir a verificação de sua justificativa, isto é, uma controlabilidade racional.[125]

Nesse sentido, o artigo 489 do Código de Processo Civil trouxe densidade normativa à exigência constitucional de fundamentação, estabelecendo diversos parâmetros pelos quais se deve avaliar a adequação do raciocínio construído pelo intérprete.[126] A iniciativa do legislador vem sendo saudada como uma ruptura com a concepção formalista e a incorporação legislativa, na seara processual, de construções relevantes da teoria do direito nas últimas décadas.[127] Destaca-se

---

124. Explica Ronaldo Kochem: "A racionalidade das decisões judiciais é entendida como a possibilidade de realizar uma recognição analítica da decisão, isto é: a possibilidade de reconhecer na decisão judicial, analiticamente, as diferentes operações realizadas (ou melhor: justificadas) pelo intérprete e, tendo em conta o método de cada uma dessas operações, de aferir a correção das operações. É por isso que a exigência constitucional de motivação das decisões judiciais deve ser lida como verdadeira exigência de fundamentação jurídica, i. e., de justificação racional da determinação dos fatos e da interpretação e aplicação da norma jurídica ao caso. Somente dessa forma a imputação de consequências jurídicas por meio do processo pode ser tida como não arbitrária" (KOCHEM, Ronaldo. Racionalidade e decisão – a fundamentação das decisões judiciais e a interpretação jurídica. *Revista de processo*, v. 40, n. 244. São Paulo: jun./2015, p. 59-83, recurso eletrônico).

125. TARUFFO, Michele. Considerazioni su prova e motivazione. *Revista de processo*, v. 151. São Paulo: set./2007, p. 229-240, recurso eletrônico.

126. CPC, art. 489. [...] "§ 1º Não se considera fundamentada qualquer decisão judicial, seja ela interlocutória, sentença ou acórdão, que: I – se limitar à indicação, à reprodução ou à paráfrase de ato normativo, sem explicar sua relação com a causa ou a questão decidida; II – empregar conceitos jurídicos indeterminados, sem explicar o motivo concreto de sua incidência no caso; III – invocar motivos que se prestariam a justificar qualquer outra decisão; IV – não enfrentar todos os argumentos deduzidos no processo capazes de, em tese, infirmar a conclusão adotada pelo julgador; V – se limitar a invocar precedente ou enunciado de súmula, sem identificar seus fundamentos determinantes nem demonstrar que o caso sob julgamento se ajusta àqueles fundamentos; VI – deixar de seguir enunciado de súmula, jurisprudência ou precedente invocado pela parte, sem demonstrar a existência de distinção no caso em julgamento ou a superação do entendimento. § 2º No caso de colisão entre normas, o juiz deve justificar o objeto e os critérios gerais da ponderação efetuada, enunciando as razões que autorizam a interferência na norma afastada e as premissas fáticas que fundamentam a conclusão. [...]"

127. Afirma Claudio Ari Mello: "Pode-se concluir, portanto, que o novo Código finalmente incorpora ao direito positivo brasileiro o reconhecimento da indeterminação dos enunciados normativos legais e do direito em geral, que é uma característica marcante dos estudos de teoria do direito do século XX. Esse reconhecimento representa, a meu ver, uma ruptura com a concepção formalista e cognitivista adotada pelo estatuto anterior, sem que essa ruptura represente a adesão a qualquer uma das diversas concepções teóricas existentes acerca da interpretação jurídica e da decisão judicial. Conquanto se possa identificar um certo dirigismo interpretativo no Código como um todo e especialmente no art. 489, não se pode ver nele a filiação a uma particular teoria da interpretação" (MELLO, Cláudio Ari. Interpretação jurídica e dever de fundamentação das decisões judiciais no novo Código de Processo Civil. *Revista de processo*, v. 255. São Paulo: maio/2016, p. 63-90, recurso eletrônico).

que se complexificou o dever de fundamentação, dando novo *status* à garantia constitucional.[128] Afirma-se, ainda, que essa valorização do dever de fundamentação pelo legislador atendeu a clamores doutrinários contrários a uma cultura jurisdicional brasileira que negava vigência à imposição constitucional.[129]

Além da exigência de correlação entre enunciados abstratos (como atos normativos e precedentes) e as circunstâncias do caso concreto que justificam sua incidência, impedindo fundamentações genéricas, merecem especial destaque as determinações de que o emprego de conceitos jurídicos indeterminados demanda explicação do motivo concreto de sua incidência no caso (CPC, art. 489, §1º, II) e de que, diante da colisão de normas, deve-se justificar o objeto e os critérios gerais da ponderação efetuada, bem como as razões que autorizam a interferência na norma afastada (CPC, art. 489, § 2º). Esses dispositivos indicam a especial importância assumida pelo dever de fundamentar quando a decisão se utiliza de enunciados normativos mais abertos e, notadamente, quando envolve afastar, ao menos em parte, a aplicação de outro enunciado normativo *prima facie* aplicável ao caso.

Nesse sentido, afirma-se que decisões envolvendo esse tipo de raciocínio hermenêutico trazem consigo um maior *ônus argumentativo*.[130] Com efeito, se a legitimação da decisão se coloca, em termos gerais, pela racionalidade de sua

---

128. A expressão é de Sabrina Carvalho: "o novo Código de Processo Civil traz um novo status para a garantia constitucional de fundamentação" (CARVALHO, Sabrina Nasser de. Decisões paradigmáticas e dever de fundamentação: técnica para a formação e aplicação dos precedentes judiciais. *Revista de processo*, v. 249. São Paulo: nov./2015, p. 421-448, recurso eletrônico).

129. Para Scalabrin e Santanna: "Infelizmente, porém, a cultura jurisdicional brasileira continua a negar vigência ao preceito constitucional. A realidade demonstra vilipêndio cotidiano ao art. 93, IX, em todos os segmentos da Justiça, seja qual fora a instância, seja qual for o tribunal. Os clamores doutrinários, porém, lograram sensibilizar a atuação legislativa que, em nítida valorização ao dever de motivação, inseriu no Novo Código de Processo Civil expressa disposição acerca daquilo que se entende por fundamentação adequada" (SCALABRIN, Felipe; SANTANNA, Gustavo. A legitimação pela fundamentação: anotação ao art. 489, § 1.º e § 2.º, do novo Código de Processo Civil. *Revista de Processo*, v. 255. São Paulo: maio/2016, p. 17-40, recurso eletrônico).

130. Segundo Sabrina Nasser de Carvalho: "Superado o modelo de interpretação que permeava o Estado Liberal, em que a exegese do texto legal era alcançada por um método lógico-formal, transformando o ato de revelar o sentido da lei em uma expressão quase matemática, no estágio atual, o processo intelectivo da norma ganha contornos mais alargados, diante dos conceitos abertos que permeiam as normas constitucionais e a técnica legislativa. Este contexto atual retira o órgão julgador das amarras da revelação fria e formal do significado da lei, outorgando-lhe uma amplitude maior de atuação para a busca do significado da norma. Isso faz com que o dever da fundamentação se torne um exercício mais complexo, exigindo do magistrado ônus argumentativo maior no julgamento. Este dever exige a demonstração do trabalho intelectual para o alcance da decisão judicial, exposta de forma crítica, coerente, permeada por reflexões de fato e de direito, expostas nas razões de decidir" (CARVALHO, Sabrina Nasser de. Decisões paradigmáticas e dever de fundamentação: técnica para a formação e aplicação dos precedentes judiciais. *Revista de processo*, v. 249. São Paulo: nov./2015, p. 421-448, recurso eletrônico).

4 • APLICAÇÃO DA FUNÇÃO SOCIAL À CONSERVAÇÃO DOS EFEITOS DO CONTRATO — 175

fundamentação argumentativa, quanto mais distante for a aparente ligação entre o enunciado normativo e as circunstâncias do caso concreto, mais minuciosa deve ser a explicação dada pelo magistrado, de modo a permitir o acompanhamento do raciocínio por ele percorrido. Tendo em vista a grande generalidade desses fundamentos normativos, somente a fundamentação minuciosa é capaz de evitar invocações puramente retóricas e garantir o imperativo de coerência.[131]

No caso específico da aplicação da função social para conservação de efeitos do contrato, afastando a aplicação da norma mais específica que determinaria a sua extinção, esse ônus se revela ainda maior e, por isso, é possível a inferência do parâmetro metodológico ora exposto. Quanto mais significativa a prevalência no caso da função social para conservar efeitos do negócio, portanto com maior sacrifício da regra mais específica que, *prima facie*, resolveria o conflito extinguindo o contrato, mais minuciosa deve ser a explicitação do raciocínio jurídico que justifica, ante o exame dos interesses envolvidos, a decisão por sua conservação.

Nessa sede, a marca central da fundamentação consistirá na explicitação das características dos fatos do caso que se revelaram importantes ao olhar do intérprete, já que a atividade hermenêutica, especialmente nesses casos, será necessariamente casuística.[132] Com efeito, sob a perspectiva civil-constitucional, supera-se a antítese entre fato e norma, entre *fattispecie* concreta e abstrata, de modo a almejar "a máxima valorização das particularidades do fato".[133] Nesse sentido, Perlingieri destaca que a análise do perfil funcional de uma dada relação conduz a observá-la como regulamento (perfil normativo), podendo-se falar de verdadeiro "ordenamento do caso concreto".[134] A referência ao caso concreto, devidamente fundamentada, torna-se assim pressuposto da superação do formalismo em favor de um modelo hermenêutico voltado à intepretação aplicativa. O casuísmo, portanto, somente degenera em arbítrio se desprovido de fundamentação argumentativa; adequadamente fundamentado, ele ressalta os elementos próprios de cada caso que permite a universalização, coerência e

---

131. Para Alexy, "o conceito de fundamentação é a chave para a análise do conceito de coerência" (ALEXY, Robert. Fundamentação jurídica, sistema e coerência. *Revista de direito privado*, v. 7, n. 25. São Paulo: jan./mar. 2006, p. 297-310, recurso eletrônico).

132. Explica Taruffo: "*In questo senso si può dire che il fatto ha un ruolo centrale e determinante nell'ambito della interpretazione della norma: le norme si applicano a fatti e i giudici decidono sulla base dei fatti ai quali debbono applicare le norme. Come -tra i tanti- ha detto Engisch, è il caso concreto a determinare il significato della norma*" (TARUFFO, Michele. Il fatto e l'interpretazione. *Revista de processo*, v. 227. São Paulo: jan./2014, p. 31-45, recurso eletrônico).

133. PERLINGIERI, Pietro. *O direito civil na legalidade constitucional*. Rio de Janeiro: Renovar, 2008, p. 657-658.

134. PERLINGIERI, Pietro. *O direito civil na legalidade constitucional*. Rio de Janeiro: Renovar, 2008, p. 737.

sistematicidade necessárias à segurança jurídica, de modo que o ordenamento jurídico, ao final, é o "sistema de relações jurídicas".[135]

Tendo em vista significativo conteúdo ideológico que costuma imiscuir-se nas referências à função social do contrato, como já abordado, deve dar-se especial atenção nesse processo à explicitação da *pré-compreensão* do intérprete. Com efeito, é inevitável que o intérprete traga consigo conhecimentos prévios, oriundos de sua experiência de vida e da tradição em que ele se insere, que acabarão por interferir com seu juízo decisório. A pré-compreensão, portanto, é uma decorrência da impossibilidade de as categorias de conhecimento previamente possuídas pelo intérprete serem acabadas, anteriores ao momento cognoscente, e da indeterminabilidade prévia do objeto em si.[136] Essa pré-compreensão, portanto, é um dado *a priori* inafastável e que, de alguma forma, atua até mesmo como mecanismo indireto de controle da liberdade criativa, pois se constrói normalmente a partir de parâmetros minimamente compartilhados coletivamente.[137] É imperioso, todavia, que seja explicitada, de modo a permitir seu debate público e, assim, evitar que se consolide em sub-reptício preconceito que embute viés discriminatório nas decisões.[138] Traduzidas muitas vezes no âmbito processual pela categoria das *máximas de experiência*, tornam-se relevante objeto de preocupação por parte significativa da doutrina.[139]

Mencione-se, ainda, que a já exposta abertura para a fundamentação *consequencialista* demanda especial atenção ao ônus argumentativo, pois se trata de espaço em que frequentemente transparecem pré-compreensões não devidamente explicitadas e privadas de qualquer subsídio científico. Torna-se imperioso que a referência a consequências prováveis da decisão seja devidamente fundamentada em premissas racionalmente compartilhadas, postura hermenêutica que, tendo em vista não estar incorporada em nossa cultura jurídica, trata-se de processo ainda em andamento. Tome-se como exemplo a decisão histórica que, em 2006, afastou a inconstitucionalidade da impenhorabilidade do bem de família por violação ao direito à moradia sob a afirmativa, em termos gerais e abstratos, de que

---

135. PERLINGIERI, Pietro. *O direito civil na legalidade constitucional.* Rio de Janeiro: Renovar, 2008, p. 737.

136. GADAMER, Hans-Georg. *Verdade e método.* Petrópolis: Vozes, 1997, p. 368 e ss.

137. KONDER, Carlos Nelson de Paula. *A constitucionalização do processo de qualificação dos contratos no ordenamento jurídico brasileiro.* Tese de doutorado. Rio de Janeiro: UERJ, 2009, p. 124.

138. PERLINGIERI, Pietro. *O direito civil na legalidade constitucional.* Rio de Janeiro: Renovar, 2008, p. 608.

139. Como destaca Taruffo: "*la nozione di "massima d'esperienza" coincide con molti contenuti dello* stock of knowledge *di cui parla Twining e con molte delle generalizzazioni (incluse quelle spurie) di cui parla Schauer, con la conseguenza che molte "massime" si rivelano in realtà prive di qualunque validità conoscitiva*" (TARUFFO, Michele. Il fatto e l'interpretazione. *Revista de processo*, v. 227. São Paulo: jan./2014, p. 31-45, recurso eletrônico).

reconhecê-la "romperia equilíbrio do mercado, despertando exigência sistemática de garantias mais custosas para as locações residenciais, com consequente desfalque do campo de abrangência do próprio direito constitucional à moradia".[140]

Nessa seara consequencialista, o papel do contraditório mostra-se especialmente relevante para que se possa alcançar uma adequada satisfação do dever de fundamentação. Se, de modo geral, "a atividade argumentativa das partes deve necessariamente refletir-se na fundamentação das decisões judiciais",[141] no âmbito do raciocínio por consequências parece especialmente relevante que seja oportunizado às partes se manifestarem sobre essas pré-compreensões.[142] Esse contraditório, todavia, deve abarcar não somente os argumentos efetivamente levantados pelas partes, mas também aqueles que devem ser abordados de ofício por estarem vinculados a normas de ordem pública, como a função social do contrato. Exemplificativamente, a decisão que determinou a aplicabilidade do art. 50[143] da Lei n. 10.931/2004 aos contratos do SFH – a única decisão do STJ que usa o termo "análise econômica" em matéria contratual –, apesar de trazer análise dos fundamentos pelos quais se reputa necessário para a segurança do financiamento garantir eficiência dos processos que discutem os contratos, com base em dois pareceres acostados pela instituição financeira requerente, não se encontra na fundamentação a análise dos argumentos em sentido contrário, referentes ao acesso à justiça e à moradia.[144]

Trazendo a reflexão para o campo específico da atuação conservativa da função social do contrato, é possível constatar também que, a despeito de significativa evolução no processo de fundamentação das decisões, ainda há cuidados a serem implementados. Recapitulando os julgados citados ao longo da tese, desde as decisões que invocam a função social para a caracterização de adimplemento substancial, sem a explicitação dos interesses metaindividuais envolvidos no caso concreto[145] ou sem a explicação das razões para sua prevalência em con-

---

140. Voto do relator (fls. 887) de STF, Pleno, RE 407688, Rel. Min. Cezar Peluso, julg. 08/02/2006.

141. WAMBIER, Teresa Arruda Alvim. A influência do contraditório na convicção do juiz: fundamentação de sentença e de acórdão. *Revista de processo*, v. 168. São Paulo: fev./2009, p. 53-65.

142. Sobre a importância de se oportunizar a manifestação das partes acerca de dados empíricos antes da decisão que neles se funde, v. BRANDÃO, Rodrigo; FARAH, André. Consequencialismo no Supremo Tribunal Federal: uma solução pela não surpresa. *Revista de Investigações Constitucionais*, v. 7, n. 3. Curitiba: set./dez. 2020, p. 831-858.

143. L. 10.931/2004, art. 50. "Nas ações judiciais que tenham por objeto obrigação decorrente de empréstimo, financiamento ou alienação imobiliários, o autor deverá discriminar na petição inicial, dentre as obrigações contratuais, aquelas que pretende controverter, quantificando o valor incontroverso, sob pena de inépcia".

144. STJ, 4ª T., REsp n. 1163283, Rel. Min. Luis Felipe Salomão, julg. 07/04/2015.

145. Ilustrativamente, em litígio pelo qual adquirentes de unidades imobiliárias, diante da falência da incorporadora, pretendiam a resolução do contrato pelo qual outros adquirentes, conformados como uma comissão que obteve alvará judicial para persistir no empreendimento, entregaram a outra cons-

creto,[146] ou para a configuração de onerosidade excessiva utilizando-a de forma retórica[147] ou sem explicitar se fundamenta o instituto em si ou a escolha pelo remédio revisional,[148] observa-se grande progresso até as decisões fundamentadas de forma mais minuciosa. Entre estas, pode-se citar a fundamentação do julgado que obstou a resolução da exploração de jazida ante o perigo à economia local, explicitando que gerava em concreto 18 empregos diretos e mais de 100 indiretos,[149] ou a manutenção do compartilhamento de postes que atendia a mais de oito mil consumidores da região dos lagos do Estado de acesso à telefonia e internet, inclusive prefeituras, hospitais e escolas.[150]

Naturalmente, mesmo nas decisões mais devidamente fundamentadas, observa-se que ainda há espaço para progredir, como se observa no julgado que impediu a resilição unilateral de contrato entre operadora de plano de saúde e clínica oncológica (descredenciamento) provisoriamente, que, embora levante circunstâncias relevantes do caso, limita-se a aumentar o prazo de conservação de trinta para sessenta dias sob o fundamento geral de que ele era "exíguo".[151] Ou mesmo a suspensão da extinção de contrato de prestação de serviço que se arrastava no Judiciário por quase cinco anos extravasava os limites da função social, mas deu ainda quarenta e cinco dias para que o contrato fosse enfim extinto.[152]

---

trutora o imóvel para finalizar a construção, o entendimento foi de que a nova construtora era parte ilegítima, eis que "a continuidade da obra, esse caminho constitui a melhor maneira de assegurar a funcionalidade econômica e preservar a função social do contrato de incorporação, do ponto de vista da coletividade dos contratantes e não dos interesses meramente individuais de seus integrantes" (STJ, 3ª T., REsp 1115605, Rel. Min. Nancy Andrighi, julg. 07/04/2011). Não parece haver no caso, interesse metaindividual que tenha sido destacado como fundamento para o julgado, mas somente a tutela dos interesses dos contratantes – os adquirentes que formaram a comissão autorizada para conduzir a continuidade da obra.

146. Por exemplo, TJSP, 3ª C.D.P., Ap. Cível 10569861620218260100, Rel. Des. Donegá Morandini, julg. 05/04/2022; TJSP, 1ª C.D.P., Ap. Cível 10037598820188260562, Rel. Des. Enéas Costa Garcia, julg. 25/03/2022.

147. Exemplificativamente, TJRJ, 24ª C.C.C., Ap. Cível 00024550420128190004, Rel. Des. Flavio Marcelo de Azevedo Horta Fernandes, julg. 23/03/2015; TJSP, 20ª C.D.P., Ap. Cível 01001455620088260011, Rel. Des. Maria Lúcia Pizzotti, julg. 01/07/2013.

148. Exemplificativamente, TJRJ, 14ª C.C., AI 00719702620210190000, Rel. Des. Francisco de Assis Pessanha Filho, julg. 30/03/2022; TJRJ, 12ª C.C., AI 00486377920208190000, Rel. Des. José Acir Lessa Giordani, julg. 10/12/2020; TJSP, 24ª C.D.P., Ap. Cível 91820751020078260000, Rel. Des. Maria Lúcia Pizzotti, julg. 21/06/2012.

149. TJSP, 27ª C.D.P., Ag. Inst. 22099782220198260000, Rel. Des. Alfredo Attié, julg. 01/12/2019.

150. TJRJ, 17ª C.C., Ap. Cível n. 00488615820138190001, Rel. Des. Márcia Ferreira Alvarenga, julg. 08/06/2016. O julgado é analisado em GARCIA, Rodrigo Saraiva Porto. Um estudo de caso da aplicação autônoma do princípio da função social do contrato. In TERRA, A. M. V.; KONDER, C. N.; GUEDES, G. S. C. (coord.). Princípios contratuais aplicados: boa-fé, função social e equilíbrio contratual à luz da jurisprudência. Indaiatuba, SP: Foco, 2019, p. 245-257.

151. TJRJ, 17ª C.C., Ag. Instr. 00507828420158190000, Rel. Des. Márcia Ferreira Alvarenga, Rel. p/acórdão Des. Flávia Romano de Rezende, julg. 07.10.2015.

152. STJ, 3ª T., REsp 972436, Rel. Min. Nancy Andrighi, julg. 17/03/2009.

A conclusão, portanto, é de que, a despeito dos progressos conquistados, ainda há muito caminho a percorrer no que tange à internalização do dever de fundamentação, em sua inteireza, na cultura judiciária nacional, e que esse deve ser um parâmetro fundamental, do ponto de vista metodológico, para conferir maior segurança e previsibilidade às decisões que reconhecem atuação conservativa à função social do contrato.

CONCLUSÃO

A genuinamente brasileira categoria da função social do contrato deve ser aquela cuja compreensão mais nitidamente expressa a tensão inerente ao direito contratual entre autonomia e heteronomia. Trata-se de manifestação de tensões mais amplas e profundas, tais como entre indivíduo e sociedade, privado e público, liberdade e solidariedade, economia e direito.

Nos últimos anos, por conta de toda essa expressividade, a função social do contrato foi assaltada pela tendência social mais geral de extremismo e polarização. A difusão das redes sociais vem sendo apontada como catalisador desse movimento, na medida em que os algoritmos ("filtro-bolha") estimulam os usuários a somente se deparar com informações similares ou ainda mais radicais que suas próprias opiniões pessoais, acentuando a resistência ao diálogo com a alteridade e a indisponibilidade para a autocrítica.[1]

No âmbito do direito – outrora definido como "um conjunto de técnicas para reduzir os antagonismos sociais, para permitir uma vida tão pacífica quanto possível entre homens propensos às paixões"[2] – essa polarização política vem fechando o espaço para a ponderação e abrindo as portas para que a ideologia perturbe a construção efetivamente científica do conhecimento. Entre extremismos, a democracia deliberativa resiste com dificuldade e o impacto desse processo se faz sentir também no âmbito do direito contratual.

A função social do contrato, como representativa dessas tensões, transformou-se em cabo de guerra, arrastada entre o discurso totalitário coletivista e o individualista neoliberal. Assim, assistiu-se a sucessivas passagens do entusiasmo exultante no qual a função social do contrato, de forma retórica, era invocada contra qualquer forma de opressão na seara contratual, ao desprezo à figura, que não traria qualquer utilidade prática senão reconhecer que contratos são bons para a sociedade.

Entretanto, como já se bem destacou, essa polarização no âmbito do direito contratual constitui uma "falsa encruzilhada", já que, desprezando posições extremas que, dos dois lados, ignoram os limites do direito positivo em um Estado

---

1. MAGRANI, Eduardo. *Democracia conectada: a internet como ferramenta de engajamento político-democrático*. Curitiba: Juruá, 2014, p. 118-125.
2. MIAILLE, Michel. *Uma introdução crítica ao direito*. Lisboa: Moraes, 1979, p. 21.

democrático de direito, "não parece crível que alguém pretenda negar nem a força normativa da Constituição, nem a tutela que a própria Constituição reserva à livre-iniciativa no campo contratual", cumprindo

> construir soluções para os conflitos contratuais que permitam uma aplicação sistemática, racional e previsível das normas que integram a ordem jurídica brasileira (sem descartar arbitrariamente qualquer uma delas) de modo a assegurar, a um só tempo, a concretização do projeto constitucional brasileiro e o desenvolvimento econômico do país.[3]

Dessa forma, a empreitada assumida nessa tese foi de reconhecer utilidade efetiva à figura prevista de forma inovadora no artigo 421 do Código Civil de 2002, especificamente no tocante ao processo de ponderação que permite conservar efeitos do contrato a despeito de existir fundamento normativo também para sua ineficácia. Sem recair no autoritarismo ou na arbitrariedade, mas também sem desprezar a inevitável dimensão metaindividual da contratação, o justo-meio aristotélico não se encontra numa simples mediatriz em cima do muro, mas no reconhecimento da riqueza e complexidade da dinâmica social em cada contrato.

Nessa toada, a dimensão metaindividual adentra o direito contratual não para oprimir a liberdade individual, mas, ao contrário, como insuperável pressuposto para que todos possam exercê-la em igualdade de condições, já que os contratantes não conseguem existir apartados da sociedade em que se inserem, nem pode o contrato assumir significado normativo descolado do contexto comunitário que lhe dá origem e ao qual se destina.

O equilíbrio das tensões se veicula, assim, por meio da reflexão científica, que embora não pautada pela lógica formal do paradigma científico clássico, estabelece de modo informal e argumentativo premissas, categorias e parâmetros idôneos a garantir previsibilidade, segurança, coerência e sistematicidade. No tocante ao papel da função social na conservação dos efeitos do contrato, a construção estabelecida nessa tese pode ser sintetizada da forma que se segue.

1. A função do contrato (para que ele serve) pode ser entendida como a síntese global dos interesses sobre os quais ele incide, a síntese de seus efeitos essenciais, que deve ser avaliada em concreto, a partir da composição de interesses especificamente estabelecida pelas partes. A perspectiva funcional, ao enfatizar esses interesses concretos, compreende o contrato a partir do contexto histórico-social em que ele se insere, envolvendo uma abordagem tendencialmente antiformalista e não dogmatista. A funcionalização dos contratos subordina a aplicação das normas que o tutelam ao atendimento da função que lhe justifica a

---

3. SCHREIBER, Anderson. Princípios constitucionais versus liberdade econômica: a falsa encruzilhada do Direito Contratual brasileiro. *Migalhas*, 31 ago. 2020. Disponível em <t.ly/udUH>, acesso em 21 jul. 2022.

juridicidade, o que se traduz no reconhecimento de um limite interno à liberdade contratual, de modo que a função configura razão da proteção dessa liberdade.

2. A função social do contrato não se confunde com outros institutos que servem à funcionalização da liberdade contratual com características diversas. Por exemplo, a frustração do fim do contrato, embora reconheça no contrato instrumento para a persecução de certos fins, vinculando-o ao contexto em que ele ganha significado e permitindo o controle de sua utilidade, não inclui nesse controle interesses alheios aos contratantes. Também é o caso da causa do contrato, que, embora sob algumas teorias traga expressamente o conteúdo "socializante", se vincula mais à composição de interesses entre os contratantes do que aos interesses que o ordenamento reputa deverem ser atendidos. Abarcar todos esses distintos instrumentos de funcionalização entre nós sob a alçada do artigo 421 do CC, em lugar de reconhecer-lhes autonomia, parece colocar em risco os esforços voltados a atribuir identidade própria à função social do contrato.

3. O caractere distintivo da figura positivada no artigo 421 do Código Civil parece consistir na sua qualificação como social, cuja leitura é influenciada pelas distintas matrizes jurídico-filosóficos. O relativo consenso de que ela teria por corolário prático a mitigação da relatividade dos efeitos do contrato deve ser visto com ressalvas, pois fundamentar na função social do contrato, por exemplo, a tutela do contrato contra terceiros contradiz seu reconhecimento como instrumento de funcionalização. Revela-se especialmente útil, nesse ponto, a analogia com a função social da propriedade, de modo a condicionar o poder do titular do direito a uma finalidade, vinculada ao atendimento de interesses não proprietários. Dessa forma, a socialização da função do contrato deve ser lida como impondo à tutela do contrato o atendimento não somente dos interesses dos contratantes, mas também de interesses originalmente extracontratuais que sejam relevantes.

4. Sob a perspectiva civil-constitucional, a adequada compreensão dos interesses sociais extracontratuais a serem atendidos pela função social do contrato conduz, necessariamente, à aplicação dos princípios constitucionais pertinentes ao caso em exame. Sobressai o princípio constitucional da solidariedade, a impor que todos contribuam para a construção de um ambiente comum coletivo que, respeitando as alteridades, é necessário para que cada um tenha sua dignidade protegida e tenha condições efetivas para exercer sua liberdade individual. Igualmente relevante o reconhecimento da eficácia entre particulares dos direitos fundamentais, inclusive os ditos sociais, como educação, saúde e moradia, a serem ponderados com a liberdade individual, tendo em vista sua ligação à função do contrato. Enfim, citem-se ainda os princípios que regem – e funcionalizam – a atividade econômica, como a livre concorrência, a defesa do consumidor, a defesa

do meio ambiente, a redução das desigualdades, a busca do pleno emprego e o tratamento favorecido das pequenas empresas brasileiras.

5. Todo exercício da liberdade de contratar, na celebração de qualquer contrato, deve atender à função social, ante a impossibilidade de existir espaço do ordenamento alheio à ordem constitucional, em contraste com sua necessária unidade. Entretanto, é natural que as repercussões da função social do contrato se apresentem de forma distinta a depender do contrato que esteja sob exame, considerando especialmente contratos que tenham por objeto direto interesses sociais relevantes e contratos massificados, cuja repetição padronizada impõe atentar para a perspectiva macro, observando o efeito sistêmico – social – que a multiplicação sem cessar daquele modelo de negócio gera para a coletividade de afetados. Nestes casos, embora cada pacto não atinja uma coletividade, o fato de o modelo padronizado se reproduzir de forma numerosa faz com que a interpretação do conteúdo de um deles, sendo generalizada aos demais, gere um efeito metaindividual, mitigando a fronteira entre "eficácia interna" e "eficácia externa" da função social. Dessa forma, mesmo contratos individuais podem alcançar interesses metaindividuais, a atrair a aplicação da função social do contrato.

6. O raciocínio consequencialista, que não se resume às abordagens mais tradicionais da chamada análise econômica do direito, não é incompatível com a metodologia civil-constitucional e é especialmente relevante à aplicação da função social do contrato. Com efeito, a consideração das possíveis repercussões de cada orientação não destoa das abordagens que já incluem na atividade hermenêutica a persecução de fins, a proteção de interesses e a realização de valores, além de condizer especialmente com a interpretação com fins aplicativos e com o reconhecimento da função promocional do direito, premissas metodológicas do direito civil-constitucional. O consequencialismo deve ser utilizado, todavia, reconhecendo-se a limitação das capacidades preditivas do intérprete, despido da unilateralidade do viés econômico e devidamente fundamentado argumentativamente.

7. A função social do contrato pode ser enquadrada como conceito jurídico indeterminado, cujo núcleo duro reside no privilégio do perfil funcional e na socialidade, referida a interesses metaindividuais, mas a definição desses interesses recai sobre seu halo conceitual, para cuja definição é fundamental a construção doutrinária. Pode ser reputada também como cláusula geral, abarcando grande gama de situações diversas, a exigir controle da atividade do intérprete no condicionamento da liberdade contratual. Pode constituir ainda princípio, atuando como razão *prima facie* a impor a maximização da tutela de interesses metaindividuais, a serem sopesados em concreto com o exercício da liberdade contratual. Por fim, pode reconduzir-se ainda a postulado, atuando como uma

metanorma ou norma de segundo grau, que conduz à invocação de princípios e direitos fundamentais e torna imprescindível a interpretação sistemática do ordenamento. De todas essas qualificações, sobressai a abertura que impõe ao intérprete um ônus argumentativo maior na solução dos conflitos sobre os quais ela tem potencial para incidir, especialmente tendo em vista que os valores reputados solidários ("sociais") não afastam em definitivo estruturas normativas que ainda respondem a valores liberais.

8. Aplica-se também à função social do contrato, para fins didáticos e sistemáticos, modelo operativo da tríplice função, segundo o qual ela pode atuar com papel interpretativo, restritivo ou normativo, sempre em referência a interesses metaindividuais, originalmente extracontratuais, envolvidos pelos seus efeitos. No papel interpretativo, a função social do contrato atuará para determinar a atribuição ao contrato do significado mais compatível com o atendimento desses interesses. No papel limitador, a função social do contrato impede o exercício da liberdade contratual e de posições jurídicas originadas do contrato em conflito com esses interesses. Por fim, no papel normativo, a função social do contrato cria deveres de conduta, impondo a cada parte, além dos compromissos perante a outra, também o atendimento desses interesses. Nos três papéis, a consequência da proteção aos interesses metaindividuais pode ser não apenas a privação de efeitos dos negócios que afrontam tais interesses, mas também o tratamento jurídico diferenciado ou mesmo a conservação de efeitos do contrato que promovam esses interesses.

9. O papel da função social no controle de abusividade do exercício de direito potestativo extintivo do contrato pode ser identificado inicialmente no cenário de violação das limitações à prerrogativa de resilição unilateral. Isso ocorre nos casos em que o problema decorrente da interrupção abrupta dos efeitos do contrato atinge não somente a outra parte, mas interesses da coletividade vinculados aos efeitos daquele negócio, como no exemplo de abuso de poder econômico em que a função social do contrato é conjugada à função social da empresa. Nesses casos, ante a insuficiência da sanção puramente indenizatória, justifica-se a manutenção forçada do vínculo, conservando-se assim os efeitos do contrato que se pretendia resilir.

10. A função social do contrato atua também como fundamento para impedir a resolução do contrato, por meio de controle de abusividade, nas hipóteses em que se franqueia a uma das partes o direito de pôr termo aos efeitos do negócio em decorrência de inadimplemento da contraparte ou em razão de onerosidade excessiva. No tocante à resolução por inadimplemento, é importante reconhecer que esse controle pode ser exercido de forma independente do denominado adimplemento substancial, tendo em vista a tutela de interesses metaindividuais

atingidos pela resolução. Quanto à hipótese de onerosidade excessiva, embora fundada na violação ao princípio do equilíbrio econômico, a função social pode atuar no controle do remédio pretendido, de modo a determinar a revisão em lugar da resolução quando mais compatível com interesses metaindividuais envolvidos.

11. A abordagem mais tradicionalmente voltada à conservação de efeitos produzidos por contratos reputados juridicamente ineficazes encontra-se no âmbito da teoria das invalidades, por fenômeno comumente referido como "efeitos do nulo", que hoje associa-se à ponderação do interesse jurídico que comina a nulidade com outros interesses merecedores de tutela, entre os quais pode-se identificar os interesses metaindividuais protegidos pela função social do contrato. Corrobora essa atuação o disposto no artigo 21 da LINDB e o Decreto que a regulamenta (D. 9.830/2019), compatibilizando-se a função social com o raciocínio consequencialista nos termos já expostos. Nesses casos, a função social do contrato pode impor às partes o dever de suportar a conservação de efeitos do contrato em razão do impacto de sua invalidação sobre interesses metaindividuais por ele promovidos.

12. A chamada responsabilidade pós-contratual também pode ser sede de atuação conservativa da função social do contrato, já que pode decorrer não somente da continuidade do dever de não causar danos à pessoa ou patrimônio do outro contratante após o termo final ou cumprimento da prestação principal, mas também de deveres heterônomos referentes a interesses metaindividuais que, posto originalmente extracontratuais, foram integrados à normativa contratual e, a depender de seu peso, podem persistir após o suposto término do negócio.

13. O primeiro parâmetro substantivo para a atuação conservativa da função social do contrato diz respeito ao alcance do negócio: quanto maior for o alcance dos efeitos do contrato para o atendimento de interesses metaindividuais, maior será a tendência a conservá-los com base na sua função social. Em sentido contrário, quanto mais restritos estiverem os efeitos dos contratos à esfera jurídica dos contratantes, menor será o papel da função social na decisão por sua conservação, sem prejuízo da incidência de outros princípios nesse sentido. A tutela dos interesses metaindividuais não se limita às searas processual e consumerista, atuando de forma transversal em todos os ramos em virtude do processo de constitucionalização, de modo que também no direito contratual é imperioso reconhecer-lhes relevância jurídica, atribuindo-lhes o papel de parâmetro para a ponderação entre a conservação ou extinção dos efeitos do contrato, por meio da função social.

14. O segundo parâmetro substantivo para a atuação conservativa da função social do contrato, em complemento ao primeiro, diz respeito à essencialidade dos efeitos do contrato para a coletividade: quanto maior for a essencialidade dos

efeitos do contrato para o atendimento de interesses metaindividuais, maior será a tendência a conservá-los com base na sua função social. Em contraposição à associação com os chamados "contratos existenciais", a essencialidade parece atuar como vetor gradual, a interferir na atuação do intérprete conforme a intensidade da importância vital dos efeitos envolvidos, que poderão ser mais ou menos essenciais. Sua utilização é corolário da metodologia de constitucionalização do direito civil, que tem por premissa a preeminência das situações existenciais sobre as patrimoniais, e encontra respaldo na conjugação com o princípio da dignidade da pessoa humana e com a categoria da vulnerabilidade.

15. O primeiro parâmetro metodológico a guiar o intérprete na aplicação da função social do contrato para a conservação dos seus efeitos diz respeito à inclusão do fator temporal nessa ponderação. Mais especificamente, a diretriz será a conservação dos efeitos tendencialmente provisória, pelo tempo mínimo necessário para o equilíbrio dos interesses envolvidos, isto é, para compatibilizar a tutela dos interesses metaindividuais com aqueles que dão fundamento para que cessem os efeitos do contrato. A dinamicidade das relações e a flexibilidade dos contratos traduzem a ideia geral de que o tempo é um fator decisivo na determinação da normativa contratual, de modo que a conservação forçada de efeitos deve levar em conta esse elemento temporal na equação. Busca-se, assim, a modulação temporal da extinção do contrato em conformidade com os interesses metaindividuais envolvidos, mesmo quando o legislador já fixou um marco temporal para aquela causa extintiva específica.

16. O segundo parâmetro metodológico que se propõe para a aplicação da função social à conservação de efeitos do contrato diz respeito ao dever de fundamentação: o ônus argumentativo será tão maior quanto mais extensa for a restrição à extinção do contrato. A função social do contrato, como norma de ordem pública idônea a motivar a participação do Ministério Público e a atuação de ofício do magistrado, vem acompanhada por uma igualmente significativa intensificação do dever de fundamentação, para evitar decisões autoritárias e arbitrárias, desconexas dos fundamentos normativos providos pelo ordenamento e, portanto, despidas de legitimação democrática. Assim, se a legitimação da decisão se coloca, em termos gerais, pela racionalidade de sua fundamentação argumentativa, quanto mais distante for a aparente ligação entre o enunciado normativo e as circunstâncias do caso concreto, mais minuciosa deve ser a explicação dada pelo magistrado, de modo a permitir o acompanhamento do raciocínio por ele percorrido.

REFERÊNCIAS

ABI-EÇAB, Pedro. Transversalidade dos princípios dos direitos metaindividuais. *Revista de direito privado*, v. 36. São Paulo: out.-dez./2008, p. 278-295, recurso eletrônico.

AGUIAR JR., Ruy Rosado. *Extinção dos contratos por incumprimento do devedor: resolução*, 2. ed. Rio de Janeiro: Aide, 2004.

AGUIAR JÚNIOR, Ruy Rosado de. A boa-fé na relação de consumo. *Revista de direito do consumidor*, v. 4, n. 14. São Paulo, abr.-jun./1995, p. 20-26.

AGUIAR JÚNIOR, Ruy Rosado. Contratos relacionais, existenciais e de lucro. *Revista trimestral de direito civil*, v. 45. Rio de Janeiro: jan.-mar./2011, p. 91-110.

ALEXY, Robert. *Teoría de los derechos fundamentales*. Madrid: Centro de estudios constitucionales, 1997.

ALEXY, Robert. *Teoria da argumentação jurídica*, 2. ed. São Paulo: Landy, 2005.

ALEXY, Robert. Fundamentação jurídica, sistema e coerência. *Revista de direito privado*, v. 7, n. 25. São Paulo: jan./mar. 2006, p. 297-310, recurso eletrônico.

ALPA, Guido. *Corso di diritto contrattuale*. Padova: Cedam, 2006.

ALVES, André Farah. *Liberdade de expressão e remoção de conteúdo da internet*. Rio de Janeiro: Lumen Juris, 2018.

ALVES, Jones Figueirêdo. Do adimplemento substancial como fator obstativo do direito à resolução do contrato. São Paulo. *Revista do advogado*, v. 28, n. 98, São Paulo: jul./2008, p. 124-131.

ALVES. Fabrício Germano; FERREIRA, Egle Rigel Gonçalves. O conceito de produto essencial para fins de responsabilização do fornecedor em caso de vício. *Revista do curso de direito da UNIFOR-MG*, v. 11, n. 1. Formiga: jan.-jun./2020, p. 147-169.

ALVIM, Arruda. A função social dos contratos no novo código civil. *Revista Forense*, n. 371. Rio de Janeiro, jan./fev. 2004, p. 51-72.

AMARAL, Francisco. *Direito civil: introdução*, 8. ed. Rio de Janeiro: Renovar, 2014.

ARAGÃO, Alexandre dos Santos. Interpretação consequencialista e análise econômica do direito público à luz dos princípios constitucionais da eficiência e da economicidade. *In* SOUZA NETO, C. P.; SARMENTO, D.; BINENBOJM, G. (coord.). *Vinte anos da Constituição Federal de 1988*. Rio de Janeiro: Lumen Juris, 2009, p. 295-310.

ARAÚJO, Paulo Dóron Rehder. *Prorrogação compulsória de contratos a prazo: pressupostos para sua ocorrência*. Tese de doutorado. São Paulo: USP, 2011.

ARENHART, Fernando Santos. Função social dos contratos: a nova teoria contratual e o diálogo das fontes. *Revista de direito do consumidor*, v. 89. São Paulo: set.-out./2013, p. 205-228, recurso eletrônico.

ARGUELHES, Diego Werneck; LEAL, Fernando. O argumento das "capacidades institucionais" entre a banalidade, a redundância e o absurdo. *Direito, Estado e Sociedade*, n. 38. Rio de Janeiro: jan.-jun./2011, p. 6-50.

ASCARELLI, Tullio. *Lezioni di diritto commerciale: introduzione*, 2. ed. Milano: Giuffrè, 1955.

ATIENZA, Manuel; MANERO, Juan Ruiz. Ilícitos atípicos: sobre o abuso do direito, fraude à lei e desvio de poder. São Paulo: Marcial Pons, 2014.

ÁVILA, Humberto. *Teoria dos princípios: da definição à aplicação de princípios jurídicos*, 5. ed. São Paulo: Malheiros, 2005.

AZEVEDO, Álvaro Villaça. O novo Código Civil Brasileiro: tramitação; função social do contrato; boa-fé objetiva; teoria da imprevisão e, em especial, onerosidade excessiva (Laesio Enormis). *Revista jurídica*, n. 308. Porto Alegre, jun. 2003, p. 7-25.

AZEVEDO, Antônio Junqueira de. *Negócio jurídico e declaração negocial*. São Paulo, 1986.

AZEVEDO, Antônio Junqueira de. *Negócio jurídico: existência, validade e eficácia*, 4. ed. São Paulo: Saraiva, 2007.

AZEVEDO, Antonio Junqueira. *Novos estudos e pareceres de direito privado*. São Paulo: Saraiva, 2009.

AZEVEDO, Antonio Junqueira de. Princípios do novo direito contratual e desregulamentação do mercado – Direito de exclusividade nas relações contratuais de fornecimento – Função social do contrato e responsabilidade aquiliana do terceiro que contribui para o inadimplemento contratual. *Revista dos tribunais*, n. 750. São Paulo, abr. 1998, p. 113-120.

AZEVEDO, Antonio Junqueira de. Insuficiências, deficiências e desatualização do projeto de código civil na questão da boa-fé objetiva nos contratos. *Revista trimestral de direito civil*, v. 1, n. 1. Rio de Janeiro: jan./mar. 2000, p. 3-12.

AZEVEDO, Antonio Junqueira de. Natureza jurídica do contrato de consórcio: classificação de atos jurídicos quanto ao número de partes e quanto aos efeitos; os contratos relacionais; a boa-fé nos contratos relacionais; contratos de duração; alteração das circunstâncias e onerosidade excessiva; sinalagma e resolução contratual; resolução parcial do contrato; função social do contrato. (parecer). *Revista dos tribunais*, n. 832. São Paulo, fev. 2005, p. 113-137.

AZEVEDO, Antônio Junqueira de. Entrevista concedida à *Revista trimestral de direito civil*, n. 34. Rio de Janeiro: abr. jun. 2000, p. 299-308.

BARBOSA, Ruy. Os atos inconstitucionais do Congresso e do Executivo ante a Justiça Federal. Rio de Janeiro: Companhia impressora, 1893.

BARBOZA, Heloísa Helena. Vulnerabilidade e cuidado: aspectos jurídicos. *In* PEREIRA, T. S.; OLIVEIRA, G. (coord.). *Cuidado e vulnerabilidade*. São Paulo: Atlas, 2009, p. 106-118.

BARCELLOS, Ana Paula de. *A eficácia jurídica dos princípios constitucionais*: o princípio da dignidade da pessoa humana. Rio de Janeiro: Renovar, 2002.

BARCELLOS, Ana Paula de. *Ponderação, racionalidade e atividade jurisdicional*. Rio de Janeiro: Renovar, 2005.

BARROSO, Luis Roberto. *A dignidade da pessoa humana no direito constitucional contemporâneo* Belo Horizonte: Fórum, 2013.

BARROSO, Luís Roberto *O controle de constitucionalidade no direito brasileiro: exposição sistemática da doutrina e análise crítica da jurisprudência*, 5. ed. São Paulo: Saraiva, 2011.

BARROSO, Luis Roberto. Fundamentos teóricos e filosóficos do novo direito constitucional brasileiro (pós-modernidade, teoria crítica e pós-positivismo). *In* BARROSO, L. R. (org.). *A nova interpretação constitucional: ponderação, direitos fundamentais e relações privadas.* Rio de Janeiro: Renovar, 2003, p. 1-48.

BARTHOLO, Bruno Paiva; GAMA, Guilherme Calmon Nogueira da. Função social da empresa. *In* GAMA, G. C. N. (coord.). *Função social no direito civil*, 2. ed. São Paulo: Atlas, 2008, p. 102-110.

BASAN, Arthur Pinheiro. O contrato existencial: análise de decisão judicial que assegura a sua aplicação. *Revista brasileira de direito civil*, v. 7. Belo Horizonte: jan.-mar./2016, p. 9-31.

BDINE JR., Hamid Charaf. *Efeitos do negócio jurídico nulo*. Tese. São Paulo: USP, 2007.

BECKER, Anelise. A doutrina do adimplemento substancial no direito brasileiro e em perspectiva comparativista. *Revista da Faculdade de Direito da Universidade Federal do Rio Grande do Sul*. Porto Alegre: Livraria do Advogado, 1993, p. 60-77.

BELLOIR, Arnaud Marie Pie; POSSIGNOLO, André Trapani Costa. Ensaio de classificação das teorias sobre a função social do contrato. *Revista Brasileira de Direito Civil – RBDCivil*, Belo Horizonte, v. 11, p. 37-56, jan./mar. 2017, p. 37-56.

BERALDO, Leonardo de Faria. Os 18 anos da função social do contrato. *In* BARBOSA, H.; SILVA, J. C. F. (coord.). *A evolução do direito empresarial e obrigacional*, v. II. São Paulo: Quartier Latin, 2021, p. 307-350.

BERCOVICI, Gilberto. A constituição de 1988 e a função social da propriedade. *Revista de direito privado*, v. 7. São Paulo, jul.-set./2001, p. 69-84.

BERCOVICI, Gilberto. Parecer sobre a inconstitucionalidade da Medida Provisória da Liberdade Econômica. *Revista Forum de direito financeiro e econômico – RFDFE*, ano 8, n. 15. Belo Horizonte, mar./ago. 2019, p. 173-202.

BESSA, Leonardo Roscoe; CÉSAR, Gabriela Gomes Acioli. O corte do fornecimento de água em face do inadimplemento do consumidor: análise à luz do Diálogo das Fontes. *Revista brasileira de políticas públicas*, v. 6, n. 2. Brasília: 2016, p. 243-255.

BETTI, Emilio. *Teoria geral do negócio jurídico*, tomo I. Coimbra: Coimbra, 1969.

BETTI, Emilio. Causa del negozio giuridico. *Novissimo digesto italiano*. Torino: UTET, 1957, p. 32-40.

BICHARA, Maria Carolina. a responsabilidade civil pós-contratual. *Revista de direito privado*, v. 100. São Paulo: jul.-ago./2019, p. 41-69.

BINENBOJM, Gustavo. *Uma teoria do direito administrativo*, 3. ed. Rio de Janeiro: Renovar, 2014.

BINENBOJM, Gustavo. *Poder de polícia, ordenação, regulação*. Belo Horizonte: Fórum, 2016.

BOBBIO, Norberto. *Dalla struttura alla funzione*. Milano: Edizioni di Comunità, 1977.

BOBBIO, Norberto. A função promocional do direito. *Da estrutura à função: novos estudos de teoria do direito*. Barueri, SP: Manole, 2007, p. 1-21.

BONAVIDES, Paulo. *Curso de direito constitucional*, 15. ed. São Paulo: Malheiros, 2000.

BRANCO, Gerson Luiz Carlos. Elementos para a interpretação da liberdade contratual e função social: o problema do equilíbrio contratual e da solidariedade social como princípios da teoria geral dos contratos. *In* MARTINS-COSTA, J. (coord.). *Modelos de direito privado*. São Paulo: Marcial Pons, 2008, p. 257-290.

BRANCO, Gerson Luiz Carlos. A função social do contrato no Código Civil: 18 anos de vigência e a interpretação jurisprudencial do STJ. *In* BARBOSA, H.; SILVA, J. C. F. (coord.). *A evolução do direito empresarial e obrigacional*, v. II. São Paulo: Quartier Latin, 2021, p. 281-305.

BRANCO, Sérgio. Fake news e os caminhos para fora da bolha. *Interesse Nacional*, ano 10, n. 38. São Paulo: ago.-out./2017, p. 51-61.

BRANDÃO, Rodrigo; FARAH, André. Consequencialismo no Supremo Tribunal Federal: uma solução pela não surpresa. *Revista de Investigações Constitucionais*, v. 7, n. 3. Curitiba: set./dez. 2020, p. 831-858.

BRASIL. STF, Pleno, ADPF 714, Rel. Min. Gilmar Mendes, julg. 31/08/2020.

BRASIL. STF, Pleno, RE 654833, Rel. Min. Alexandre de Moraes, julg. 20/04/2020.

BRASIL. STF, Pleno, RE 661256, Rel. Min. Roberto Barroso, Rel. p/acórdão Min. Dias Toffoli, julg. 27/10/2016).

BRASIL. STF, 1ª T., RE 67205, Rel. Min. Aliomar Baleeiro, julg. 06/04/1973.

BRASIL. STF, ADPF 669 MC, Rel. Min. Roberto Barroso, julg. 31/03/2020.

BRASIL. STF, MS 7116, Rel. Min. Roberto Barroso, julg. 25/11/2021.

BRASIL. STF, Pleno, ADI 1003, Rel. Min. Cármen Lúcia, julg. 01/08/2018.

BRASIL. STF, Pleno, ADI 3510, Rel. Min. Ayres Britto, julg. 29/05/2008.

BRASIL. STF, Pleno, ADI 4983, Rel. Min. Marco Aurélio, julg. 06/10/2016.

BRASIL. STF, Pleno, ADI 5357 MC-Ref, Rel. Min. Edson Fachin, julg. 09/06/2016.

BRASIL. STF, Pleno, ADI 6586, Rel. Min. Ricardo Lewandowski, julg. 17/12/2020.

BRASIL. STF, Pleno, ARE 1267879, Rel. Min. Roberto Barroso, julg. 17/12/2020.

BRASIL. STF, Pleno, RE 407688, Rel. Min. Cezar Peluso, julg. 08/02/2006.

BRASIL. STJ, 1ª S., EREsp 845982, Rel. Min. Luiz Fux, julg. 24/06/2009.

BRASIL. STJ, 1ª T., AgRg no REsp 1272995, Rel. Min. Napoleão Nunes Maia Filho, julg. 07/02/2012.

BRASIL. STJ, 1ª T., REsp 627424, Rel. Min. Luiz Fux, julg. 06/03/2007.

BRASIL. STJ, 2ª S., REsp 1846123, Rel. Min. Luis Felipe Salomão, julg. 22/06/2022.

BRASIL. STJ, 2ª S., REsp 1804965, Rel. Min. Nancy Andrighi, julg. 27/05/2020.

BRASIL. STJ, 2ª S., EREsp 187940, Rel. Min. Antônio de Pádua Ribeiro, julg. 22/09/2004.

BRASIL. STJ, 2ª T., AgRg no REsp 1201283, Rel. Min. Humberto Martins, julg. 16/09/2010.

BRASIL. STJ, 2ª T., AgRg no AgRg no REsp 1366545, Rel. Min. Assusete Magalhães, julg. 22/09/2015.

BRASIL. STJ, 2ª T., Ag. Inst. no REsp 1688885, Rel. Min. Herman Benjamin, julg. 01/09/2020.

BRASIL. STJ, 2ª T., REsp 1884231, Rel. Min. Mauro Campbell Marques, julg. 22/3/2022.

BRASIL. STJ, 3ª T., Ag. Inst. no REsp 1911407, Rel. Min. Paulo de Tarso Sanseverino, julg. 18/05/2021.

BRASIL. STJ, 3ª T., AgRg AREsp 193379, Rel. Min. Ricardo Villas Bôas Cueva, julg. 02/05/2013.

BRASIL. STJ, 3ª T., AgRg EREsp 1422191, Rel. Min. Paulo de Tarso Sanseverino, julg. 06/08/2015.

BRASIL. STJ, 3ª T., AgRg REsp 1444292, Rel. Min. Sidnei Beneti, julg. 05/08/2014.

BRASIL. STJ, 3ª T., REsp 1106625, Rel. Min. Sidnei Beneti, julg. 16/8/2011.

BRASIL. STJ, 3ª T., REsp 1115605, Rel. Min. Nancy Andrighi, julg. 07/04/2011.

BRASIL. STJ, 3ª T., REsp 1684228, Rel. Min. Nancy Andrighi, Rel. p/ Acórdão Min. Ricardo Villas Bôas Cueva, julg. 27/08/2019.

BRASIL. STJ, 3ª T., REsp n. 1818495, Rel. Min. Marco Aurélio Bellizze, julg. 8/10/2019.

BRASIL. STJ, 3ª T., REsp 444716, Rel. Min. Nancy Andrighi, julg. 11/05/2004.

BRASIL. STJ, 3ª T., REsp 811670, Rel. Min. Nancy Andrighi, julg. 16/11/2006.

BRASIL. STJ, 3ª T., REsp 972436, Rel. Min. Nancy Andrighi, julg. 17/03/2009.

BRASIL. STJ, 3ª T., REsp 977007, Rel. Min. Nancy Andrighi, julg. 24/11/2009.

BRASIL. STJ, 3ª T., REsp. 228840, Rel. Min. Ari Pargendler, Rel. p/ acórdão Min. Carlos Alberto Menezes Direito, julg. 26.06.2000.

BRASIL. STJ, 4ª T., REsp n. 1163283, Rel. Min. Luis Felipe Salomão, julg. 07/04/2015.

BRASIL. STJ, 4ª T., REsp. 294057, Rel. Min. Ruy Rosado de Aguiar, julg. 28.06.2001.

BRASIL. STJ, 4ª T., REsp. 401718, Rel. Min. Sálvio de Figueiredo Teixeira, julg. 03.09.2002.

BRASIL. STJ, 4ª T., REsp. 97590, Rel. Min. Ruy Rosado de Aguiar, julg. 15.10.1996,

BRASIL. STJ, Corte Especial, REsp 1150429, Rel. Min. Ricardo Villas Bôas Cueva, julg. 25/04/2013.

BRASIL. STJ, EREsp 1685792, Rel. Min. Marco Aurélio Belizze, julg. 16.10.2017.

BRASIL. STJ, REsp 1906514, Rel. Min. Marco Buzzi, julg. 30/11/2020.

BRITO, Rodrigo Toscano de. *Equivalência material dos contratos*. São Paulo: Saraiva, 2006.

BUNAZAR, Maurício. *A invalidade do negócio jurídico*. São Paulo: Thompson Reuters, 2020, recurso eletrônico.

BUSSATTA, Eduardo Luiz. *Resolução dos contratos e teoria do adimplemento substancial*. São Paulo: Saraiva: 2007.

CAMARGO, Margarida Lacombe. *Hermenêutica e argumentação*: uma contribuição ao estudo do Direito, 3. ed. Rio de Janeiro: Renovar, 2003.

CAMPOS FILHO, Paulo Barbosa de. *O problema da causa no Código Civil brasileiro*. São Paulo: Max Limonad, 1978.

CANARIS, Claus-Willhelm. *Pensamento sistemático e conceito de sistema na ciência do direito*, 2. ed. Lisboa: Fundação Calouste Gulbenkian, 1996.

CAPITANT. Henri. *De la cause des obligations*, 3.ed. Paris: Dalloz, 1923.

CAPPELLETTI, Mauro. Formações sociais e interesses coletivos diante da justiça civil. *Revista de processo*, v. 2, n. 5. São Paulo: 1977, p. 128-159, recurso eletrônico.

CARDOSO, Vladimir Mucury. O abuso do direito na perspectiva civil-constitucional. *In* MORAES, Maria Celina Bodin de. *Princípios do direito civil contemporâneo*. Rio de Janeiro: Renovar, 2006, p. 61-109.

CARPENA, Heloísa. *Abuso do direito nos contratos de consumo*. Rio de Janeiro: Renovar, 2001.

CARPENA, Heloísa. O Ministério Público e a defesa do consumidor. *In* VIEIRA, J. R. (org.). *20 anos da Constituição cidadã de 1988: efetivação ou impasse institucional?* Rio de Janeiro: Forense, 2008, p. 340.

CARVALHO, Sabrina Nasser de. Decisões paradigmáticas e dever de fundamentação: técnica para a formação e aplicação dos precedentes judiciais. *Revista de processo*, v. 249. São Paulo: nov./2015, p. 421-448, recurso eletrônico.

CASTRO, Thamis Dalsenter Viveiros de. *Bons costumes no direito civil brasileiro*. São Paulo: Almedina, 2017.

CERMOLACCE, Arnaud. *Cause et exécution du contrat*. Presses Universitaires d'Aix-Marseille – P.U.A.M.: 2001.

CHANCEL, Lucas *et al. World inequality report 2022*. Paris: World Inequality Lab, 2021.

COBBETT, Luccas Goldfarb. *A suspensão dos efeitos da resilição contratual à luz da função social do contrato. o exemplo do contrato de distribuição do Código Civil.* Dissertação. Rio de Janeiro: UERJ, 2020.

COGO, Rodrigo Barreto. *A frustração do fim do contrato*. Rio de Janeiro: Renovar, 2012.

COMPARATO, Fábio Konder. Estado, empresa e função social. *Revista dos tribunais*, v. 732. São Paulo: out./1996, p. 38-46, recurso eletrônico.

CONTIPELLI, Ernani. Medio ambiente, solidaridad y dignidad humana en la constitución brasileña. *Revista de derecho político*, n. 107. Madrid: enero-abril/2020, p. 339-366.

CORDEIRO, António Manuel da Rocha e Menezes. *Da boa-fé no direito civil*. Coimbra: Almedina, 2001.

CORDEIRO, Eros Belin de Moura; CORDEIRO, Noemia Paula Fontanela de Moura. Dignidade jurídica dos contratos de gaveta: em busca da concretização do acesso à moradia. *In* TEPEDINO, Gustavo; FACHIN, Luiz Edson (coord.). *Diálogos sobre direito civil*, v. II. Rio de Janeiro: Renovar, 2008, p. 99-129.

CORTIANO JR., Eroulths; KANAYAMA, Rodrigo Luís. Notas para um estudo sobre os bens comuns. *Revista da Academia Brasileira de Direito Constitucional*, v. 15, n. 15. Curitiba: jul.-dez./2016, p. 480-491.

CORTIANO JUNIOR, Eroulths. *O discurso proprietário e suas rupturas*. Tese de doutorado. Curitiba: UFPR, 2001.

COSTA, Mario Júlio de Almeida. *Direito das obrigações*, 9. ed. Coimbra: Almedina, 2005.

CRISCUOLI, Giovanni. *Il contratto*: Itinerari normativi e riscontri giurisprudenziali, 2. ed. Padova: Cedam, 2002, p. 325, e PAOLINI, Elena. *La causa del contratto*. Padova: Cedam, 1999

CRUZ, Luana Pedrosa de Figueiredo; MATOS, Leonardo Raphael Carvalho de. Os direitos metaindividuais no direito civil: o individual que se transforma em público. *Percurso – Anais do V congresso luso-brasileiro de direitos humanos na sociedade da informação*, v. 3, n. 26. Curitiba, 2018, p. 175-203.

CUNHA, Paulo Ferreira da. Propriedade e função social. *Revista de direito imobiliário*, v. 56. São Paulo, jan.-jun./2004, p. 114-126.

DANTAS BISNETO, Cícero. *Formas não monetárias de reparação do dano moral*. Florianópolis, Tirant lo blanch, 2019.

DANTAS, Marcus; RENTERÍA, Pablo. Notas sobre os bens comuns. *In* TEPEDINO, Gustavo; TEIXEIRA, A. C. B.; ALMEIDA, V. (coords.), *O direito entre o sujeito e a pessoa: estudos em homenagem ao professor Stefano Rodotà*. Belo Horizonte: Fórum, 2016, p. 131-146.

DIAS, Antônio Pedro Medeiros. *Revisão e resolução do contrato por excessiva onerosidade*. Belo Horizonte: Fórum, 2017.

DICKSTEIN, Marcelo. *Nulidades prescrevem? Uma perspectiva funcional da invalidade*. Rio de Janeiro: Lumen Juris, 2015.

DÍEZ-PICAZO, Luis. *Fundamentos del derecho civil patrimonial*, t. I, 6. ed. Pamplona: Thomson-Civitas, 2007.

DISTRITO FEDERAL. TJDF, 1ª T.C., Ag. Inst. 20080020101970, Rel. Natanael Caetano, julg. 24/09/2008.

DISTRITO FEDERAL. TJDF, 1ª T.C., Ap. Cível 20020111044353, Rel. Flavio Rostirola, julg. 11/06/2008.

DISTRITO FEDERAL. TJDF, 2ª T.R.C., Ap. Cível 20070111238578, Rel. Alfeu Machado, julg. 15/07/2008.

DISTRITO FEDERAL. TJDF, 3ª T.C., Ap. Cível 20060110408947, Rel. Humberto Adjuto Ulhôa, julg. 12/03/2008.

DISTRITO FEDERAL. TJDF, 3ª T.R.C., Ap. Cível 20060610085403, Rel. Alfeu Machado, julg. 01/10/2008.

DONINI, Rogério. *Responsabilidade civil pós-contratual*, 3. ed. São Paulo: Saraiva, 2011.

DUARTE, Victória Albertão. *Contratos empresariais de colaboração: a resilição unilateral e a proteção dos investimentos*. Dissertação de mestrado. Porto Alegre: PUC-RS, 2020.

DWORKIN, Ronald. *Levando os direitos a sério*, São Paulo, Martins Fontes, 2002.

EHRHARDT JÚNIOR, Marcos; ANDRADE, Gustavo Henrique Baptista. A função social na experiência brasileira e seu impacto na ressignificação da liberdade contratual nos 30 anos da CF/88. *In* EHRHARDT JÚNIOR, M; LOBO, F.A. (coord.). *A função social nas relações privadas*. Belo Horizonte: Fórum, 2019.

EISTER, Allan W.. Função. *Dicionário de ciências sociais*. Rio de Janeiro: Fundação Getúlio Vargas, 1986.

ELIAS, Norbert. *A sociedade dos indivíduos*. Rio de Janeiro: Jorge Zahar, 1994.

ENGISCH, Karl. *La idea de concreción en el derecho y en la ciencia jurídica* actuales. Pamplona: Universidad de Navarra, 1968.

FACHIN, Luiz Edson. Contratos e responsabilidade civil: duas funcionalizações e seus traços. *Revista dos tribunais*, v. 903. São Paulo: jan./2011, p. 26 e ss., recurso eletrônico.

FACHIN, Luiz Edson; RUZYK, Carlos Eduardo Pianovski. A dignidade da pessoa humana no direito contemporâneo: uma contribuição à crítica da raiz dogmática do neopositivismo constitucionalista. *Revista trimestral de direito civil*, v. 35. Rio de Janeiro, jul./set. 2008, p. 101-119.

FAJNGOLD, Leonardo. *Dano moral e reparação não pecuniária: sistemática e parâmetros*. São Paulo: Thomson Reuters, 2021.

FARIAS, Jose Fernando de Castro. *A origem do direito de solidariedade*. Rio de Janeiro: Renovar, 1998.

FELITTE, Beatriz Valente. *Os limites dos poderes do juiz na revisão de contratos*. Tese de doutorado. São Paulo: USP, 2018.

FERRAZ JR., Tércio Sampaio. Direito econômico, resilição unilateral de relações comerciais de prazo indeterminado e a lei de defesa da concorrência. *Cadernos de Direito Tributário e Finanças Públicas*, ano 1, n. 14. São Paulo: jul.-set. 1993, p. 270-279. Disponível em <t.ly/n7P5>, acesso em 10 dez. 2021

FERREIRA, Carlos Alberto Goulart. Contrato: da função social. *Revista Jurídica*, n. 247. Porto Alegre, maio 1998, p. 9-15.

FERRI, Giovanni Battista. *Causa e tipo nella teoria del negozio giuridico*. Milano: Giuffré, 1968.

FERRI, Giovanni Battista. Meritevolezza dell'interesse e utilità sociale. *Rivista del diritto commerciale e del diritto generale delle obbligazioni*, ano LXIX, parte prima. Vallardi, 1971, p. 81-97.

FERRI, Giovanni Battista. La causa nella teoria del contratto. *In* VACCA, Letizia (org.). *Causa e contratto nella prospettiva storico-comparatistica*. Torino: Giappichelli, 1995, p. 415-425.

FERRI, Giovanni Battista. Il problema della causa del negozio giuridico nelle riflessioni di Rosario Nicolò. *Europa e diritto privato*, 2007, fasc. 3, p. 659-689.

FIGUEIREDO, Helena Lanna. *Responsabilidade civil do terceiro que interfere na relação contratual*. Belo Horizonte: Del Rey, 2009.

FORGIONI, Paula A. *Contratos empresariais: teoria geral e aplicação*, 2. ed. São Paulo: Revista dos tribunais, 2016.

FRADA, Manuel A. Carneiro da. *Contrato e deveres de proteção*. Coimbra: Coimbra, 1994.

FRADERA, Véra Jacob de. Art. 7º: liberdade contratual e função social do contrato – art. 421 do Código Civil. *In* MARQUES NETO, F. P.; RODRIGUES JR., O. L.; LEONARDO, R. X. (coord.). *Comentários à Lei da liberdade econômica*. São Paulo: Thomson Reuters Brasil, 2019, p. 293-308.

FRANÇA. Cass. Civ. I, n. 88-11443, julg. 12/07/1989, publ. *Bulletin Cassation* n. 293, I, 1989, p. 194.

FRANÇA. Cass. Comm., n. 93-18632, julg. 22/10/1996, publ. *Bulletin Cassation* n. 261, IV, 1996, p. 223.

FRAZÃO, Ana. *Função social da empresa: repercussões sobre a reponsabilidade civil de controladores e administradores de S/As*. Rio de Janeiro: Renovar, 2011.

FRAZÃO, Ana. A importância da análise de consequências para a regulação jurídica. *Jota*, 29 maio 2019. Disponível em <t.ly/icRg>, acesso em 22 abr. 2022.

FRAZÃO, Ana. Direito civil constitucional e a LINDB. *Jota*, 12 ago. 2020. Disponível em <t.ly/ZM5i>, acesso em 22 abr. 2022.

FURTADO, Gabriel Rocha. *Mora e inadimplemento substancial*. São Paulo: Atlas, 2014.

GADAMER, Hans-Georg. *Verdade e método*. Petrópolis: Vozes, 1997, p. 368 e ss.

GAIA, Fausto Siqueira. A legitimação judicial no processo construtivo do direito no pós--positivismo jurídico. *Revista de estudos constitucionais, hermenêutica e teoria do direito (RECHTD)*, v. 9, n. 3. São Leopoldo, set.-dez./2017, p. 250-261.

GALUPPO, M. C. Os princípios jurídicos no Estado Democrático de Direito: ensaio sobre o modo de sua aplicação. *Revista de Informação Legislativa*, n. 143, jul.-set. 1999, p. 191-210.

GAMA, Guilherme Calmon Nogueira da; ANDRIOTTI, Caroline Dias. Breves notas históricas da função social no direito civil. *In* GAMA, G. C. N. (coord.). *Função social no direito civil*, 2. ed. São Paulo: Atlas, 2008, p. 1-17.

GAMA, Guilherme Calmon Nogueira da; CIDAD, Felipe Germano Cacicedo. Função social no direito privado e Constituição. *In* GAMA, G. C. N. (coord.). *Função social no direito civil*, 2. ed. São Paulo: Atlas, 2008, p. 18-38.

GARCIA, Eneas Costa. *Responsabilidade pré e pós-contratual a luz da boa-fé*. São Paulo: J. de Oliveira, 2003.

GARCIA, Rodrigo Saraiva Porto. Um estudo de caso da aplicação autônoma do princípio da função social do contrato. *In* TERRA, A. M. V.; KONDER, C. N.; GUEDES, G. S. C. (coord.). *Princípios contratuais aplicados: boa-fé, função social e equilíbrio contratual à luz da jurisprudência.* Indaiatuba, SP: Foco, 2019, p. 245-257.

GHESTIN, Jacques. *Cause de l'engagement et validité du contrat.* Paris: L.G.D.J., 2006.

GHESTIN, Jacques. La notion de contrat-cadre et les enjeux théoriques et pratiques qui s'y attachent. *JCP E* 1997, suppl. N. 3-4, p. 7.

GIDI, Antonio. Class action in Brazil – a model for civil law countries. *The american journal of comparative law*, v. 51, n. 2. Oxford: 2003, p. 312-4048.

GIORGIANNI, Michele. O direito privado e as suas atuais fronteiras. *Revista dos tribunais*, ano 87, v. 747. São Paulo: jan./1988, p. 35-55

GOGLIANO, Daisy. A função social do contrato. Causa ou motivo. *Revista da Faculdade de Direito, Universidade de São Paulo*, n. 99. São Paulo: 2004, p. 153-198.

GOMES, Orlando. *Contratos*, 26. ed. Rio de Janeiro: Forense, 2009.

GOMES, Orlando. *Introdução ao direito civil*, 19. ed. Rio de Janeiro: Forense, 2009.

GONÇALVES, Marcos Alberto da Rocha. *Função social das situações jurídicas obrigacionais: da eficácia pós-contratual ao fim progressivo dos contratos.* Tese. Rio de Janeiro: UERJ, 2019.

GONÇALVES, Thatiane Rabelo. A vigência e a esdrúxula aplicação da função social do contrato nos 15 anos do Código Civil. *Revista de direito privado*, v. 84. São Paulo: dez. 2017, p. 35-49.

GRAMSTRUP, Erik Frederico; ZANETTI, Andrea Cristina. Aspectos formativos do contrato na atualidade. *Quaestio iuris*, v. 12, n. 4, Rio de Janeiro, 2019, p. 675-696.

GRANIERI, Massimiliano. *Il tempo e il contratto: itinerario storico-comparativo sui contratti di durata.* Milano: Giuffrè, 2007.

GRAU, Eros Roberto. *A ordem econômica na Constituição de 1988*, 7. ed. São Paulo: Malheiros, 2002.

GUIMARÃES, Ulysses. Discurso proferido pelo constituinte Ulysses Guimarães presidente da Assembleia Nacional Constituinte. Disponível em <t.ly/Br6v>, acesso em 23 jul. 2022.

GÜNTHER, Klaus. *Teoria da argumentação no direito e na moral*: justificação e aplicação, trad. Cláudio Molz, São Paulo, Landy, 2004.

HABERMAS, Jürgen. *Between facts and norms*: contributions to a discourse theory of law and democracy, Cambridge: MIT Press, 1998.

HADDAD, Luís Gustavo. *Função social do contrato: um ensaio sobre seus usos e sentidos.* São Paulo: Saraiva, 2013.

HAICAL, Gustavo. Apontamentos sobre o direito formativo extintivo de denúncia no contrato de agência, In: MARTINS-COSTA, J. (coord.). *Modelos de direito privado.* São Paulo: Marcial Pons, 2014, p. 294-331.

HART, Herbert L. A.. *O conceito de direito*, 5. ed. Lisboa: Fundação Calouste Gulbenkian, 2007.

HESPANHA, António Manuel. *Panorama histórico da cultura jurídica européia*, 2. ed. Lisboa: Publicações Europa -América, 1998.

REFERÊNCIAS **199**

HESSE, Konrad. *Derecho constitucional y derecho privado*. Madrid: Civitas, 1995, p. 57).

HIRONAKA, Giselda Maria Fernandes Novaes. A função social do contrato. *Revista de direito civil, imobiliário, agrário e empresarial*, n. 45. São Paulo, jul./set. 1988, p. 141-152.

IRTI, Natalino. *L'età della decodificazione*. Milano: Giuffrè, 1999.

JOSSERAND, Louis. *Essais de téléologie juridique I: De l'esprit des droits et de leur relativité. Théorie dite de l'abus des droits*. Paris: Dalloz, 1927.

KIRCHNER, Felipe. Os novos fatores teóricos de imputação e concretização do tratamento do superendividamento de pessoas físicas. *Revista de direito do consumidor*, v. 65. São Paulo: jan.-mar./2008, p. 63-113, recurso eletrônico.

KLEIN, Vinicius. *Os contratos empresariais de longo prazo: uma análise a partir da argumentação jurídica*. Rio de Janeiro: Lumen Juris, 2015.

KLIEMANN, Ana Carolina. O princípio da manutenção do negócio jurídico: uma proposta de aplicação. *Revista trimestral de direito civil*, v. 26. Rio de Janeiro: abr.-jun. 2006, p. 3-26.

KOCHEM, Ronaldo. -- Racionalidade e decisão – a fundamentação das decisões judiciais e a interpretação jurídica. *Revista de processo*, v. 40, n. 244. São Paulo: jun./2015, p. 59-83, recurso eletrônico.

KONDER, Carlos Nelson de Paula. *A constitucionalização do processo de qualificação dos contratos no ordenamento jurídico brasileiro*. Tese de doutorado. Rio de Janeiro: UERJ, 2009.

KONDER, Carlos Nelson; RENTERÍA, Pablo. A funcionalização das relações obrigacionais: interesse do credor e patrimonialidade da prestação. *In* TEPEDINO, G.; e FACHIN, L. E. (orgs.). *Diálogos sobre direito civil*, v. II. Rio de Janeiro: Renovar, 2007, p. 1-28.

KONDER, Carlos Nelson. Causa do contrato x função social do contrato: Estudo comparativo sobre o controle da autonomia negocial. *Revista Trimestral de Direito Civil*, v. 43, p. 33-75, 2010, p. 33-75.

KONDER, Carlos Nelson. Vulnerabilidade patrimonial e vulnerabilidade existencial: por um sistema diferenciador. *Revista de direito do consumidor*, v. 99. São Paulo: 2015, p. 101-123.

KONDER, Carlos Nelson. O direito à educação inclusiva de pessoas com deficiência em estabelecimentos de ensino particulares: análise à luz da Lei n. 13.146/2015 e da ADI 5357-MC. *Interesse Público*, v. 106. Belo Horizonte, 2017, p. 33-49.

KONDER, Carlos Nelson. Para além da 'principialização' da função social do contrato. *Revista brasileira de direito civil*, v. 13. Belo Horizonte: 2017, p. 39-59.

KONDER, Carlos Nelson. Princípios contratuais e exigência de fundamentação das decisões: boa-fé e função social do contrato à luz do CPC/2015. *Revista opinião jurídica*, v. 14. Fortaleza: 2017, p. 33-57.

KONDER, Carlos Nelson. Fundamentação das decisões e aplicação da função social do contrato: aportes do Código de Processo Civil de 2015. *In*: MENDES, A. G. C.; BEDAQUE, J. R. S.; CARNEIRO, P. C. P.; ALVIM, T. A. (coord.). *O novo processo civil: temas relevantes – Estudos em homenagem ao professor, jurista e ministro Luiz Fux*. Rio de Janeiro: GZ, 2018, v.1, p. 193-210.

KONDER, Carlos Nelson A "relativização da relatividade": aspectos da mitigação da fronteira entre partes e terceiros nos contratos. *Scientia iuris (UEL)*, v.23. Londrina: 2019, p. 81-100.

KONDER, Carlos Nelson; KONDER, Cíntia Muniz de Souza. Da vulnerabilidade à hipervulnerabilidade: exame crítico de uma trajetória de generalização. *Revista Interesse Público*, v.127. Belo Horizonte: 2021, p. 53-68.

KONDER, Carlos Nelson; COBBETT, Luccas Goldfarb. A função social do contrato após a Lei de Liberdade Econômica. *Revista brasileira de direito contratual*, v. 7. São Paulo: 2022, p. 5-22.

KONDER, Carlos Nelson. Agravamento intencional do risco em contrato de seguro: critérios interpretativos para a perda da garantia. *In Anais do II Congresso Internacional de Direito de Seguro e VIII Fórum José Sollero Filho*, no prelo.

LAMY FILHO, Alfredo. A função social da empresa e o imperativo de sua reumanização. *Revista de direito administrativo*, v. 190. Rio de Janeiro: out./1992, p. 54-60.

LARENZ, Karl. *Derecho de obligaciones*, tomo I. Madrid: Revista de derecho privado, 1958.

LARENZ, Karl. *Metodologia da ciência do direito*, 4. ed. Lisboa: Fundação Calouste Gulbenkian, 2005.

LARENZ, Karl. Estabelecimento de relações obrigacionais por meio de comportamento social típico. *Revista Direito GV*, v. 2, n. 1. São Paulo: jan.-jun./2006, p. 55-63.

LEAL, Fernando Angelo Ribeiro. Consequencialismo judicial na modulação de efeitos das decisões declaratórias de inconstitucionalidade nos julgamentos de direito tributário. *Revista brasileira de políticas públicas*, v. 7, n. 3. Brasília: 2017, p. 823-834.

LEAL, Fernando. Seis objeções ao direito civil-constitucional. *Revista da Emerj*, v. 22, n. 2. Rio de Janeiro: maio-ago./2020, p. 91-150.

LEONARDO, Rodrigo Xavier. A denúncia e a resilição: críticas e propostas hermenêuticas ao art. 473 do CC/2002 brasileiro. *Revista de direito civil contemporâneo*, v. 7. São Paulo: abr.-jun./2016, p. 95-117.

LEONARDO, Rodrigo Xavier. A função social dos contratos: ponderações após o primeiro biênio de vigência do Código Civil. In: CANEZIN, C.. *Arte jurídica*, v. II. Curitiba: Juruá, 2005, recurso eletrônico.

LEONARDO, Rodrigo Xavier. A teoria das redes contratuais e a função social dos contratos: reflexões a partir de uma recente decisão do Superior Tribunal de Justiça, RT 832, fev 2005, p. 100-111.

LEONARDO, Rodrigo Xavier. Como tomar decisões empresariais com a MP da "liberdade econômica". *Consultor jurídico*, 10 jun. 2019. Disponível em <t.ly/HULA>, acesso em 27 ago. 2019.

LEONARDO, Rodrigo Xavier. Contratos coligados. In: BRANDELLI, Leonardo (Org.). *Estudos de Direito Civil, Internacional Privado e Comparado: Coletânea em homenagem à professora Vera Jacob de Fradera*. São Paulo: LEUD, 2014, recurso eletrônico.

LIRA, Ricardo Pereira. A onerosidade excessiva nos contratos. *Revista de direito administrativo*, 159. Rio de janeiro: jan.-mar./1985, p. 10-19.

LOBO, Fabíola Albuquerque. Os institutos do direito privado patrimoniais, sob o viés da funcionalização. *In* EHRHARDT JÚNIOR, Marcos; LOBO, Fabíola Albuquerque (coord.). *A função social nas relações privadas*. Belo Horizonte: Fórum, 2019.

LÔBO, Paulo. *Condições gerais dos contratos e cláusulas abusivas*. São Paulo: Saraiva, 1991.

LÔBO, Paulo. *Direito civil: contratos*, 3. ed. São Paulo: Saraiva, 2017.

LOBO, Paulo Luiz Netto. Princípios sociais dos contratos no Código de Defesa do Consumidor e no novo Código Civil. *Revista de direito do consumidor*, n. 42. São Paulo, abr./jun. 2002, p. 187-195, recurso eletrônico.

LÔBO, Paulo Luiz Netto. Contratante vulnerável e autonomia privada. *RIBD – Revista do Instituto Brasileiro de Direito*, n. 10. Lisboa: 2012, p. 6183-6204.

LÔBO, Paulo Luiz Netto. Prefácio. *In* EHRHARDT JÚNIOR, M.; LOBO, F. A. (coord.). *A função social nas relações privadas*. Belo Horizonte: Fórum, 2019, p. 11-16.

LÔBO, Paulo. Inconstitucionalidades da MP da "liberdade econômica" e o Direito Civil. *Consultor jurídico*, 06 jun. 2019 Disponível em <t.ly/HTxq>, acesso em 27 ago. 2019.

LOPES, Ana Frazão de Azevedo. *Empresa e propriedade: função social de abuso do poder econômico*. São Paulo: Quartier Latin, 2006.

LOPES, Miguel Maria de Serpa. *Exceções substanciais: exceção de contrato não cumprido*. Rio de Janeiro: Freitas Bastos, 1959.

LOPES, Miguel Maria de Serpa. *Curso de direito civil*, v. I. Rio de Janeiro: Freitas Bastos, 1953.

LORENZETTI, Ricardo Luis. *Fundamentos de direito privado*. São Paulo: Revista dos Tribunais, 1998.

LORENZETTI, Ricardo Luis. *Tratado de los contratos*, tomo I. Buenos Aires: Rubinzal-Culzoni, 2007.

LORENZETTI, Ricardo Luis. Nuevas fronteras del abuso de derecho (situaciones jurídicas lesivas de libertades. tutela del mercado y amparo). *Revista dos tribunais*, v. 723. São Paulo, jan. 1996, p. 53-65, recurso eletrônico.

LUPION, Ricardo. Plano de saúde coletivo contratado por empresa: contrato existencial ou contrato de lucro? Por uma nova interpretação dos contratos empresariais: a dicotomia do século XXI. *Direitos fundamentais & justiça*, a. 8, n. 29. Belo Horizonte: out.-dez./2014, p. 105-117.

MACEDO JR. Ronaldo Porto. Função social do contrato. *Caderno de direito GV*, v.1, n. 6. São Paulo: jul. 2005, p. 15-21.

MACEDO JR., Ronaldo Porto. *Contratos relacionais e defesa do consumidor*. São Paulo: Max Limonad, 1998.

MADEIRA, Débora Fernandes Pessoa; MARINHO, Raquel da Silva; SANTOS, Lorena Pereira dos. Essencialidade e vulnerabilidade no consumo de água para a jurisprudência no tribunal de justiça de minas gerais e no STJ. *Revista de direito*, v.12, n. 2. Viçosa: 2020, p. 1-24.

MAGRANI, Eduardo. *Democracia conectada: a internet como ferramenta de engajamento político-democrático*. Curitiba: Juruá, 2014.

MAIA, Antônio Cavalcanti; SOUZA NETO. Os princípios de direito e as perspectivas de Perelman, Dworkin e Alexy. *In* PEIXINHO, M. M.; GUERRA, I. F.; NASCIMENTO FILHO, F. (org.). *Os princípios da constituição de 1988*, 2 ed. Rio de Janeiro: Lumen Juris, 2006, p. 57-99.

MANCEBO, Rafael Chagas. *A função social do contrato*. São Paulo: Quartier Latin, 2005.

MANCUSO, Rodolfo de Camargo. Da jurisdição coletiva à tutela judicial plurindividual. Evolução da experiência brasileira com as demandas seriais. *Revista de processo*, v. 237. São Paulo: nov/2014, p. 307-336.

MANCUSO, Rodolfo de Camargo. Interesses difusos e coletivos. *Revista dos tribunais*, v. 747. São Paulo: jan./1998, p. 67-84, recurso eletrônico.

MARIGHETTO, Andrea. O acesso ao contrato: sentido e extensão da função social do contrato. São Paulo: Quartier Latin, 2012.

MARINHO, Maria Proença, *Frustração do fim do contrato*. Indaiatuba, SP: Foco, 2020.

MARINHO, Maria Proença. Planos privados de assistência à saúde e a função social do contrato. *In* TERRA, A. M. V.; KONDER, C. N.; GUEDES, G. S. C. (coord.). *Princípios contratuais aplicados: boa-fé, função social e equilíbrio contratual à luz da jurisprudência*. Indaiatuba, SP: Foco, 2019, p. 231-244.

MARINO, Francisco Paulo De Crescenzo. *Contratos coligados no direito brasileiro*. São Paulo: Saraiva, 2009.

MARINO, Francisco Paulo De Crescenzo. *Interpretação do negócio jurídico*. São Paulo: Saraiva 2011.

MARINO, Francisco Paulo De Crescenzo. *Revisão contratual: onerosidade excessiva e modificação contratual equitativa*. São Paulo: Almedina, 2020.

MARQUES NETO, Floriano de Azevedo; SUNDFELD, Carlos Ari; DALLARI, Adilson de Abreu; DI PIETRO, Maria Sylvia Zanella; MEDAUAR, Odete; JUSTEN FILHO, Marçal; CARRAZZA, Roque; BINENBOJM, Gustavo; ALMEIDA, Fernando Menezes de; SCAFF, Fernando Facury; CÂMARA, Jacintho Arruda; MOREIRA, Egon Bockman; MENDONÇA, José Vicente Santos de; PEREZ, Marcos Augusto; PIOVESAN, Flavia; MODESTO, Paulo; ROSILHO, André Janjácomo; JORDÃO, Eduardo Ferreira. Resposta aos comentários tecidos pela Consultoria Jurídica do TCU ao PL n. 7.448/2017. Disponível em <t.ly/Jlbl>, acesso em 06 dez. 2018, p. 6.

MARQUES, Claudia Lima. *Contratos no Código de Defesa do Consumidor*, 9. ed. São Paulo: Thompson Reuters Brasil, 2019.

MARQUES, Claudia Lima. O novo modelo de direito privado brasileiro e os contratos: entre interesses individuais, sociais e direitos fundamentais. In: _____ (org.). *A nova crise do contrato: estudos sobre a nova teoria contratual*. São Paulo: Revista dos Tribunais, 2007. p. 17-86.

MARTINS, Fernando Rodrigues. *Princípio da justiça contratual*, 2. ed.. São Paulo: Saraiva, 2011.

MARTINS, Pedro Baptista. *O abuso do direito e o ato ilícito*, 3. ed. Rio de Janeiro: Forense, 1997.

MARTINS-COSTA, Judith. *A boa fé no direito privado: sistema e tópica no processo obrigacional*. São Paulo: Revista dos Tribunais, 1999.

MARTINS-COSTA, Judith. *A boa-fé no direito privado: critérios para a sua aplicação*, 2. ed. São Paulo: Saraiva, 2018.

MARTINS-COSTA, Judith. Contratos. Conceito e evolução. *In* LOTUFO, R.; NANNI, G. E. (coord.). *Teoria geral dos contratos*. São Paulo: Atlas, 2011.

MARTINS-COSTA, Judith. Efeitos obrigacionais da invalidade: o caso dos contratos viciados por ato de corrupção. *In* BARBOSA, H.; SILVA, J. C. F. (coord.). *A evolução do direito empresarial e obrigacional*, v. II. São Paulo: Quartier Latin, 2021, p. 227-255.

MARTINS-COSTA, Judith. Notas sobre o princípio da função social do contrato. *Revista literária de direito*, n. 37. São Paulo, ago./set. 2004, p. 17-21.

MARTINS-COSTA, Judith. Reflexões sobre o princípio da função social dos contratos. *Revista de direito GV*, n. 1. São Paulo: maio 2005, p. 41-66.

MARTINS-COSTA, Judith. O método da concreção e a interpretação dos contratos: primeiras notas de uma leitura suscitada pelo Código Civil. *In* DELGADO, M. L.; ALVES, J. F. (coord.). *Questões controvertidas: no direito das obrigações e dos contratos*, v. 4. São Paulo: Método, 2005, p. 135-175.

MARTINS-COSTA, Judith. O caso dos produtos Tostines: uma atuação do princípio da boa-fé na resilição de contratos duradouros e na caracterização da suppressio – Comentários ao acórdão REsp 401.704/PR. In: FRAZÃO, A.; TEPEDINO, G. (coord.). *O Superior Tribunal de Justiça e a reconstrução do direito privado*. São Paulo: Revista dos Tribunais, 2011, p. 513-542.

MARTINS-COSTA, Judith; NITSCHKE, Guilherme Carneiro Monteiro. Contratos duradouros lacunosos e poderes do árbitro: questões teóricas e práticas. RJLB – Revista jurídica luso-brasileira, a. 1, n. 1. Lisboa: 2015, p. 1247-1299.

MATTIETTO, Leonardo de Andrade. *Teoria da invalidade e princípio da conservação dos atos jurídicos*. Tese de doutorado. Rio de Janeiro: UERJ, 2003.

MATTIETTO, Leonardo. Invalidade dos atos e negócios jurídicos. *In* TEPEDINO, Gustavo (coord.). *A parte geral do novo Código Civil: estudos na perspectiva civil-constitucional*, 2. ed. Rio de Janeiro: Renovar, 2003, p. 319-354.

MATTIETTO, Leonardo. O princípio do equilíbrio contratual. *Revista de direito da Procuradoria Geral do Estado*, v. 64. Rio de Janeiro: 2009, p. 183-191.

MAZEAUD, Henri et Léon; MAZEAUD, Jean; e CHABAS, François. *Leçons de droit civil*, t. II, v. 1, Obligations: théorie générale, 9. ed. Paris: Montchrestien, 1998.

MAZZEI, Rodrigo. O princípio da relatividade dos efeitos contratuais e suas mitigações. *In* HIRONAKA, G. M. F. N.; TARTUCE, F. (coord.). *Direito contratual: temas atuais*. São Paulo: Método, 2007, p. 189-222.

MELLO, Adriana Mandim Theodoro de. A função social do contrato e o princípio da boa-fé no Código Civil Brasileiro. *Revista Forense*, n. 364. Rio de Janeiro: nov./dez. 2002, p. 3-19.

MELLO, Cláudio Ari. Interpretação jurídica e dever de fundamentação das decisões judiciais no novo Código de Processo Civil. *Revista de processo*, v. 255. São Paulo: maio/2016, p. 63-90, recurso eletrônico.

MELLO, Marcos Bernardes de. *Teoria do fato jurídico: plano da validade*, 9. ed.. São Paulo: Saraiva, 2009.

MELO, Diogo Leonardo Machado de. Notas sobre a responsabilidade pós-contratual. *In*: NANNI, G. E. (coord.). *Temas relevantes do direito civil contemporâneo: reflexões sobre os cinco anos do Código Civil*. São Paulo, Atlas, 2008, p. 400-442.

MENDES, Aluisio; MENDES, Carolina Paes de Castro. O direito processual coletivo e o novo Código de Processo Civil: estudos em homenagem ao professor, jurista e ministro Luiz Fux. *In* MENDES, A. G. C.; BEDAQUE, J. R. S.; CARNEIRO, P. C. P.; ALVIM, T. A. (coord.). *O novo processo civil brasileiro: temas relevantes*, v. 1. Rio de Janeiro: GZ, 2018, p. 1-12.

MENDONÇA, José Vicente Santos. *Direito constitucional econômico: a intervenção do Estado na economia à luz da razão pública e do pragmatismo*, 2. ed. Belo Horizonte: Fórum, 2018.

MIAILLE, Michel. *Uma introdução crítica ao direito*. Lisboa: Moraes, 1979.

MILANO, Corte di Appello, Pres. Alliney, Est. Borelli, *Ospedale di Circolo di Rho c. Spera*, 29 dic. 1970.

MINAS GERAIS. TJMG, Ap. Cível 107010617008630011, Rel. Valdez Leite Machado, julg. 24/07/2008, publ. 20/08/2008.

MIRAGEM, Bruno Nubens Barbosa. Diretrizes interpretativas da função social do contrato. *Revista de direito do consumidor*, v. 56. São Paulo: out.-dez./2005, p. 22-45, recurso eletrônico.

MIRAGEM, Bruno. *Abuso do direito: proteção da confiança e limite ao exercício das prerrogativas jurídicas no direito privado*. Rio de Janeiro: Forense, 2009.

MIRAGEM, Bruno. Função social do contrato, boa-fé e bons costumes: nova crise dos contratos e a reconstrução da autonomia negocial pela concretização das cláusulas gerais. *In* MARQUES, C. L. (coord.). *A nova crise do contrato: estudos sobre a nova teoria contratual*. São Paulo: Revista dos tribunais, 2007, p. 176-225.

MIRANDA, Francisco Cavalcanti Pontes de. *Tratado de direito privado*, tomo IV, 2. ed. Rio de Janeiro. Borsoi, 1954.

MIRANDA, Francisco Cavalcanti Pontes de. *Tratado de direito privado*, tomo XXV, 2 ed.. Rio de Janeiro: Borsoi, 1959.

MIRANDA, Francisco Cavalcanti Pontes de. *Tratado de direito privado*, tomo XXVI, 2. ed.. Rio de Janeiro: Borsoi, 1954.

MONTEIRO FILHO, Carlos Edison do Rêgo. *Rumos contemporâneos do direito civil*. Belo Horizonte: Fórum, 2017.

MONTEIRO FILHO, Carlos Edison do Rêgo; RITO, Fernanda Paes Leme Peyneau. Subsídios para o equilíbrio funcional dos contratos. *In* TEPEDINO, G.; TEIXEIRA, A. C. B.

ALMEIDA, V. (coord.). *O direito civil entre o sujeito e a pessoa*. Belo Horizonte, Fórum, 2016, p. 425-442.

MONTEIRO FILHO; Carlos Edison do Rêgo; BIANCHINI, Luiza Lourenço. Breves considerações sobre a responsabilidade civil do terceiro que viola o contrato (tutela externa do crédito). *In* TEPEDINO; G.; FACHIN, L. E. (coord.). *Diálogos sobre direito civil*, v. II. Rio de Janeiro: Renovar, 2012, p. 453-471.

MORAES, Bruno Terra de. A função social do contrato como fundamento da aplicação da teoria do adimplemento substancial: quando ocorre e quais as repercussões práticas. In: TEPEDINO, Gustavo; MENEZES, Joyceane Bezerra de (org.). *Autonomia privada, liberdade existencial e direitos fundamentais*. Belo Horizonte: Fórum, 2018, p. 647-668.

MORAES, Maria Celina Bodin de. *Danos à pessoa humana*. Rio de Janeiro: Renovar, 2003.

MORAES, Maria Celina Bodin de. *Na medida da pessoa humana*. Rio de Janeiro: Renovar, 2010,

MORAES, Maria Celina Bodin de. A causa do contrato. *Civilistica.com*, v. 2, n. 1. Rio de Janeiro: 2013, p. 1-24.

MORAES, Maria Celina Bodin de. Recusa à investigação do exame de DNA na investigação da paternidade e direitos da personalidade. *Direito, Estado e Sociedade: Revista do Departamento de Direito da PUC-Rio*, n. 9. Rio de Janeiro: ago.-dez./1996, p. 85-99.

MOREIRA, José Carlos Barbosa. Tutela jurisdicional dos interesses coletivos ou difusos. *Revista de processo*, v. 39. São Paulo: jul.-set./1985, p. 55-77, recurso eletrônico.

MOREIRA, José Carlos Barbosa. Tendências em matéria de execução de sentenças e ordens judiciais. *Revista de processo*, v. 41. São Paulo: jan.-mar./1986, p. 151-168, recurso eletrônico

MOREIRA, José Carlos Barbosa. Ação civil pública e programação da TV. *Revista de Direito Administrativo*, n. 201. Rio de Janeiro: jul.-set. 1995, p. 45-56, recurso eletrônico.

MORIN, Gaston. *La révolte du droit contre le Code*. Paris: Recueil-Sirey, 1945.

MOTA, Mauricio. *Questões de direito civil contemporâneo*. Rio de Janeiro: Elsevier, 2008.

MULHOLLAND, Caitlin. O princípio da relatividade dos efeitos contratuais. *In* MORAES, M. C. B. (coord.). *Princípios de direito civil contemporâneo*. Rio de Janeiro: Renovar, 2006, p. 255-28.

NALIN, Paulo. A função social do contrato no futuro Código Civil brasileiro. *Revista de direito privado*, n. 12. São Paulo, out./dez. 2002, p. 50-60.

NANNI, Giovanni Ettore. *Inadimplemento absoluto e resolução contratual: requisitos e efeitos*. São Paulo: Thomson Reuters Brasil, 2021, recurso eletrônico.

NANNI, Giovanni Ettore. Frustração do fim do contrato: análise de seu perfil conceitual. *Revista brasileira de direito civil*, v. 23. Belo Horizonte: jan.-mar./2020, p. 39-56.

NAVAS, Bárbara Gomes. O abuso do direito de resolver: análise da teoria do adimplemento substancial no direito brasileiro. *Revista de direito civil contemporâneo*, v. 11. São Paulo: abr.-jun./2017, p. 79-102, recurso eletrônico.

NEGREIROS, Teresa. *Teoria do contrato: novos paradigmas*, 2. ed.. Rio de Janeiro: Renovar, 2006.

NEGREIROS, Teresa. Dicotomia público-privado frente ao problema da colisão de princípios. *In* TORRES, R. L. (org.). *Teoria dos direitos fundamentais*. Rio de Janeiro: Renovar, 1999, p. 337-375.

NEGREIROS, Teresa. O princípio da boa-fé contratual. *In*: MORAES, M. C. B. (coord.). *Princípios do direito civil contemporâneo*. Rio de Janeiro: Renovar, 2006, p. 221-253.

NITSCHKE, Guilherme Carneiro Monteiro. Tempo e equilíbrio contratual. *In* MOTA, M.; KLOH, G. (orgs.). *Transformações contemporâneas do direito das obrigações*. Rio de Janeiro: Elsevier, 2010, p. 85-121.

NITSCHKE, Guilherme Carneiro Monteiro. Revisão, resolução, reindexação, renegociação: o juiz e o desequilíbrio superveniente de contratos de duração. *Revista trimestral de direito civil*, v. 50. Rio de Janeiro: abr.-jun./2012, p. 135-159.

NORONHA, Fernando. Desenvolvimentos contemporâneos da responsabilidade civil. *Sequência*, v. 19, n. 37. Florianópolis: 1988, p. 21-37.

NUNES, Ana Luisa Tarter; BESSA, Leonardo Roscoe. Tutela de direito individual homogêneo: a eficácia territorial da decisão proferida em ação coletiva. *Universitas Jus*, v. 27, n. 3. Brasília: 2016, p. 231-240.

OLIVA, Milena Donato; RENTERÍA, Pablo. Tutela do consumidor na perspectiva civil-constitucional: A cláusula geral de boa-fé objetiva nas situações jurídicas obrigacionais e reais e os enunciados 302 e 308 da súmula da jurisprudência predominante do Superior Tribunal de Justiça. *Revista de direito do consumidor*, v. 101. São Paulo: set.-out./2015, p. 10-136.

OLIVEIRA, Carlos Eduardo Elias de. *Parâmetros analíticos do direito civil constitucional: por um ponto de equilíbrio entre os discursos de Direito, Estado, Economia e Sociedade*. Dissertação de mestrado. Brasília: UNB, 2016.

OLIVEIRA, Francisco Cardozo; SILVA, Ligia Neves. Possibilidades de uma análise econômica do princípio da função social do contrato: trocas, acesso às posições proprietárias e ao trabalho. *Direitos fundamentais e justiça*, ano 5, n. 16. Porto Alegre: jul.-set./2011, p. 182-203.

OLIVEIRA, Swarai Cervone de. *Poderes do juiz nas ações coletivas*. São Paulo: Atlas, 2009.

OLIVEIRA, Viviane Perez de. Revisitando o tema da função social da empresa. *In.*: SHCREIBER, A.; MONTEIRO FILHO, C. E. R.; OLIVA, M. D. (org.). *Problemas de direito civil*. Rio de Janeiro: Forense, 2021, p. 1006-1026.

OPPO, Giorgio. I contratti di durata. *Rivista del diritto commerciale*, v. XLI, parte prima. Milano: 1943, p. 227-250.

PAMPLONA FILHO, Rodolfo. Breves reflexões sobre o princípio da função social. *In* EHRHARDT JÚNIOR, M.; LOBO, F. A. (coord.). *A função social nas relações privadas*. Belo Horizonte: Fórum, 2019, p. 37-61.

PARANÁ. TJPR, 15ª C.C., Ap. Cível 0481801-3, Rel.: Des. Luiz Carlos Gabardo, julg. 16.07.2008

PARGENDLER Mariana; SALAMA, Bruno Meyerhof. Direito e consequência no Brasil: em busca de um discurso sobre o método. *Revista de Direito Administrativo*, Rio de Janeiro, v. 262. São Paulo: jan.-abr./2013, p. 95-144.

REFERÊNCIAS

PENTEADO, Luciano de Camargo. *Efeitos contratuais perante terceiros*. São Paulo: Quartier Latin, 2007.

PENTEADO, Luciano de Camargo. Redes contratuais e contratos coligados. In HIRONAKA, Giselda e TARTUCE, Flavio (coord.). *Direito contratual temas atuais*. São Paulo: Método, 2007, p. 463-492.

PEREIRA, Jane Reis Gonçalves. Apontamentos sobre a aplicação das normas de direito fundamental nas relações jurídicas entre particulares. In BARROSO, L. R. (org.). *A nova interpretação constitucional: ponderação, direitos fundamentais e relações privadas*. Rio de Janeiro: Renovar, 2003, p. 119-192.

PERELMAN, Chaïm, e OLBRECHTS-TYTECA, Lucie. *Tratado da argumentação – A nova retórica*, 2. ed. São Paulo: Martins Fontes, 2005.

PEREZ, Carlos Alberto Navarro. *A modulação temporal de efeitos dos provimentos jurisdicionais de controle de constitucionalidade*. Dissertação de mestrado. São Paulo: USP, 2013.

PERLINGIERI, Pietro. *Le obbligazioni tra vecchi e nuovi dogmi*. Napoli: ESI, 1990.

PERLINGIERI, Pietro. *Manuale di diritto civile*, 5. ed. Napoli: ESI, 2005.

PERLINGIERI, Pietro. *Perfis do direito civil*. Rio de Janeiro: Renovar, 1997.

PERLINGIERI, Pietro. *O direito civil na legalidade constitucional*. Rio de Janeiro: Renovar, 2008.

PERLINGIERI, Pietro. Normas constitucionais nas relações privadas. *Revista da Faculdade de Direito da UERJ*, n. 6 e 7. Rio de Janeiro, 1998/1999, p. 63-77.

PERLINGIERI, Pietro. Il "giusto rimedio" nel diritto civile. *Il giusto processo civile*, n. 1. Napoli: 2011, p. 1-23.

PILATTI, Adriano. *A constituinte de 1987-1988: progressistas, conservadores, ordem econômica e regras do jogo*. Rio de Janeiro: Lumen Juris, 2008.

PINHEIRO, Rosalice Fidalgo. *Contrato e direitos fundamentais*. Curitiba: Juruá, 2009.

PINHEIRO, Rosalice Fidalgo. *O abuso do direito e as relações contratuais*. Rio de Janeiro: Renovar, 2002.

PINHEIRO, Rosalice Fidalgo; GLITZ, Frederico Eduardo Zenedin. A tutela externa do crédito e a função social do contrato: possibilidades do caso 'Zeca Pagodinho'. *In* TEPEDINO; G.; FACHIN, L. E. (coord.). *Diálogos sobre direito civil*, v. II. Rio de Janeiro: Renovar, 2008, p. 323-344.

PINHO, Humberto Dalla Bernardina de; MARCA, Luiz Augusto Castello Branco de Lacerda. Possibilidades e limites para a tutela da intimidade e da privacidade enquanto direitos meta-individuais. *Revista eletrônica de direito processual – REDP*, a. 11, v. 18, n. 1. Rio de Janeiro: jan.-abr./2017, p. 278-301.

PINTO, Carlos Alberto da Mota. *Cessão da posição contratual*. Coimbra: Atlântida, 1970.

PINTO, Paulo Cardoso Correia da Mota. *Declaração tácita e comportamento concludente no negócio jurídico*. Coimbra: Almedina, 1995.

PINTO, Paulo Mota. Notas sobre o direito ao livre desenvolvimento da personalidade e os direitos de personalidade no direito português. *In* SARLET, I. W. (coord.). *A Constituição concretizada: construindo pontes com o público e o privado*. Porto Alegre: Livraria do advogado, 2000, p. 61-83

POPP, Carlyle. A eficácia externa dos negócios jurídicos. *In* LOTUFO, R.; NANNI, G. E. (coord.). *Teoria geral dos contratos*. São Paulo: Atlas, 2011, p. 144-182.

PORTERO, Danilo Cândido. A função social do contrato no direito brasileiro e o contrato com eficácia de proteção de terceiros. *Revista jurídica luso-brasileira*, ano 5, n. 4. Lisboa: 2019, p. 593-624.

PUGLIATTI, Salvatore. *Diritto Civile: Metodo – Teoria – Pratica*. Milano: Giuffrè, 1951.

PUGLIATTI, Salvatore. *La proprietà nel nuovo diritto*. Milano: Giuffrè, 1954.

RAMOS, André Luiz Arnt. *Segurança jurídica e indeterminação normativa deliberada: elementos para uma teoria do direito (civil) contemporâneo*. Curitiba: Juruá, 2021, recurso eletrônico.

RAMOS, Vitor de Paula. A dependência econômica nos contratos de longa duração. *Revista brasileira de direito civil – RBDCivil*, v. 20. Belo Horizonte: abr.-jun./2019, p. 17-38.

REALE, Miguel. Abusos do poder econômico e garantias individuais. *Anais da Quinta Conferência Nacional da Ordem dos Advogados do Brasil*. Rio de Janeiro: Conselho Federal da Ordem dos Advogados do Brasil, 1974, p. 195-203.

REALE, Miguel. Função social do contrato. Disponível em: <www.miguelreale.com.br>, acesso em 15 jun. 2018.

REINIG, Guilherme Henrique Lima; SOUZA, Viviane Isabel Daniel Speck de. Nexo causal nas relações securitárias: análise da jurisprudência do STJ sobre o agravamento do risco na hipótese de condução de veículo sob a influência de álcool. *In* GOLDBERG, I.; JUNQUEIRA, T. (coord.). *Temas atuais de direito dos seguros*, tomo I. São Paulo: Thompson Reuters Brasil, 2020, p. 556-579.

REIS, Thiago. Dogmática e incerteza normativa: crítica ao substancialismo jurídico do direito civil- constitucional. *Revista de direito privado*, v. 11. São Paulo: abr.-jun./2017, p. 213-238.

REMÉDIO JÚNIOR, José Ângelo. O princípio de socialidade e direitos metaindividuais: responsabilidade social. *Revista de direito econômico e socioambiental*, v. 2, n. 2. Curitiba: jul.-dez./2011, p. 327.

RENNER, Rafael. *Novo direito contratual: a tutela do equilíbrio contratual*. Rio de Janeiro: Maria Augusta Delgado, 2007.

RENTERÍA, Pablo. Considerações acerca do atual debate sobre o princípio da função social do contrato. *In* Moraes, Maria Celina Bodin de (coord.). *Princípios do direito civil contemporâneo*. Rio de Janeiro: Renovar, 2006, p. 281-313.

RENTERÍA, Pablo. Função social do contrato e abuso de prerrogativas contratuais por parte de empregadores e empregados. TEPEDINO, G.; MELLO FILHO, L. P. V.; FRAZÃO, A.; DELGADO, G. N. (coord.). *Diálogos entre o direito do trabalho e o direito civil*. São Paulo: Revista dos Tribunais, 2014, p. 249-262.

RIO DE JANEIRO. TJRJ, 12ª C.C., AI 00486377920208190000, Rel. Des. José Acir Lessa Giordani, julg. 10/12/2020.

RIO DE JANEIRO. TJRJ, 12ª C.C., Ap. Cível 00089271920198190087, Rel. Des. Jaime Dias Pinheiro Filho, julg. 24/03/2022.

RIO DE JANEIRO. TJRJ, 14ª C.C., AI 00719702620218190000, Rel. Des. Francisco de Assis Pessanha Filho, julg. 30/03/2022.

RIO DE JANEIRO. TJRJ, 15ª C.C., Ag. Inst. 200800215589, Rel. Des. Jose Carlos Paes, julg. 28/05/2008.

RIO DE JANEIRO. TJRJ, 15ª C.C., Ap. Cível. 200800142010, Rel. Helda Lima Meireles, julg. 01/07/2008.

RIO DE JANEIRO. TJRJ, 16ª C.C., Ap. 200800149662, Rel. Des. Marco Aurelio Bezerra de Melo, julg. 14/10/2008.

RIO DE JANEIRO. TJRJ, 17ª C.C., Ag. Inst. 00507828420158190000, Rel. Des. Márcia Ferreira Alvarenga, Rel. p/acórdão Des. Flávia Romano de Rezende, julg. 07.10.2015.

RIO DE JANEIRO. TJRJ, 17ª C.C., Ap. Cível 00488615820138190001, Rel. Des. Márcia Ferreira Alvarenga, julg. 08/06/2016.

RIO DE JANEIRO. TJRJ, 18ª C.C., Ap. Cível 200800129893, Rel. Celia Meliga Pessoa, julg. 01/07/2008.

RIO DE JANEIRO. TJRJ, 19ª C.C., Ap. Cível 00081868620128190066, Rel. Des. Eduardo de Azevedo Paiva, julg. 25/02/2013.

RIO DE JANEIRO. TJRJ, 23ª C.C., Ap. Cível 00108115120188190206, Rel. Des. Murilo André Kieling Cardona Pereira, julg. 21/07/2020.

RIO DE JANEIRO. TJRJ, 23ª C.C., Ap. Cível 03909829620118190001, Rel. Des. Alcides da Fonseca Neto, julg. 18/03/2015.

RIO DE JANEIRO. TJRJ, 24ª C.C., Ap. Cível 00645576220098190038, Rel. Des. Peterson Barroso Simão, julg. 13/01/2014.

RIO DE JANEIRO. TJRJ, 24ª C.C.C., Ap. Cível 00024550420128190004, Rel. Des. Flavio Marcelo de Azevedo Horta Fernandes, julg. 23/03/2015.

RIO DE JANEIRO. TJRJ, 2ª C.C., Ag. Inst. 200800233382, Rel. Des. Paulo Sergio Prestes, julg. 13/10/2008.

RIO DE JANEIRO. TJRJ, 9ª C.C., Ap. Cível 200800122789, Rel. Sergio Jeronimo A. Silveira, julg. 05/08/2008.

RIO GRANDE DO SUL. TJRS, 14ª C.C., Ap. Cível 70025542754, Rel. Dorval Bráulio Marques, julg. 14/08/2008.

RIO GRANDE DO SUL. TJRS, 1ª T.R.C., Ap. Cível 71001737865, Rel. Ricardo Torres Hermann, julg. 09/10/2008.

RIO GRANDE DO SUL. TJRS, 2ª T.R.C., Ap. Cível 71000693143, Rel. Mylene Maria Michel, julg. 17/05/2006.

RIO GRANDE DO SUL. TJRS, 2ª T.R.C., Ap. Cível 71001565050, Rel. Afif Jorge Simões Neto, julg. 10/09/2008.

RIO GRANDE DO SUL. TJRS, 5ª C.C., Ag. Inst. 70026516435, Rel. Jorge Luiz Lopes do Canto, julg. 15/10/2008.

RIO GRANDE DO SUL. TJRS, 5ª C.C., Ap. Cível 588042580, Rel. Des. Ruy Rosado de Aguiar Júnior, julg. 16/08/1988.

RIO GRANDE DO SUL. TJRS, 5ª C.C., Ap. Cível 70025660218, Rel. Romeu Marques Ribeiro Filho, julg. 15/10/2008.

RIO GRANDE DO SUL. TJRS, 5ª C.C., Ap. Cível 70026788521, Rel. Jorge Luiz Lopes do Canto, julg. 15/10/2008

RIO GRANDE DO SUL. TJRS, 9ª C.C., Ap. Cível 70022284731, rel. Odone Sanguiné, julg. 16/04/2008.

RIO GRANDE DO SUL. TJRS, 9ª C.C., Ap. Cível 70025542754, Rel. Léo Romi Pilau Júnior, julg. 08/10/2008.

RODOTÀ, Stefano. *Le fonti di integrazione del contratto*. Milano: Giuffrè, 1970.

RODOTÀ, Stefano. *Il terribile diritto: studi sulla proprietà privata*, 2. ed. Bologna: Mulino, 1990.

RODOTÀ, Stefano. *Perché laico*. Bari: Laterza, 2009.

RODOTÀ, Stefano. *Solidarietà: un'utopia necessaria*. Bari: Laterza, 2014.

RODRIGUES JR., Otávio Luiz. *Revisão judicial dos contratos*. São Paulo: Atlas, 2002.

RODRIGUES JR., Otávio Luiz. *Direito civil contemporâneo: estatuto epistemológico, Constituição e direitos fundamentais*, 2. ed. Rio de Janeiro: Forense universitária, 2019.

RODRIGUES JUNIOR, Otavio Luiz. A doutrina do terceiro cúmplice: autonomia da vontade, o princípio *res inter alios acta*, função social do contrato e a interferência alheia na execução dos negócios jurídicos. *Revista dos tribunais*, n. 821. São Paulo, mar. 2004, p. 80-98.

RODRIGUES JUNIOR, Otavio Luiz. Problemas na importação de conceitos jurídicos. *Consultor jurídico*, 8 ago. 2012. Disponível em <t.ly/WBhC>, acesso em 26 abr. 2021.

RODRIGUES, Cássio Monteiro; RÉGIS, Erick da Silva. Função social da empresa em tempos de crise: desafios à sua realização em virtude da pandemia da Covid-19. *Revista brasileira de direito civil – RBDCivil*, v. 25. Belo Horizonte: jul./set. 2020, p. 353-379.

ROPPO, Vincenzo. *Il contratto*. Milano: Giuffré, 2001.

ROQUE, Andre Vasconcelos. As ações coletivas no direito brasileiro contemporâneo: de onde viemos, onde estamos e para onde vamos? *Revista eletrônica de direito processual*, v. XII. Rio de Janeiro: 2013, p. 36-65, recurso eletrônico.

ROSENVALD, Nelson. A função social do contrato. *In* HIRONAKA, G. M. F. N.; TARTUCE F. (coord.). *Direito contratual: temas atuais*. São Paulo: Método, 2007, p. 81-111.

RULLI NETO, Antonio. *Função social do contrato*. São Paulo: Saraiva, 2011.

REFERÊNCIAS **211**

RUZYK, Carlos Eduardo Pianovski. *Liberdade(s) e função: contribuição crítica para uma nova fundamentação da dimensão funcional do Direito Civil brasileiro.* Tese de doutorado. Curitiba: UFPR, 2009.

RUZYK, Carlos Eduardo Pianovski; BÜRGER, Marcelo L. F. de Macedo. A tutela externa da obrigação e sua (des)vinculação à função social do contrato. *Civilistica.com*, a. 6, n. 2. Rio de Janeiro, 2017, p. 1-27.

RUZYK, Carlos Eduardo Pianovski; FRANK, Felipe. Revisitando os direitos reais a partir de sua interface com o direito obrigacional: a importância da relatividade entre os planos real e obrigacional nas relações privadas. *Seqüência*, n. 63. Florianópolis, dez./2011, p. 133-158.

RUZZI, Marcos Hoppenstedt. Resolução pela frustração do fim do contrato. *In* HIRONAKA, Giselda M. F. N.; TARTUCE, Flavio (coord.). *Direito contratual: temas atuais.* São Paulo: Método, 2007, p. 493-515.

SÁ, Fernando Augusto Cunha de. *Abuso do direito.* Coimbra: Almedina, 1997.

SALAMA, Bruno Meyerhof. O que é pesquisa em direito e economia? *Cadernos Direito GV*, v. 5, n. 22. São Paulo: mar. 2008, p. 5-58.

SALAMA, Bruno Meyerhof. O que é "direito e economia"? *Revista Direito UNIFACS – Debate Virtual*. n. 160. Salvador: 2013, p. 1-17.

SALLES, Raquel Bellini. *Autotutela nas relações contratuais.* Rio de Janeiro: Processo, 2019.

SALOMÃO FILHO, Calixto. Função social do contrato: primeiras anotações. *Revista dos tribunais*, v. 823. São Paulo: maio 2004, p. 67-86.

SANT'ANA, J. M. B.; PEPE V. L. E.; OSORIO-DE-CASTRO C. G. S.; VENTURA M. Essencialidade e assistência farmacêutica: considerações sobre o acesso a medicamentos mediante ações judiciais no Brasil. *Revista panamericana de salud publica*, v. 29, n. 2. Washington: 2011, p. 138-144.

SANTOS JR., E. *Da responsabilidade civil de terceiro por lesão do direito de crédito.* Coimbra: Almedina, 2003.

SANTOS, Antonio Jeová. *Função social do contrato*, 2. ed.. São Paulo: Método, 2004.

SANZ, Vicente Espert. *La frustración del fin del contrato.* Madrid: Tecnos, 1968. Pegar um brasileiro diferenciando.

SÃO PAULO. TJSP, 2ª C.D.P., Ap. Cível 10204857120188260002, Rel. Des. José Joaquim dos Santos, julg. 07/05/2019.

SÃO PAULO. TJSP, 30ª C.D.P., Ap. Cível 10050577720168260565, Rel. Des. Maria Lúcia Pizzotti, julg.17/05/2017.

SÃO PAULO. TJSP, 14ª C.D.P., Ap. n. 1311473700, Rel. Ligia Araújo Bisogni, julg. 27/09/2008, publ. 24/10/2008.

SÃO PAULO. TJSP, 19ª C.D.P., Ap. Cível 11076060320198260100, Rel. Des. João Camillo de Almeida Prado Costa, julg. 20/11/2020.

SÃO PAULO. TJSP, 1ª C.D.P., Ap. Cível 10037598820188260562, Rel. Des. Enéas Costa Garcia, julg. 25/03/2022.

SÃO PAULO. TJSP, 20ª C.D.P., Ap. Cível 01001455620088260011, Rel. Des. Maria Lúcia Pizzotti, julg. 01/07/2013.

SÃO PAULO. TJSP, 22ª C.D.P., Ag. Inst. 20130048020178260000, Rel. Des. Alberto Gosson, julg. 27/04/2018.

SÃO PAULO. TJSP, 24ª C.D.P., Ap. Cível 91820751020078260000, Rel. Des. Maria Lúcia Pizzotti, julg. 21/06/2012.

SÃO PAULO. TJSP, 27ª C.D.P., Ag. Inst. 22099782220198260000, Rel. Des. Alfredo Attié, julg. 01/12/2019.

SÃO PAULO. TJSP, 27ª C.D.P., Ap. Cível 40020132120138260624, Rel. Des. Maria Lúcia Pizzotti, julg. 11/09/2017.

SÃO PAULO. TJSP, 27ª C.D.P., Ap. Cível 92147153220088260000; Rel. Des. Berenice Marcondes Cesar, julg. 22/11/2011.

SÃO PAULO. TJSP, 2ª C.D.P., Ap. Cível 10246587320198260562, Rel. Des. José Joaquim dos Santos, julg. 23/11/2021.

SÃO PAULO. TJSP, 35ª C.D.P., Ap. Cível 1071021000, Rel. Mendes Gomes, julg. 26/11/2007.

SÃO PAULO. TJSP, 3ª C.D.P., Ap. Cível 10060481720158260071, Rel. Des. Carlos Alberto de Salles, julg. 08/03/2017.

SÃO PAULO. TJSP, 3ª C.D.P., Ap. Cível 10569861620218260100, Rel. Des. Donegá Morandini, julg. 05/04/2022.

SÃO PAULO. TJSP, 4ª C.D.P., Ap. Cível 1613954100, Rel. Maia da Cunha, publ. 28/11/2005.

SÃO PAULO. TJSP, 4ª T.C., Recurso Inominado 11449, Rel. Maria do Carmo Honorio, julg. 08/07/2008, publ. 23/10/2008.

SÃO PAULO. TJSP, 8ª C.D.P., Ap. Cível 10339947520198260506, Rel. Des. Alexandre Coelho, julg. 03/08/2021.

SÃO PAULO. TJSP, 9ª C.D.P., Ag. Inst. 5245314900, Rel. Grava Brazil, julg. 25/09/2007.

SÃO PAULO. TJSP, Ap. Cível 91624087220068260000, Rel. Elcio Trujillo, publ. 25/09/2006.

SARLET, Ingo Wolfgang; FERNSTERSEIFER, Tiago. *Direito constitucional ecológico*, 6. ed.. São Paulo: Thomson Reuters, 2018.

SARLET, Ingo Wolfgang. Direitos fundamentais e direito privado – notas sobre a influência da dogmática alemã dos direitos fundamentais, em especial a contribuição de Claus-Wilhelm Canaris, no direito brasileiro. *Revista de direito civil contemporâneo*, v. 12. São Paulo: jul.-set./2017, p. 63-88, recurso eletrônico.

SARLET, Ingo Wolfgang. Direitos fundamentais e Direito Privado: algumas notas sobre a chamada constitucionalização do direito civil. In SARLET, I. W. (org.). *A constituição concretizada: construindo pontes com o público e o privado.* Porto Alegre: Livraria do advogado, 2000, p. 107-163.

SARMENTO, Daniel. *A ponderação de interesses na Constituição Federal.* Rio de Janeiro: Lumen Juris, 2002.

SARMENTO, Daniel. *Direitos fundamentais e relações privadas.* Rio de Janeiro: Lumen Juris, 2004.

SARMENTO, Daniel. *Dignidade da pessoa humana: conteúdo, trajetórias e metodologia,* 2. ed. Belo Horizonte: Fórum, 2016.

SARMENTO, Daniel. A trajetória da dicotomia público/privado. *Revista trimestral de direito civil,* v. 22. Rio de Janeiro: abr.-jun./2005, p. 239-257.

SCALABRIN, Felipe. As deficiências da teoria da argumentação jurídica uma análise da recepção da hermenêutica filosófica no Direito. *Revista Crítica do Direito.* v. 66. p. 62. 2015.

SCALABRIN, Felipe; SANTANNA, Gustavo. A legitimação pela fundamentação: anotação ao art. 489, § 1.º e § 2.º, do novo Código de Processo Civil. *Revista de Processo,* v. 255. São Paulo: maio/2016, p. 17-40, recurso eletrônico.

SCHMIDT, Ayeza. Contrato, essencialidade e direitos fundamentais: a essencialidade do bem, à luz do direito fundamental à saúde. *Cadernos da Escola de Direito e Relações Internacionais,* n. 21. Curitiba: 2014, p. 13-52.

SCHMIDT, Jan Peter. Responsabilidade civil no direito alemão e método funcional no direito comparado. *Revista trimestral de direito civil,* v. 40. Rio de Janeiro: out.-dez./2009, p. 139-150.

SCHMIDT, Jan Peter. Vida e obra de Pontes de Miranda a partir de uma perspectiva alemã: com especial referência à tricotomia "existência, validade e eficácia do negócio jurídico". *Revista Fórum de Direito Civil – RFDC,* Belo Horizonte, ano 3, n. 5, jan./abr. 2014, recurso eletrônico.

SCHREIBER, Anderson. *Direito Civil e Constituição.* São Paulo: Atlas, 2013.

SCHREIBER, Anderson. *Equilíbrio contratual e dever de renegociar.* São Paulo: Saraiva, 2018.

SCHREIBER, Anderson. A tríplice transformação do adimplemento – Adimplemento substancial, inadimplemento antecipado e outras figuras. *Revista trimestral de direito civil ,* v. 32. Rio de Janeiro: out.-dez./2007, p. 3-27.

SCHREIBER, Anderson. Alterações da MP 881 ao Código Civil – Parte I. *Carta Forense,* 03 maio 2019. Disponível em <t.ly/zp3B>, acesso em 27 ago. 2019.

SCHREIBER, Anderson. Direito civil e Constituição. *Revista trimestral de direito civil,* v. 48. Rio de Janeiro, out./dez. 2011, p. 3-26.

SCHREIBER, Anderson. Reparação não-pecuniária dos danos morais. *In* TEPEDINO, G.; FACHIN, L. E. (coord.). *Pensamento crítico do direito civil brasileiro.* Curitiba: Juruá, 2011, p. 329-346.

SCHREIBER, Anderson. Direito e mídia. In: SCHREIBER, A. (coord.). *Direito e mídia.* São Paulo: Atlas, 2013, p. 9-26.

SCHREIBER, Anderson. Princípios constitucionais versus liberdade econômica: a falsa encruzilhada do Direito Contratual brasileiro. *Migalhas*, 31 ago. 2020. Disponível em <t.ly/7Q4F>, acesso em 12 abr. 2022.

SCHREIBER, Anderson; KONDER, Carlos Nelson. Uma agenda para o direito civil-constitucional. *Revista brasileira de direito civil*, v. 10. Belo Horizonte: 2016, p. 1-20.

SCHUARTZ, Luis Fernando. Consequencialismo Jurídico, Racionalidade Decisória e Malandragem. *Revista de Direito Administrativo*, n. 248, 2008, p. 130-158.

SCHULMAN, Gabriel. *Planos de saúde: saúde e contratos na contemporaneidade*. Rio de Janeiro: Renovar, 2009.

SCHUNCK, Giuliana Bonanno. *Contratos de longo prazo e dever de cooperação*. São Paulo: Almedina, 2016.

SILVA, Clóvis do Couto e. O conceito de dano no direito brasileiro e comparado. *Revista de direito civil contemporâneo*, v. 2. São Paulo: jan./mar. 2015, p. 333-348.

SILVA, Clóvis Veríssimo do Couto e. *A obrigação como processo*. Rio de Janeiro: FGV, 2007.

SILVA, Luis Renato Ferreira da. A função social do contrato no novo Código Civil e sua conexão com a solidariedade social. *In* SARLET, I. W. (org.). *O novo Código Civil e a Constituição*. Porto Alegre: Livraria do advogado, 2003, p. 127-150.

SILVESTRE, Gilberto Fachetti. *A responsabilidade civil pela violação à função social do contrato*. São Paulo: Almedina, 2018.

SILVESTRE, Gilberto Fachetti. A função social como limite do contrato: contribuição para a aplicação judicial do art. 421 do Código Civil. *Civilistica.com*, a. 7, n. 1. Rio de Janeiro, 2018, p. 1-19.

SIQUEIRA, Mariana Ribeiro. *Adimplemento substancial: parâmetros para sua configuração*. Rio de Janeiro: Lumen Juris, 2019.

SIRENA, Hugo Cremonez. Direito dos contratos: relações contratuais de fato e o princípio da boa-fé. *Revista jurídica da Procuradoria Geral do Estado do Paraná*, n. 5. Curitiba, 2014, p. 193-239.

SOUZA, Carlos Affonso Pereira de. *Abuso do direito nas relações privadas*. Rio de Janeiro: Elsevier, 2013.

SOUZA, Eduardo Nunes de. *Teoria geral das invalidades do negócio jurídico: nulidade e anulabilidade no direito civil contemporâneo*. São Paulo: Almedina, 2017.

SOUZA, Eduardo Nunes de. Abuso do direito: novas perspectivas entre a licitude e o merecimento de tutela. *Revista trimestral de direito civil*, v. 50. Rio de janeiro: abr.-jun./2012, p. 35-91.

SOUZA, Eduardo Nunes de. Função negocial e função social do contrato: subsídios para um estudo comparativo. *Revista de direito privado*, v. 54. São Paulo: abr.-jun. 2013, p. 65, recurso eletrônico.

SOUZA, Eduardo Nunes de. De volta à causa contratual: aplicações da função negocial nas invalidades e nas vicissitudes supervenientes do contrato. *Civilistica.com*, a. 8, n. 2., Rio de Janeiro: 2019, p. 1-53.

STRUCHINER, Noel. *Direito e linguagem*: uma análise da textura aberta da linguagem e sua aplicação ao direito. Rio de Janeiro: Renovar, 2002.

STRUCHINER, Noel. Posturas interpretativas e modelagem institucional: a dignidade (contingente) do formalismo jurídico. *In* SARMENTO, Daniel (org.). *Filosofia e teoria constitucional contemporânea*. Rio de Janeiro: Lumen Juris, 2009.

SUNDFELD, Carlos Ari. Função social da propriedade. In: DALLARI, A. A.; FIGUEIREDO, L. V. (coord.). *Temas de direito urbanístico*. São Paulo: Revista dos Tribunais, 1987, p. -22.

SZANIAWSKI, Elimar. Aspectos da propriedade imobiliária contemporânea e sua função social. *Revista de direito privado*, v. 3. São Paulo: jul./set. 2000, p. 126-156.

SZTAJN, Rachel. Propriedade e contrato: função social. *Revista de direito empresarial*, v. 9. São Paulo: maio-jun./2015, p. 453-459, recurso eletrônico.

TARTUCE, Flávio. *Função social dos contratos*, 2. ed. São Paulo: Método, 2007.

TARTUCE, Flávio. A MP 881/19 (liberdade econômica) e as alterações do Código Civil. Primeira parte. *Migalhas*, 03 maio 2019. Disponível em <t.ly/2TbM>, acesso em 27 ago. 2019.

TARTUCE, Flávio. A "Lei da liberdade econômica" (Lei n. 13.84/2019) e o seus principais impactos para o direito civil: mudanças no âmbito do direito contratual. *Revista brasileira de direito contratual*, n. 1. São Paulo, out./dez. 2019, p. 20-31.

TARUFFO, Michele. Considerazioni su prova e motivazione. Revista de processo, v. 151. São Paulo: set./2007, p. 229-240, recurso eletrônico.

TARUFFO, Michele. Il fatto e l'interpretazione. Revista de processo, v. 227. São Paulo: jan./2014, p. 31-45, recurso eletrônico.

TAYLOR, Charles. *As fontes do self: a construção da identidade moderna*. São Paulo: Loyola, 1997.

TEPEDINO, Gustavo. *Temas de direito civil*, tomo I, 4. ed.. Rio de Janeiro: Renovar, 2008.

TEPEDINO, Gustavo. *Temas de direito civil*, tomo II. Rio de Janeiro: Renovar, 2006.

TEPEDINO, Gustavo. *Temas de direito civil*, tomo III. Rio de Janeiro: Renovar, 2009.

TEPEDINO, Gustavo. *Soluções Práticas*, v. 2. São Paulo: Revista dos Tribunais, 2011.

TEPEDINO, Gustavo. Pelo princípio de isonomia substancial na nova constituição – Notas sobre a função promocional do direito. *Atualidades Forenses*, n. 112, ano 11 (1987), p. 30-35, republicado em *Revista trimestral de direito civil*, v. 52. Rio de janeiro: out.-dez./2012, p. 61-71.

TEPEDINO, Gustavo. Notas sobre a função social dos contratos. *In* Tepedino, Gustavo; e Fachin, Luiz Edson (coord.). *O direito e o tempo*: embates jurídicos e utopias contemporâneas. Rio de Janeiro: Renovar, 2008, p. 395-405.

TEPEDINO, Gustavo. Atividade sem negócio jurídico fundante e a formação progressiva dos contratos. *Revista trimestral de direito civil*, v. 11, n. 44. Rio de janeiro: out.-dez./2010, p. 19-30.

TEPEDINO, Gustavo. Esboço de uma classificação funcional dos atos jurídicos. *Revista brasileira de direito civil*, v. 1. Rio de Janeiro: jul.-set./2014, p. 8-35.

TEPEDINO, Gustavo. A MP da liberdade econômica e o direito civil. *Revista brasileira de direito civil – RBDCivil*, v. 20, n. 02. Belo Horizonte: 2019, p. 11-13.

TEPEDINO, Gustavo. Acesso aos direitos fundamentais, bens comuns e unidade sistemática do ordenamento. *In* MATOS, A. C. H.; TEIXEIRA, A. C. B.; TEPEDINO, G. (coord.) *Direito Civil, Constituição e unidade do sistema*. Belo Horizonte: Fórum, 2019, p. 17-32.

TEPEDINO, Gustavo; BARBOZA, Heloisa Helena; MORAES Maria Celina Bodin de (orgs.) *et alli. Código Civil interpretado conforme a Constituição da República*, v. 1. Rio de Janeiro: Renovar, 2004.

TEPEDINO, Gustavo; BARBOZA, Heloísa Helena; MORAES, Maria Celina Bodin de (coord.) *et al.. Código civil interpretado conforme a Constituição da República*, v. 3. Rio de Janeiro: Renovar, 2011.

TEPEDINO, Gustavo; SCHREIBER, Anderson. *Código civil comentado*: direito das obrigações, v. IV. São Paulo: Atlas, 2008.

TEPEDINO, Gustavo; SCHREIBER, Anderson. *Fundamentos do direito civil*, v. 2: *obrigações*, 2. ed.. Rio de Janeiro: Forense, 2021.

TEPEDINO, Gustavo; SCHREIBER, Anderson. Os efeitos da Constituição em relação à cláusula da boa-fé no Código de Defesa do Consumidor e no Código Civil. *Revista da EMERJ*, v. 6. Rio de Janeiro, 2003, p. 139-151.

TERRA, Aline de Miranda Valverde. *Cláusula resolutiva expressa*. Belo Horizonte: Forum, 2017.

TERRA, Aline de Miranda Valverde. Planos privados de assistência à saúde e boa-fé objetiva: natureza do rol de doenças estabelecido pela Agência Nacional de Saúde para fins de cobertura contratual obrigatória. *Revista brasileira de direito civil – RBDCivil*, v. 23. Belo Horizonte: jan.-mar./2020, p. 175-191.

TERRA, Aline de Miranda Valverde; GUEDES, Gisela Sampaio da Cruz. Adimplemento substancial e tutela do interesse do credor: análise da decisão proferida no REsp 1.581.505. *Revista brasileira de direito*, v. 11. Belo Horizonte: jan.-mar./2017, p. 95-113.

TERRA, Aline de Miranda Valverde; KONDER, Carlos Nelson; GUEDES, Gisela Sampaio da Cruz. Boa-fé, função social e equilíbrio contratual: reflexões a partir de alguns dados empíricos. *In* TERRA, A. M. V.; KONDER, C. N.; GUEDES, G. S. C. (coord.). *Princípios contratuais aplicados: boa-fé, função social e equilíbrio contratual à luz da jurisprudência.* Indaiatuba, SP: Foco, 2019, p. 1-22.

TIMM, Luciano Benetti. Direito, economia e a função social do contrato: em busca dos verdadeiros interesses coletivos protegíveis no mercado do crédito. *Revista de direito bancário e do mercado de capitais*, v. 33. São Paulo: jul.-set./2006, p. 15-31, recurso eletrônico.

TIMM, Luciano Benetti. Função social do direito contratual no código civil brasileiro: justiça distributiva vs. eficiência econômica. *Revista dos tribunais*, v. 876. São Paulo: out./2008 p. 11-28, recurso eletrônico.

TOMASETTI JR., Alcides. *Comentários à lei de locação de imóveis urbanos* (coord. Juarez de Oliveira). São Paulo: Saraiva, 1992.

TOMASEVICIUS FILHO, Eduardo. A função social da empresa. *Revista dos tribunais*, v. 810. São Paulo: abr./2003, p. 33-50, recurso eletrônico.

TOMASEVICIUS FILHO, Eduardo. A função social do contrato: conceito e critérios de aplicação. *Revista de Informação Legislativa*, v. 42, n. 168. Brasília, out.-dez. 2005, p. 197-213.

TOMASEVICIUS FILHO, Eduardo. Resolução e revisão contratuais por violação da função social do contrato. *Crise econômica e soluções jurídicas*, n. 61. São Paulo: dez./2015, recurso eletrônico.

TOMASEVICIUS FILHO, Eduardo. Uma década de aplicação da função social do contrato análise da doutrina e da jurisprudência brasileiras. *Revista dos tribunais*, v. 940. São Paulo: fev./2014, p. 49, recurso eletrônico.

TOMASEVICIUS FILHO, Eduardo. A tal "Lei da liberdade econômica". *Revista da Faculdade de Direito da Universidade de São Paulo*, v. 114. São Paulo: 2019, p. 101-123.

TREITEL, Guenter. *Frustration and force majeure*. London: Sweet & Maxwell, 2014.

TREVISAN, Marco Antonio. Responsabilidade civil pós- contratual. *Revista de direito privado*, v. 16. São Paulo: 2003, p. 199-215, recurso eletrônico.

TUCCI, Rogério Lauria Marçal. *Prorrogação compulsória dos contratos*. Salvador: JusPodium, 2017.

UBILLOS, Juan María Bilbao. ¿En qué medida vinculan a los particulares los derechos fundamentales? SARLET, I. W. (org.). *Constituição, direitos fundamentais e direito privado*. Porto Alegre: Livraria do Advogado, 2003, p. 299-338.

VAN CAENEGEN, R. C.. *Uma introdução histórica ao direito privado*, 2. ed. São Paulo: Martins Fontes, 2000.

VELOSO, Zeno. *Invalidade do negócio jurídico: nulidade e anulabilidade*, 2. ed. Belo Horizonte: Del Rey, 2005.

VIÉGAS, Francisco de Assis. *Denúncia contratual e dever de pré-aviso*. Belo Horizonte: Fórum, 2019.

VIEIRA, Gustavo Silveira. Teoria da interpretação e precedentes no CPC/15: a fundamentação como standard de racionalidade estruturante e condição de possibilidade para discursos de aplicação. *Revista de processo*, v. 284. São Paulo: out./2018, p. 399-423, recurso eletrônico.

VILLELA, João Baptista. Equilíbrio do contrato: os números e a vontade. *Revista dos tribunais*, v. 900. São Paulo, out. 2010, p. 85-122, recurso eletrônico.

VITORELLI, Edilson. Tipologia dos litígios: um novo ponto de partida para a tutela coletiva. *Revista de interés público*, v. 4, n. 3. Buenos Aires: maio/2020, p. 43-74.

WALD, Arnoldo. A função social e ética do contrato como instrumento jurídico de parcerias e o novo Código Civil de 2002. *Revista forense*, n. 364. Rio de Janeiro, nov./dez. 2002, p. 21-30.

WALDMAN, Ricardo Libel. O sobre-princípio da função social do contrato: da filosofia à dogmática jurídica. *Revista de direito do consumidor*, v. 59. São Paulo: jul.-set./2006, p. 127-149, recurso eletrônico.

WAMBIER, Teresa Arruda Alvim. A influência do contraditório na convicção do juiz: fundamentação de sentença e de acórdão. *Revista de processo*, v. 168. São Paulo: fev./2009, p. 53-65.

WELLER, Marc-Philippe. « La cause » dans le projet d'ordonnance portant réforme du droit des contrats, du régime général et de la preuve des obligations de 2015. SCHULZE, R.; WICKER, G.; MÄSCH, G.; MAZEAUD, D. (dir.). *La reforme du droit des obligations en France*. Paris: Société de législation comparée, 2015, p. 139-149.

WELTON, Nelly Maria Potter. *Revisão e resolução dos contratos no Código Civil conforme perspectiva civil-constitucional*. Rio de Janeiro: Lumen Juris, 2009.

WICKER, Guillaume. La suppression de la cause et les solutions alternatives. SCHULZE, R.; WICKER, G.; MÄSCH, G.; MAZEAUD, D. (dir.). *La reforme du droit des obligations en France*. Paris: Société de législation comparée, 2015, p. 107-137.

XAVIER, Luciana Pedroso; XAVIER, Marília Pedroso; e NALIN, Paulo. A obrigação como processo: breve releitura trinta anos após. *In* TEPEDINO, G.; FACHIN, L. E. (orgs.). *Diálogos sobre direito civil*, v. II. Rio de Janeiro: Renovar, 2008, p. 299-322.

YEUNG, Luciana; KLEIN, Vinícius. Trajetória e novos horizontes da Análise Econômica do Direito no Brasil. *Jota*, 15 jun. 2021. Disponível em <t.ly/tuml>, acesso em 22 abr. 2022.

ZANETTI, Andrea Cristina. *Denúncia nos contratos privados de assistência à saúde*. Tese de doutorado. São Paulo: PUC-SP, 2018.

ZANETTI, Andrea Cristina. *Princípio do equilíbrio contratual*. São Paulo: Saraiva, 2012.

ZANETTI, Cristiano de Souza. *A conservação dos contratos nulos por defeito de forma*. São Paulo: Quartier Latin, 2013.